Michael Stelzner
Die Weltformel der Unsterblichkeit

MICHAEL STELZNER

DIE WELTFORMEL DER UNSTERBLICHKEIT

VOM SINN DER ZAHLEN

DIE EINHEIT VON NATURWISSENSCHAFT UND RELIGION

VERLAG FÜR AUSSERGEWÖHNLICHE PERSPEKTIVEN

Für alle Suchenden

ISBN 3-922 367-70-4, Verkehrs-Nr.: 16645 (BAG)

Buchbestellungen:
VAP-Buchversand, Postfach 1180, D-32352 Preußisch Oldendorf,
Telefon (0 57 42) 93 04-44 und 45, Fax (0 57 42) 93 04 55

Satz und Druck:
Kölle-Druck GmbH, D-32361 Preußisch Oldendorf

Fachredaktion:
Vereinigende Wissenschaften, Jägerstraße 20, D-63322 Rödermark

1. Auflage 1996

Inhalt

„Bislang waren die meisten Wissenschaftler zu sehr mit der Entwicklung neuer Theorien beschäftigt, in denen sie zu beschreiben versuchten, was das Universum ist, um die Frage nach dem Warum zu stellen. Andererseits waren die Leute, deren Aufgabe es ist, nach dem Warum zu fragen – die Philosophen –, nicht in der Lage, mit der Entwicklung naturwissenschaftlicher Theorien Schritt zu halten.“ . . .

„Wenn wir jedoch eine vollständige Theorie entdecken, dürfte sie nach einer gewissen Zeit in ihren Grundzügen für jedermann verständlich sein, nicht nur für eine Handvoll Spezialisten. Dann werden wir uns alle – Philosophen, Naturwissenschaftler und Laien – mit der Frage auseinandersetzen können, warum es uns und das Universum gibt. Wenn wir die Antwort auf diese Frage fänden, wäre das der endgültige Triumph der menschlichen Vernunft – denn dann würden wir Gottes Plan kennen.“

STEPHEN HAWKING

Einleitung

Die Welt ist eine Welt der Gegensätze und Widersprüche. Der in ihr lebende Mensch ist ein Suchender. Er sucht Orientierung und Eindeutigkeit.

Der menschliche Geist ist einerseits der Teil der Schöpfung, der die Fähigkeit des bewußten Schauens besitzt. Andererseits ist er zu klein, um alle Erscheinungen der Welt und des Kosmos zu begreifen. Die unentwegte Erfahrung sich bedingender Umstände von Ursache und Wirkung läßt ihn die Existenz eines Höheren und Vollkommeneren erahnen. So glaubt er an eine alles durchdringende Ordnung und an die Erkennbarkeit der ihm noch verborgenen Regeln.

Der Mensch will sich seines Eingebettetseins in dieser für ihn noch undurchschaubaren Ordnung vergewissern. Das ist seine Sehnsucht, das sehnliche Suchen nach Einheit und Eindeutigkeit. Sie trägt unterschiedliche Namen. Der Religiöse sucht Gott, der Naturwissenschaftler sucht die Weltformel.

Am Anfang jeder Suche steht der Glaube, der Glaube an die alles durchdringende Ordnung. Ihm haftet aber noch der Zweifel an. Deshalb strebt der Mensch nach Wissen. Das gefundene Wissen bestärkt den rechten Glauben. Der Glaube wird durch das Wissen zur Gewißheit. Der Glaube erfährt durch das Wissen eine Erhöhung. Er wird nicht getötet. Durch diesen Entwicklungsprozeß kommt der Mensch zu einem Glauben, dem kein Zweifel mehr anhaftet. Das Wissen ist ein Zwischenprodukt auf dem Weg des Glaubens zur Gewißheit.

Die Entwicklungsdynamik, Glaube – Wissen – Gewißheit, findet nur ihre Bestätigung, wenn sich der Glaube ausschließlich auf die im Hintergrund stehende und steuernde Vollkommenheit bezieht und nicht an eine spezielle und konkrete Form gebunden ist, denn Formen vergehen. Bezieht sich der Glaube auf eine konkrete Form, dann wird das erworbene Wissen dem Glauben früher oder später widersprechen. Der „Gegenstand" des Glaubens wechselt dann, der Glaube aber bleibt. Er ist den Menschen eigen und strebt in ihm zur Gewißheit.

Das Mittel, um Gewißheit zu erlangen, ist das Schaffen von Wissen, die Wissenschaft. Sie beschäftigt sich mit den konkreten, materiellen Dingen der Welt, und über sie lernt der Mensch, die Welt im wörtlichen Sinne zu *„begreifen"*. Jenes Begreifen ist ein Verge*wissern* (Wissen) des ihm vorausgehenden Glaubens.

Doch ist Wissen seiner Natur nach immer unvollständig. Das vielfältige und sich unterscheidende Wissen erscheint oft als ein gegensätzliches und unvereinbares. Religion und Naturwissenschaft sind ein Beispiel dafür.

Erst das bewußt dem Glauben dienende Wissen führt zur Gewißheit. Es stellt wieder die Einheit unter den verschiedenen Formen des Wissens her. Wer sich mit Hilfe des Wissens seines Glaubens vergewissert hat, fragt nicht mehr nach dem zurückliegenden Weg. Er trifft an seinem Ziel andere, die einen anderen, vielleicht polaren Weg zu ihm gegangen sind. Das Wissen hat trotz seiner Unvollständigkeit seine Aufgabe erfüllt, und es steht in keinem Widerspruch mehr zum Glauben (Glauben und Wissen als Gegensätze), sondern bestärkt ihn. Der Glaube erfährt eine Erhöhung anstatt eine Erniedrigung. Die Erniedrigung des Glaubens war ein Kurzschluß des „wissenschaftlichen Zeitalters der Aufklärung".

Der Übergang vom Wissen zur Gewißheit verlangt den bewußten Umgang mit den Formen des Wissens und das Erkennen ihres Charakters. Das Wissen hat zwei Seiten. Einerseits ist es immer unvollständig und an eine dem Wechsel unterliegende Form gebunden. Andererseits bezieht es sich immer auf den ihm vorangehenden Glauben, zu dessen Vergewisserung es geschaffen wird. Die letztere Seite ist die erstgeborene. Wissen hat ein eindeutiges Ziel, und die Formen dienen ihm. Sie haben keinen Selbstwert.

Unterliegt der Suchende dem Glauben an ihren Selbstwert, dann ergreifen sie Besitz von ihm, und er wird von ihnen besessen. Aus der Sehnsucht wird die Sucht, eine verkürzte, unbewußte und mißlungene Suche, die sich an das Mittel bindet. Der Suchende sollte deshalb den Inhalt von der transportierenden Form unterscheiden und auch bei der Auswahl der Formen auf ihre Geeignetheit achten. Die Wahl der rechten und bedeutenden Form ist entscheidend für die Erreichung des Zieles.

Der Qualitätsunterschied von Mensch und Tier ist untrennbar mit der Verwendung einer inhaltsreichen, d. h. bedeutenden Form, der Sprache, verbunden. Wenn der Mensch einen neuen, ähnlichen Qualitätssprung ansteuert, muß er sich eines ebenso tauglichen Kommunikationsmittels bedienen. Was ihm fehlt, ist eine Sprache, die die unterschiedlichen Wissensgebiete zusammenfassen kann.

Welches ist die Sprache, die die Naturwissenschaften und die Religionen verbinden kann? Bei der Menge des verfügbaren und kaum noch zu überschauenden Wissens kann es nur eine extrem abstrakte Form sein, deren Inhalt und Bedeutung gegenüber ihrer Verpackung weit überwiegt.

Die reinste und abstrakteste Form der Schöpfung ist die Zahl. Nichts Polares, und unsere Welt ist polar, ist so rein wie die Zahl. Sie ist der Schlüssel zur ersehnten Gewißheit. Doch auch die Zahlen sind polar. Das haben wir leider lange Zeit vergessen. Wir verwenden die Zahlen nur in Hinblick auf eine ihrer beiden Seiten, auf die quantitative, zählende Weise. Der andere, vergessene Pol spricht von der qualitativen, er-*zählenden* Seite der Zahlen. Ja, es ist wahr, die Zahl hat eine Qualität, und sie verbindet uns mit einem universellen Inhalt hinter den Formen. Das ist der Sinn jeder Form. Die Zahl erfüllt die höchste Anforderung, die an ein Hilfsmittel gestellt werden kann. Sie vereint, weil sie in all ihren Formen auf die hinter ihnen stehende Einheit und Eindeutigkeit hinweist.

Erst wenn die Wissenden sich ihrer gemeinsamen Basis, des Glaubens, und ihres gemeinsamen Zieles, der Gewißheit, wieder bewußt werden, kann es zur Hochzeit des sich liebenden und streitenden Paares, Religion und Wissenschaft, kommen.

Unter dieser Voraussetzung stehen sich Glauben und Wissen nicht mehr gegenüber, sondern sind die Glieder einer logischen Kette der Entwicklung. Die Gewißheit vereinigt das Wissen und die Wissenden. Aus der Hochzeit von Glauben und Wissen schafft die Gewißheit eine neue konkrete Form, eine neue Ordnung, eine Ordnung, die sich ihrer bewußt ist.

Die neue, manifestierte Qualität zeichnet sich dadurch aus, daß der Mensch die Ordnung erkennt, sich ihr eingliedert und sie selbst stiftet.

Die Situation unserer Zeit und die Absicht des Buches

Versuchen wir die Qualität unserer gegenwärtigen Zeit zu erfassen, dann stoßen wir auf einen immer größer werdenden Widerspruch zweier gegenläufiger Tendenzen. Zum einen ist es der Rückgang des Einflusses der großen Religionen, die in der Vergangenheit die ethische Orientierungsrolle innehatten. Zum anderen ist es der ständige Wachstumsprozeß in den Naturwissenschaften und der aus ihnen hervorgehenden Techniken. Naturwissenschaft und Technik haben die Welt dramatisch verändert. Funktionelle Korrekturen reichen schon lange nicht mehr aus, um den Menschen wieder in die Nähe seines ursprünglichen Gleichgewichtes zu bringen. Wir müssen die Inhalte neu überdenken und die alten Fragen der Menschheit auf unsere Weise neu stellen. Die Naturwissenschaft hat die Religion von ihrem Platz verdrängt. Sie ist zur neuen Religion geworden, hat aber nicht gleichzeitig deren ethisch orientierende Verbindlichkeit übernommen. Der neue Geist beschränkt sich bis heute auf Funktionalität. Sein unausgesprochenes Ziel ist der Machtgewinn. Die Frage der Verantwortung im religiösen Sinne wird nicht mehr gestellt, und dementsprechend fehlen dringende Antworten. Als Unterscheidungskriterium gilt nur noch die Quantität. Der Mensch braucht aber mehr. Er braucht einen Sinn. Sinnvolles Tun ist etwas völlig anderes als das unbewußte Ausgeliefertsein in der Technik und Mechanik, das einem Rotieren entspricht. Sinn kann aber nur die Religion vermitteln. Das heißt nicht, daß Religion sich nicht ebenfalls verändert. Sie tat es immer. Der Gottesbegriff hat im Laufe der Menschheit immer wieder eine neue und umfassendere Gestalt angenommen. Aus der Vielzahl der Naturgeister und spiritistischen Gottesideen entstanden die monotheistischen Religionen mit nur einem Gott an ihrer Stelle. Offensichtlich entwickelte sich der Gottesbegriff mit dem menschlichen Geist mit. Ohne Religion geht es aber nicht. Wenn es zeitweise so aussieht, dann ist die Religion nur ins Unbewußte verdrängt worden, um etwas später über eine

Hintertür wieder in Erscheinung zu treten. Die neue Religion ist die Naturwissenschaft. Nur muß sie ihrer Aufgabe gerecht werden und sich nicht nur als beschreibende Wissenschaft verstehen, die ihre „Objektivität" benutzt, um sich bezüglich einer religiösen Orientierung aus ihrer Verantwortung zu stehlen. Das kann ihr nicht gelingen, weil ihr eine historische Aufgabe zufällt. Ihre Fluchtversuche ziehen gesellschaftliche Entwicklungen nach sich, die schließlich ein neues Besinnen notwendig machen. Beispiele dafür sind die Einschätzungen großer Wissenschaftler, in denen der Mensch als *„Zigeuner am Rande des Universums"*[1] oder gar als *„grauenvolles Ergebnis eines Versagens antiseptischer Vorsichtsmaßnahmen der Schöpfung"*[2] bezeichnet wird. Der Mensch sieht sich in solchen Einschätzungen nur noch als ein Fehlschlag der Natur und beraubt sich seines Existenzrechtes. Er beleidigt in seiner Verzweiflung den ihn schöpfenden Urgrund und spricht ihm in letzter Konsequenz Weisheit und Ordnung ab.

Andererseits gibt es aus den Naturwissenschaften genügend Hinweise auf Eindeutigkeiten, von denen die notwendige Orientierung ausgehen könnte. Stellvertretend für zahlreiche Beispiele soll das Zitat des Princeton-Physikers Freeman J. Dyson sein:

„Wenn wir ins Universum hinausblicken und erkennen, wie viele Zufälle in Physik und Astronomie zu unserem Wohle zusammengearbeitet haben, dann scheint es fast, als habe das Universum in gewissem Sinne gewußt, daß wir kommen."[3]

Dem Suchenden eröffnet sich danach Eindeutigkeit und Orientierung, die bis in die Anfänge der Schöpfung reichen.

Die naturwissenschaftliche Welterfahrung ist nur *eine* Möglichkeit der Welterfahrung – aber die unserer Zeit entsprechende und damit z. Zt. mächtigste. Auch die verschiedenen philosophischen Richtungen melden sich auf ihre Weise immer wieder zu Wort. Sie selbst sind aber so vielschichtig, daß unter ihnen kaum ein einheitlicher Konsens zu finden ist. Ihre Benutzung verschiedener Formen führt in die Verstrickung der Linearität, in deren Ergebnis der Krieg unausweichlich wird. Um hier aus dem Wider-

---

[1] J. Monod, S. 154 ff

[2] Zit. n. J. v. Uexküll, S. 77

[3] Zit. n. R. Breuer: „Das anthropische Prinzip"

streit eine fruchtbare Ergänzung entstehen zu lassen, bedarf es einer Art *Überphilosophie*, durch die ein gemeinsames Werkzeug zur Verfügung gestellt wird. Ein solches gemeinsames Werkzeug, ähnlich einer gemeinsamen religiösen Sprache, würde weitestmöglich verhindern, an den formalen Unterschieden die gemeinsamen Inhalte zu verlieren, was seinerseits zu unendlichen Diskussionen führen würde. Sie sind, auf den Punkt gebracht, nämlich nichts anderes als die Flucht vor der Konsequenz, die verbindliche Handlung heißt. Eine gemeinsame Sprache, ein gemeinsames Werkzeug und eine endgültige Erklärung für das Phänomen Leben sind notwendig. Keine der alten oder traditionellen Religionen darf ausgeschlossen sein. Vielmehr muß die modernste der Religionen, die Naturwissenschaft mit ihrer klassischen Mathematik und Geometrie, mit eingeschlossen sein.

Hier muß man einem möglichen Mißverständnis vorbeugen. Der Mensch braucht keine formenidentische Einheitsreligion, wohl aber verbindende Normen und Ideale. Wo sollen sie herkommen, und wer soll sie finden?

Es ist wie in den Märchen immer das jüngste Kind der Familie, welches das gemeinsame Elternhaus verläßt, um nach einer horrorähnlichen Erfahrung wieder heimzukehren und um das Traditionelle und Gewachsene fruchtbar zu erweitern.

Der Naturwissenschaftler hat eine riesige Verantwortung. Die Zeit, in der er seine Aufgabe nur in der Beschreibung der Natur sehen durfte, ist vorüber. Er muß seiner Verantwortung gerecht werden und sein Fachgebiet daraufhin abklopfen, ob es ihm einen Hinweis auf die ewige Gesetzlichkeit gibt. Wir brauchen sie, denn Wertelosigkeit vermittelt Wertlosigkeit.

Lassen wir uns nicht ablenken. Naturwissenschaft und Religion haben das gleiche Anliegen. Sie sprechen nur verschiedene Sprachen. Der Ansatzpunkt unserer Untersuchungen muß das Finden des Gemeinsamen sein. Wer nicht das Gemeinsame unter den Forschenden sucht, wird das Eine nicht finden. Wer einen Teil der Welt ausschließt, z.B. die Naturwissenschaft die Religion oder die Religion die Naturwissenschaft, dem fehlt etwas zum Ganzen, welches er doch sucht. Abtrennen führt zum Kleineren und nicht zur Weltformel oder zu Gott.

Gibt es ein ewiges Gesetz, das über allem herrscht? Gibt es in der sich ständig ändernden Welt ein Gesetz, welches nichts ausschließt? Es müßte die Geisteswissenschaften genauso einschließen wie die Naturwissenschaften und vor allem sich selbst, das Gesetz, miteinbeziehen. Die Ursymbole, Ur-Ideen, Ur-Hieroglyphen können nur die abstrakten Zahlen sein. Die Idee ist nicht neu. Spätestens seit der Zeit des Pythagoras ist das bekannt. Die Zahlengesetze sind uralt und allgegenwärtig. Die Zahlen geben ihr Geheimnis preis, sobald man begreift, daß sie nicht nur eine Quantität, sondern auch eine Qualität besitzen. Zahlen erzählen.

Es eröffnet sich ein faszinierender Blick in die Geheimnisse des Kosmos. Das schier Unmögliche und kaum Zu-hoffen-Gewagte gibt sich zu erkennen. Es ist fast nicht zu glauben, diese Weisheiten können in einer eindeutigen Form zusammengefaßt werden, und sie wurden von Wissenden über die Zeiten der Geschichte transportiert. Kennt man einmal ihre Form, dann begegnet man ihr in allen heiligen Schriften und Sakralbauten. Wer einmal Bescheid weiß, der findet das Gesuchte, diesmal auf wissenschaftlich exakte Weise, in allen Religionen als Kern der Dinge. Die Bibel und die Pyramiden sprechen die gleiche und für den Erkennenden eindeutige Sprache. Die Naturwissenschaft findet die gleichen Gesetze in ihrem Gegenstand der Forschung, der Natur. Es fällt dem Suchenden wie Schuppen von den Augen. Wie sollte es auch anders sein! Wenn es eine eindeutige Ordnung, den Gegenstand aller Suchenden aus Wissenschaft und Religion, gibt, kann sie nichts ausschließen. Priester und Physiker müssen sich in den Gesetzen in gleicher Weise wiederfinden. Sie müssen durch sie in der Lage sein, Fortschritt und Frieden zu stiften. Das ist nicht nur die Entstehung einer Weltreligion, die in der Lage ist, die formalen Unterschiede unter ein Dach zu bringen, es ist die Hochzeit von Naturwissenschaft und Religion.

Die Naturwissenschaft hat nun aber eine neue, gewaltige Aufgabe. Sie muß ihr Priesteramt bewußt übernehmen. Sie hat es schon lange inne, nur ist ihr das in diesem gewaltigen Umfang nicht klar gewesen.

Der Hinweis auf die Zahlen allein nutzt nichts, denn wir sind unfähig, die Ursymbole zu verstehen, obwohl wir täglich mit ihnen umgehen. Wir haben einen Teil von ihnen abgespalten und sehen nur noch die Quantität. Das dazu Polare, die Qualität der Urbuchstaben, ist einfach aus unserem Bewußtsein. Erst nach dem Wiedererlangen des Wissens der Zahlen kann es möglich sein, hinzuhören, was uns die Zahlen erzählen.

Die Aufgabe und das Ziel sind klar. Das Verstehen der Zahlen führt zur Lösung des uralten Menschheitstraums, alle Phänomene des gesamten Kosmos durch einen einzigen Bezugsrahmen zu erklären. Die Weltformel der Physik steht vor ihrer Niederschrift genauso wie die Aufdeckung des Geheimnisses der Primzahlen. Wir werden die Botschaft der Wissenden aus alten Religionen empfangen können. Die Kluft zwischen Religion und Naturwissenschaft schließt sich. Die Weltreligionen, um derentwillen zahllose Kriege geführt wurden, können wieder anfangen, ihre einheitliche Basis zu akzeptieren und ihren Auftrag gemeinsam zu erfüllen. Die Pyramiden sprechen in wissenschaftlich überprüfbaren Tatsachen zu uns, und es ist die gleiche Botschaft, wie sie die Heiligen Schriften uns zu erzählen versuchen. Alles das ist wahr und nachvollziehbar. Der Mathematiker und Physiker, die Philosophen und Priester sowie sehnsuchterfüllte Laien sind eingeladen, sich von dem Versprochenen zu überzeugen. Allein der Mühe des Erlernens der Zahlen müssen sie sich unterziehen. Jeder findet in seinem Wissenszweig die unendlichen Beweise. Wem die Bibel nicht liegt oder wer ihr gegenüber zu große Vorurteile hat, der nehme sich ein Mathematikbuch und überprüfe dort die Weltformel, die ich vorstellen werde. Wer Interesse an den Pyramiden hat, wird das gleiche finden wie im Periodensystem der Elemente. Der Lohn ist groß, die Erkenntnis umfassend.

Den sich zur Religiosität bekennenden Menschen wird es einleuchtend sein, daß der Gott, der die Welt erschaffen hat, den Menschen auch eine Chance des Erkennens und der Findung des rechten Weges gibt. Die einzige Voraussetzung darf dabei nur ehrliches Bestreben, Wahrhaftigkeit, sein. Dem logisch denkenden Wissenschaftler ist es ein Bedürfnis, unumstößliche Gesetze übergeordneter Art zu erkennen, so daß er der Gemeinsamkeiten jeder Entwicklung von Phänomenen gewahr wird. Unsere Aufgabe ist es, das Gesetz zu suchen. Wo fängt man an? Eigentlich ist es egal, denn die einzige Voraussetzung ist Wahrhaftigkeit.

Wir könnten an jedem Punkt dieser Erde bei jedem Phänomen anfangen, wir müßten immer das gleiche Gesetz finden, d.h., an einem Punkt müßten sich alle Bestrebungen treffen. Hier hilft unsere Vorstellung vom Phänomen Erde. Wo auch immer wir bohrten, wir müßten bei genügender Tiefe immer den Erdmittelpunkt erreichen, sofern wir nur wirklich senkrecht bohren. Spätestens dort bekommen wir Kontakt mit den Bohrenden aus allen Richtungen. Was es heißt, *senkrecht an seinem subjektiven Erdpunkt* zu bohren, das will ich unmißverständlich zeigen.

Unser Weg wird das System der Zahlen sein. Ihr System und ihre Logik haben die Wissenschaft heutiger Prägung ermöglicht. Errechenbarkeit wurde zu ihrer Stütze. Den weniger erfahrenen Leser wird die Dominanz der Zahlen innerhalb der Religionen überraschen. Nur eines von vielen Beispielen sei hier genannt.

Die Bibel begründet sich auf hebräische Urschriften. Die hebräische Schrift aber ist nichts weiter als eine Aneinanderreihung von Zahlen, da Buchstaben und Zahlen im Hebräischen feste Zuordnungen haben. Die Zahl ist hier das Primäre. Für den Hebräer waren damit die Heiligen Schriften ein Zahlencode. Er sah daher nicht primär den Buchstaben, sondern anstatt z. B. dem Alef, dem ersten Buchstaben, die Zahl 1 und dem Beta, dem 2. Buchstaben, die Zahl 2. Jedem Buchstaben, d. h. jeder Zahl ist ein Bild zugeordnet, ein Inhalt.[4] Die Zahl wird hier noch von zwei Seiten betrachtet. Die polare Betrachtung ist Voraussetzung für jede ehrliche Studie.

Diese Welt ist polar. Sie baut auf der Polarität auf. Immer dann, wenn man nur einen Pol sieht, wird man einseitig und dem anderen Pol gegenüber schuldig. Jedes Ding hat zwei Seiten. So sind z. B. Qualität und Quantität ein solches Bezugspaar. Mit den Zahlen verhält es sich nicht anders. Jede Zahl besitzt eine Qualität und eine Quantität, die im hebräischen Alphabet berücksichtigt sind.

Die Wissenschaften moderner Art benutzen die Zahlen nur noch in ihrer quantitativen Eigenschaft. Das mußte sie zwangsläufig von den qualitativ orientierten Religionen entfremden. Wir werden versuchen, die fehlende Qualität in unsere Betrachtungen wieder miteinzubeziehen. Die Zahl wird uns wieder den Weg zu einem noch verschlossenen Mysterium öffnen. Mit ihrer Hilfe werden wir Gesetze entdecken, die universalen Charakter haben. So wie in unserer heutigen Zeit die Qualität der Zahlen verlorengegangen ist, so ist uns auch das Hineinhören in unsere Sprache, die Qualität, weitestgehend verlorengegangen.

Wir werden unseren Sinn schärfen und uns von den Zahlen etwas erzählen lassen. Voraussetzung dafür ist das Wissen um das Wesen der Symbolik. Symbolik war seit jeher ein wichtiger Bestandteil der Mysterien. Sie ist die Ursprache der Welt, die der Eingeweihte versteht. Für den Nur-Naturwissenschaftler wird es ungewohnt sein, und es wird ihn vielleicht einige Überwindung kosten, sich unseren Er-Zählungen erst einmal hinzu-

---

[4] Siehe Anhang Seite 398

geben. Das Wiedererlernen der Zahlenqualitäten erfordert Offenheit im ersten Teil des Buches, zumal zahlreiche biblische Gleichnisse helfen sollen, den verschütteten Inhalt wieder ins Bewußtsein zu bringen. Nach der Wiedererinnerung wird der – vielleicht vorher skeptische – Leser die Qualitäten an den naturwissenschaftlichen Klassikern Primzahlen und Geometrie reichlich schätzen lernen. Seine Offenheit wird Früchte tragen. Er wird u.a. auch erleben, daß Einsteins alte Vision: *„... alles als Geometrie erklären zu können ..."* verwirklicht wird.[5] Einsteins 1934 geäußerte Vermutung, *„daß die Natur die Verwirklichung der einfachsten denkbaren mathematischen Ideen ist"*[6], werde ich beweisen und darüber hinaus das Prinzip dieses Einfachsten in seiner letzten greifbaren Formel, der Weltformel, vorführen.

Die alten und neuen Fragen der Menschheit werden von der Natur beantwortet! Es ist kaum zu glauben, sie spricht nicht nur von den Gesetzen von Mineral, Pflanze und Tier, sondern auch vom Menschen direkt. Sie hat dem Menschen eine Gebrauchsanweisung mitgegeben. Wir müssen sie nur lesen!

Das Buch soll es ermöglichen, diese Gebrauchsanweisung zu verstehen, und es wendet sich an alle Suchenden. Ihr Kreis ist heterogen, und er umfaßt den Laien ebenso wie den Fachmann. Sie alle sollen das Gesetz erkennen. Die Heterogenität der Leserschaft verlangt nach mehreren Sprachen. Um dem gerecht zu werden, habe ich mich an der Dreigliedrigkeit der Welt orientiert. Das Buch gliedert sich, entsprechend den drei Dimensionen, in drei Teile.

Im ersten Teil, der „Eindimensionalität", erkläre ich das Gesetz, wie bereits angekündigt, an der inneren Logik der Zahlenfolge und belege es anhand von alten Überlieferungen. Jener Teil nimmt ungefähr ein Drittel des Buches ein. Der zweite und dritte Teil stellt das Gesetz auf immer härtere Proben, und mancher Leser wird vielleicht wegen fehlenden technischen Wissens nicht folgen können. Das soll ihn aber nicht verärgern, denn im ersten Teil ist alles enthalten, und er bekommt alle Informationen. Den Naturwissenschaftler ereilt im Folgenden das gleiche Schicksal, und er wird an ähnliche Grenzen stoßen. Auch er wird mit dem Prinzip der Ohnmacht, der Beschrän-

---

[5] n. E. W. Mielke

[6] Zit. n. H. Schopper, S. 13

kung und des Versagens von Systemen konfrontiert. In der zwangsläufigen Krise liegt die Chance zur Veränderung und zum Entwickeln einer neuen Weltsicht, in der die alte ihren Platz findet und in der die Halbheit und die Zerbrechlichkeit des Menschen nicht nur eine Notwendigkeit sind, sondern ihn adeln. Auf das Erkennen des Prinzips kommt es an, und das ist in allen Dimensionen das gleiche.

Die Zwei- und Dreidimensionalität wendet sich zunehmend an den Fachmann. Der moderne, wissenschaftliche Denker verlangt naturgemäß nach der Sprache der Geometrie und Mathematik. Erst wenn hoch geladene und von der Naturwissenschaft bisher ungelöste Fragen durch die Qualität der Zahlen einleuchtend beantwortet werden, wird der Wissenschaftler das Vertrauen zur angestrebten Synthese aufbringen. Der ehrliche naturwissenschaftliche Skeptiker wird an den Inhalt der Zahlen herangeführt, deren Wirkprinzip Selbstbezug und Wahrhaftigkeit sind. Am Ende wird der Skeptiker seiner Skepsis gegenüber skeptisch sein müssen.

Ich bitte den Leser wegen des umfassenden thematischen Anspruchs um Verständnis für die zahlreichen Beispiele und Details, die nicht immer seine Sprache treffen. Allein wichtig ist, daß der Leser letztlich durch die Erlangung von Gewißheit auf seine Kosten kommt. Hier gilt: Gewißheit fragt nicht nach dem zurückliegenden Weg – sie wirkt. Aber die Generalität des Themas macht einen Durchmarsch nötig, sonst wäre die generelle Richtigkeit nicht erwiesen. Wer Religion und Naturwissenschaft vereinigen will, darf nicht eine der beiden ausklammern. Ein Buch für Laien, Geisteswissenschaftler und Naturwissenschaftler muß viele Sprachen sprechen. Die Vorurteile aller stellen sich ihm gleichzeitig in den Weg.

Die drei Dimensionen des Weltgesetzes

Die Trinität, die Dreigliederung, ist, wie wir sehen werden, die Struktur der Schöpfung. Wir leben deshalb in einer dreidimensionalen Welt, dem euklidischen Raum. Suchen wir in ihm die Gesetzlichkeit der Schöpfung, so werden wir sie erwartungsgemäß in drei grundsätzlichen Dimensionen finden, der Ein-, Zwei- und Dreidimensionalität.

- Die *dritte* Dimension, die Dimension unserer *Körperwelt*, zeigt ihre Gesetze in Reinform in den einfachen, nicht mehr reduzierbaren symmetrischen und harmonischen Körpern, die uns als Platonische Körper bekannt sind und schon von Sokrates im Timaios als die Bausteine der Welt erwähnt wurden. Vor dem Verstehen der dritten Dimension müssen wir uns jedoch der Mühe des Erlernens der beiden in ihr enthaltenen und ihr vorangehenden zwei Dimensionen unterziehen. Sie sind notwendig wie das Alphabet und die Satzlehre, um ein gutes Buch zu lesen.
- In der *Zweidimensionalität* offenbart sich die Gesetzlichkeit in den ebenen Formen der Geometrie, der *Fläche*, vom Kreis bis zu seinen aus ihm abgeleiteten Vielecken.
- Die *erste Dimension* sind die *Zahlen* selbst. Ihr Geheimnis wiederholt sich in der zweiten und dritten Dimension. Was in den Zahlen an grundsätzlichen Bedeutungen erkannt werden kann, findet in den ihr folgenden zwei Ausformungen erneute Bestätigung. Die Vielfalt dient nur dem einen Grundsätzlichen. Um das Gesetz in der Vielfalt der Formen, insbesondere in der zweiten und dritten Dimension wiederzuerkennen, werden wir es mit Hilfe der Zahlen in seiner Struktur erfassen lernen. Dann erst wird es möglich sein, einen erfüllten Ausflug in die Vieldimensionalität zu machen, um am Ende wiederum zu den Zahlen, unserem Ausgangspunkt, zurückzukehren.

Bis dahin gehen wir einen Erkenntnisweg, der durch eine eigenartige, faszinierende Spannung geprägt ist. Der sich uns erschließende rote Faden ist von einer noch ungewohnten, aber zwingenden Logik. Jene Logik verhält sich zu der uns vertrauten wie die Einheit zur Zweiheit. Sie stehen sich als scheinbare Gegensätze gegenüber, und dennoch ist Zweiheit ohne Einheit nicht denkbar. Für Einheit und Zweiheit stehen zwei Denksysteme, welche von anderen Autoren als horizontales und vertikales unterschieden wurden. Das eine, uns gewohnte und als horizontal bezeichnete, nennen wir gern Logik.

Tatsächlich umfaßt aber das Wort auch den anderen Pol, das als vertikal bezeichnete Denksystem. Das aus dem Griechischen stammende Wort Logik (Lógos = das Wort; légo = zähle) meint etwas Umfassenderes, nämlich die ‚Kunst des Denkens' und die ‚Lehre vom Schluß'. In ihm ist der andere, heute weitgehend verlorene Pol der Analogie und Symbolik, das vertikale Denken, mit eingeschlossen. Durch die Verflachung und Reduzierung auf nur einen der beiden Pole ist uns der entscheidende, gesuchte, heilige Zugang zu den Inhalten versperrt worden. Wir haben uns in der Linearität verfangen und schätzen in den Naturwissenschaften die Form höher als ihren Inhalt. Die *‚formale* Logik' trat ihren Siegeszug an. Wir wollen nun wieder die Inhalte erschließen und den verlorengegangenen Pol dazugewinnen. Dabei dürfen wir nicht den umgekehrten Fehler machen und die Form vergessen.

Der rote Faden wird uns mit Spannung erfüllen und uns in die Welt der Vielfalt der Erscheinungen führen, wo wir immer und immer wieder die eine Gesetzlichkeit finden werden. Bei der Rückkehr zu den einfachen Zahlen werden wir am Ende, falls wir bereit dazu waren, selbst verändert sein. Dann werden wir nicht nur zu den Zahlen zurückgekehrt sein, sondern innerhalb dieser zurückgefunden haben zur Eins, ihrem Urquell. Das wird dann das Begreifen von religio sein, welche ja nichts weiter bedeutet als Rückverbindung. So nüchtern das klingt, so wirkungsvoll wird es sich für den wirklich Suchenden zu erkennen geben. Machen wir uns auf die Suche! – um am Ende, mit den Gesetzen in der Hand, sagen zu können:

... Machen wir uns auf den Weg ihrer Erfüllung!

Die erste Dimension –
Die Zahlen und ihre Qualität

Die Zahlensysteme

Betrachtet man die Zahlensysteme der Welt, so begegnen uns verschiedene Zählformen. Wir gebrauchen vorwiegend das Zehnersystem. Die Mayas und Azteken benutzten einen 20er-Rhythmus, die Babylonier das 60er-System.

Jedes der bisher praktizierten Systeme hatte einen spezifischen Vorteil. So haben die Mayas mit ihrem auf der Zwanzigzahl aufgebauten Kalendersystem eine bessere Annäherung an das astronomisch definierte Jahr erreicht als wir heute mit dem unsrigen.[7] Die Vorteile des auf der Zweizahl basierenden Binalsystems ermöglichten die Entwicklung unserer Computer. Doch auch alle bisher praktizierten Systeme haben ihre Nachteile.

Die Festlegung auf eine bestimmte Form bedeutet eine Einschränkung in der Suche nach einem nichts mehr ausschließenden Gesetz. Nur zwei theoretische Systeme würden dieser Einschränkung entkommen, das „Einersystem" und das „Unendlichsystem". Das „Einersystem" ist in einer auf der Polarität aufgebauten Welt irreal. Dennoch ist es unser Ziel. Alle Suche ist eine Suche nach Eindeutigkeit. Unserer Unfähigkeit wegen müssen wir einen Umweg über die andere Möglichkeit, das „Unendlichsystem", gehen.

In einem solchen System ist jede Zahl ein selbständiges Individuum, das über eine unabhängige, eigene Qualität verfügt. Bis einschließlich der Zahl 9 ist unser Zehnersystem mit dem Unendlichsystem identisch, und es stellt sich die Frage nach der Befangenheit im System nicht. Erst das Erkennen der 10 muß unter dem Aspekt der Befangenheit überprüft werden. Bevor wir uns jetzt schon vorzeitig auf eine Diskussion über das Zukünftige einlassen und das Naheliegende darüber vergessen, sollten wir uns den Qualitäten der ersten 9 Archetypen zuwenden. Die Hoffnung, das Wesentliche schon vor dem Erreichen der Zehn zu erkennen, soll uns vorläufig genügen. Noch befinden wir uns auf einem sicheren Boden. Wir sollten uns die Möglichkeit eines Wunders nicht schon jetzt zerstören. Außerdem müßten uns, wenn

[7] John D. Barrow, S. 32

unsere Voraussetzungen stimmen, alle Systeme zum gleichen Urgrund und zur gleichen Erkenntnis bringen. Ein universelles Weltgesetz kann kein Zahlensystem ausschließen und darf von keinem System abhängig sein.

Dennoch müssen wir uns einer speziellen Form bedienen. Über sie werden wir den allgültigen Inhalt finden. Die auf dem spezifischen Weg entstehende Weltformel ist in ihrer Aussage unabhängig vom vorangehenden Weg. Sie klärt sogar grundsätzlich das Verhältnis von Inhalt und Form, Einheit und Vielheit. Ihr Inhalt macht, richtig und vollständig verstanden, einen zusätzlichen Beweis über ein anderes Zahlensystem überflüssig.

Wir werden das uns übliche Zehnersystem für unsere Betrachtungen wählen. Die Vertrautheit mit ihm wollen wir für unsere Zwecke nutzen. Obwohl alle anderen Systeme bis in unsere heutige Zeit zumindest teilweise erhalten geblieben sind, ist die absolute Dominanz des Zehnersystems in der heutigen Welt kein Zufall. Sie entspricht der Symbolik des Menschen. Die 2 x 5 Finger machen den Zusammenhang deutlich. Später, bei der Besprechung der Qualität der Fünfzahl, wird der Leser den tiefen Zusammenhang mit der Symbolik des Menschen einsehen und den „Zufall" der Dominanz des Zehnersystems als innere Gerichtetheit der Entwicklung begreifen können.

Wir kennen, je nachdem, ob wir die Null mitzählen oder nicht, 9 bzw. 10 Zahlen. Primär ihre Inhalte (Qualitäten) müssen wir erlernen. Alle anderen Zahlen, die größer als 9 sind, lassen sich durch die Quersummenbildung auf eine dieser Grundzahlen reduzieren. Das Verfahren der Quersummenbildung ist seit altersher überliefert, und wir kennen es heute als theosophische Reduktion, bei der man die Summe aller Zahlen bis zu der betreffenden Grundzahl bildet.

Beispiele für die **theosophische Reduktion:** 11 = **2**; 144 = **9**; 244 = 10 = **1**

Dazu gibt es ein polares Verfahren, die theosophische Additon. In ihm werden alle Ziffern arithmetisch von der Eins bis zu der zu untersuchenden Zahl addiert, z. B.:

Beispiele für die **theosophische Addition:** 1 + 2 + 3 + **4** = 10
1 + 2 + 3 + 4 + 5 + 6 + 7 + 8 + 9 + **10** = 55

Die theosophische Reduktion verknüpft eine große Zahl mit einer kleineren, bis hin zu einer der 9 Grundzahlen. In der 11 entdeckt man somit die Qualität der 2, und in der 10 steckt die Qualität der 1. Die theosophische

Addition offenbart auf dem umgekehrten Weg einen vorher nicht erkennbaren Zusammenhang. Durch sie schließt man von einer niederen Zahl auf eine höhere, die die Ausgangszahl auf eine zusätzliche Weise beschreibt.

Die kombinierte Anwendung von theosophischer Reduktion und theosophischer Addition erstellt wichtige Zusammenhänge. Als vorweggenommenes Beispiel soll die noch vielseitig zu erklärende Beziehung der 4 zur 1 dienen:

> *Der theosophische Wert (Addition) der Vier ist Zehn.*
> *Die Zehn ist nach der theosophischen Reduktion aber Eins,*
> *d. h. die Vier entspricht der Eins auf einer anderen Ebene. 4 „=" 1*

Welchen Wert diese Verfahren haben, und ob es logisch und gerechtfertigt ist, werden wir in unserer Arbeit erfahren. Der Autor setzt beim Leser eine ebensolche Skepsis diesbezüglich voraus, wie er selbst hatte. Allein der Offenheit wegen sollte man ein Stück des Weges mitgehen. Wichtig ist es nun, uns den qualitativen Inhalt der Zahlen 1 - 9 wieder zu erschließen. Der quantitative Aspekt wird in unserer naturwissenschaftlich-technisch erfolgreichen Welt von niemandem mehr bestritten. Der Qualität wenden wir uns jetzt zu.

Die arabische Zahlensymbolik

Die Selbstverständlichkeit, mit der wir unsere heutige Zahlschrift benutzen, verhindert das Gewahrwerden ihrer tiefen Inhalte. Die Zahlen haben aufgehört zu erzählen. Zur weiteren Zahlbeschreibung ist es sinnvoll, die arabische Form der Zahlen heranzuziehen, um einer Art Betriebsblindheit entgegenzuwirken. Um ihren Inhalten und ihrer Symbolik wieder näherzukommen, ist es vorteilhaft, deren historische Entwicklung zu verfolgen.

Unser Zahlensystem kommt aus dem Indogermanischen über den arabischen Raum zu uns. Wir glauben, arabische Zahlen, im Gegensatz zu den römischen, zu schreiben. Das ist nicht der Fall, wenn wir uns die Zahlzeichen des arabischen Raumes ansehen. Die arabischen Zeichen sind älteren, indischen Ursprungs. Die indische Zahlschrift und das dezimale Positionssystem wurden von den Arabern übernommen und werden von diesen als ‚hindi' bezeichnet. Unsere Schreibweise hat sich aus dem Arabischen entwickelt, wobei deren inhaltliche Bedeutung infolge der Abwandlung und räumlichen Drehung um 90° nicht mehr so offensichtlich nachvollziehbar wird. Neben der leicht wiederzuerkennenden 9 wird der Leser auch die 2 und die 3 wiedererkennen, wenn er auf die besagte 90° Drehung achtet. Der Inhalt, die Qualität der Zahl ist im Originalen noch leichter findbar als in der uns bekannten abgewandelten Form. Der Wissende erkennt aber auch in der heutigen Schreibweise noch den klaren symbolischen Inhalt. Folgende Schreibweise ist arabisch:

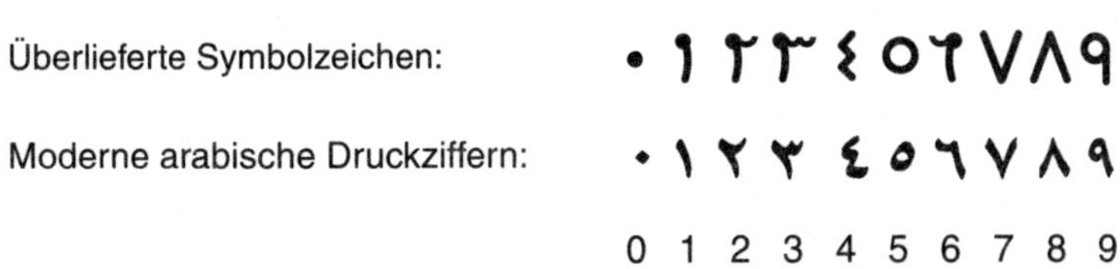

Abb. 1: Die arabische Zahlensymbolik indogermanischen Ursprungs, aus der heraus sich unsere heutigen Zahlzeichen entwickelt haben.

So neu und verwirrend für unsere Augen jene Schreibweise sein mag, so ausdrucksstark und helfend wird sie sich uns schnell erschließen. Dazu ist es nötig, einen kurzen erklärenden Überblick der offensichtlichen Inhalte aller Zahlen zu geben, ohne auf Details einzugehen. Wenn der Leser die Grundsätzlichkeiten erfaßt hat, wird er Freude daran haben, der Logik, Folgerichtigkeit und Perfektion jeder Zahl im Detail zu folgen.

Die Grundpolarität Eins ⇔ Zwei, das Muster eines Umweges

Die Eins ist der Anfang und Beginn des ganzen Systems, die Grundlage aller Zahlenelemente. Sie ist in jeder Zahl vorhanden und ist selbst der Ursprung des Systems. Die Eins steht für die Qualität der Einheit, der Ungeteiltheit und der Einsicht. *Ein*-Sicht bedeutet, die Einheit aller Dinge hinter der Vielheit der Welt zu sehen.

Um das Verstehen der Eins und das Erfassen ihrer Qualität dreht sich ausnahmslos jede Religion. Es ist der schwierigste und letzte Schritt, den der Mensch gehen kann. Damit ist es gleichzeitig aber auch das einzige Ziel aller menschlichen Bestrebungen. Die Eins steht nicht nur für Geradlinigkeit und Standhaftigkeit. Sie ist mehr. Sie ist das Symbol des höchsten Zieles, der grenzenlosen Selbstbewußtheit. Was Menschen an Schlimmem und Spaltendem durch ein vermeintlich übersteigertes Selbstbewußtsein, z.B. den Größenwahn, hervorbringen können, ist nicht etwa durch wirkliche Selbstbewußtheit hervorgerufen, sondern durch sein Gegenteil, auch wenn der Schein noch so trügt. Bei solchen Menschen tritt nur die Leere in einem geliehenen und damit falschen Gewande auf. Was in ihnen auftaucht, ist das fast schon Verlorengeglaubte, eine Kraft, die sich ihrer nicht wirklich bewußt ist und auf diese Weise ins Leben bricht. Sich ihrer bewußt zu werden, d. h. echte Selbstbewußtheit zu erreichen mit all ihren Konsequenzen, ist der Sinn. Die Bewältigung der Aufgabe ist schwierig, und die Aufgabenstellung wird von nur sehr wenigen Menschen überhaupt erfaßt. Der Mensch erlebt sich im Gegensatz zur Einheit, also in der Vielheit der Erscheinungen, und ist bestrebt, sich suchend in ihr zurechtzufinden. Über die Subjektivität sucht er die Rückverbindung zur Einheit. Was dem Menschen offensichtlich zur Verfügung steht, ist Zweiheit bzw. Geteiltheit. In jedem Menschen ist aber auch die Kraft der Einheit enthalten, so wie in jeder Zahl die Eins ist.

Sich ihrer bewußt werden, heißt, die Würde des Menschen finden. Dann ist er ein Individuum, ein Un-geteiltes. Der Weg ist zwangsläufig ein Umweg, weil er beim Zwei-sein, der Gespaltenheit, anfängt. Der einzelne muß bei seinem Sondersein, seiner Subjektivität den Weg beginnen. Dadurch kann er von der Qualität des einzelnen zur Qualität der Einheit kommen. Der Transformationsschritt folgt einem grundsätzlichen Entwicklungsgesetz, der Weltformel, so wie jede Entwicklung diesem Gesetz folgt. Die Natur folgt ihm unbewußt. Der Mensch transformiert sich nur über die Erlangung von Bewußtheit, das Anwenden der nur ihm zukommenden Qualität.

Das Erarbeiten der universellen Transformationsformel soll unsere Aufgabe sein. Dazu bedienen wir uns vieler kleiner Schritte. Wie sich später herausstellen wird, werden sich die Umwege als sinnvoll erweisen. Analog der Zahlenvielfalt werden wir die verschiedenen Qualitäten beschreiben, die alle zu dem gemeinsamen Ziel, der Ein-sicht führen. Die Zahlen werden unsere Individualitäten sein, anhand derer wir ihr gemeinsames Anliegen, die Rückverbindung zur Eins, nachvollziehen. Trotz der sich unterscheidenden Qualitäten sind alle Zahlen eindeutig, d. h. auf die Einheit orientiert. Mit Hilfe der Symbole der Vielheit (2–9) und ihrer Subjektivitäten vervollständigen wir unser Bild von der Eins. Das befähigt uns, den jeweils nächsten, höheren Archetypen begreifen zu lernen, der wiederum unser Bild von der Einheit erweitert. Ein solches Wechselspiel entspricht unserer Natur und ist eine taugliche Hilfe. Es ist der für die Welt typische und zwingende Umweg der Erkenntnis.

Der Weg der Entwicklung geht immer erst in die verwirrende Vielheit, aus der heraus wir das Einfache und Grundlegende erkennen. In all den folgenden Seiten wollen wir nichts weiter erreichen, als die Zahlen 2 bis 9 verständlich zu machen, um uns der Eins gewiß zu werden. Das systematische Erfassen der „einzelnen Buchstaben" führt letztlich dazu, mit einem Blick den Inhalt eines Wortes erfassen zu können. Dazu wiederholen wir immerfort das Gleiche. Form und Art verändern sich dabei. Vieles bleibt am Anfang unausgesprochen, weil es, zu früh artikuliert, das Unverständnis fördert. Andererseits wird die Sprache am Ende komplizierter und sogar paradox. Ihr Verständnis setzt das Vorangehende, den erwähnten zyklischen Aufbau, voraus. Erst dann wird die seit Jahrtausenden existierende Weltformel, die nur aus zwei Teilen besteht, zu dem der Zahlenqualität Kundigen sprechen.

Wir erkennen die Eins als Basis allen Seins. In den Entwicklungen der Religionen beobachten wir die Entstehung des gemeinsamen Gottesbegriffes zu monotheistischen Anschauungen. Der allesumfassende Gott ist symbolisch die Eins. Dort, wo die verschiedensten Ansichten, Riten und Gebräuche zusammenlaufen, steht das Symbol der Eins. Es repräsentiert die Einheitlichkeit aller Ansichten. Die Vielheit wird durch die Einheit zusammengehalten. Einheit bedeutet das Nicht-getrennt-Sein, die Ununterschiedenheit, das Absolute, über allem Stehende und Zusammenfassende. Die Eins steht für die nicht greifbare oder näher definierbare Einheitlichkeit aller Erscheinungsformen. So wie die Filmleinwand oder das Stück weißes Papier auf ihrer Grundlage alle Bilder oder Buchstaben erst ermöglichten. Dieses Gemeinsame ist in jedem Menschen. In der Naturwissenschaft begegnen wir dem gleichen, letzten Wert, der die Grundlage jeder Seinsform darstellt. Es ist der Begriff der Energie. Mit dem Einsteinschen Äquivalenzprinzip wurde auch wissenschaftlich jede Form der Existenz auf die Energie reduziert. Energie kann nicht entstehen oder verlorengehen, sondern nur von einer Form in eine andere überführt werden.

In beiden Weltanschauungen haben wir die einmalige und einheitliche Basis alles Existierenden gefunden. Nur bei der Bezeichnung Gott oder Energie scheiden sich die Geister wegen der Vorbelastungen und Fixierungen, die jeweils mit den Begriffen verbunden sind. Vielmehr sollten wir uns freuen, einen gemeinsamen Ansatzpunkt gefunden zu haben. Es ist der Ursprung, der Schöpferimpuls.

Die Chemiker kennen es als das einfachste unter den Stoffen, das Wasserstoffatom, das Atom mit der Kernladungszahl Eins.

Die Problematik des Lebens besteht in der Dualität der Welt. Der Mensch ist, wie alle Dinge auf der Welt, die wir benennen können, polar angelegt. Mit Hilfe der Polarität ist es uns erst möglich, eine Sache zu bezeichnen. Wir können das Licht nur kennen, weil wir die Dunkelheit kennen. So wie hell oder dunkel zusammengehören, so wissen wir vom Oben, da wir unten kennen, rechts, weil wir links davon unterscheiden können. Das Gute können wir nur empfinden, weil auch sein Gegenteil, das Schlechte, existiert. Die Polarität macht uns unser Leben erst möglich. Leben ist Polarität. Mit dem Begriff der Einheit kommen wir in eine leichte Verwirrung, da er beide sich bedingende Pole zusammenfaßt. Wir können die Einheit zwar artikulieren, aber dennoch steht sie außerhalb unserer Erfahrung. Einheit ist jenseits der Polarität, und Polarität ist unsere Erfahrungshilfe. Wir müssen uns also begnügen mit der verbalen Feststellung, daß Einheit die Polarität zur

Polarität ist. So ist sie also als Grundlage vorhanden, ohne daß wir ihrer unmittelbar gewahr werden, eben wie die Leinwand im Kino nicht im unmittelbaren Bewußtsein beim Betrachter des Filmes ist. Sie bleibt einmalig, einfach und wertfrei, ohne in Frage gestellt werden zu können. Unser Erleben ist durch sie und auf ihr begründet. Später werden wir nach der Erfahrung der Vielheit der Einheit etwas näherkommen und Ein-Sicht gewinnen.

Die 1 repräsentiert damit den Schöpfer selbst, weshalb sie in früheren Kulturen nicht als gewöhnliche Zahl gesehen wurde, sondern als etwas Heiliges. Darauf beruht z.B. die Unaussprechbarkeit des Alef, des ersten Buchstabens des hebräischen, biblischen Alphabets. Die gesamte Welt gehorcht dem Polaritätsgesetz, welches erst aus der Eins hervorgeht. Sie selbst jedoch gehört der Polarität nicht an. Sie ist vielmehr ihre Vorbedingung und läßt sich als ihr Schöpfer nur als Polarität der Polarität definieren. Aus der Sicht der Polarität ist ihr Gegenteil (das Polare) wieder Einheit. Sie ist das Stabile, Konstante an sich. Weil außerhalb von ihr nichts ist, aufgrund ihrer allumfassenden Existenz, wird sie auch durch nichts in Frage gestellt. Sie selbst ist aber, wie wir in der Mathematik der natürlichen Zahlen sehen können, in allen anderen Zahlen enthalten.

Die Zwei ist das Gegenstück zur Eins. So wie die Eins die Ungeteiltheit ist, so repräsentiert die Zwei die Gespaltenheit, die Polarität, die Zweiheit und Uneinheitlichkeit und damit Vielheit. Wir stellten fest, daß die Zwei die Basis unserer Erkenntnisfähigkeit ist. Der Wissenschaftler wird ein Problem, d. h. eine Spannung zwischen zwei Polen, lösen, indem er zwei neue Fragen bzw. Probleme erarbeitet. Welt ist immer polaritätsbezogen. So können wir es vom mathematischen und inhaltlichen Standpunkt verstehen, wenn in den Heiligen Schriften der Diabolos (Satan) als der Herrscher der Welt beschrieben ist. Darin liegt primär nichts Beunruhigendes, denn diabolisch ist in diesem Sinne schon der Wechsel von Tag und Nacht, Oben und Unten, Schlafen und Wachen. Diesem Rhythmus folgen wir mit unserem Atem. Niemand würde auf die Idee kommen, ein Pol der Atmung, entweder ein- oder ausatmen, wäre schlecht oder verwerflich. Es ist das Gesetz der Welt. Polarität ist ihr Herrscher. Deshalb wird der Diabolos = Satan = Widersacher in allen seinen Teilen gespalten, also polar dargestellt. Der Teufel hat zwei Hörner, *zwei* verschiedene Füße, und der andersartige Fuß ist ein *Zwei*hufer (Pferdefuß). In der Hand hält er die Gabel als das Symbol des Gespaltenen, Zweifachen, der Polarität. Auch die Heilige Schrift, die **Bib**el, beginnt mit dem zweiten Buchstaben, dem Beta. Der Weg auf der Erde benötigt die Polarität, und er beginnt mit ihr.

Der laufende Wechsel der beiden Pole macht uns erlebnisfähig, ähnlich wie die auf der Leinwand ablaufenden Bilder der beiden Pole schwarz und weiß. Welt ohne Polarität ist nicht möglich. Die Zwei symbolisiert Unterschiedenheit. Aus ihr gehen u. a. auch Zweifel, Zwiespalt und Zwist hervor.

Unser Verstand stößt an Grenzen bei der Feststellung der allein existierenden Einheit, außerhalb derer nichts sein kann, und des dennoch existierenden Gegenteiles, der Polarität. Beides ist uns einleuchtend. Die Einheit als Hintergrund wie auch die Polarität als Erfahrungsgrundlage dieser Welt sind existent. Dieser Widerspruch kann ohne den dritten Punkt, die Drei, nicht gelöst werden.

Die Drei – Die Funktion Die Verbindung der Pole, die Erkenntnis und die sich Erhebende

Die Spannung zwischen Eins und Zwei, männlich und weiblich, oben und unten, gut und böse, wird durch die 3 erlöst. Die 3 ist das Prinzip der Bewegung, Dynamik, des Ausgleichs, der Verbindung und der Vereinfachung. Die Spannung zwischen zwei Punkten kann aber nur gelöst werden, wenn man sich nicht in den dualistischen Beschränkungen der jeweils beiden Pole, die ja durch den Ausschluß ihres Gegenteils ihre Definition finden, verfängt, sondern einen überblickenden Standpunkt einnehmen kann. Wir haben als Grundlage unserer Welt die Polarität, d. h. ein Ausschlußdenken, erkannt. Eine bezeichnete Sache ist demnach nicht gleichzeitig ihr Gegenteil. In dem Moment, wo wir von den Polen 1 oder 2 sprechen, haben wir bei deren Definition das jeweilige Gegenteil ausgeschlossen. Wer Ich sagt, sagt unausgesprochen Nicht-Du. Beschränkung war also der Preis unserer Definition. Die Absicht, die beiden Pole miteinander zu verbinden, setzt nun das Verlassen der Beschränkung voraus und fordert einen Standpunkt außerhalb der beiden Urpole. Es entsteht eine neue Betrachtungsebene, die *beiden* Polen gerecht wird.

Als einfachstes Beispiel dient die Erfahrung zweier miteinander streitender Kinder, denen wohlwollende Erwachsene aufgrund ihres umfassenderen Wissens zur Versöhnung verhelfen, ohne die jeweiligen Belange der Streitenden zu mißachten.

Der Naturwissenschaftler findet wahrscheinlich ein geometrisches Beispiel einleuchtender: Man stelle sich zwei zweidimensionale Wesen vor, die aufgrund ihrer Anlage die dritte Dimension nie erfahren haben und sich immer nur in der ihnen eigenen Ebene bewegen konnten. Beide zweidimensionalen Wesen bewegen sich jetzt auf ihrer Fläche, nur daß beide Flächen im Raum einen Winkel von 90° bilden.

Ein Gegenstand, der sich in diesem Raume zwischen zwei Flächen befindet, soll nun auf die jeweilige Ebene projiziert werden. Der auf die Ebenen fallende Schatten hat in den beiden verschiedenen Ebenen auch verschiedene Formen. So erfährt das Wesen A diesen Gegenstand als Rechteck und das Wesen B als Kreis.

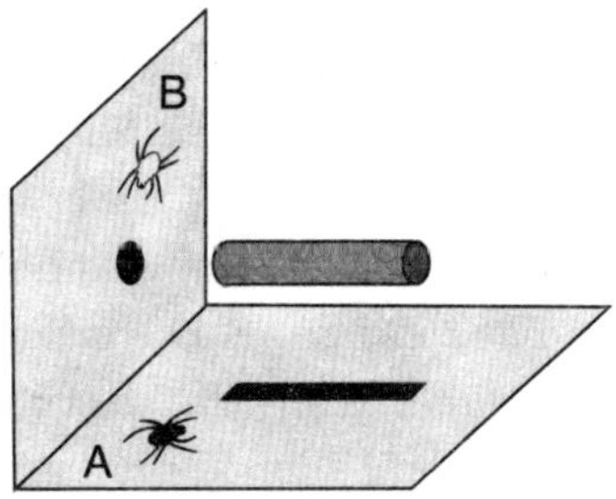

Abb. 2: Die unterschiedliche Sicht des gleichen Objektes durch zwei zweidimensionale Wesen. Beide sind im Recht, und indem sie sich auf ihre Fakten berufen, führen sie „heilige Kriege" gegeneinander.

Mit ihren zweidimensionalen Mitteln machen sie ihre Erfahrungen wissenschaftlich dingfest und können nun „zweifelsfrei ihre unumstößliche Wahrheit" weitergeben. Beide korrespondieren miteinander und sind im Recht. Sie führen einen heiligen Krieg in bezug auf ihre widersprechenden Erkenntnisse. Erst ein dreidimensionales Wesen könnte beide Erfahrungen aufgrund des Ebenenwechsels in Einklang bringen.

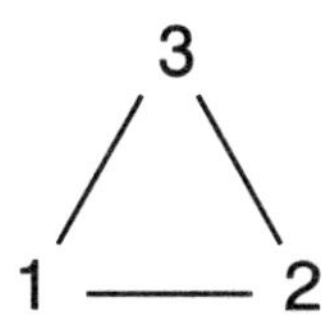

Abb. 3: Die Dreiheit überwächst die Ebene ihrer Vorgänger und ist in der Lage, die Polaritäten zu überschauen und zu verbinden.

Die Drei verläßt die Ebene ihrer Vorgänger und betrachtet beide mit Abstand. Dadurch wird es ihr möglich, sie zu vereinen, ohne einen von beiden zu verletzen. Das Dreieck ist deshalb ein Symbol der Erkenntnis und wird oft mit dem in der Mitte befindlichen Auge in den okkulten Wissenschaften dargestellt (siehe 1-Dollar-Schein). Mit der Drei wird ein Geburtsvorgang bzw. eine Befruchtung eingeleitet, aus der eine neue Dimension entsteht. Es geschieht das, was vorher nicht möglich war. Die Drei schöpft eine neue Ebene der Betrachtung. Das ist der Grund, weshalb in allen Religionen der oberste Schöpfer immer als dreifaltig dargestellt wird. Alles Existierende kann letztlich auf diese Trinität zurückgeführt werden. In der christlichen Tradition ist es der Vater, Sohn und Heilige Geist; in der indischen Tradition Brahma, Vishnu und Shiva; Zeus, Poseidon und Hades der Griechen; Sin, Schamasch und Ischtar der Babylonier usw.

Die verbindende Aktivität der Drei symbolisiert das aktive Handeln, Zahl des Werdens und der Zeugung. Die erhöhte Position kommt noch in den Worten Tribun, Tribüne, Testis (lat. der Zeuge, der als Dritter dabeisteht) zum Ausdruck. In allen Fällen kommt es darauf an, das Gemeinsame zu erkennen, um es zur ursprünglichen Geschlossenheit zusammenzuführen. Die sprachliche Überlieferung trägt dem göttlichen Dreierprinzip, dem Schöpfungsprinzip, Rechnung in den Worten:

Aller guten Dinge sind drei;
toi, toi, toi;
3 x auf Holz klopfen;
3 x hoch soll er leben;
3 x dürfen Sie raten;
der Weg, die Wahrheit und das Leben;
3 Kreuze schlagen;
Liebe, Glaube, Hoffnung;
Wurzel, Stamm und Krone;
3 Väter des Menschengeschlechts; Adam, Seth und Henoch usw.
Wer nicht bis 3 zählen kann, ist dumm und unfruchtbar.

Der Wissenschaftler mag greifbare Dinge wie den Schemel, der durch das dritte Bein seine Standfestigkeit erhält, leichter akzeptieren können. Die Basis der naturwissenschaftlichen Erkenntnis ist Raum, Zeit und Kausalität. Andere logische Zusammenhänge der gleichen Art werden beschrieben durch die Aggregatzustände fest, flüssig und gasförmig; die biologische Gliederung in Mineral, Pflanzen und Tierwelt; die Zeitgliederung in Vergangenheit, Gegenwart und Zukunft mit ihren täglichen Vertretern Morgen,

Mittag und Abend; die erkenntnistheoretische Gliederung These, Antithese und Synthese; 3 Grundfarben: rot, gelb, blau; die Satzgliederung in Subjekt, Prädikat und Objekt. Die mystische Variante in den Märchen wären die drei Wünsche oder Aufgaben, die der Held zu lösen hat, um die höhere Ebene zu erreichen. Der Beginn einer Dynamik zur Entscheidung und Lösung einer Aufgabe in den Worten „Auf die Plätze, fertig, los". Die Reihe könnte man seitenweise fortsetzen. Der Leser sollte jeweils nur durch ein Beispiel in seiner eigenen Betrachtungsweise angesprochen sein und so den Inhalt der 3 erfassen.

Wenn wir von allgemeinen Gesetzmäßigkeiten der Welt, die sowohl die materielle als auch die ideelle Welt beschreiben, überzeugt sind, dann ist der Dreierschritt bereits das Grundgesetz. Unsere Betriebsblindheit verhindert nur noch, die Tragweite und das Ausmaß seiner Botschaft zu erkennen. Je einfacher ein Sachverhalt dargestellt ist, um so schwerer ist er oft zu erkennen. Das Weltgesetz ist in den ersten drei Zahlen enthalten. Es besagt, daß nichts verlorengeht, sondern die Welt auf ein reines Additionsprinzip aufbaut. Die Existenz der Polarität und Zweiheit führt zu keiner Vernichtung. Vielmehr führt sie zu immer Neuem. Das ist das Schöpferprinzip. Die arabische Zahlensymbolik setzt das Prinzip aller Prinzipien anschaulich ins Bild.

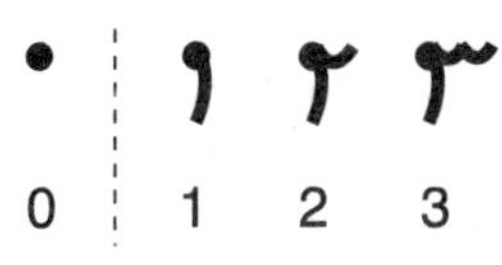

Abb. 4: Das Additionsprinzip. Die ersten drei arabischen Zahlzeichen zeigen, daß Entwicklung ausschließlich aus einem Hinzugewinnen besteht.

Zur Erlangung des in den Zahlen verborgenen Wissens wollen wir, wie schon vorher beschrieben, den bewußten Umweg gehen. Durch Wiederholung und immer weitere Vergrößerung werden wir das eindeutige Weltgesetz herausschälen. Ausgangspunkt ist unser Erkenntnisdreieck. Die Zahlen 1-3 werden wir in die Vielheit (Abb. 5) strecken, um, quasi mit einer Lupenwirkung, Details zu objektivieren, die uns wiederum zu dem Kern, dem eigentlichen Inhalt tragen. Wir werden von der Dreiheit zur Neunheit gehen.

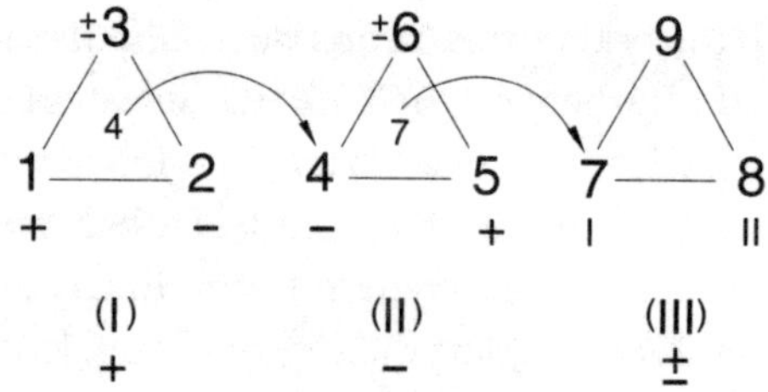

Abb. 5: Die 3 Funktionskreise der Zahlen 1–9. Die auf sich selbst wirkende Drei, ihre 2. Potenz, die Neunheit, ist letztlich eine Vergrößerung des ‚Urprinzips Dreiheit'.

Das Grunddreieck mit seinen Bestandteilen beschreibt einen positiven (männlichen) Teil 1, der dem weiblichen (negativen) Teil gegenübersteht. Die Drei ist das verbindende Prinzip, welches zu einer Neugeburt führt, d. h. die Drei selbst ist das verbindende Prinzip, nicht aber schon das Ergebnis der Zusammenführung. Das Ergebnis wäre die Vier. Sie könnte man als das Kind des Vorganges Eins bis Drei betrachten. Gleichzeitig beginnt mit ihr aber eine neue Generation, ein neuer Zyklus. Was mit dem positiven Pol des ersten Kreises (I) anfing, bekommt jetzt ein Gegenstück. Man beginnt einen ähnlichen Zyklus, diesmal mit einem negativen Pol. Damit beantwortet sich die Frage nach dem Ausgleich (Gerechtigkeit). Durch die Umkehrung entsteht ein Gegengewicht. Was 1-2-3 war, wird durch 4-5-6 ergänzt. Wir haben so 2 Kreise, die in ihrer Stellung zueinander (einmal positiv beginnend und einmal negativ beginnend) eine neuerliche Polarität bilden. Eine Polarität kann aber nur durch einen dritten Punkt, der beiden Teilen gerecht wird, ausgeglichen und auf die höhere Ebene gehoben werden. So entsteht der Kreis III (7-8-9). In ihm steht die 7 stellvertretend für den Kreis I, die 8 für Kreis II. Die Neun führt jetzt beide Bestandteile des III. Kreises (7+8), d. h. ihrer selbst und damit gleichzeitig die gegensätzlichen Bestandteile ihrer Basis (I+II) zusammen. Es entsteht eine Neutralisation aller Bestandteile, und damit ist gleichzeitig der Beginn eines völlig neuen Zyklus gegeben. Aus diesem Grunde kann die 9 eben nur *neu*-n heißen. Ein solcher Zusammenhang ist in vielen Sprachen nachweisbar. Damit sind wir dem Inhalt der 9 ein kleines Stück nähergekommen. Die Funktion der 3 hat sich in der 9 wiederholt und vervollständigt. Was die 3 im I. Kreis macht, macht die 9 im III. Kreis. Nur verbindet sie in vollkommener Weise. Sie wird ihrer Aufgabe im kleinen Kreis und im großen Maßstab gerecht. Die 9 ist demnach die 3 in Vollkommenheit.

Die entscheidende und herausragende Eigenschaft der Drei ist ihre verbindende Funktion. Der Funktionsbegriff geht archetypisch auf die Dreizahl zurück. Handlung, Bewegung, Veränderung und Funktion sind Synonyma für die Drei. Sehen wir auf die Art der Urfunktion der Drei, so ist sie grundsätzlich eine verbindende. Ihr Wesen besteht demnach nicht in einem willkürlichen Handlungsprinzip, sondern eben in der Umsetzung einer innewohnenden Gerichtetheit. Die Drei verbindet nicht nur die 1 und 2 miteinander, sondern erhöht die 1 in ihrer Qualität. Die Einheit wird durch die Drei (die allgemeine Funktion) wieder neu erstellt. Diese immanente Zielbestimmtheit jeder Handlung und Dynamik ist das zu Begreifende. Zu ihrem Zwecke sind die ausschmückenden und erklärenden Umwege, z. B. über die Neunheit oder über die drei Dimensionen, in diesem Buche nötig. Die Umwege unterscheiden sich. Das zu begreifende Ganze bleibt dasselbe. Der sich dem Leser stellende Einwand, daß wir uns hier nur mit dem 10er Zahlensystem beschäftigen, wo es doch eine Reihe anderer tauglicher Systeme gibt, ist damit im Groben beantwortet. Am Ende der Lektüre wird man in der Flut der Fakten dem Wesen der Schöpfung, zu deren Erkenntnis wir die Vielzahl der Erscheinungen benutzten, nähergekommen sein. Am Beispiel der Dreizahl erklärt sich jedes Phänomen. Ob man das 10er, das 12er oder ein anderes Zahlensystem benutzt, ist gleichgültig. Die Dreizahl ist in jedem wirksam, sogar schon im dualen, dem Zweiersystem. Ihre Wirksamkeit kennen wir durch die duale Computersprache, die auf ja oder nein beruht. Die Zielgerichtetheit der Dualität liegt in der beabsichtigten Handlung, die zur Interaktion der Polaritäten führt. Auf diese Weise ist die Drei wieder im Spiel. Ohne sie ist Erkennen nicht möglich. Das Erkennen selbst ist seinerseits zielgerichtet. Endpunkt ist der Anfang aller Dinge, die Einheit. Das ist die Rückverbindung zum Ursprung, die *religio*. Jede Erkenntnis ist deshalb die Erkenntnis des Ursprungs. Der ganzheitstiftende und prozeßsteuernde Faktor war der Erstgeborene, die Eins am Anfang der Zahlenreihe, die in jeder ihr folgenden Form und Zahl enthalten ist. In der Drei ist sie geistig greifbar als die Verbindung der sich vorher widersprechenden Pole. Das dritte Element ist ein zwillinghaftes, weil es Anteil an zwei Urgestalten hat, der Einheit und der Zweiheit, die sie miteinander aussöhnt. Ihre Leistung liegt in ihrer eigenen Fortentwicklung, dem Ebenenwechsel, der die Verbindung durch die Unbefangenheit ermöglicht. Sie tötet weder den einen noch den anderen, sondern verbindet beide als Partner.

Insofern sind Einheit und Zweiheit gleichwertige Pole. Andererseits nutzt sie ihre Fähigkeit, um *Einheit* zu erstellen, und nicht, um Zwist und Zwietracht zu zeugen. Das ist die Wirkung der Entelechie, der innewohnenden Gerichtetheit, die der Eins und Einheit gegenüber der Zwei und Zweiheit den Vorzug gibt. Die Drei ist auch diesbezüglich ein Zwilling, denn sie verbindet Gleichheit und Ungleichheit miteinander. Sie erbringt eine paradoxe Leistung, weshalb sie uns als göttliche Trinität bekannt ist.

All die folgenden Ausführungen werden das Thema vielfältigst bearbeiten. Dazu muß man die Qualität der 3 zumindest grob kennen, um den roten Faden zur angestrebten Gewißheit nicht zu verlieren. Zu diesem Zweck möchte ich dem Leser zwei Bilder (Abb. 6) vorstellen, welche den genannten Inhalt immer wieder eindrucksvoll vor Augen führen. Das sind das rechtwinklige Dreieck und die Anordnung der über 4.000 Jahre alten ägyptischen Pyramiden in Gizeh.

Das Dreieck vertritt optisch auffällig die Dreizahl. Das einfachste unter ihnen ist das gleichseitige Dreieck mit seinen drei gleichen Seitenlängen. Die Gleichheit aller 3 Teile spricht das Geheimnis der innewohnenden Einheit aus. Wir begreifen es meist nicht sofort und müssen die beschriebenen Umwege über die Vielheit der äußeren Entwicklung gehen. Das dem Dreieck folgende Gebilde ist das der Vierzahl, das Quadrat. Man kommt zu ihm nur über das Dreieck. Das aber ist für uns ein rechtwinkliges Dreieck. Rechtwinkligkeit ist die Erhöhung und Beachtung des erstgeborenen Poles, der Einheit[8]. Die 3 anerkennt sichtlich beide Pole, doch gliedert sie hierarchisch. Sie verwirklicht das „sowohl als auch". Geradlinigkeit (1) und Krummlinigkeit (2) verbinden sich zur neuen Einheit. Durch die Zielrichtung bleibt die Qualität der Eins. In einem gesonderten Kapitel werden wir darauf eingehen.

Hier soll anhand der Pyramidentrilogie zu Gizeh gezeigt werden, daß das Wissen darum schon älter als 4.000 Jahre ist. Die eigenartige Verteilung der drei ägyptischen Pyramiden war bisher ein Rätsel. Die beiden ersten, die Cheops- und die Chefrenpyramide, stehen auf einer gemeinsamen, diagonalen Achse und sind in Nord-Süd-Richtung ausgerichtet. Die dritte und kleinste dagegen, die Mykerinospyramide, bestätigt zwar die Ausrichtung

[8] Die Drei verbindet nicht wahllos, sondern *zielgericht*. *Ein* Pol wird *erhöht*. Sie richtet sich nach *einer* Zahl. Das ist archetypisch die Einheit/Eins, denn sie will *Ein*heit erstellen!

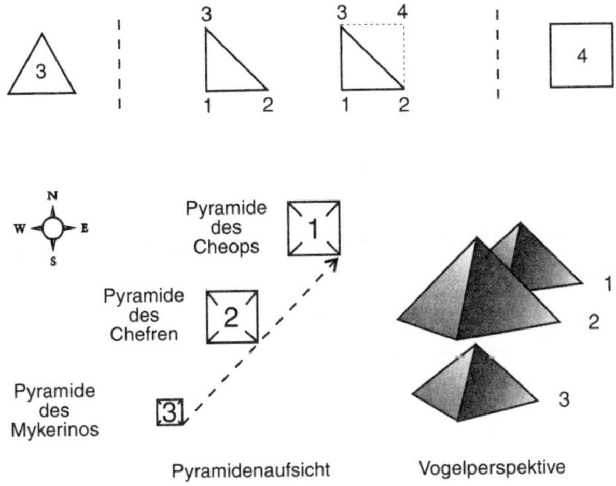

Abb. 6: Die der Dreizahl innewohnende Gerichtetheit. Drei stellt immer die Verbindung zur Eins (Einheit) her. Funktion (3) ist deshalb immer rechte, auf Einheit gerichtete Funktion.

nach Nord-Süd, aber sie steht leicht neben der Achse. Sie bestätigt im Groben die von ihren Vorgängern vorgegebene Richtung. Doch nutzt sie eine leichte Abweichung, um den Sichtkontakt zur ersten Pyramide aufzunehmen. Über die Ostkante (d. h. Osten = Orientierung = Lichtbezug) kann man eine Verbindung zur ersten, der großen Pyramide des Cheops, herstellen. Die Verbindung zur Cheopspyramide ist die innewohnende Gerichtetheit der Dreizahl. Die Mykerinospyramide muß das Kunststück vollbringen, die Linearität zu erhalten, und gleichzeitig muß sie sich mit der Einheit, dem Erstgeborenen (Cheopspyramide), rückverbinden. Sie tritt deshalb leicht aus der Reihe. Doch die Abweichung, die entsteht, ist im Sinne der Einheit. Auch ihre Winkel entsprechen der ersteren, der Cheopspyramide; doch sind ihre Außenmaße im Gegensatz zur ersteren deutlicher und bewußt vom Quadratischen abweichend[9], ohne jedoch andererseits das Quadratische in Frage zu stellen. Das ist höchst bedeutend, denn damit wird das Verfangen in der Linearität verhindert.

Der Leser möge an diesem Beispiel die Universalität des Wissens um die alte Zahlenteleologie erahnen, die hier erst Licht in die Geheimnisse der Pyramiden bringt.

---

[9] Leben entsteht durch Abweichung. Sie ist überall zu finden.

Die Vier – Die Welt

In den ersten drei Schritten (1-3) begegnete uns das Weltprinzip im groben Raster. Es bestand im Ausgleich (3) zwischen einer vorhandenen Energie (1) und dem ihr entgegengesetzten Widerstand (2) durch Betrachtung aus höherer Sicht (3). Der Wechsel aus der Ebene der Auseinandersetzung in die überschauende, höhere Dimension führt zu einem fruchtbringenden Zusammenspiel beider Parteien. Es war das dynamische Wirken der 3 mit ihrem zusammenführenden Charakter, welches Erlösung von den Fixierungen der gegeneinanderstehenden Parteien (1↔2) brachte. Das *Ergebnis* des Vorganges ist eine neue *Manifestation*, ein *Viertes*. Das Vierte ist gewissermaßen das Kind des ersten Zyklus.

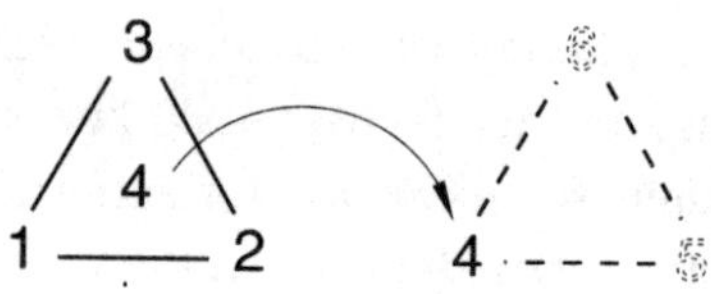

Abb. 7: Die Vier, das Kind der Dreiheit, die neue Generation, die Manifestation

Das hervorgegangene Vierte hat seinen Ursprung in dem Zusammenspiel der grundsätzlichen Dreiheit, ist selbst aber der Beginn eines neuen Zyklus. Mit ihr ist die Grundlage einer neuen Generation geschaffen. Was im ersten Zyklus mit der 1 begann, wird jetzt erneut ablaufen, allerdings mit der 4 beginnend. So wie am Anfang des ersten Zyklus die männliche, positive 1 stand, so steht am Beginn des 2. Zyklus die weibliche, negative 4. Eins und vier sind beides Beginner, lediglich unter verschiedenen Vorzeichen (gerade/ungerade; positiv/negativ). Vier ist das aus der ersten Dreiheit heraus Materialisierte, also das konkret Geschaffene. Sie ist Sinnbild für *Verstofflichung*, *Verdichtung* zur *Materie*, der materiellen *Erde* schlechthin. Wenn der erste Zyklus noch ein rein geistiger war und seinen Ausgang in der geistigen Energie der 1 nahm, dann wird der jetzt durch die 4 beginnende Zyklus *konkret* und *sichtbar* vollzogen. Die neue Basis ist die

Vier. Sie ist gleichzeitig ein Gegenzyklus zum ersten. Der Vorgang der Umkehr ist in allen Signaturen der 4 sinnbildlich enthalten. Die arabischen Zeichen 1 bis 3 zeigen ein aufbauendes (additives) und vor allem geschlossenes Bild. Mit der 4 beginnt ein völlig neues Bild:

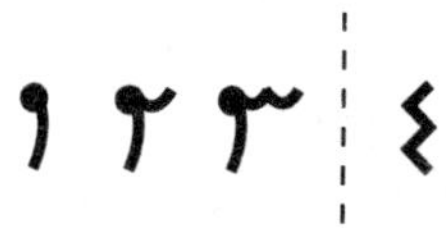

Abb. 8: Die Vier erscheint als Bruch in der Kontinuität. Sie ist das Andersartige, der Wechsel.

Ebenso zeigen die zum Teil sehr alten Zeichen der Vier die Umkehr der vorher vorhandenen Drehrichtung.

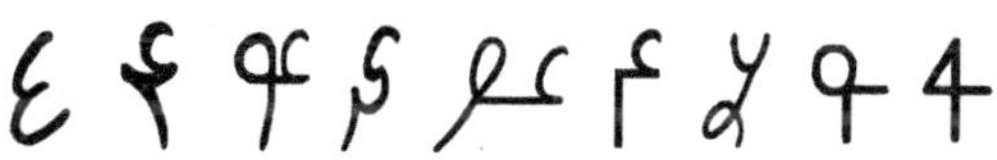

Abb. 9: Verschiedene Zeichen der 4, in denen deutlich die Umkehr, der Wechsel sichtbar ist.

Die materielle Basis mit der ihr zwangsläufig innewohnenden Umkehrrichtung bzw. Tendenz zum Wechsel ist das Typische der 4. Sie ist aber auch die greifbare, erkenntnismäßige Ordnung, das materielle Fundament aller sichtbaren Dinge. Ihr Symbol ist das Quadrat mit seinem rechten Winkel. Das Quadrat als regelmäßig und rechtwinklig begrenzte Fläche symbolisiert Ort und Wohnung des Konkreten. Harmonie und eine gewisse Berechenbarkeit werden sichtbar. Die Quaternität ist die Grundlage unserer Welt. Alle konkreten Erscheinungen wie auch die wissenschaftliche Forschung basieren auf ihr. Es sind die 4 Himmelsrichtungen, die 4 Eiweißbasen des Lebens, die 4 Quadranten des Mathematikers ebenso wie die geliebten 4 Wände des Ortes unserer Heimat.

Die Rechtwinkligkeit ermöglicht allen Existierenden, insbesondere den Menschen, eine Ausrichtung im Sinne von Blickrichtung oder rechter Haltung. Weltliche Fundamente und Ordnung beziehen sich deshalb immer auf die Vier, wie: 4 Himmelsrichtungen, 4 Evangelien, 4 Veden, 4 heilige islamische Bücher, 4 Elemente der esoterischen Wissenschaft, 4 Enden des Kreuzes, 4 Farben des Kartenspiels, 4 Extremitäten, 4 Phasen des Mondes,

4 indische Kasten, 4 chinesische Stände, 4 Cherubim, 4 Temperamente und ein Chor, welcher vollständig ist mit den 4 Stimmen Sopran, Alt, Tenor und Baß.

Leicht verständlich wird durch das Erkennen der Symbolik der Zusammenhang von Vieh und Vierfüßigkeit, welcher im Keltischen noch nachweisbar ist, ebenso wie die Bezeichnung eines Vierteltalers als Ortstaler und das Viertelgüldchen als Örtl.

Das Produkt der geistigen Dreiheit ist die Vierheit. Für Aristoteles war es die Zahl der Gerechtigkeit im Sinne von etwas aufrichten. Pythagoras beschreibt die 4 als die idealste Zahl durch die vollendete Einheit, in der sich die Gegensätze (2) nicht vernichten, sondern als Neuschöpfung hervortreten.

Mit der Qualität der Vierheit erreicht man die angestrebte, höhere Ebene, die Manifestation des Göttlichen. Dem Überschreiten einer Grenze, das die arabische Zahlensymbolik anschaulich macht, begegnen wir auch im theosophischen Wert der Vier, dem sogenannten Tetraktys. Zum Tetraktys kommt man durch die theosophische Addition. Damit ist die Summe aller konkreten Qualitäten gemeint, die zur höheren „Zahlenebene" (1↔10) führt:

$$1 + 2 + 3 + \mathbf{4} = \mathbf{10} \qquad \text{(Tetraktys)}$$

Die Vier ist die veredelte Einheit, ihre Wieder- und Neugeburt auf höherer Ebene. Einheit und Perfektion (1) offenbaren sich durch die Vier, das Konkrete und Manifeste. Die 10 schließt den später noch zu besprechenden Widerspruch zwischen 1 und 0, der Einheit und dem Numinosen, der ewigen Lebensspannung. Vier und Zehn vertreten die gleichen Prinzipien in verschiedenen Ebenen. In der Vier liegt ein konkretes Etwas vor, in dem die beiden Elternteile (1 und 2) durch die Funktion der Drei miteinander verbunden werden. Die elterlichen Bestandteile 1 und 2 (Einheit und Gespaltenheit) stehen nicht mehr in einem Widerspruch. Der Ebenenwechsel, der durch die 3 vollzogen wird, läßt ein Konkretes (4) erscheinen, welches beide Pole vereinigt und in sich trägt. Der Wechsel, der in der Vier dazugewonnen wurde, dient der Offenbarung der Einheit. Die 4 gehört allerdings einem neuen Zyklus, d. h. einer neuen Daseinsebene, an (Funktionskreis/Dreieck II der Abb. 5).

In der 4 liegt die Summe aller vorhergehenden Qualitäten. Sie repräsentiert das zu erreichende Ziel der göttlichen Verschmelzung. Von der Ebene der sich widersprechenden Polaritäten (1↔2) ist ein solches nicht möglich und muß wie ein Wunder erscheinen. In der 10 hat sich die Welt der 9 Archetypen in ihrer Gespaltenheit vereinigt, und sie verbindet sich dadurch mit dem Numinosen (0). Das ist das Erreichen einer höheren Ebene. In ihr wiederholen sich die archetypischen, gleichen Entwicklungsschritte, denn im Zehnerbereich zählt man in der gleichen Quantitätsfolge 1 bis 9.

Hier erscheint mir eine Klarstellung zwischen der grundlegenden Dreiheit und der basisbildenden Vierheit wichtig. Wir sprachen von der göttlichen Trinität und brachten einleuchtende Beispiele. Nun bringen wir ebensolche auf die Quaternität bezogen. Wichtig ist, daß ein erkanntes Gesetz, falls es wirklich gültig ist, in den darauffolgenden Entwicklungsschritten enthalten ist und ihnen nicht widerspricht. Bei der Trinität handelt es sich um eine geistige Grundlage, aus der erst die materielle hervorgeht. Die materielle Grundlage hat die geistigen Voraussetzungen *in sich,* so wie z. B. die Null (bzw. der Punkt) in den folgenden Entwicklungen enthalten ist (s. arabische Symbolik). Auch wenn in der 4 der Punkt (•) der Null nicht mehr offensichtlich ist, so muß er doch vorhanden sein. Im arabischen Symbol der Vier sind die Zahlen 1–3 in den Umkehrungspunkten enthalten. Trotzdem stellt die 4 eine neue Qualität dar, eben die vier Striche. Die Voraussetzungen sind aber in ihr ohne Widerspruch enthalten. Die Vier vereint im Sinne von sowohl/als auch, anstatt auszuschließen in entweder/oder.

Abb. 10: In 4 sind alle geistigen Qualitäten von 1, 2 und 3 enthalten, aus dem das Materielle, die 4, hervorgeht. Im arabischen Symbol der Vierheit ist die Dreiheit noch sichtlich als Umkehrpunkte enthalten.

Deutlich wird der Unterschied an wirklich existierenden Objekten, wie z.B. dem Auto. Das Auto ist etwas konkret Geschaffenes, Materielles, erdhaft Funktionelles. Seine Basis sind die 4 Räder. Jede sinnvolle praktische Entwicklung wird auf ihr fußen. Dennoch kann ein Auto mit 3 Rädern fahren. Das Prinzip ist aber aus der theoretischen Welt und in der 4 konkretisiert. Konsequenterweise sollte man das Beispiel weiter reduzieren auf 2 bzw. 1 Rad. Immer kann man so ein „Fahrzeug" erstellen, nur wird der Umgang damit immer schwerer und theoretischer. Die 4 ist eben der Repräsentant des *Erdhaften*.

Der Leser sollte sorgfältig zwischen der Dreizahl und der Vierzahl unterscheiden. Beide sind die Grundlagen unserer Welt. Die Dreizahl geht der Vierzahl voran. Sie ist ein geistiges Prinzip, die theoretische Vorbedingung der ihr folgenden handfesten Materie (4). Das geistige Prinzip ist vor der konkreten Materialisation da, so wie der Bauplan vor der Konstruktion existiert. Vorgreifend möchte ich hier den einfachsten der Platonischen Körper, das Tetraeder, nennen (s. Abb. 113 auf Seite 310). Es ist der einfachste (1!) der allseitig harmonischen Vielflächner (4!). Als Grundkörper der Körperwelt besteht er aus 4 Flächen. Dies sind 4 gleichseitige *Drei*ecke. Die Dreizahl widerspricht nicht der Viel- und Vierheit der Materie. Sie ist ihre Voraussetzung in der ihr vorangehenden Ebene der Zweidimensionalität. Die Vierheit stellt die Einheit aber erneut und auf besondere Weise wieder her. Es ist die Offenbarung der Einheit, ihr buchstäbliches Offenbarwerden.

Die Abbildung 11 gibt die Archetypenentstehung geometrisch wieder. Die Schritte der Unterscheidung, Entwicklung und letztlich die Einheit von 1 und 4 sind in ihr sehr schön nachvollziehbar. 1 und 4 sind die spiegelbildlichen, zwillingshaften Vertreter des Numinosen (0), des noch unbenannten Göttlichen.

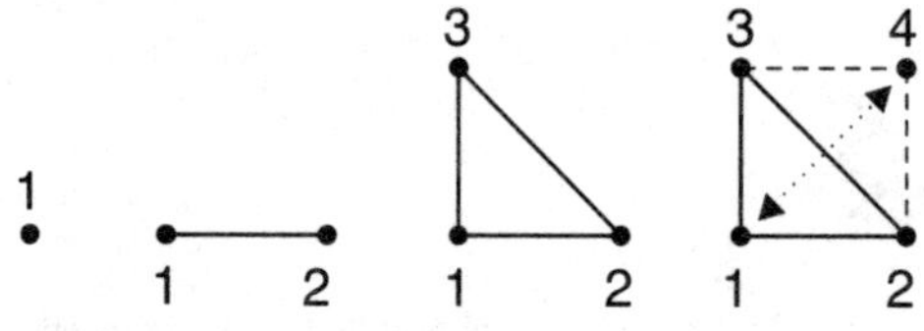

- die 1 als Dimensionslosigkeit, Alles.
- die 2 als sich widersprechende „Gegenstände"
- die 3 als dazugewachsene höhere, ausgleichende Ebene
- die 4 ist der Spiegel der 1. Sie manifestiert das neue Dreieck.

Abb. 11: Geometrische Archetypenentwicklung

Eins und Vier stehen sich gegenüber und sind beide spiegelbildliche Vertreter eines Gleichen.

In der Gesamtheit ergibt sich dann das Quadrat. Die Entwicklung beinhaltet eine evolutionäre Kontinuität. Wir können durch unser Wissen und unseren Verstand nun theoretisch die verschiedensten Ebenen beleuchten.

Bewußt sollte uns aber die Tatsache sein, daß wir in der materiellen, konkreten Welt leben. Wenn wir eine praktische Sache entwickeln wollen, so ist es geeigneter, auf die Gesetze der Vierheit zurückzugreifen. Je geistiger eine Beschäftigung wird, um so bewußt rückverbindender (Richtung 1) müssen wir werden. Das Begreifen nimmt in dieser Richtung an Schwierigkeiten zu. Die letzte Rückverbindung geschieht zur 1 bzw. 0. Das versteht man unter Religion (re-ligio = rückverbinden).

Das Prinzip der religio begegnet uns im profanen und praktischen Leben unter dem Begriff der Geeignetheit. Jeder prüft seine Mittel auf ihre Geeignetheit. Die durch sie bewirkte Unterscheidung macht unser Handeln immer effektiver. Ein Handwerker wird mit Selbstverständlichkeit das konkrete Werkzeug nach seiner Geeignetheit auswählen. Der Architekt sollte schon mehr und tiefer nach dem Sinn des beabsichtigten Baues fragen und dessen Ausführung entsprechend wählen. Das alles sind noch konkrete und praktische Dinge, die der Vierheit angehören. Der Philosoph oder Priester dringt tiefer in die Struktur der Welt ein. Er richtet all sein Denken auf die letzten Fragen. Für ihn ist die Rückverbindung zu der hinter der Welt der Schöpfung stehenden Einheit unmittelbar mit dem Begriff der religio verbunden. Um die Welt, die Vierheit, zu begreifen, muß er die Verbindung zur Dreiheit herstellen. Das Prinzip der Rückverbindung ist aber in allen Ebenen durchgängig. Auch sein Wirken ist letztlich konkret. Das beweist uns die Kenntnis von 4 Evangelien, 4 Himmelsrichtungen usw.

Wer den Inhalt der Vierheit wirklich begreift, der betrachtet es nicht mehr als einen Zufall, daß man in vielen okkulten Traditionen von unserem heutigen Stadium der Menschheit in der 4. Welt spricht und daß im Hebräischen der 4. Buchstabe der Tür (Daleth = Tür) entspricht. Um auf der Erde dingfest zu handeln und zu erfüllen, muß man durch die Tür der 4. Auf ihr basieren die Natur und ihre Wissenschaften und jegliche praktische Tätigkeit.

Das Besondere an der 4 ist ihre doppelte Herkunft. Sie steht stellvertretend, gewissermaßen als Spiegelzahl[10], für die 1. Sie ist eine andere Erscheinungsform der 1 und erfüllt im zweiten Dreieck (Funktionskreis II) die gleiche Funktion wie die 1 im ersten. Andererseits basiert sie auf der 2 (Pola-

[10] Die Spiegelbildlichkeit gilt nicht nur für das Quadrat. Auch in den Grunddreiecken I und II stehen sie sich als jeweilige Beginnerzahlen gegenüber.

rität) und ist deren höherentwickelte Form (2 · 2 = 4). Sie ist die Basis aller Erscheinungen auf der materiellen Welt, weil sie als Vertreter der Polarität das Leben erst ermöglicht. Die Polarität (2) war Voraussetzung jeglichen Lebens. Die daraus entstandene Form ist nun Materie als verfestigte Polarität. Ihr gemeinsamer Anteil an 1 und 2 zeichnet die Vierheit aus und macht sie zu dem, was Pythagoras als die ideale Zahl bezeichnet. Der Mensch sollte das Besondere der Vier, wo immer sie vorkommt, erfassen, und er wird be*geist*ert sein. Liegt nicht in jener Erkenntnis die Perfektion alles Existierenden? Hier hätten wir die von jedem Menschen in letzter Konsequenz angestrebte Harmonie, den Paradieszustand, und doch sind wir im praktischen Leben weit davon entfernt. Die Materie ist oft genug unser Gegner, vom Virus bis zur Naturkatastrophe. Warum sich der Mensch zwischen Einheit und Gespaltenheit befindet und welche Chance für ihn darin liegt, zeigt uns die Qualität der Fünfzahl.

Die Fünf – Das Individuum

Die Fünf, das Individuum, baut auf die konkrete Vierheit auf. Die 4 stellt das Bild der Natur und der Mutter Erde dar, die in sich eine letztendlich unwidersprochene Harmonie beschreibt, die Verkörperung von Einheit und Perfektion. Es ist das Bild der Erde vor der Existenz des Menschen. Noch vor der Anwesenheit des Menschen hat sich auf der Erde eine Evolution innerhalb der existierenden Polaritäten vollzogen, die ein Wunderwerk wie den Menschen ermöglichte. Um die Zusammengehörigkeit von Materie (Erde/Wechsel/Vierheit) und der Vollkommenheit zu erahnen, mache man sich klar, daß trotz der Naturkatastrophen und aller nur erdenklichen dramatischen Veränderungen zwischen den jeweils vorhandenen Extremen (Polen) das Ergebnis letztlich immer großartig war. Das menschliche Gehirn, als das Produkt der natürlichen Wechselwirkungen, rechtfertigt Untergänge, wie sie unsere Forscher im Laufe der Jahrmillionen in allen Schichten immer wieder nachweisen konnten. Die allen Wechselspielen unwiderruflich innewohnende Harmonie ist offenkundig. Das ist die perfekte (göttliche) 4, die von den Pythagoräern so verehrt wurde. Auf ihrer Grundlage[11] entsteht das Individuum Mensch (5).

Die Perfektion der materiellen Ebene sucht nun ein Gegenüber, um erkannt zu werden. Nur über das Polare (2) wird Anschauung möglich. Es muß jemand der Natur gegenübertreten, um sie als Wunderwerk in sein Bewußtsein aufnehmen zu können. Betrachtung erfordert Abstand, eine Unterscheidung von Betrachter und zu Betrachtendem. Das Gegenüberstehende kann nach den von uns entwickelten Gesetzen nur ein aus der 4 selbst hervorgegangenes Wesen sein. Gleichzeitig muß es den Gegenpol zur 4 darstellen, das *Un*natürliche oder *Über*natürliche. Die schon in der Zeitlosigkeit vorhandene Einheit, Harmonie und Totalität versucht sich durch

[11] Die 4 ist gleichermaßen Grundlage und Prozeßfaktor. Die Einheit (1) ist in der Vielheit (4) garantiert. Die Vielheit erzeugt eine neue Vielheit und offenbart somit in einem noch höherem Maße die Einheit.

die Evolution zu offenbaren. Dazu benötigt sie einen Gegenpol, der in der Lage ist, sich der Göttlichkeit bewußt zu werden. Mit der Vier ist das Göttliche vergegenständigt. Nun muß ihr jemand gegenüberstehen, um sie wahrzunehmen. Es ist der Mensch. Durch den Menschen erst ist es möglich, die Natur zu erkennen und ihrer uneingeschränkten Harmonie gewahr zu werden.

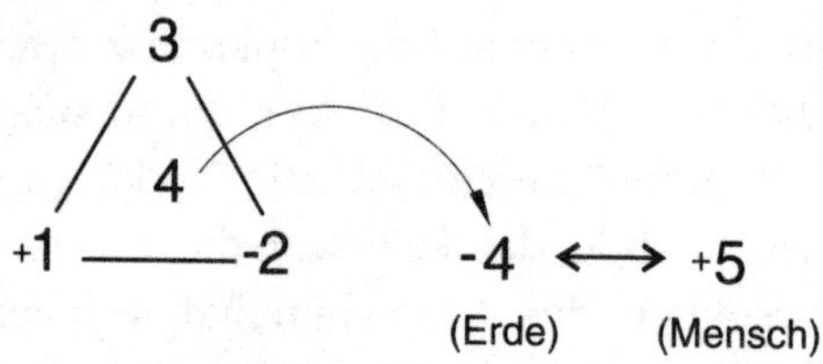

Abb. 12: Die neue Polarität heißt Erde – Mensch. Der Mensch, der selbst ein aus der Materie (4) Hervorgegangener ist, steht der Materie als Betrachter gegenüber.

Mit der 4 entstand das Neue, das Materielle, die Erde. Aus ihrer Mitte heraus erhebt sich die 5. Der 5. Punkt liegt im Zentrum der Welt. Er ist in der dreidimensionalen, räumlichen Betrachtungsweise die Spitze einer Pyramide.

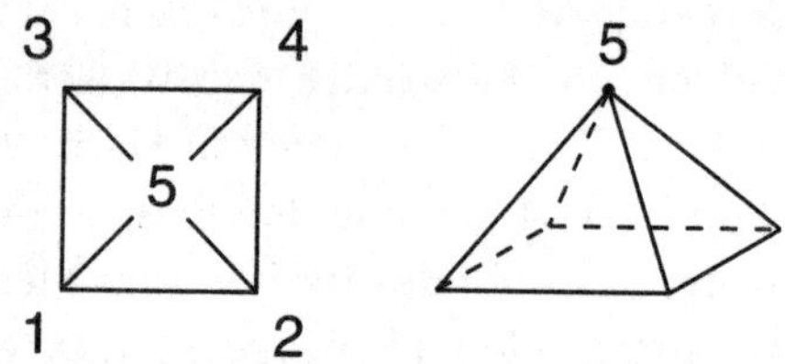

Abb. 13: Der Mensch (5), das Individuum, erhebt sich über die Erde (4) und kommt zur Anschauung.

Die geschöpfte, in sich geschlossene und perfekte Welt, die in aller Vielheit die Einheit offenbart (1 - 4), erhält ein Gegenüber. Die Vielheit in der Einheit wird durch die Fünfheit fähig, sich selbst zu betrachten. Sie erfährt über sie ihre Vollkommenheit. Der Mensch (5) ist das Erkenntnisorgan Gottes. Das ist der tiefere Sinn der Pyramide.

Das ägyptische Zahlzeichen für die 5 ist der Kreis. Auffällig ist die Ähnlichkeit der Null mit der 5 (• → ○) In unserem Sprachkreis benutzen wir den Kreis, um die Null darzustellen. Im ägyptischen ist die Null der Punkt und der Mensch der Kreis. Der Unterschied zwischen dem Punkt und dem

Kreis ist nur die Dimensionalität, d. h., der Unterschied zwischen Gott und dem Menschen ist letztlich die Dimensionalität. So ist auch die biblische Weisheit zu verstehen: *„Im Bilde Gottes schuf er ihn"*. Der Mensch (○) ist das Erkenntnisorgan Gottes (•). Er kann sich so der umfassenden Einheit und Harmonie bewußt werden.

Die Aufgabe und die Stellung des Menschen werden in der Pyramidensymbolik deutlich. Die Abstandschaffung zwischen der Vierzahl und der Fünfzahl begründet das „Untertan-Machen" des Erdhaften und Materiellen. Zu diesem Aspekt tritt aber noch ein ebenso wichtiger zweiter Aspekt hinzu. Die besondere Position des Menschen (5) bringt eine bis dahin noch nicht sichtbare Spannung mit sich. Das Individuum Mensch befindet sich zwischen dem göttlichen Urgrund und der konkreten Welt der Elemente. Will man sich diese Spannung anschaulich machen, dann muß man nur auf die herausgehobene Stellung der 5 in der linearen Zahlenreihe sehen:

1 2 3 4 – **5** – 6 7 8 9

Die 5 ist die Mitte alles Vorhandenen. Der Mensch ist ausgespannt zwischen den Polaritäten Himmel (6 7 8 9) und Erde (1 2 3 4). Er steht zwischen zwei Welten. Es ist das Großartige bzw. das Dilemma des Menschen, je nach Erkenntnis- und Bewußtseinsstand. In jedem Fall besteht seine Aufgabe in der Verbindung beider Welten. Er ist Vermittler beider Pole. Wie dies geschehen kann, lernten wir schon bei den Grundregeln des Ausgleichs von Polaritäten, der 3. Er muß einen Standpunkt in einer höheren Ebene finden, der alle bis dahin entstandenen Standpunkte überschauen und verbinden kann.

Die 5 erfüllt ihre Aufgabe in der Wiederholung des Prinzips der Drei. Das Einnehmen der höheren Position, der Dimensionszuwachs, verbindet alles vorher Vorhandene. Was die 3 mit der 1 und 2 tat, tut jetzt die 5 mit der 1 und 9 (1 ← **5** → 9) als Anfang und Ende, bzw. mit dem Materiellen (1 2 3 4) und dem Geistigen (6 7 8 9).

1 ← **5** → 9
1 2 3 4 ← **5** → 6 7 8 9
(Materie) Erde ← **5** → Himmel (Geist)

Schauen wir auf andere, uralte vorchristliche Zahlensymbole der 5, so kommt ebenfalls in jedem unmißverständlich die Verbindung zweier Gegenpole zum Ausdruck. Die Verbindungsherstellung ist eben die Grundaufgabe der Fünf, d. h. des Menschen. Immer stoßen zwei Welten aufeinander, die zu einer verbunden werden. Oft wird es dargestellt durch die Verbindung von Linie und Kreis, den Symbolen der materiellen Welt und der geistigen Welt. Ein anderes Mal geht man mehr von dem Ganzheits-aspekt aus, der in einer individuellen, konkreten Verkörperung die Erhe-bung über die Natur ermöglicht.

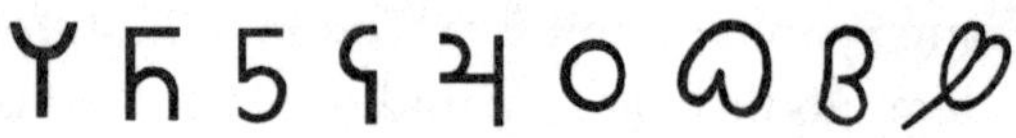

Abb. 14: Die verschiedenen Zeichen der 5 symbolisieren die Verbindung zweier Gegensätzlichkeiten zu einem Ganzen, z. B. Geradlinigkeit und Krummlinigkeit, etc.

Der Welt gegenüber steht der Mensch, damit er die Welt erfahre. Wenn die Natur das Prinzip des ständigen Wechsels von Polen mit ihrer immanenten Kraft der Evolution darstellt, so tritt der Mensch ihr als Gegenpol und Repräsentant der unveränderlichen, ewigen, aber erkennenden Gottheit entgegen. Das ist das Wesen des Menschen. Er hat Anteil an beiden, dem ewig Unveränderlichen (1), Nichtwidersprochenen und dem Erdpol (2 bzw. 4), aus dem er sich materiell entwickelte.

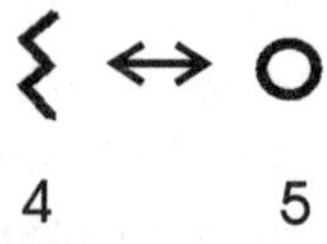

Abb. 15: Die Dualität der Symbole Erde – Mensch.

Die Dualität ist nicht nur in den eben erwähnten Zahlzeichen sichtbar, sondern kommt in allen Erscheinungen der Fünf zum Ausdruck. Wenn Gott das noch unerkannte Licht (•) ist, so ist der Mensch der Schatten (2 | 5). Der Schatten ist aber ebenfalls nur Licht, Licht in der Dimension, sein Repräsentant in der Polarität, nun aber mit dem Vorteil, sich erfahren zu können. Schatten können miteinander spielen durch ihre Abstufungen gegeneinander, was die unwidersprochene Einheit allein nicht konnte. Der

Mensch kann in diesem Spiel nach genügender Erfahrung und Entwicklung irgendeinmal des Gemeinsamen aller Schatten gewahr werden, des Lichtes!

In der Fünfheit sind zwei Anteile zu finden, die göttliche Herkunft (Einheit) und der konkrete Teil des Materiellen (Gespaltenheit). Sie zu vereinen ist die Aufgabe des Menschen. Fünfheit ist eine veredelte Polarität (2), eine Polarität, die sich ihrer Herkunft aus der Einheit bewußt werden kann. Diese Polarität ist eine lebendige und bezeichnet sich als Subjektivität oder auch Individualität. Im Begriff der In-dividualität ist das Un-geteilte deutlich gemacht. Der Begriff Subjektivität hebt ebenfalls die Anerkennung einer höchsten Einheit hervor, der alles unterstellt ist (subiecto – unterstellen). Fünfheit verlangt nach Einheit **und** Zweiheit!

Der Zusammenhang der 5 mit der 2 ist im ägyptischen Dua, der Bezeichnung der 5, noch erkennbar. Wir stoßen in der Verhältniszahl $^1/_5 = 0{,}2$ ebenfalls auf ihren Bezug. In allen heiligen Schriften wird man bei dem Auftreten der 5 die Doppelanlage und deren Einheit, die zu offenbaren das Individuum berufen ist, finden.

- So besteht z. B. das 5. Kreuzeswort Jesu aus zwei Teilen:
  a) *„Weib siehe, es ist Dein Sohn".*
  b) *„Siehe, das ist Deine Mutter".*
- 5. ***Ich-bin***-Wort: *„Ich bin die Auferstehung* ***und*** *das Leben".*
- Das Gleichnis von den 5 klugen und 5 törichten Jungfrauen.
- Die 10 Gebote, bestehend aus 2 Steintafeln zu je 5.

Der Mensch ist Licht **und** Schatten. Schatten eben aber als Abstufung des Lichtes und nicht als Dunkelheit. Der Mensch ist Licht dank des größeren Lichtes.

Die im Zahlengleichnis angestrebte höhere Ebene des ersten Archetyps, der Einheit (1), ist die 10. Sie besteht aus *zwei* Fünfheiten. In beiden ist die Freiheit eingeschlossen. Sie sind aufeinander bezogen. Beide müssen ins rechte Verhältnis zueinander gesetzt bzw. verbunden werden. Später wollen wir das am Beispiel des göttlichen Namens Jehova[12] (in Zahlen übersetzt: 10 = 5 + 5), der Kammerbreite der ägyptischen Pyramiden oder von

[12] Die originale, althebräische Bibelschrift besteht aus reinen Zahlzeichen ; 5 + 5 heißt hier z. B., Individualität plus Gegenindividualität bilden zusammen das Göttliche.

biblischen Gleichnissen näher betrachten. Zum besseren Gedächtnis sollte sich der Leser das biblische Gleichnis von den 5 klugen und den 5 törichten Jungfrauen in Erinnerung rufen. *„Die klugen aber nahmen Öl mit in ihren Gefäßen, samt Lampen"* (Matth 25). Zur Erstellung der Ganzheit werden beide, Inhalt + Form (5 + 5), benötigt. Nur bei denen, die beides hatten, wurde Empfängnis möglich.

Der Fünfstern (Pentagramm) war seit jeher das Symbol der göttlichen Ordnung. In ihm liegt das Geheimnis der Abstufung von Licht und Schatten, der Goldene Schnitt. Unser heutiger Begriff des Goldenen Schnittes geht inhaltlich am Wesen der Fünfheit vorbei, weil wir allzu schnell nach dem nur quantitativen Verhältnis (1 : 1,618...) schauen. Das Verhältnis des Menschen zu Gott ist das Verhältnis des Ganzen zum Geteilten, welches sich trotz „Geteiltheit" als Ungeteiltes, als Individuum erkennen kann. Das Wesentliche dabei ist die Herkunft des Menschen, das Ganze, Gott. Symbolisch ist es der Kreis um das Fünfeck. Durch ihn werden die Abstufung und Zusammengehörigkeit geklärt. Die erste Abstufung (auch Fall genannt) tritt schon zwischen 1 und 2 ein, zwischen Licht und Schatten. Das Licht ist aber das Erstgeborene und kann bei allen Entwicklungen letztlich nie in Frage gestellt werden. Jede Orientierung geschieht am Größeren, letztlich am Licht, dem Ganzen, was der Name Orientierung bereits sagt. Das Polare und die Vielheit sind am Erstgeborenen, dem Primären, orientiert. Das Sternvieleck ist am umgebenden Kreis orientiert. Das ist der Schlüssel des Pentagramms, der Goldene Schnitt. Er setzt das Prinzip der Teilung ins rechte Licht. Das konkrete Größenverhältnis (1 : 1,618...) ist erst unter diesem Aspekt, der Ausrichtung am Größeren, richtig zu verstehen. Das Materielle, das Polare hat immer einen eindeutigen Bezug.

In der nüchternen Sprache der Mathematik heißt das, daß eine Strecke im Goldenen Schnitt geteilt ist, wenn sich der kleinere der beiden Teile (Minor) zum größeren (Major) genauso verhält wie der größere zum Ganzen (Abb. 16). Über jedem Konkreten steht ein Höheres. Über Minor steht Major und über Major das Ganze. Alles ist in einer Ordnung eingebettet, der Ganzheit/Einheit/Vollkommenheit zugrunde liegt.

Das Pentagramm spricht von der Herkunft des Polaren und von der Macht, die in ihm liegt, wenn es sich dessen bewußt wird. In der Fünfheit entsteht Bewußtheit und damit Macht. Subjektivität und Individualität bringen unweigerlich Macht mit sich. Sie will bewußt orientiert und verwendet werden.

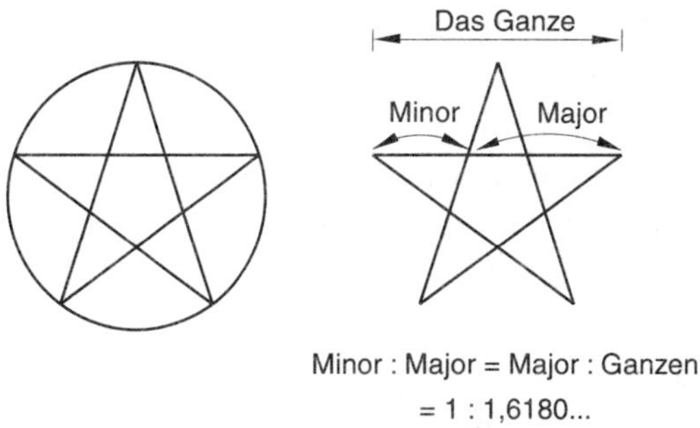

Abb. 16: Das Pentagramm und der Goldene Schnitt sprechen von der Beziehung der Teile und des Ganzen und damit von der Herkunft des Polaren/Individuellen und seiner verborgenen Mächtigkeit.

Da mit dem wachsenden Erkenntnisstand nicht nur mehr Macht kommt, sondern auch der Grad der Freiheit zunimmt, hat ein solches Individuum auch die Möglichkeit, seine Freiheit in zwei mögliche Richtungen zu nutzen. Wir kennen in der Symbolik des Pentagramms die zwei sich unterscheidenden Darstellungen.

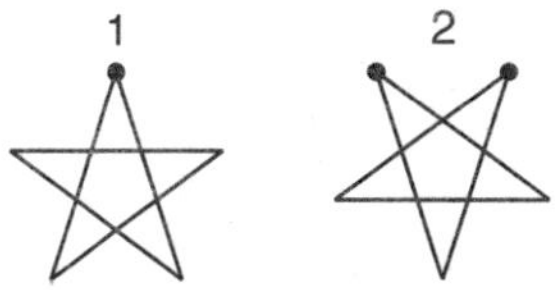

Abb. 17: Die zwei Wirkrichtungen des Pentagramms.

Die symbolisierten Wirkrichtungen nach oben bzw. nach unten bewirken die Verherrlichung der Einheit, so wie das Gesetz es fordert, bzw. die Glorifizierung des Spaltens, wenn die Zweiheit zum Höchsten erhoben wird. Nur erstere ist in der Lage, Ordnung und Einheit zu erstellen, weshalb die Pythagoräer den nach oben gerichteten Fünfstern „Hygieia" (Gesundheit) nannten. Durch jene rechte Verhaltensweise wird der Mensch in die Lage versetzt, die vorher erlebte Zwiespältigkeit (Polarität) mit der Einheit zu einem größeren Ganzen zu verbinden. Das Ergebnis ist die Zwölf[13]. Später, nach ihrer Besprechung und nach den Erörterungen der

[13] In der 12 folgt ordnungsgemäß die 2 der 1.

Platonischen Körper, werden wir sie gut als wiedererlangte Ganzheit durch Hierarchie verstehen können und das christliche Gleichnis von der Speisung der 5.000 (Mt 14:13; Mk 6:31; Lk 9:11; Joh 6:1) begreifen können. Hier wollen wir uns vorerst auf die Symbolik des Fünfsterns beschränken und auf seine Potenz als Ganzheitsersteller, als Vermittler von Einheit und Zweiheit, konzentrieren.

Wie die Fünfheit die Pole 1 und 2 zusammenhält und den Übergang von einem in den anderen bewerkstelligt, läßt sich optisch darstellen, indem man einen Papierstreifen (Abb. 18) in sich verknotet. Die symbolische Verwicklung und Selbstbegegnung der Einheit (hier Papierstreifen) führt zu einem exakten Pentagramm.

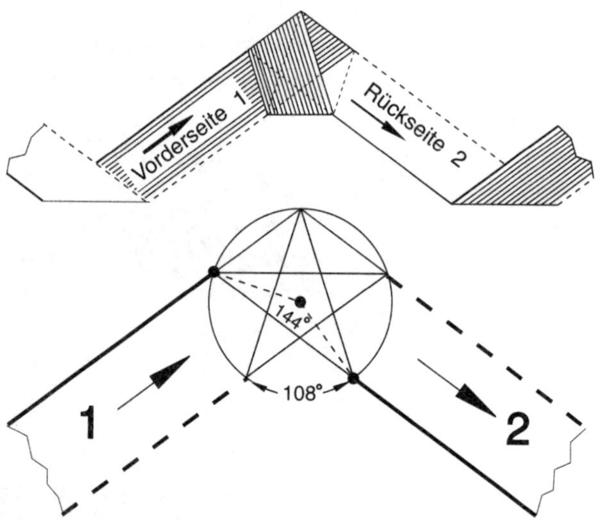

Abb. 18: Ein in sich verknoteter Papierstreifen demonstriert die Fünfheit zwischen den Polaritäten. Die Fünfheit, das Individuelle, hat die Macht und die Aufgabe, die Transformation zwischen beiden zu bewirken.

Die kontinuierlich fließende Einheit (1→) verwandelt sich in der Verknotung in eine Zweiheit (→ 2), die „nichts weiter" ist als eben die verwandelte Einheit. Das ist eine bedeutende Aussage. Die Zweiheit ist auch und vor allem Einheit und zusätzlich die Zweiheit. Das ist das Luciferische (2) als Lichtträger und nicht nur das Gegenteilige, Widerstrebende.

Dazwischen liegt der Fünfstern und verbindet beide. Er hält gewissermaßen beide Erscheinungsformen in sich zusammen.[14]

Alles kann durch das erlebende Individuum wahrgenommen werden, und das ist der Fünfstern. Aus dem Zentrum des Fünfsterns entsteht ein Transformationswinkel von 144°. Von außerhalb betrachtet, erkennen wir den gleichen Vorgang als einen Transformationswinkel von 108°. Beide beschreiben das gleiche aus verschiedenen Perspektiven. In den verschiedenen religiösen Traditionen finden wir diese Zahlen wieder. Es sind die 108 Kugeln der Rosenkreuzer oder die 108 Namen des Welterhalters Vishnu der Hinduisten. Die Apokalypse des Johannes (Offenbarung 14) erwähnt sie ebenfalls. Immer sind es Zahlen, die von einem Wertmaßstab sprechen, über den etwas Neues durch die rechte Haltung und Handlung des Menschen entsteht. Der Begriff des „Sich-Heraus-Fünfens" aus einer gefährlichen und verzwickten Situation hat seinen Ursprung im rechten Pentagrammbezug.

Die jüdische Überlieferung in der Genesis, die, wie schon am Anfang erwähnt, ein Zahlenwerk ist, verweist im Namen des Menschen (1-4-40) und in dem Wort für Wahrheit (1-40-400) auf das Gesetz[15] 1 - 4. Die Aufgabe des Individuums (5) ist das bewußte Umsetzen des Gesetzes durch rechtes Handeln. Der Urvater der drei abrahamitischen Religionen (Judentum, Christentum und Islam) ist Abraham. Wegen seiner Gesetzestreue benannte ihn Gott um. Aus Abram (**1**-2-200-**40**) wurde Abra**h**am (**1**-2-200-**5**-**40** Gen 17:5).

---

[14] Die Wandlung folgt dem Gesetz 1- 4. Die Eins wurde mit Hilfe der Verschlingung zur 2, indem sich die obere Linie zur unteren kehrte (a) und die Vorderseite zur Rückseite (b) wurde. Die Verwandlung ist eine zweifache Umkehr, eine *doppelte* Verneinung. Das Nein des Nein ergibt ein Ja (2 · 2 = 4). Aus der Einheit wird eine neue, andere Einheit. Das ist das 1 - 4 Gesetz. Die Einheit (1) erfährt eine doppelte Verwandlung (2 · 2). Produkt ist die Vierheit, eine neue Einheit. Das Neue ist höherer Art. Es ist nicht nur die Einheit, sondern die nun offenbarte Einheit.

[15] Das Gesetz 1- 4 tritt in den verschiedenen Formen immer dann auf, wenn es um das Eine, Ewige, Feststehende, eben den Urgrund geht, z.B. - *Elohim*, die erste Urbezeichnung für Gott = **1**-30-5-10-**40**

- Vorschrift / Rechtsgeheiße = **40**-300-**40**-200-**400**-10
- Gebote = **40**-90-6-**400**-10
- Satzungen = 8-100-6-**400**-10
- Gesetze / Weisungen = 6-**400**-6-200-**400**-10
- überaus reichlich = 2-**40**-**1**-**4** **40**-**1**-**4**
- vollkommen = **400**-**40**-10-**40**

Der Weg zur Erfüllung des Gesetzes ist in allen Religionen[16] im Prinzip der gleiche, obwohl die Arten der Äußerlichkeiten voneinander abweichen. Hat man erst einmal den Sinn verstanden, dann ist man ohne weiteres in der Lage, auch die Religionen miteinander zu verbinden. Am Inhalt ändert sich trotz großer Unterscheidungen nichts. Alle Systeme beschreiben den Weg von der Polarität (2) zur Individualität (5), um die in Hierarchie gegliederte harmonische Ganzheit (12) von Einheit und Zweiheit zu erreichen (2 | 5 | 12).

Mit den neu- und wiederverstandenen numerischen Archetypen kann der Leser nun auch das sonst wohl kaum begreifbare Gleichnis der Speisung der 5.000 verstehen, in dem Jesus mit 2 Fischen und 5 Broten in einer *ein*samen Gegend (all-*ein*) 5.000 Mann speiste, um am Ende 12 Körbe mit den aufgesammelten Brocken übrig zu haben.

Ein wichtiger Punkt ist die Herkunft der Fünf. Allzuoft vergißt man den Mutterboden ihrer Existenz, die 4. Nur über sie war die Entwicklung möglich, und sie soll erkannt werden. Viele „Religiöse" vergessen in ihrer Leitbildhaftigkeit deren Wichtigkeit. Dies hieße, den Ast abzuschneiden, auf dem man sitzt. Die 5 bleibt immer 4-bezogen, solange sie existiert. 4 und 5 verhalten sich wie Quantität und Qualität. Zwischen Menge und Güte

---

[16] Dazu zählt auch die moderne Naturwissenschaft. Der Nachweis in der Geometrie folgt in dem Kapitel der Zwei- und Dreidimensionalität. Hier sei mit dem folgenden Zitat an die Physik erinnert. *„Zufall? Dies betrifft vor allem das Rätsel der großen Zahlen in der Kosmologie. Sie gehen zurück auf den deutschen Mathematiker Herrmann Weyl (1919); später befaßten sich auch die britischen Physiker Arthur Eddington und Paul Dirac mit der Frage. In den Grundgesetzen stießen die Forscher immer wieder auf eine große Zahl – 10^{40} –, deren Auftauchen in vielen, ganz unterschiedlichen Zusammenhängen sie stutzen ließ. Wo immer so ein unwahrscheinlicher, numerisch riesiger Wert auftaucht, da verbirgt sich, so der Verdacht, ein tieferliegendes Grundmuster. Hier einige ausgewählte Beispiele:*
- *Die Gravitation ist zehn hoch vierzig (10^{40}) mal schwächer als die elektrische Kraft;*
- *die Zahl der Teilchen im sichtbaren Universum ist gleich dem Quadrat von 10^{40},*
- *das Alter des Universums entspricht 10^{40} atomaren Zeiteinheiten . . .*

Diese geheimnisvollen Koinzidenzen weckten die Neugier der Forscher. Paul Diracs Schlußfolgerungen waren eindeutig. Als hartgesottener Theoretiker und Mitbegründer der Quantentheorie lehnte er die Vorstellung ab, daß hier nur der pure Zufall am Werke sei." An anderer Stelle : *„Nicht minder bedeutsam ist eine weitere Eigenschaft der Gravitation: ihre Schwäche. Zwar ist sie im atomaren Bereich um **vierzig** Größenordnungen kleiner als die elektrische Kraft; über große Entfernungen aber gewinnt Gravitation die Oberhand, da sie – **anders** als die elektrische Ladung – nicht abgeschirmt wird."* Zitat aus R. Breuer, S. 236 und 245.

liegt ein Wertunterschied, der sich immer auf die Vielheit (4), die Basis bezieht. Die Sprache weiß um die 4-Bezogenheit der 5. Wer sich *qualifiziert*, der beweist seine Eignung *in bezug auf* etwas. In zahlreichen Sprachen bezieht sich, d. h. zielt die Fünfzahl noch eindeutig auf die Vierheit.

quattuor	–	quinque
catvaras	–	panca
tettares	–	pente
quatre	–	cinqu
petwar	–	pimp
vier	–	fünf.

Das Rosenkreuz, das Symbol des esoterischen Ordens um Christian Rosenkreuz, nimmt Bezug auf die ewige Verbindung der Fünfheit mit der Vierheit.

Abb. 19: Das Rosenkreuz, die Verbindung der Vierheit und Fünfheit.

Die Geometrie macht die Verhältnisse auf ihre Weise deutlich. Der Fünfstern kann im Kreis nur durch das Kreuz des Durchmessers konstruiert werden.[17] Aus der Vierheit erst kann sich die Fünfheit entwickeln.

Abb. 20: Die Entwicklung des Fünfsterns aus dem Kreis bedarf der vorangehenden Vierheit.

---

[17] Das Fünfeck konstruiert man mit Zirkel und Lineal von der Vierheit ausgehend über das Zehneck; s. a. Tetraktys 1+2+3+4 = 10 = 5 + 5

Die Entstehung der Fünfheit aus der Vierheit ist das der Erfüllung harrende Gesetz. In diesem Zusammenhang ist auch die sonst unbegreifliche Grundforderung der Alchimie, „die Schwingung 4 auf die Ebene 5 zu heben", um das große Werk zu vollbringen, zu verstehen. Die Alchimie ist eine Geheimwissenschaft, deren Ziel es ist, den Menschen zu seiner geistigen Transformation zu befähigen. Sie spricht von der Quinta essentia, dem Stein der Weisen, der gefunden wird, wenn man in der Lage ist, die Fünfheit zu leben. Es ist das Erreichen des wahren Menschentums, das Sich-Bewußt-Werden der Fünfheit, der Qualität des Individuellen.

Die Vierheit ist die eine Seite der Basis der Fünfheit. Die andere Basis ist die Ganzheit, symbolisiert durch den Kreis. Das Pentagramm, die Fünfheit, muß nun ihre beiden Wurzeln (Einheit *und* Vier-/Vielheit) erkennen und verbinden. Ohne Wissen um den ganzheitlichen Urgrund (Kreis) wird man die Polarität in Form der Materie (Kreuz) nicht schätzen können, weil das erkennende und handelnde Individuum (5) dabei ohne Orientierung (d. h. die Sicht auf die Einheit, den Kreis) wäre und den polaren Charakter des Natürlichen aus der Sicht der Zwei aufnehmen würde und aus Angst das vermeintlich Unvollkommene und Minderwertige bekämpfen würde. Zwist und der ewige Kampf sind die Folge. Die Absicht, das Unvollkommene zu zerstören, führt aber zur Zerstörung der eigenen Grundlage, aus der die 5 hervorging.

Hat das Individuum aber den Urgrund (Kreis) als das Ewige und Vollkommene begriffen, dann weiß es um die innere Vollkommenheit des aus ihm hervorgegangenen Polaren. Die 4, das Natürliche, ist ab sofort kein Feind mehr, sondern ein Träger der Vollkommenheit. Der Fünfheit wird nun die Leistung abverlangt, sich dessen bewußt zu werden. Der Vierheit fehlt diese Bewußtheit noch. Dazu ist erst die Fünfheit fähig.

Das Pentagramm ist nur vollständig, wenn man den umschließenden Kreis (Ganzheit) *und* das eingezeichnete Kreuz (Welt) mit im Blick hat (Abb. 20). Das gleiche Gesetz, welches wir schon früher „Gesetz der Addition" nannten, ist das wichtigste und vor allem zu begreifende Grundgesetz überhaupt und drängt sich dem Gelehrten bei der Betrachtung der arabischen Zahlenzeichen als erstes auf. Die grundsätzlichen ersten drei Zahlen lassen nicht das Geringste ihrer Vorgänger verlorengehen (Abb. 4). Christus drückt es in den Worten aus: *„Ihr sollt nicht denken, ich sei gekommen, um das Gesetz aufzulösen . . ."* (Matth 5:17).

In den überlieferten Geschichten wird die 5 oft als die Zahl der Ehe bezeichnet, was mit dem schon Gesagten verständlich wird. Mathematisch gesehen ist es die erste Zahl, die sich aus den vorhergehenden männlichen (3) und weiblichen (2) Teilen zusammenfügen läßt.[18] Dazu ist wichtig zu wissen, daß die 1 als Ausgangspunkt aller Phänomene der obersten Gottheit zugerechnet wurde und nie als Zahl bezeichnet werden durfte. Bei Hochzeiten mußte in manchen Traditionen so die Blüte von Apfel, Quitte und Weinstock vorhanden sein. Es waren die Symbole für Leben und Orientierung, als Gegenpol zur toten Materie der 4. In der Mineralwelt kommt die 5 als Kristallform nicht vor, obwohl die Signaturen von 2, 3, 4 und 6 zu finden sind.[19] Die 5 ist das Übernatürliche[20], der Repräsentant des bewußten Lebens, die höhere Ebene zur rein materiellen Welt, der anorganischen Erde. Bei den Pflanzen und deren Blüten finden wir häufig die 5.[21]

Die 5 ist das im Okkulten beschriebene 5. Element, der Äther. Bei den Chinesen wird das Holz dem 5. Element zugeordnet, als Vertreter des lichtorientierten Lebens. Die christliche Tradition weiß um die 5 Wunden Christi. Die Fünf hat auch hier die wichtige Sonderstellung als Seitenwunde. Halbheit und Verletzlichkeit sind integrierte und orientierte Bestandteile von Bewußtheit. Über sie ist Erlösung zu finden, indem man auf der Basis der Vierheit den 5. Punkt findet. Er ist ein dualer, ein Punkt der Mitte und des Lichts einerseits und andererseits ein Punkt der sich bewußten Seite mit ihrer Halbheit, Verletzlichkeit und Vergänglichkeit. Es ist der Punkt der Individualität. Das Individuum wird sich seiner Ganzheit, trotz seiner konkret materiellen Basis, bewußt (individuell = unteilbar, ganzheitlich). Verwundbar ist das Seitliche (2), nicht die Mitte (1). Die ewige Verwundbarkeit der Seite bestätigt immer aufs neue die unverwundbare Mitte und Ganzheit.

---

18 Die göttliche Eins gilt in okkulten Traditionen nicht als Zahl; s. a. א, der erste und nicht auszusprechende Buchstabe des hebräischen Alphabetes.

19 Nachgewiesen 1830 durch den Mineralogen J. H. Hessel.

20 D. h. das nach der Natur Folgende; so ist auch die Aufforderung *„erhebet euch über die Natur"* zu verstehen.

21 Man schneide einen Apfel einmal entgegen der üblichen Art quer durch, um das Pentagramm der Natur zu sehen. Die Symbolik des Übernatürlichen (Lebendiges im engeren Sinne) beginnt schon jenseits des Anorganischen, dessen höchste Ausprägung der Mensch ist.

Der Mensch (5) erhebt sich über die Natur, indem er sie in ihrem Wesen erkennt. Hier an diesem Punkt entsteht Freiheit. Freiheit wurde aus der Einheit über den Schoß der Vierheit geboren. Frei sein kann man nur von etwas. Man ist von einer Sache frei, indem man sich völlig an ihr Gegenteil bindet. Vom Dunkel werde ich frei, indem ich in das Licht gehe. Der Begriff der Freiheit ist von der 5 nicht zu trennen. Der Weg zur Freiheit führt immer über das subjektive, individuelle Wesen. Jenes Subjekt erlebt nun seine subjektive Freiheit. Es ist in der Lage, seine Kraft für den einen oder anderen Weg im Rahmen seines materialistischen Anteiles einzusetzen. Seine Aufgabe ist es dann, zu wählen, wofür diese Freiheit eingesetzt wird.

Das Übersteigen der Materie ist nur möglich, indem man durch sie hindurchgeht und nicht flüchtet, so wie Christus das Kreuz auf sich nahm und keine Weltflucht beging wie mancher New-Age-Vertreter oder „Geistliche". Wer sich dieser Tatsache bewußt ist, wird nicht aufgrund seiner möglichen Höherentwicklung das 5. Rad am Wagen, sondern erkennt seine Wichtigkeit als Steuerrad. Das Lenkrad eines Fahrzeuges hat eine höchst verantwortliche Position durch seine übergeordnete Funktion. Es kann nie auf die 4 Räder verzichten, sondern ist deren höchste Entwicklung auf einer höheren Ebene und damit letztlich verantwortlich für das Schicksal des ganzen Dinges. Wie ein Auto das 5. Rad als Steuerrad benötigt und seine eigene Sinnhaftigkeit aus den 4 Rädern holt, ohne verlangen zu können, daß den 4 Rädern die höhere Ebene bereits bewußt wäre, so braucht die Gemeinschaft der Menschen den Mut und die Verantwortung der Wissenden. Ihre Bewußtheit gibt ihnen einen erneuten Zuwachs an Macht und Freiheit. Von ihnen wird verlangt, diese für die Erfüllung des Gesetzes einzusetzen, um Ordnung und Gesundheit zu bewirken.

An anderer Stelle erwähnten wir die theosophische Addition, ein Verfahren, um den inneren Wert einer Zahlenqualität zu erfahren. Wenden wir sie bei der Fünfzahl an, erfahren wir etwas über das höhere Ziel dieser Zahl. Die theosophische Addition der 5 führt zur 15.

$$1 + 2 + 3 + 4 + 5 = 15$$

15, das ist die Verbindung der Einheit mit der Fünfheit, der Schritt von Gott zum Menschen, der Schritt von der Einheit zur sich bewußt werdenden Einheit. Das ist das vorher schon beschriebene Ziel der Individuation bzw. seine in ihm liegende Aufforderung. Die Fünfzahl spricht vom Individuellen im allgemeinen und vom Menschen als seiner größten Ausprägung im besonderen. Die Signatur des Menschen mit seinen 2 · 5 Fingern, seiner polaren Anlage und den 5 Sinnen weisen darauf hin.

Die 15 ist wiederum eine theosophische 6, das Ziel der 5.

Die Sechs – Die Funktion der Welt

Sechs ist die Mitte des Lebens, die Funktion im Lebendigen, das Lebensprinzip selbst!

Das erfahrende, subjektive Individuum (5) steht nach unserer Ableitung nun der materiellen, konkreten Welt (4) gegenüber. Es kommt zur Interaktion zwischen beiden. Wenn sich 5 und 4 noch als sich Reibende gegenüberstehen, dann muß das verbindende Prinzip einen Ebenenwechsel vollziehen, um in der gleichen Art und Weise, wie schon bei der 3 beschrieben, die Pole zu verbinden. Die grundsätzliche Dreiheit wiederholt sich auch im Kreis II. Was im Kreis I grundsätzlicher, abstrakter Art war, tritt in dem Kreis II als konkretes Geschehen in Erscheinung, denn der Kreis II ist ein gegenständlicher und betrifft unsere Welt und unser Leben direkt. Wenn die 3 der dynamische Aspekt Gottes (1), der Schöpfergott (3) war, so ist die 6 hier das formenschaffende Prinzip des aus Kreis I hervorgegangenen, materiellen Konkreten (4). Was in der 3 abstrakt und theoretisch gemeint ist, betrifft in der 6 den Bereich des Lebendigen. Sechs (Sex) verbindet die konkreten Teile der Schöpfung miteinander. Kreis II repräsentiert die sichtbare Schöpfung, und 6 ist ihr höchstes, die Teile miteinander verbindendes Prinzip. Die Funktion (3) der Welt ist 6. Nur durch 6 funktioniert die Welt.

Bevor wir auf weitere Einzelheiten eingehen, wollen wir unsere Aussage untersuchen und nach Beweisen und Signaturen in der Schöpfung dafür suchen. Für die meisten Menschen erübrigt sich eine Beweisaufnahme, denn sie stehen selbst im Leben und erfahren, wie Erotik mehr oder weniger offen alles im Leben berührt. Zwangsläufig mußte es das sogenannte „Thema Nummer 1“ werden. Den Theoretiker sollen im weiteren tiefe Symbolismen auf den Nabel der Welt aufmerksam machen.

Als erstes untersuchen wir unsere Basis der Betrachtung, die drei Zahlenkreise. Um größere Zahlen oder Zahlenkombinationen auf eine der 9 Zahlen zurückzuführen, benutzt man, wie anderen Orts schon beschrieben, die Quersummenbildung. Die Quersumme jedes einzelnen Kreises ist 6. Die jeweilige 6 unterscheidet sich nur im Grade ihrer Subtilität.

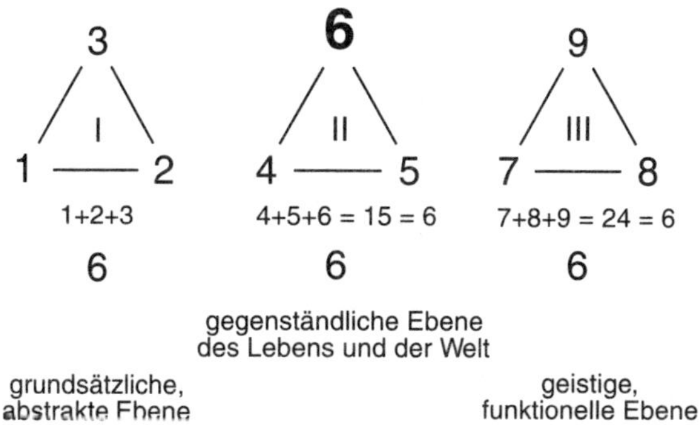

Abb. 21: Das Prinzip 6 beherrscht alle 3 Ebenen der Schöpfung.

Der mittlere Kreis als Weltenkreis, ausgespannt zwischen Himmel (III) und Erde (I), trägt den Menschen (5) und ist die Mitte allen Seins, hier die Mitte der 3 Kreise. Die Mitte des mittleren Kreises wiederum ist die 6. Sie ist also die absolute Mitte. Exakter ausgedrückt ist sie die höchste Funktion überhaupt. Die 6 des Weltenkreises (II) entwickelt sich bezeichnenderweise über die 15. Die 15 ist eine theosophische 6. Durch das Wirken der 6 werden zwei Gegensätzlichkeiten (Unbewußtheit 4 + Bewußtheit 5) miteinander zu einer Einheit verbunden. Auf diese Weise wird die der Welt zugrunde liegende Einheit in das Bewußtsein des Individuums (5) gehoben. Das Individuum wird sich der Ungeteiltheit allen Seins bewußt. Das ist der Schritt der unbewußten Einheit in die sich ihrer nun bewußte Einheit, die Individualität, die Ungeteiltheit (1→5). Dazu ist der Weg über die Welt (II) nötig. Der Weg über die Gespaltenheit birgt auch eine Gefahr. Bei der Besprechung der 5 versuchten wir die Spannung zu beschreiben, in der sie als Kind der Polarität und Repräsentant des unteilbar Einen (In-dividuum) steht. Beide Teile müssen als Quelle ihrer Herkunft bejaht werden, aber die 1 ist gegenüber dem Polaren die Erstgeborene. Die 15 repräsentiert die religio der Fünf. Sechs, das Lebensprinzip der Welt, muß verstanden werden als die Rückverbindung der Fünf zur Ursache (1). Sex ist das Verbinden des Individuums mit dem Einen bzw. zu Einem.

Außer durch unsere zyklische Archetypenentwicklung in 3 Kreisen ist die Welt auch durch das magische Grundquadrat zu erfassen.

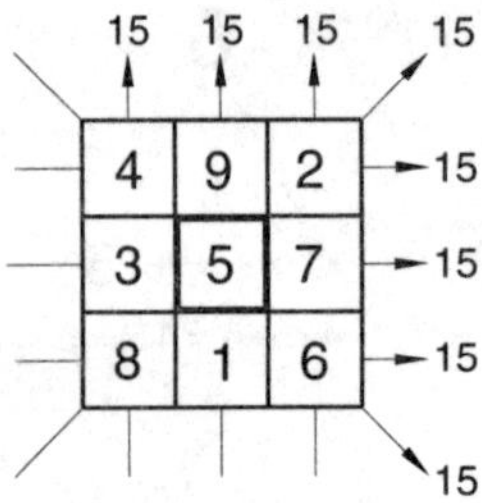

Abb. 22: Die 9 Archetypen der Welt bilden ein magisches Quadrat. In der Mitte steht die Fünfheit, das erfahrende Subjekt. Alle Quersummen sind 15, d. h. das „Durchschreiten" ist immer das Prinzip 15 = 6.

In ihm sind alle 9 Zahlen jeweils einmal enthalten. Egal in welcher Richtung man „die Welt durchschreitet", die Quersumme ist immer 15 (= 6). Die Mitte der Welt ist der Mensch (5), das erfahrende Subjekt.

An dieser Stelle ist es angebracht, eine Klarstellung über den Begriff der Mitte zu bringen. Zu jeder Mittedefinition gehört ein vorher abgestecktes Feld, von dessen vordefinierten Grenzen man mißt. Ist mein Feld ein funktionelles Feld, d. h. ein Bereich von Wirkungsprinzipien, so trifft das Dreieck der Abb. 23 das Geschehen exakt, da der Zyklus, das Funktionelle, miteingeschlossen wird. Ist das Feld ein mehr gegenständliches und damit lineares oder quadratisches, so trifft die lineare Zahlenfolge bzw. das magische Quadrat das Geschehen besser, worin die 5 der „Teil" der Mitte ist und schon als die Aufgabe des Individuums besprochen wurde (1 2 3 4 – 5 – 6 7 8 9).

Fünf und Sechs sind deshalb beides Vertreter der Mitte, je nach Blickwinkel. Auch den Kreis II kann man aus linearer oder zyklischer Sicht sehen.

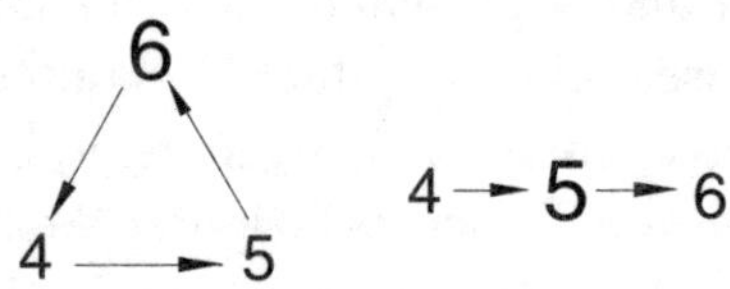

Abb. 23: 6 und 5, zirkuläre und lineare Mitte des Lebens.

Ein anderes Beispiel dafür sind die 10 Finger unserer beiden Hände. Der Daumen als der entscheidende Gegenspieler der 4 anderen Basisfinger (1:4) ist beim Durchzählen der 10 Finger (also das größere Ganze einschließend) einmal der fünfte und das andere Mal der sechste Finger.[22] Fünf plus das eine Ganze ergeben das Prinzip 6 (15). Zwangsläufig ergibt die theosophische Addition der 5 die 6, das höhere Prinzip:

$$1 + 2 + 3 + 4 + 5 = 15 = 6$$

Im Schritt von der 1 zur 5, von Gott zum Individuum Mensch, ist das Lebensprinzip 6 ausgedrückt. Hermes Trismegistos[23], der Vater der hermetischen Philosophie, hat deshalb die Quintessenz aller Weisheiten in der Tabula smaragdina in 15 Thesen formuliert.

Die Herkunft alles Seienden aus der Einheit führt durch die Begegnung seiner Teile immer wieder zur Einheit selbst. Über den Prozeß des Trennens und Wiedervereinigens wächst das Bewußtsein der Einheit. Alle Spiegelungen und Begegnungen können nur Spiegelungen und Begegnungen der Einheit sein. Das Ursymbol der 6 indogermanischen Ursprungs zeigt jenen Zusammenhang des Sich-Selbst-Begegnens. Die Fließrichtung des Einen ändert sich zum Zwecke der Selbstbegegnung, um dann doch die eine große, vorgegebene Richtung (Einsinnigkeit der Funktion) fortzusetzen.[24]

Abb. 24: Das indogermanische Ursymbol 6 – die Selbstbegegnung der Einheit. Die Vollkommenheit erfährt sich. Die Einsinnigkeit der Funktion (→) bleibt erhalten, trotz zwischenzeitlicher, doppelter Umkehr (↑ ↓) auf einer um 90° gedrehten Erlebnisebene.

[22] Bei den Berlinern findet man noch die Bezeichnung >Sechser< für ein Fünfpfennigstück. Das hängt u. a. mit dem früheren Gebrauch des 12er Zahlensystems zusammen, bei dem die Halbheit der 6 zufällt.

[23] Hermes Trismegistos (grch. >Hermes der dreimal Größte<) ist die griechische Bezeichnung des ägyptischen Gottes Thot. Er gilt als Begründer der Philosophie und ist der Weise und Gesetzesgeber in der hermetischen Literatur.

[24] Sehen wir die 1 als das Ja des Anfangs, dann ist die 2 das Nein. Die nochmalige Spiegelung der Zweiheit (Nein), die Wirkung auf sich selbst, führt zur Verneinung des Neins. Dies ist wieder ein Ja, ein nun bewußtes Ja! Die Einheit wurde über die Vielheit und ihre Funktion neu erstellt. Das ist das Weltgesetz 1-4, welches über den Weltenkreis II und 6 nur deutlicher erklärt wird. Das Polare, der erste Schritt zur Vielheit, wirkt auf sich selbst und läßt eine Vierheit entstehen ($2 \cdot 2 = 4$). Die Vierheit ist nach dem Additionsgesetz aber die Einheit, eine gewachsene und manifestierte Einheit (1 = 4, s. die Vierzahl).

Als die Zahlzeichen vom indogermanischen über den arabischen Raum zu uns kamen, drehte sich die Betrachtungsebene um 90° (bei der arabischen 2 und 3 ist es noch bildlich leicht nachvollziehbar). Aus dem Symbol der Abb. 25a wurde das Symbol der Abb. 25b, um in der Vereinfachung bei unserer heutigen 6 (Abb. 25c) zu enden. Alle für die 6 verwendeten Zeichen anderer Entwicklungsrichtungen sind ähnlich und zeigen das sich ständige Kreuzen und Begegnen:

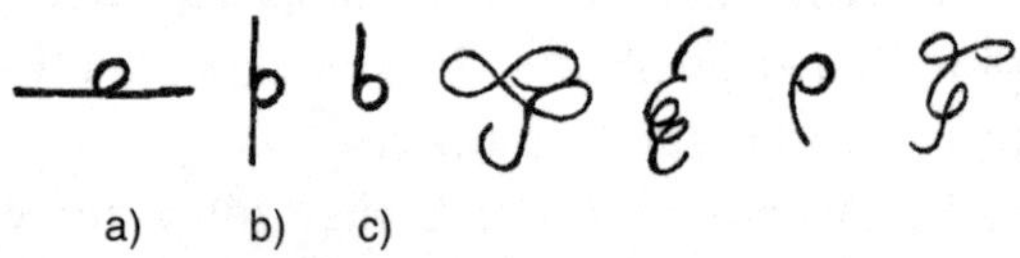

Abb. 25: a)...c) sind die Entwicklungsschritte des indogermanischen Symbols bis zur heutigen 6. Die verschiedenen Zeichen der 6 zeigen das ständige Kreuzen und Begegnen der einen Linie.

Die Funktion der Welt ist 6, und sie bedarf der dafür geschaffenen Sinnesorgane. Sechs und Sinn haben die gleiche Wurzel. Das Wort Sinn kommt von den Sinnen. Die Sinnhaftigkeit liegt in der Sechs. Sprachlich hat sich Sinn von Senden herausentwickelt. Der Begriff Senden ist aber der Drei, dem dynamischen Prinzip Gottes zugeordnet, dem Pendant der Sechs im Kreis I. Das Erfahren der Vollkommenheit ist im Kreis II nun möglich durch die dafür geschaffenen Organe. Die konkrete Welt war Voraussetzung und Hilfsmittel. Das Göttliche (1), welches in die Polarität (2) ging, ist nun in der Lage, sich zu erfahren, d. h. sich zu spiegeln und zu kreuzen. Werfen wir einen Blick auf die arabische 6, so fällt auf, daß sie das Spiegelbild der 2 ist. Ihre Symbolik verweist auf die doppelte Funktion, eine zweimalige Spiegelung. Die Entstehung des Spiegels aus der Eins, dem Original, ist die erste Funktion. Die Spiegelung des Spiegels ist die zweite.

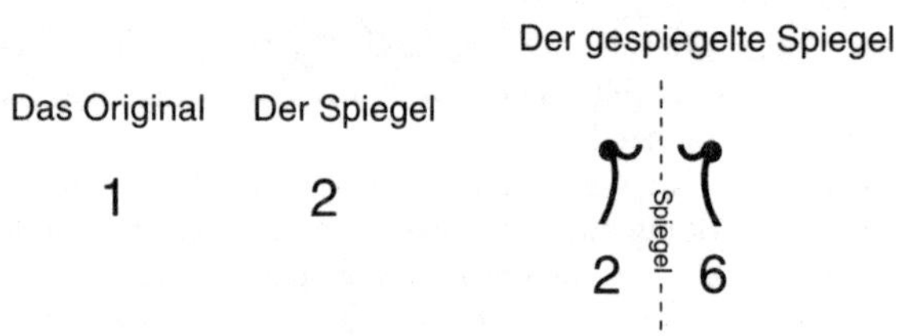

Abb. 26: Polarität (2) ist der Spiegel der Einheit. Wenn sich die Polarität (das Gegenständliche, die Welt) nochmals spiegelt, entsteht Sex/Sechs.

Wenn das Eine das Zweifache, gewissermaßen als Spiegel, schafft, ist es in der Lage, sein Spiegelbild zu sehen. Das Spiegelbild (die Fünfheit) ist aber seitenverkehrt. Es gibt das Original nicht wirklich exakt wieder. Wenn der Spiegel aber in einem weiteren Spiegel betrachtet wird, d. h. das Spiegelbild sich nochmals spiegelt, entsteht das Bild des Originals. Der Mensch als Abbild Gottes muß sich nochmals einen Spiegel vorhalten, um das „Bild" des Originals zu erkennen.

Die Spiegelbildlichkeit der arabischen 2 und 6 ist auf gedankenlogischer Ebene faßbar. Die Voraussetzung, daß Sex entstehen kann, ist natürlich die Zwei bzw. das Zweifache, das Unterschiedene. Erst unter den zwei Teilen der Polarität werden Reibung und Sex möglich. Das Eine geht in die Polarität, um Reibung erzeugen zu können. Das Polare, das Weibliche, induziert Sex und Erfahrung, die die Offenbarung der Einheit ermöglicht.

In der Natur finden wir die 6 in mannigfacher Weise als Lebensbasis. Das chemische Grundelement des organischen Lebens ist Kohlenstoff mit der Ordnungs- und Kernladungszahl 6. Von naturwissenschaftlicher Seite konnte Leben erst möglich werden mit der Entstehung der organischen Verbindungen. Chemischer Grundbaustein der Organik und der aromatischen Verbindungen ist der Benzolring, der Sechs-Ring.

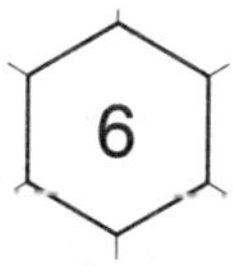

$= C_6H_6$

Abb. 27: Der Benzolring ist der Grundbaustein der Organik und der aromatischen Verbindungen und begründet sich auf der Sechszahl.

Suchen wir den „Honigtopf" Sex im Chemischen, so gelangen wir zum Glucose- und Fructose-Molekül (Zucker) mit seinen 6 Kohlenstoffatomen. Jene Kohlenwasserstoffe werden von der basalen Pflanzenwelt (4) in individuellen[25] (5) Prozessen mit Hilfe von Licht (1) synthetisiert. Der Mensch braucht als seine Lebensbasis die geschöpfte Welt (4). Sie wiederum greift

[25] >individuell< hat die Bedeutung von lebend, d. h. die Halbheit (10 = 5 + 5) nutzend, eine höhere Einheit erstellend. Das Prinzip existiert schon bei den Pflanzen, und der Mensch ist durch den bewußten Geist seine größte Ausformung.

auf das Licht (1) zurück! Das ist im naturwissenschaftlichen Raster der Ausdruck der Symbolik des II. Kreises, des Weltenkreises. Die beiden Bestandteile der Welt (4 + 5) versuchen über das Prinzip 6 miteinander zu verschmelzen.

Der Trieb zu Süß und Sex ist archetypisch. Jedem konkret existierenden Teil wohnt der Drang zur Verschmelzung inne. Der Sinn der Teile liegt im Endzweck Verschmelzung. Natürlich gibt es die verschiedensten Grade der Abstufung, je nach „Bewußtseinsgrad" der Teile. Auch ein Stein hat einen Drang zur Synthese. Was bei ihm noch durch seine Schwere, den Drang zur Erdmitte, zum Ausdruck kommt, führt in der Tier- und Pflanzenwelt über das Prinzip süß zur erotischen Welt des Menschen. Die Befriedigung des Künstlers in der Schaffung seiner Werke und das Rechnen des Mathematikers sind nur verschiedene Ausdrucksformen des Prinzips Sechs/Sex. Für jeden ist etwas anderes süß. Die Formen sind verschieden, das Prinzip ist gleich. In der 6 werden so tiefe Fragen wie die nach dem Sinn des Lebens auf einfache Weise beantwortet.

Die Geometrie der 6 führt uns im Zweidimensionalen zum Sechsstern (Davidstern) und im Dreidimensionalen zum Würfel. Im Davidstern ist das dynamische Prinzip der Drei in seinen beiden Richtungen durch das gegenseitige Durchdringen und Verschmelzen optisch nachvollziehbar. Die erste Dreiheit (↓) schöpft das Polare, d. h. es wird das Konkrete manifestiert, Geist wird materialisiert. Das aufwärts gerichtete Schöpfungsdreieck vergeistigt das Materielle (↑). Ergebnis ist die doppelte Spiegelung, die wir in der arabischen 6 schon beschrieben, bzw. die Verbindung von Analyse und Synthese, die beide in Dreierschritten ablaufen. Die Vollkommenheit bedient sich zur Offenbarung des Konkreten, d. h. hier *zweier* Funktionskreise. Das Auf und Ab, das Innen und Außen, Materialisierung und Vergeistigung werden als Ganzes/Heiles zusammengefaßt.

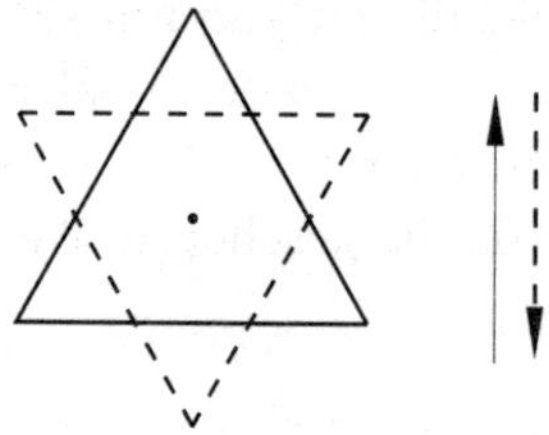

Abb. 28: 6 – die polare Dynamik im Davidstern. Im Sich-Kreuzen zeigen sich die 2 Funktionsprinzipien des Polaren.

Der Würfel ist die Vierheit, also die Welt (4) in ihrer dreidimensionalen Ausprägung, die Entfaltung der Vierheit in den Raum. Die vollkommene Form der Materie ist der Sechsflächner, der Würfel. Der in die Ebene zurückgeklappte Würfel führt zu seiner Basis, dem Kreuz bzw. der Vierheit.

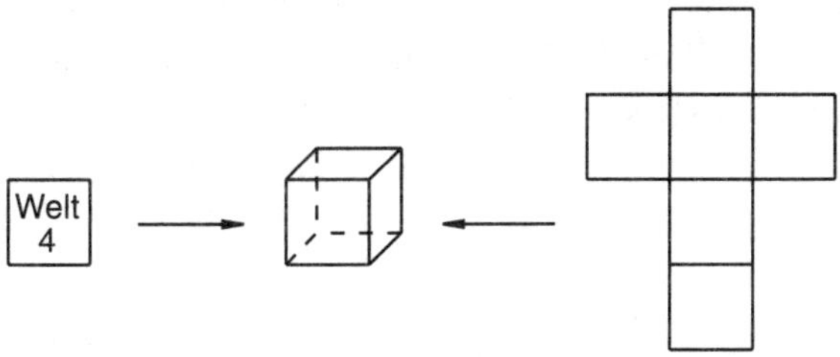

Abb. 29: Das Symbol der Welt und der aufgeklappte Würfel. 6 ist die individuelle Form auf der Basis der Vierzahl (Kreuz, Quadrat). 6 ist die höhere Dimension, die Erlebnisebene, der Welt (4).

Sechseck und Würfel sind trotz ihrer Dimensionsunterschiede symbolisch miteinander verknüpft. Durch den Würfel kann ein ebener Schnitt so geführt werden, daß sich als Schnittfläche ein regelmäßiges Sechseck ergibt. Dabei fällt der Mittelpunkt des Würfels mit dem des Sechsecks zusammen. Sechseck und Würfel werden wir getrennt in den Kapiteln der Zwei- bzw. Dreidimensionalität genau beschreiben. In beiden Betrachtungsebenen wird die 6 als Lebensprinzip durch Vollkommenheit und Schönheit ihre Qualität beweisen.

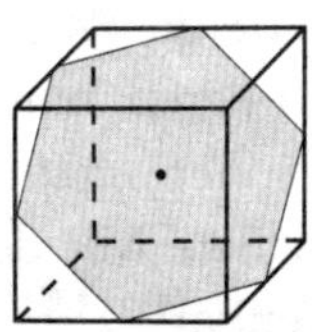

Abb. 30: Das Sechseck und der Sechsflächner entsprechen einander in der Zwei- bzw. Dreidimensionalität.

Vollkommenheit und Schönheit sind eines. Das ist uns einleuchtend, weil wir, jeder in seiner Art, unsere persönliche Vorstellung von Vollkommenheit zu verwirklichen versuchen. An der Formel Vollkommenheit gleich Schönheit ist nichts falsch. Sie ist aber unvollständig. Sie ist eine richtige Halbwahrheit. ‚Unsere Art' und ‚persönliche Vorstellung' bringen automatisch die vermeintliche Unvollkommenheit, das Subjektive, in die Formel hinein. Zu erfahren, daß das Subjektive von der wirklichen Vollkommenheit nicht ausgeschlossen wird, ist der Sinn der Begegnung in der Welt, der Sinn des Sechs/Sex-Prinzips. Zu diesem Zwecke geschieht die Selbstbegegnung. Was das Individuum im Sex erfährt, kann der Mathematiker theoretisch der Zahl 6 entnehmen. Eine Zahl ist vollkommen[26], wenn die Summe all ihrer Teiler die Zahl selbst ist. Vollkommene Zahlen gibt es nur sehr wenige (6, 28, 496, 8128, 33550336, ...), und als erste ist sie der Träger des Prinzips:

$$1 + 2 + 3 = 6$$

Alle vollkommenen Zahlen sind gerade, weibliche Zahlen und führen bei der theosophischen Reduktion zur 1 (Einheit).[27] Entgegen der allgemeinen Ansicht schließt die Polarität und Gespaltenheit die Vollkommenheit nicht aus, sondern führt zu ihr hin.

Auch die Geometrie kann nichts anderes tun, als die Vollkommenheit zu beweisen. Ihr einfachster Weg führt zum Sechseck. Konstruieren wir ein regelmäßiges Sechseck, so fällt die Gleichheit der Seiten mit dem Radius auf. Die Gleichheit von innen und außen ist wieder das Charakteristikum von Schönheit. Innen und außen sind gleich, trotz ihrer Unterscheidung in innen und außen, die ja notwendig ist, um der Vollkommenheit und Schönheit gewahr zu werden. Ordnet man 6 Kreise im Kreise an, so hat der dadurch in der Mitte entstehende Kreis den gleichen Durchmesser wie die Kreise der Peripherie. Das Eine der Mitte hat das gleiche Maß wie die Vielheit der Peripherie. Mit anderen Worten: Was das Eine in der Mitte macht, macht die 6 auf der peripheren, materialisierten Ebene. Die konkrete, materialisierte Form der Peripherie hat die Aufgabe, die innere, verborgene Schönheit greifbar zu machen. Mit der 6 wird der Sinn des Polaren und die Absicht der Einheit offenbart.

---

[26] Der Begriff wurde schon von den Pythagoräern in die Mathematik eingeführt. Heute betrachtet man sie durch den Inhaltsverlust nur als Kuriositäten. Sie stellen aber die Polarität zu den später zu besprechenden männlichen, ungeraden Primzahlen dar. Sie werden in einem gesonderten Kapitel besprochen. (Die zweite vollkommene Zahl ist $28 = 1 + 2 + 4 + 7 + 14$.)

[27] Außer der 6 selbst, denn diese spricht für sich und ist in diesem Sinne keine zusammengesetzte Zahl. Sie läßt sich nicht theosophisch reduzieren.

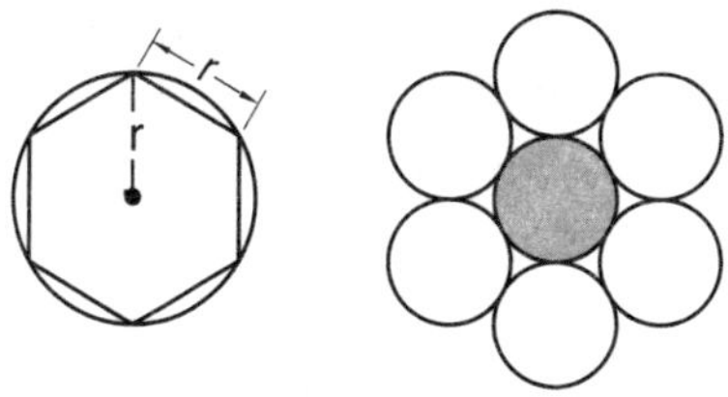

Abb. 31: 6 ist die Schönheit, die Gleichheit von innen und außen.

Die Offenbarung der Vollkommenheit über die materielle Ebene, d.h. die Ebene der Polarität, versucht auch der Mensch zu bewerkstelligen. Der Ausdruck „mit Samt und Seide" meint die Ausformung des Weltprinzips in seiner höchsten materiellen Vollendung. Der originale ‚Samt' war ursprünglich in Byzanz ein sechsfädiger Seidenstoff, die vollendete Art aus den kleineren Brüdern ‚Zwilch' und ‚Drilch'. Was Samt, Seide, Sex und Süß für einen gemeinsamen Inhalt haben, erübrigt trockene Worte. Übrigens, Sekt vervollständigt den gemeinten Gehalt und kommt aus der gleichen Richtung. Wer die Rituale der Sekt- und Champagnerkellerei kennt, weiß um die Bedeutung der 6 und das Gebot, 3 Rebsorten zu verarbeiten.

In der Natur finden wir viele Gleichnisse für die Offenbarung der Einheit und Vollkommenheit über die Polarität. Ihr Wirkprinzip, die 6, bringt es durch Schönheit zur Erscheinung (s. ʃ|ʅ = 2|6). Eine schöne Demonstration ist das Wasser und seine Schneeflocke[28]. Wenn das Wasser materiell verfestigt wird, d.h. kristallisiert, entsteht der Schneekristall als Sechsstern. In den über vier Millionen Jahren der Erdgeschichte sind noch keine zwei Schneeflocken gefallen, die in allen Einzelheiten identisch sind. Die Polarität und Unterscheidung (2) ist gewahrt. Doch jede von ihnen besitzt einen Kern, von dem genau 6 Strahlen unter einem Winkel von 60° ausgehen. Die 6 verbindet Einheit und Polarität im Konkreten, im Kristall. Die Unterscheidung ist genauso eine Voraussetzung ihrer Entstehung wie die Einheit. Unterscheidung führt zur Offenbarung von Wachstum, Fülle und Einheit. Das lehrt die Sechszahl. Physiker bestätigen, daß es keinen Schnee

[28] Wasser ist der 2 zugeordnet, s. Analogie: Einheit (1) → Polarität (2)
Feuer → Wasser
Zentrum → Peripherie
Sonne → Mond, usw.

gäbe, fehle beispielsweise die Verunreinigung, die den Kristallisationskern stellt. Der Untergang, ein Vertreter des Unterscheidungsprinzips (2), ist in der 6 fruchtbringend enthalten. Nichts ist so vergänglich wie die Schneeflocke.

Abb. 32: Die Schneeflocke (6), der Sechsstern, ist die „Materialisation" (4) des Polaren (2; Wasser), d. h. 2→4→6.

Die Reihe der Beispiele könnte noch lange fortgesetzt werden. Die größten Schwierigkeiten werden sicherlich bei dogmatisch „religiösen" Menschen auftreten, denn kaum ein Urprinzip ist so falsch verstanden worden wie das der 6. In der Geschichte versuchte man aus vielen Gründen, 6 und Gott stets rigoros zu trennen. Das ist nicht gerechtfertigt. Sinn der Schöpfung ist 6. Die heiligen Schriften bezeugen es. Den Beweis wollen wir hier zumindest in unserer jüdisch-christlichen Tradition antreten. Die Bibel als bereits erwähntes hebräisches Zahlenwerk verrät die wahren Inhalte. Sie beginnt mit dem von Luther als *„Am Anfang schuf Gott Himmel und Erde ..."* übersetzten hebräischen *„**Bereschit** bara Elohim ..."* Das erste Wort sollte nach dem bisher Erfahrenen allen Inhalt in Kurzform enthalten, so wie auch die 1 alle weiteren Entwicklungen (noch ungeoffenbart) schon in sich trägt. Die Bibel beginnt mit dem großen „B" des >Bereschit<. An allem Anfang steht der zweite Buchstabe, der Buchstabe der Polarität. Die Bibel ist also ein Buch über die Polarität. Das Wort >Bereschit< besteht aus 6 Teilen[29]. Im ersten Wort finden wir damit das gleiche Spiegelbild, welches wir vorher beschrieben haben und welches im arabischen auf einen Blick zu sehen

---

[29] s. Anhang: *„Im Anfang"* = Bereschit = **2**-200-1-300-10-**400** = **6**teilig. Das letzte Wort der Genesis des ersten Schöpfungsberichtes ist ebenfalls 6teilig (*„behibbaram"* = geschaffenwerden = **2**-5-2-200-1-**40**).

In beiden Worten, dem Alpha und dem Omega der Genesis, wird die Entwicklung der Polarität (2) zur erlösten Welt (4) beschrieben. D. h., die Vierheit gewinnt an Stellenwert durch die Verbindung mit der Null.

war (Abb. 26). Auffällig ist auch, daß nicht nur das erste Wort der Weltschöpfung 6gliedrig ist, sondern auch das letzte. Es ist das >behibbaram< (geschaffenwerden) des letzten Satzes: *„Dies sind die Entstehungen der Himmel und der Erde bei ihrem* ***Geschaffenwerden****."*(1. Mose 2:4)

Sehen wir in der Genesis weiter nach Signaturen der 6. Die Schöpfung ist 6, denn die Welt des Menschen wurde in 6 Tagen erschaffen. Die Tage der Schöpfung enthalten jeweils das Prädikat >***gut***<.

„... werde Licht! Und es wurde Licht. Gott sah, daß es ***gut*** *war... erster Tag...*
...zweiter Tag...
...Früchte mit ihrem Samen darin. Gott sah, daß es ***gut*** *war... dritter Tag...*
usw. "

Nur der **2.** und **6.** Tag machen eine Ausnahme. Am zweiten fehlt der Zusatz überhaupt, d. h. der Tag wird nicht nochmals wie die anderen besonders gewürdigt. Dafür heißt es als einzigem beim 6. Tag als Abschluß *sehr* gut. *„Und Gott sah, daß es* ***sehr gut*** *war"*. Nur die Sechs wird in Verbindung mit dem sehr gut gebracht. Außerdem haben wir auch hier wieder die erwähnte Polaritätsspiegelung 2 | 6. Beide Tage werden unterschiedlich hervorgehoben.

Die Schöpfung geschieht durch die 10mal vorkommenden Worte (sogen. 10 Schöpfungsworte): *„Dann sprach Gott ..."*. Mit dem 6. Schöpfungswort, welches am 5. Tag geschah, wurden die ***lebendigen*** (6) Wesen geschaffen.

Der erste Schöpfungstag, der in einer größeren Dimension dem ersten Wort entspricht, enthält 6 x den Gottesbegriff Elohim. Ohne Frage ist es der im ersten Satz wichtigste Begriff, denn Gott wird der 1 = Einheit gleichgesetzt. Der Zusammenhang wird offensichtlich: Die Einheit bringt die 6 hervor, und diese erstellt wiederum Einheit.

Die Genesis, die polar angelegt ist und aus zwei Schöpfungsberichten besteht, enthält 15 x den Begriff Mensch. Die Bedeutung der 15 (1 + 5) als Rückverbindung des Individuums zum Ursprung hatten wir schon als die Aufgabe des Menschen beschrieben.

Sehen wir uns den 6. Buchstaben des hebräischen Alphabets an, kommen wir auf die gleiche verbindende Funktion. Da jedem Buchstaben ein Begriff/Bild zugeordnet ist, erfaßt man im Hebräischen leicht seinen Inhalt. Der 6. Buchstabe bedeutet „Haken", also das Ding, an dem man etwas aufhängt bzw. miteinander verbindet. Es wird meist einfach übersetzt mit >und< .

Der jüdische Gott Jehova hat die Zahlenfolge (JHVH = 10-5-6-5)[30] . Die oberste Gottheit trägt erwartungsgemäß Aufbau und Funktion des Universums in sich. Die Ganzheit 10 teilt sich in 2 Fünfheiten (Subjekte, Individualitäten), die durch das Prinzip 6, den Haken, miteinander verbunden werden. Die Subjektivitäten sind die Vertreter des Ganzen in der Welt, und ihre Existenz ist nur möglich durch Abgrenzung zum Anders-artigen. Nach diesem Akt werden beide Teile erneut verbunden. In der Alchimie ist es das „solve et coagula", das „Trennen und anschließende Verbinden" der gereinigten Teile.

Die 6 gehört der Vollkommenheit an, da sie die Vollkommenheit erstellt. Die jüdische Mystik (Kabbala) würdigt das durch den Namen des 6. Sephirot, der den Namen „Schönheit" trägt und die verbindende Mitte des kabbalistischen Lebensbaumes einnimmt.

Der Mensch ist im Zeichen des 6. Schöpfungstages geschaffen worden und ist auch im direkten Sinne aus Sex hervorgegangen. Auch bei Eingeweihten und Heiligen ist dies nicht anders. Nur der Mythos bezieht sich in solchen Fällen immer noch auf seine andere Ebene des Daseins, die die materielle Welt (4-5-6) übersteigt. Es gibt zu dem irdischen Vater noch den himmlischen. Die 6 tritt in solchen Fällen in den Hintergrund, ist aber immer beteiligt. Als Beispiel diene die Ankündigung der Geburt Jesu durch den Engel Gabriel: (Luk 1:26) *„Und im 6. Monat wurde der Engel Gabriel von Gott gesandt ... zu einer Jungfrau Maria."*

Die Ganzheit der Spiegelung 2 | 6 schwingt im Namen Eva-Maria und im Ave Maria. Eva ist, Adam folgend, die zweite. Sie wird zur Maria und erfüllt eine doppelte Funktion/Spiegelung. Eva nahm die Frucht der Zweiheit (Frucht des Todes). Maria empfängt in der 6. Stunde und bringt die Frucht des Lebens. Somit wird Ganzheit erstellt.

Die Abtrennung der 6 von der göttlichen Erhabenheit und Vollkommenheit innerhalb der abrahamitischen Religionen unserer Zeit ist nicht gerechtfertigt. Ihre Ursache liegt in einem tiefen Mißverständnis und der aus ihm entspringenden Angst. Das in der Welt verhaftete Subjekt sieht lediglich das Hineinsterben des Individuums während des Verschmelzens.

---

[30] Beachte auch, daß die theosophische Addition 26 ergibt, die Spiegelung 2 | 6.

Es ist die Angst der Jungfrau. Sie weiß um die Unwiederbringlichkeit durch die bevorstehende „Verletzung". Mit dem Empfangen der 6 ist die Blüte und das Ende der bis dahin erlebten Welt angesagt. 6 führt an die Grenze der körperlichen Welt, und das macht der erlebenden 5 unter Umständen Angst.

Man muß sich das Dilemma der 5 vorstellen. Sie ist unmittelbar aus der 4 hervorgegangen und in gewisser Weise ihr Produkt. Sie gehört mit ihrem Körper der Welt der 4 an. Die 4 aber ist das Wechselhafte und Polare. Andererseits ist es die Aufgabe der 5, sich ihrer göttlichen Herkunft und Ewigkeit bewußt zu werden. Ihr steht es bevor, sich zur 1 wieder rückzuverbinden. Nun ist im Wissen um beide Anteile von der 5 Konsequenz gefordert. Von ihr wird verlangt, die Ewigkeit in Vollkommenheit zu erfahren und ihren physischen Anteil ohne Vorbehalte einzubringen. Wer am Zweitgeborenen haftet oder nur den erdhaften Anteil des Sex kennt, bekommt es zwangsläufig mit der Angst. Die 6 erleben heißt die Grenzen der Welt überschreiten und in die 7 hineingehen. Was nach der Grenze kommt, ist unbekannt – eben die andere Welt. Die 5 kennt sich aufgrund ihrer Herkunft sehr gut in den materiellen Dingen aus und beherrscht die konkreten Details, weil sie die Welt überschaut. Die Angst vor dem Numinosen, Andersartigen führt dazu, daß sie ihre Macht und ihr Wissen nicht einsetzt für die Rückverbindung (15 = 1-5) und das anstehende Opfer, sondern zur Absicherung der bisherigen Welt. In diesem Falle wird das Opfer sich über die Hintertür, also unbewußt ereignen, und die 6 wird von der falschen Seite gesehen und als böse, formenauflösende Neun (6 wird verdreht zur 9) erlebt. Der Ausspruch „. . . ach du grüne Neune . . ." zeugt davon.[31]

In den heiligen Schriften kommt die 6 immer an den Grenzen einer Welt vor.[32] Eine Legende besagt, daß nichts so vergänglich ist wie eine Schneeflocke (6). Nach dem Auftreten der 6 endet die alte Welt, und eine höhere und vollkommenere beginnt:

[31] 9 ist, wie später ersichtlich wird, das formenauflösende Prinzip.

[32] 6 als Lebensprinzip, danach kommt die 7, das Jenseitige. – Zu dessen Verständnis gehört das Wissen der 7.

- Nach dem 6. Tag kam es zum Paradiesfall.
- 6 x erschien Gott Abraham.
- Die Israeliten zogen mit 600.000 Mann aus ägyptischer Knechtschaft aus (2. Mose 12:37). Die Ägypter verfolgten sie mit 600 Kampfwagen (2. Mose 14:7).
- Jesus wurde am 6. Tag der Woche in der 6. Stunde gekreuzigt.
- Das Wasser, welches in Wein verwandelt wurde, wurde in 6 Krügen gebracht (Joh 2:6 -10).
- 6 x ließ sich Christus nach der Auferstehung sehen bis zu seiner Himmelfahrt.

Das nach der 6 Kommende hat immer die höhere Qualität, nur ist sie mit den Sensoren der alten Welt nicht zugänglich. Das konsequente Opfer, die Aufgabe des Menschen im wörtlichen Sinne, muß erkannt und vollzogen werden. Nur der ist zur Aufgabe seines körperlichen Anteils bereit, der Sohn des Einen ist wie Jesus oder Moses, der die Israeliten aus der ägyptischen Gefangenschaft führte, weil er unter anderem vorher sah, wie der Dornbusch brannte und dennoch nicht verbrannte. Beide waren sich der Unzerstörbarkeit des Einen in sich bewußt. Die Jungfrau läßt sich ja auch nur auf das Abenteuer ein, weil sie in ihrem tiefsten Inneren von der schönen, anderen Welt weiß. Wer die Unzerstörbarkeit des Einen kennt, wird das Opfer vollbringen können. Hier liegt der tiefe Sinn vom Dogma der unbefleckten Empfängnis.

Das in den mythologischen Bildern wiederkehrende Symbol der 6 soll im folgenden Zahlenbild der Abb. 33 nochmals festgehalten werden. Im Laufe eines Zyklus entwickelt sich die 1 zur 9, bevor die höhere Ebene 10 erreicht wird. Die 9 ist die mit Dimension erfüllte 1. Beide zeigen das gleiche Bild: Nur ist in der 9 der Wesenskern, aus dem alles hervorging, offenbarer. Der Punkt wurde zum Kreis.

1 → 6 → 9

Abb. 33: 6 ist ein Zwischenschritt von der 1 zur 9. Wer die Unzerstörbarkeit des Einen kennt, der wird das anstehende Opfer in der 6 vollbringen können. 9 ist die mit Dimension erfüllte Eins.

Der ganze Entwicklungsweg führte über die 6. Die 6 vermittelt zwischen Anfang und Ende. Auffällig am Bild ist die optische Umkehrung des Mittelteiles 6. Die zwischenzeitliche Umkehrung ist ein grundsätzliches Entwicklungsgesetz, welches als Abend-Morgen-Prinzip oder Umkehrprinzip später beschrieben werden soll. In der Welt der 6 erscheint die mit Dimension erfüllte 1, also die 9, auf dem Kopf stehend. 9 ist das formenauflösende Prinzip. Der Wissende, der die Fähigkeit zur Umkehr erlangte, sieht dann nicht mehr das Zerstörende der 9, sondern die Dimensionserfüllung. Es ist das Geheimnis der Rose. Sie entwickelt über das Prinzip der Unterscheidung die sich deutlich abgrenzenden Dornen (-5) und Blüten (+5) und offenbart eine brillante Schönheit. In der Blüte ihrer Schönheit stirbt sie in die Frucht (10) hinein. Das ist die geistige Verbindung von Rose und Sex, die wir alle kennen.

Die Sieben – Der jenseitige Spiegel Die Hilfe zur irdischen Vollkommenheit, das Antimaterielle

Mit dem Vollzug der 6 wurde die Grenze der Körperlichkeit überschritten und unsere Welt, die Welt der konkreten Formen, verlassen. Was kommt danach? Die Sensoren des II. Kreises reichen nicht in das Jenseits. Dem empfindenden Wesen ist der Zugang dorthin aufgrund seiner materiellen Gebundenheit verwehrt. Den einzigen, aber, wie wir sehen werden, tauglichen Zugang finden wir über das geistige Prinzip. In den 6 vorangehenden Evolutionsschritten haben wir uns abstrakte Entwicklungsprinzipien erarbeitet, die in ihrer konsequenten Fortführung uns den Inhalt der nächsten Zahlen preisgeben werden.

Die 7 ist das Kind des Kreises II, vergleichbar mit der 4, welche das Kind des Kreises I war. Die 7 hat deshalb mit der 4 vieles gemeinsam. Sie bildet, wie auch die 4, das Produkt aus zwei sich ursprünglich widersprechenden Elternteilen. Dank des sich erhebenden 3. bzw. 6. Prinzips sind die Elternteile ohne Widerspruch miteinander verschmolzen und liegen danach als Neues, Konkretes in einer höheren Daseinsebene vor. Beide sind aus der Sicht der Elternteile höhere Vollkommenheiten. Die Elternteile der Vier waren 1 und 2, die der Sieben 4 und 5 (s. Abb. 5). Uns liegen zwei in sich abgeschlossene Entwicklungskreise vor, Kreis I und II. Der Kreis I beinhaltet bereits, wie früher schon besprochen, alle Entwicklungsgesetze. Nur ist die Frage nicht beantwortet, warum die Entwicklung mit dem männlichen, positiven Pol, der Eins, begann. Wenn es nun schon so angenommen wird, muß es ein Gegenstück geben, einen Entwicklungskreis, der mit dem weiblichen, negativen Pol, der Zwei, beginnt. Aus diesem Grunde wurde dem Kreis I, beginnend mit Plus, der Kreis II, nun beginnend mit Minus, gegenübergestellt. Dadurch ist ein neues Gegensatzpaar geschaffen worden, welches nach einer Vereinigung durch einen dritten Kreis verlangt, analog der göttlichen Dreiheit. Unsere Darstellungsweise der drei Entwicklungskreise als Kontinuitätsfolge (Abb. 5) muß im Sinne der sich erhebenden Drei geändert werden zu folgendem Bild, das dem funktionellen, zyklischen Aspekt Rechnung trägt:

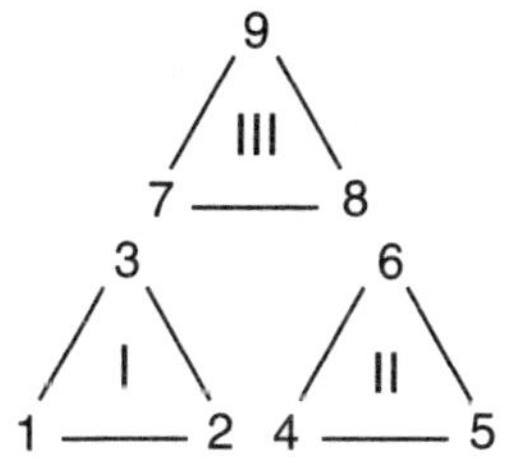

Abb. 34: Sieben und acht sind die polaren Vertreter zweier Welten in der Ebene III. Der Kreis (Dreieck) III verbindet seinem Charakter entsprechend die polaren Eltern I und II.

Der Kreis III vereinigt Kreis I und II in gleicher Weise, wie das in den beiden vorhergehenden Welten ebenfalls geschehen ist. Die 7 repräsentiert dabei den Kreis I[33] und die 8 den Kreis II. 7 und 8 sind Vertreter zweier sich gegenüberstehender Welten, die ihrerseits schon in sich die Pole einer eigenen Welt tragen und jede auf ihre Art verbunden haben. Sehen wir auf die arabischen Ziffern 7 und 8, verrät uns die Symbolik der Zahlen sofort deren Inhalt.

Abb. 35: Sieben und acht als Gegenpole.

Die beiden Welten sind spiegelbildlich. Beide bestehen aus je 2 Teilen (Strichen). Lediglich ihre Richtungen sind verschieden. Wissen wir erst einmal vom Verhältnis der beiden zueinander, dann fällt auch die Gegenpoligkeit in der uns üblichen Schreibweise auf. Die 7 besteht aus Strichen, dem Element der Geradlinigkeit, dem Urcharakter der Eins. Die 8 ist allseits rund und zeigt das Bild der Wandlung, der Krummlinigkeit als Wandel, dem Charakteristikum der Polarität und Zweiheit.

---

[33] 7 repräsentiert zwar den Kreis I, aber sie ist dennoch die lineare und konkrete Folge aus Kreis II.

Uns interessiert vorläufig erst die 7. Sie ist der Beginn der höchsten der drei Welten (III). Aus ihr geht der Kreis III hervor. Um die 7 richtig zu verstehen, sollten wir uns das Charakteristikum der Drei nochmals in Erinnerung rufen. Drei ist der dynamische Aspekt der Einheit. Drei überschaut und übersteigt die Ebenen ihrer Vorgänger. Gleichzeitig nutzt sie ihre spezifische Qualität der Dynamik und Funktion, um zu ver*ein*en, d. h. sie funktioniert im Sinne der Eins und offenbart damit das Eine.

Die 7 gehört aus der Sicht der ersten 6 Archetypen, also unserer Welt, empfindungsmäßig nicht mehr der Welt der Polarität (I und II) an. Sie gehört zum Jenseitigen und ist dennoch bezogen auf ihre Vorgänger und vollkommen, da in ihr beide Pole der Welt vereinigt sind. Aus der Weltsicht der Polarität hat sie Göttlichkeitscharakter. Sie ist einerseits die Folge der polaren Welt und ihrer Entwicklung und steht andererseits als Göttlichkeit über der Welt der Polarität. Die 7 stellt wieder die Einheit her zwischen den beiden vorher in der Welt (1–6) empfundenen Polen (I ↔ II). Sie ist die Einheit herstellende Zahl, die aus dem Jenseitigen der Welt in die erlebbare Welt zurückwirkt. Als Einheit erstellende Zahl ist sie der Vertreter des Kreises I im Kreis III. Hier wird verständlich, wieso die 7 eine heilige Zahl ist und seit jeher für die Vollkommenheit des Universums steht. Der 7. Tag der Schöpfung ist der Tag des Herrn. Er ist heilig, also ganz und vollständig.

Mathematische und geometrische Prüfungen müssen wie bisher den gleichen Inhalt preisgeben. Die dreidimensionale Welt der Polarität wurde durch den Würfel symbolisiert. Die Summe der sich gegenüberliegenden (polaren) Seiten eines Spielewürfels ergibt immer 7.

Bei der 6 hatten wir 6 Kreise im Kreis angeordnet (Abb. 31), und es entstand in der Mitte ein Kreis gleichen Durchmessers. Jener Kreis ist der siebente. Die Welt der 6 wird also von dem in der Mitte stehenden Siebenten zusammengehalten bzw. geht aus ihm hervor. Andersherum wird jener himmlische siebente Kreis durch die Welt der 6 erst geschaffen. Die 7 ist die nicht sichtbare, im Hintergrund stehende Ganzheit, oft auch als Steuerprinzip der Weltordnung bezeichnet.

Von welch entscheidender Wichtigkeit der siebente Punkt für unsere dreidimensionale Raumwelt ist, bemerkt der darstellende Geometer, wenn er einen Würfel im dreidimensionalen Koordinatensystem eindeutig fixieren bzw. beschreiben will. Dazu bedarf es mindestens einer Siebenheit von Daten. Die Angabe des Würfelmittelpunktes und einer Ecke benötigt zwei dreigliedrige Raumkoordinaten. Jeder der beiden Punkte besteht aus Angaben von x-, y- und z-Achse. Zweimal drei Daten ergeben noch keine eindeutige Fixierung, denn um die festgelegte Würfelkoordinate ist noch eine Rotation möglich. Zu den beiden Koordinatendreiheiten muß noch eine zusätzliche siebente Angabe wie Winkel oder Zeitangabe hinzukommen, um eine eindeutige Fixierung zu erhalten.[34] Das siebente Maß trägt gegenüber den 6 Daten einen andersartigen Charakter. Das Besondere der 7 ist eben, daß sie im Verlaufe der Kontinuität und Linearität der 6 Vorgänger aus der Welt herausführt und von dort die Welt steuert und beherrscht. Als jenseitige, steuernde, göttliche Ordnungszahl ist sie eine Primzahl und nicht konstruierbar. Das Drei-, Vier-, Fünf- und Sechseck ist mit Lineal und Zirkel konstruierbar. Das Siebeneck entzieht sich einer solchen Möglichkeit. Die Nichtkonstruierbarkeit wurde von Karl Friedrich Gauß 1801 bewiesen. Will man die Siebenheit (Siebeneck) dennoch manifestieren, d. h. konstruieren, so muß man bestimmte Grenzen und Hindernisse überwinden.

Beschrieben wir bei der 6 die Rose in ihrer Schönheit, die letztlich in die Frucht hineinstirbt, so liegt in der 7 die Frucht vor uns. Aus der Pflanze wurde im Sterbeprozeß Frucht und Same. Die Frucht (7) von sich aus ist wiederum der Samen der Welt, in der das Steuerprinzip der Welt verborgen ist.

Weinreb[35] erwähnt eine Hyroglyphe für die 7, das Bild eines Schiffes, dessen Ruder tief ins Wasser taucht. Das Weltenschiff wird gesteuert durch den unsichtbaren Teil des Schiffes, das Ruder. Mit seiner Hilfe werden die Wasser bezwungen.

Sehen wir in die religiöse Tradition des Judentums, entdecken wir als Zahl 7 den Buchstaben „Zajin", der soviel wie Waffe heißt. Ein Kampfinstrument ist ein Hilfsmittel der Obrigkeit, um Ordnung und Vollkommenheit im Sinne des Höheren wieder herzustellen. Eine Waffe greift ein und manifestiert (V), d. h. sie setzt konkrete *Entscheidungen*! Das Schwert wird aus der Scheide gezogen – entscheidet. Das geschieht, um Vollkommenheit und Einheit, also das Gegenteil von Scheidung, nämlich Ent-scheidung (Nicht-Zweiheit) zu erstellen. Die Doppelbedeutung des Wortes Entscheidung verbindet einen mit der Tiefe der Vollkommenheit.

---

[34] s. E. Bindel

[35] Friedrich Weinreb: Die Symbolik der Bibelsprache, S. 29.
Der göttliche Bauplan der Welt, S. 189.

Ein ebenfalls von Weinreb erwähntes altes Zeichen der 7 zeigt die Verbindung zweier paralleler Bereiche. Aus diesem Zeichen entwickelte sich der 7. hebräische Buchstabe „Zajin" (ז), welcher dem letzten Buchstaben unseres Alphabets „Z" entspricht.

Abb. 36: Die Hyroglyphe, welche dem 7. hebräischen Buchstaben„Zajin" und dem „Z" voranging. 7 ist die Verbindung zur „parallelen" Gegenwelt.

Wir wollen nun die Genesis auf das Vorkommen des siebenten Buchstabens hin untersuchen. Zu unserem Erstaunen werden wir lange suchen müssen, denn wir werden erstmals fündig im elften Vers. Dort heißt es: *„Und Gott sprach, es lasse die Erde aufgehen Gras und Kraut, das Samen bringe* (wörtlich: *der samende Same) und fruchtbare Bäume auf Erden, die ein jeder nach seiner Art Früchte tragen, in denen ihr Same ist."* Dreimal ist in diesem Satz der Buchstabe Zajin. Der gleiche Begriff *„der samende Same … in dem ihr Same ist"* wiederholt sich im Vers 12. Analog dem früher Gesagten handelt es sich auch hier um zwei Dreiheiten, zu denen der aus dem üblichen Rahmen fallende siebente Teil im Vers 27 hinzutritt. Hier ist das 7. Zajin im Wort „männlich" zu finden: *„Da schuf Gott den Menschen in seinem Ebenbild; im Ebenbilde Gottes schuf er ihn,* ***männlich*** *und weiblich schuf er sie. Und es segnete sie Gott."*

Vor der Erschaffung des Menschen wurde 6 x (3 x zu je 2 Dreiergruppen) Zajin gebraucht. Mit der Erschaffung des Menschen erscheint es das siebente Mal. Danach kommt es mit seinem zehnten Schöpfungswort, als Gott das erstemal zu sich *Ich* sagte, noch 4 x vor. Insgesamt finden wir 11 x Zajin im ersten Schöpfungsbericht (Gen 1). Im zweiten Schöpfungsbericht (Gen 2) erscheint Zajin 7 x. Einem späteren Zeitpunkt soll vorbehalten bleiben, in welcher Beziehung 11 und 7 stehen. Hier reicht die Bemerkung, daß beide Repräsentanten des schöpfenden Himmels sind.

7 (Zajin) kommt in den Worten Gold, Hilfe, samender Same, männlich, Schweiß und vor allem im Hinweiswort „diese(r)" vor. Bis zum Verlassen des Paradieses finden wir es in diesen sieben verschiedenen Formen. Alle Hinweise offenbaren die 7 als Extrakt der Welt. Sie ist das von der konkreten Welt geschaffene Ergebnis, die Frucht bzw. der Same, der samend sei-

nen Inhalt in die Welt zurückentfaltet. Die Sieben ist für die Welt ein unsichtbarer Reflektor. Sie konfrontiert die Welt mit ihren Produkten. Der Mensch, der das Gold, das Symbol der Sonne und der Individualität, Beständigkeit und Reinheit anstrebt, erzeugt Produkte (Gold, Schweiß), die in der darauffolgenden Phase auf ihn zurückwirken. Das ihm Begegnende ist für ihn eine Hilfe, um sich selbst und das ihm noch Fehlende zu erkennen. Es ist ein konkreter Hinweis auf die Vollkommenheit. „Dieser ..." als Hinweiswort ist die konkrete, der Welt verständliche Form, in der sie mit ihrem Samen, ob Gold oder Schweiß, konfrontiert wird. Er strahlt seinerseits samend auf die Welt zurück und wird zum jenseitigen männlichen Prinzip, dem Schöpfungsprinzip. Die aus dem Jenseits kommenden Aktivitäten werden je nach ihrem Gehalt (Schweiß oder Gold) als göttliche Siebenheit oder als die berühmte verflixte 7 empfunden. Daher kommt die von Wissenden oft zitierte Formel: *„Schicksal ist Charakter plus Zeit"* oder, nach C. G. Jung: *„Was wir in uns selbst nicht akzeptieren können, kehrt als Schicksal zu uns zurück."* Die Sieben wird deshalb oft als Zeitzahl bezeichnet. Die hintergründige 7 wird zur Grundlage der neuen Entwicklung. Von der 7 oder dem siebenten Teil geht Weisung aus. Die Märchen bringen uns das nahe. Das siebente Geißlein, welches sich im Uhrkasten versteckte, wies der Mutter den Weg. Mit seiner Unterstützung und der Zeit war es der fruchtbaren Mutter (Erde) eine Hilfe für das weitere Handeln.

Die 7 Raben entstanden durch einen unbewußten Fluch des Vaters, der dann mit seinem empfangenden, weiblichen Kind die 7 Söhne wieder heimholte. Die 7 Schwaben sind der Spiegel des vor dem Speer sitzenden Angsthasen. Was der Siebente als ihr unbewußter Teil machte, wurde verbindlich für die anderen Sechs. Im Falle der 7 Schwaben führte es zum Untergang, weil sie die begegnende Welt nicht richtig deuteten und als Hilfe annahmen.

Wer sich Klarheit über die Bedeutung der Sieben verschafft, bemerkt, daß die Sieben gleichzeitig durch Handlung in der Welt (1-6) entsteht. Was einem begegnet, hat man vorher verursacht. Die überlieferten Worte des Propheten Mohammed *„Wer sich selbst kennt, kennt seinen Herrn ..."* beziehen sich darauf. Das bewußte Individuum begegnet dann einem wohlgesonnenen Schöpfergott und findet durch Annahme zu seiner göttlichen Stärke, ausgedrückt in „Sieben auf einen Streich". Mit einem solchen Bewußtseinszustand steigt man in die „Siebenmeilenstiefel" und entkommt dem bösen Riesen. Wer wirklich seine „sieben Sachen" packt, der hat das Jenseitige und Vollkommene, das Steuerprinzip der Weltordnung mit eingeschlossen. Der Kinderreim weiß es:

Wer will guten Kuchen backen,
der muß haben sieben Sachen...

Die 7 übernimmt die Spiegelfunktion für die Welt. Mit ihrer Hilfe kann sich das schöpfende Subjekt erkennen. Der Spiegel ist seine Hilfe, um seine Handlung zu überprüfen und sich als Verursacher des ihm Begegnenden zu korrigieren. Wer den Spiegel nicht anerkennt oder zerschlägt, wird unbewußt und hat insofern Pech, da er in die Unbewußtheit fällt und Leid erfährt. Der Volksaberglaube, „7 Jahre Pech zu haben, wenn man einen Spiegel zerschlägt", basiert auf dem Spiegelprinzip der 7. Die 7 verhindert das Verlorengehen des unbewußten Teiles.

Die Sieben *siebt* das Unbewußte und Trübe, um das zu finden, was dem Besitzer zur Ganzheit fehlt. Die Sieben und das Sieben sind immer auf Ganzheit und Einheit gerichtet. Sie bringen die verlorenen Dinge zurück.

Das schönste Kind (Samen) der Mutter Erde findet man beim Befragen des magischen Spiegels bei „den sieben Zwergen hinter den sieben Bergen". Die Aufgabe der 7 Zwerge ist es, das Erz aus dem Unsichtbaren und Unbewußten ans Tageslicht zu fördern. Mit ihrer Hilfe findet man den vergifteten Kamm oder das zu eng geschnürte Leben heraus. Bedrohlich ist die Halbheit des Apfels (der halbe Apfel), wenn man das Ganze nicht erkennt.

Was aus der Siebenheit samend in die Welt zurückkommt, hat eine Bedeutung zur Erlangung der Ganzheit/Einheit. Deshalb ist die 7 die Zahl der Bedeutung und kommt immer in der Verbindung mit der 1 vor. Die sieben Schwaben und der eine Speer sowie die sieben Zwerge und das eine Schneewittchen deuten auf die nach Einheit und Vollkommenheit gerichtete Siebenheit hin. Der Speer, die Waffe, das Symbol der Einheit, sind bei Schneewittchen die Reinheit, Klarheit und vollkommene Schönheit des weißen Schnees.

Auf dieser Einheit und Reinheit basiert die Siebenheit. Der siebenarmige jüdische Leuchter (Menora) besteht aus 2 x 3 Lichtern und dem in der Mitte über der Basis ruhenden 7. Licht. Es verbindet zwei schöpfende Dreiheiten miteinander zu einem Ganzen. Die Menora ist das holokausale (heilige

Bedingtheit) Symbol schlechthin. Meine unbewußten Schöpfungen kommen als göttliche Schöpfungen zurück.

Die Abb. 56a zeigt den von uns Stück um Stück nachentwickelten Weltenbau anhand der Primzahlfolge. Die geometrische Grafik macht den Nachvollzug der Entsprechungen und letztlichen Identität von 1 und 7 leicht. 7 ist Ganzheit (1), weil sie der 1 entspricht, und Funktion, weil das 3. Dreieck der 3 entspricht. Sie ist ganzheitliche Funktion.

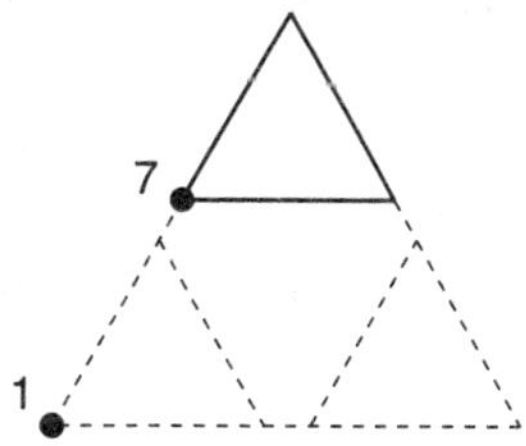

Abb. 37: Der Bezug der 7 zur 1 (Einheit). Die 7 entspricht der Einheit auf höherer Ebene. Sie stellt durch die Verbindung die Einheit wieder her.

Die 7 ist aktiv, männlich und schöpferisch. In ihr ist ein Bild, welches auf das ursprünglich verursachende Individuum schöpferisch (samend) zurückwirkt. Der tätige Mensch verursacht die Entstehung des Bildes und kann sich nun durch Begegnung und Deutung der geistigen Dynamik seiner ursprünglichen Handlung bewußt werden und zu mehr Vollkommenheit reifen. Versäumt er die Begegnung und Deutung des auf ihn zukommenden Impulses als einen Ausdruck höchster Gerechtigkeit (Ausgeglichenheit), dann wirkt das Bild weiter unbewußt in ihm, und er empfindet die ihm begegnende Welt nur als schicksalhaft.

Der Wirkmechanismus der 7 hat eine Gerichtetheit. Er basiert auf der 1. Das uns geläufige Symbol der 1 ist die unvollständige und verkürzte Schreibweise eines Pfeiles. Die Gerichtetheit ist auch in der 7 vorhanden, nur hat sie hier eine vom Menschen umgekehrt empfundene Wirkrichtung. Sie wirkt nach unten, auf die Erde zurück. In der 1 ist die nach oben gerichtete Ausbreitungsrichtung der Energie angedeutet. Sie entspricht der Einsinnigkeit der Zeit, die wir an anderer Stelle als das One-Way-Prinzip beschrieben haben. Die Eins, welche der Sieben zugrunde liegt, überträgt ihren Charakter auf die Sieben. Die Funktion der 7 ist deutlich auf die Wiedererstellung der Einheit gerichtet und nicht etwa auf das Auseinanderwerfen zusammenhängender Dinge. Ihr Charakter ist demnach symbolisch anstatt diabolisch, wie es der Mensch durch die äußere Umkehrung empfinden könnte. Ihre enorme Stärke wirkt immer in rechter (gerechter!) Weise ausgleichend und harmonisierend. Ihr Maß ist das Höchste, das Maß der Einheit. Wenn das Individuum die von seiten der Siebenheit erfolgenden schicksalhaften Steuerungen als negativ empfindet, so liegt das an der ungenügenden Einsicht des Individuums.

Mit all dem Wissen um diese Zahl sollte es nicht mehr schwerfallen, ihr Vorkommen in Mythen, Märchen oder religiösen Riten richtig zu deuten. Allzuleicht tut man die Zahlenhinweise als zufällig oder unwichtig ab. Im folgenden seien noch einige Beispiele der Siebenheit genannt, in der Hoffnung, der Leser finde zu einem von ihnen einen persönlichen Bezugspunkt:

- Die 7 Augen Jehovas:
  „Siehe, auf dem ***einen*** *Stein, den ich vor Jeshua (Hohepriester) hingelegt habe, sind sieben Augen. Siehe, ich will auf ihn eine Inschrift eingraben, spricht der Herr Zebaoth, und will die Sünde des Landes wegnehmen* ***an einem einzigen Tag****."* (Sa 3:9; 4:11)
  Der Stein ist das feste und unwidersprochene, ewige Gesetz. Die 7 Augen beobachten das Geschehen. Über sie wird das zur Ganzheit Fehlende als Folge des schon Geschehenen manifestiert. Durch diese göttliche Reflexion wird die Einheit wiederhergestellt. Die Welt kommt dadurch in Ordnung. Die Sünde des Landes wegnehmen heißt die Halbheit wegnehmen. – Das wiederum sagt noch nichts darüber aus, wie das der Mensch empfindet.
- Die 7. Karte des Tarot – der Wagenlenker.
  Das Steuerprinzip der Polarität bewegt den Wagen der Welt, bewirkt durch gerichtete, machtvolle Eindeutigkeit. Der Lenker fixiert das Eine (Lingam, Gold), indem er ihre Vertreter in der konkreten Welt, Rechtwinkligkeit, Licht und Recht (Urim und Thurim) in Erfüllung des ewigen Gesetzes (Zepter) erhöht.
- Das 7. Zeichen des I-Ging ist das Heer. Kraft und Stärke werden als Vertreter der 1 organisiert und geleitet. Vertrauen, Begeisterung, ein gerechter Grund, ein klares Ziel. Einheitlichkeit und starke Überzeugung, gepaart mit Disziplin, zeichnen die religio des Heeres aus. Alles das ist das Gegenteil von Chaos und Gewalt.

- Das 7. astrologische Zeichen ‚Waage' steht für Gerechtigkeit, Begegnung, Harmonie und Denken als feinstoffliche Kraftentfaltung. Das 7. Haus steht dem 1. gegenüber und bildet die gemeinsame erste Achse. Im 7. Haus sind die Bilder und Gleichnisse, die den Horoskopeigner leiten. Das Zeichen selbst besteht aus zwei Strichen, von denen „der Eine" die Basis darstellt und der andere, der Polare, nach einer kurzen Aus- oder Umlenkung wieder nach der Einheit ausgerichtet wird (♎).
- Nach der alten hebräischen Überlieferung ordnete man alle 7 Jahre die Besitzverhältnisse neu, und im 7. Jahr bekamen Sklaven ihre Freiheit. Das bis zu diesem Zeitpunkt Unbewußte, Verdrängte und damit Unfreie erhielt somit wieder einen Platz in der Ordnung der Welt.
- Die Speisung der 4.000 (NT Mk 8:1; Mt 15:32) geschah durch 7 Brote und einige Fische (hebr. Fisch: 4+3=7). 4 ist die konkrete, aber noch unbewußte Welt, hier das unbewußte Volk der Erde. Die 3 Nullen weisen auf die Ebene der 4 hin. Drei ist Funktion. Das unbewußte Volk, die lebendige Masse, folgt ganzheitlichen Funktionen und Gesetzen, doch geschieht das automatisch und unbewußt. Das Erdhafte und Konkrete bewirkt eine Funktion über den Umweg der 7, die den ihr im Bewußtsein fehlenden Teil zwangsläufig widerspiegelt. Der Vierheit fehlt noch die Bewußtheit, die erst in der Fünfheit auftritt. Deshalb entsteht immer das gleiche Wechselspiel in der immer und immer wiederkehrenden Rückwirkung der 7. Am Ende des Gleichnisses bleiben deshalb auch 7 Körbe übrig. Die Fülle ist garantiert. Der Unterschied zur Bewußtheit besteht nur darin, wie man sie erlebt und empfindet. Um den Unterschied zu sehen, muß man das Gleichnis der Speisung der 4.000 mit dem Gleichnis der Speisung der 5.000 (u. a. Joh 6:1) vergleichen. In beiden Fällen handelt es sich um den Umgang mit der Materie (Brot=2). Bei der Speisung der 5.000 wird aber die Bewußtheit (5) erhöht. Anstatt einiger (unbewußt) Fische sind es jetzt 2 Fische (bewußt, konkret!), und anstatt Brote sind es nun Gerstenbrote (bewußt konkretisiert). Das Ergebnis sind 12 Körbe anstatt 7.

In der Siebenheit ist man dem Jenseitigen, der Gottheit, ausgeliefert. Im Gegensatz dazu ist man in der Zwölfheit in der Lage, das Geschehen und den Weltenrhythmus als logische, hierarchische Ordnung zu erkennen, in der die 2 der 1 folgt.

- Die Worte männlich und erinnern (Sachor) haben beide die gleiche Zahlenfolge (7-20-200). Das Männliche ist der polare Vertreter der Eins in der Welt der Schöpfung. Religio – die Rückbesinnung ist die Erinnerung an das Eine. Das Aktive, das Tun, muß der 1 gegenüber verbindlich sein.
- Die siebente Zeichentat Jesu war die Auferweckung des Lazarus, obwohl er schon 4 Tage im Grab lag und bereits stank.[36] Das, was scheinbar unwiderruflich aus der Welt der Erscheinung verloren ist, wird durch die 7 in die Welt zurückgebracht.
- Die Schlange und der Messias haben beide den Zahlenwert 358 (theosophisch 7). Beide bringen den dem Menschen unbewußten, fehlenden Anteil wieder ins Bewußtsein, mit dem sich der Mensch daraufhin auseinandersetzen muß. Beide sorgen für Vollständigkeit. Von beiden geht eine Weisung aus, und sie sind die Garanten dafür, mit dem in sich Verborgenen in Kontakt zu kommen.
- Die Frage nach der Auferstehung (Mk 12:18) geht von einer Frau und ihren 7 verstorbenen Männern aus.
- Samen = 7-200-70 = 277 = 16 = 7
  Hilfe = 70-7-200 = 277 = 16 = 7
  männlich = sich erinnern = 7-20-200 = 227 = 11 (siehe 11, der Schöpfer!)

Da die 7 der unbestechliche Garant für die Wiedererstellung bzw. Bewahrung der ewigen Ordnung und Vollkommenheit ist, wurde sie in der Geschichte zur Schwurzahl. Man begegnet in alter Literatur dem Begriff des „Sich-Siebnen" oder dem „Gesiebnetwerden", was dem Schwören und Beschworenwerden gleichkommt.

Die oft als Zeitzahl bezeichnete 7 bringt das Gegenteil der augenblicklichen Existenz über die Zeit wieder in die Welt. Beide Teile bedingen sich gegenseitig, und einer ist der Dünger des anderen. Sie sind aufeinanderbezogen und leben voneinander, um später durch Bewußtheit zu verschmelzen, weil sie letztlich eines sind. Das ist eine von zwei Betrachtungsweisen. Die andere berücksichtigt dazu noch die Hierarchie zwischen Diesseitigem (1-6) und dem Jenseitigen (7), wobei der 7 der höhere Rang zukommt, da in ihr die 6 enthalten ist. Beispiel dafür ist der Traum des Pharao (1. Mose

[36] *„stank"* entspricht der wörtlichen Übersetzung. Was stinkt, von dem wendet man sich ab.

41) von den 7 fetten und den 7 mageren Kühen, in dem die mageren die fetten auffressen. Gleichzeitig sah er in einem zweiten Teil des Traumes die 7 Halme aus *einem* Halm wachsen. Joseph, der als einziger den Traum deuten konnte, kam aus dem Gefängnis (der 7, dem Hintergründigen, Verlorengegangenen, Verdrängten) und wurde seiner Fähigkeit wegen zum Herrscher über das ganze Land (1 - 6), ohne den Pharao zu verdrängen.

All die vielen Beispiele aus der Mystik, die noch unendlich erweiterbar sind, sind für den ausschließlich naturwissenschaftlich interessierten Leser vielleicht noch unbefriedigend, weil er nach konkreten Belegen sucht. Die 7 ist aber die Zahl, die ihrer Charakteristik wegen die konkrete Welt der Schöpfung übersteigt. Der Materialist wird ihr deshalb nicht so eindeutig begegnen wie den konkreteren, vorhergehenden sechs. Dennoch findet er einige wenige eindeutige Symbole auch aus naturwissenschaftlicher Sicht. Eines erwähnten wir bereits. Das war die Nichtkonstruierbarkeit des Siebenecks mit Lineal und Zirkel. Die Teilwinkel der Polygone 3, 4, 5 und 6 sind ganzzahlig. Der Teilwinkel des Siebenecks ist irrational, nicht unmittelbar wißbar (360° : 7 = 51,42...°). Eine weitere symbolträchtige Besonderheit der Siebenzahl, die ihren Sieg über die Welt (1 - 6) und ihre Vereinheitlichung, d.h. Zusammenfassung in Vollkommenheit, zeigt, ist ihr Verhältnis zu den uns bekannten 9 Zahlenarchetypen. Um das anschaulich zu machen, schreiben wir alle Verhältnisse zur Siebenzahl untereinander:

1/7 = 0,142857.142857.14...
2/7 = 0,285714...
3/7 = 0,428571...
4/7 = 0,571428...
5/7 = 0,714285...
6/7 = 0,857142...

7/7 = 1
8/7 = 1,142857...
9/7 = 1,285714...

Alle Verhältniszahlen bestehen aus einer konstanten (einheitlichen!) Sechsersequenz, die sich unendlich oft wiederholt. Das ist der im mathematischen Bild ausgedrückte Einschluß der Welt (1 - 6) in ihrer unendlichen

Vielheit und Wiederholung. Hier sehen wir in einem mathematischen Bild, wie Vielheit und Einheit gleichzeitig sich befruchtend nebeneinander und in Hierarchie existieren. Das ist das Paradoxon des Wissenden im Gegensatz zum Ausschließlichkeitsbild des im rein Materiellen Befangenen. Die 7 übersteigt seine Welt. Sie schließt sie dennoch ein. Ob er sich diesem Bewußtsein gegenüber öffnet, liegt in seiner Freiheit.

Die Acht – Die geistige Orientierung
Die innere Kraft und Geschlossenheit

Die Zwillingsschwester der 7 ist die 8. Beide gehören nicht zur Welt der Erscheinungen (1-6), sondern zum jenseitigen, geistigen Teil. Sowohl die 7 als auch die 8 sind immaterieller Art und ihrer Natur nach Funktionen (3), denn sie sind die beiden Pole des geistigen, also verbindenden dritten Kreises. Die 7 (V) ging von der Einheit aus und wirkte schöpferisch in die Welt zurück, um sie zu manifestieren. Die 8 (Λ) ist die Umkehrung davon. Sie steht für die Verwendung der Polarität, um Einheit zu erstellen. Die Grundlage der 8 ist die Polarität (••), die in ihrer Wirkrichtung nach oben zur Einheit (•) verbunden wird.

Abb. 38: 8 ist das Verwenden der Polarität, um Einheit zu erstellen.

Abb. 39: Das hebräische Zahlzeichen der 8, das Chet, in alter Schreibschrift und moderner Druckschrift. Es hat die Bedeutung eines Zaunes, d. h. einer Abgrenzung. Die Abgrenzung ist hier im 3. Kreis geistiger Art. Geistige Abgrenzung ist Orientierung.

7 und 8 vertreten beide ein dynamisches Prinzip, nur ihre Wirkrichtungen unterscheiden sich (↓↑). Ihre Erklärungen gehen von verschiedenen Voraussetzungen aus. Wenn die 7 von der Einheit, Geradlinigkeit, Aktivität, dem himmlischen Willen, also der einheitlichen Basis, ausgeht und ein Abkömmling des Himmels ist, so wird die 8 ein Abkömmling des erdhaften Prinzips sein und die Entwicklung der Polarität und Materie zeigen. Polarität und Materie haben immer Einheit zum Ziel. Das meint die 8. In ihr müssen die Fortentwicklungen aller polaren Elemente enden. Sie vertritt

das Endprinzip der 2, also die 2 im Kreis III bzw. den Kreis II im Kreis III. In jedem Falle fußt sie auf dem Prinzip der Zweiheit, der Polarität.

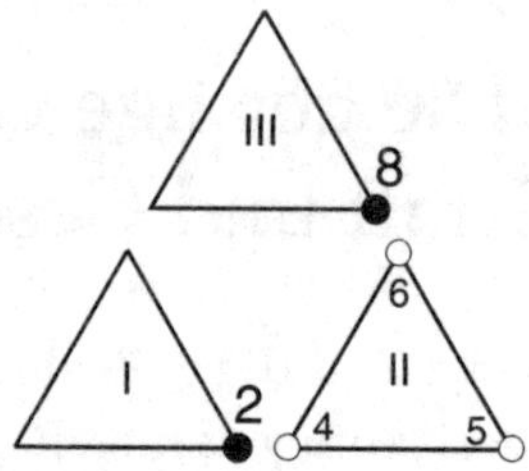

Abb. 40: 8 ist die funktionelle (III) und geistige Variante der Polarität (2).

Ihr Bild verrät uns Anliegen und Ziel. Es ist die Verbindung und Zusammenführung der beiden Pole, die ihre Basis bilden. Das, was durch eine materielle, konkrete Situation vorliegt, wird verwendet, um Einheit und Geschlossenheit herzustellen. Von dem Konkreten geht eine nach oben gerichtete Energie aus. Auch das hebräische Zahlzeichen der 8 (Chet = ח) demonstriert die konkrete Basis, von der aus sich eine neue Kraft entfaltet. Das Polare, was im Gegensatz zur Einheit die Abgrenzung bedeutet, ist hier ganz offensichtlich die Basis einer Kraftentfaltung in Richtung Einheit. Die Bedeutung des hebräischen Chet (ח) ist deshalb auch der Zaun. Er steht für das Abgrenzende. Nur durch Abgrenzung wird Erfahrung mit dem Resultat der Einheit möglich. In der 8 wird das Polare und Materielle nicht mehr negativ gesehen, sondern als Chance begriffen. 8 ist die Weiterentwicklung des Polaren und des Individuums. Die 2 war die Abgrenzung gegenüber der 1. Die 5 war die Abgrenzung gegenüber der 4. Die 8 ist die zwangsläufige Folge beider und läßt sowohl die Polarität (2) als auch das Individuum (5) existieren und verbindet als Drittes einer Reihe beide Elternteile, aus denen sie hervorgegangen ist. Die Entwicklung 2 → 5 → 8 ist die Entwicklung der *gegen*ständlichen (jeweils zweiten) Punkte der einzelnen Kreise (Abb. 41).

Ebenso richtig ist auch die Entwicklung über die Potenzen der Polarität und damit über die konkrete Materie, denn auch die Materie ist die Folge einer Abgrenzung. In diesem Falle würde man den Weg symbolisch wie in der Abb. 42 erfassen. Aus der Abb. 41 resultiert das Dreieck 2-5-8 und aus der Abb. 42 das Dreieck 2-4-8. Beide sind nur äußerlich, d. h. in ihrer Form,

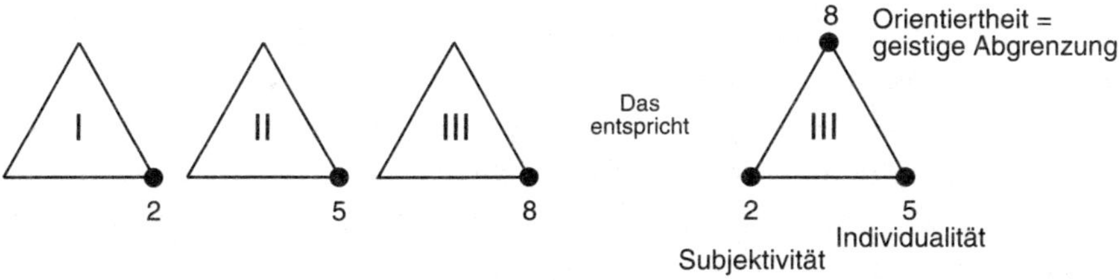

Abb. 41: Sowohl 2, 5, als auch 8 sind die „gegenständlichen" (jeweils zweiten) Punkte, das Andere, Abgegrenzte, Rechte eines jeweiligen Paares. Die sich verwandelnde 2 zeigt hier den Weg des Bewußtseins.

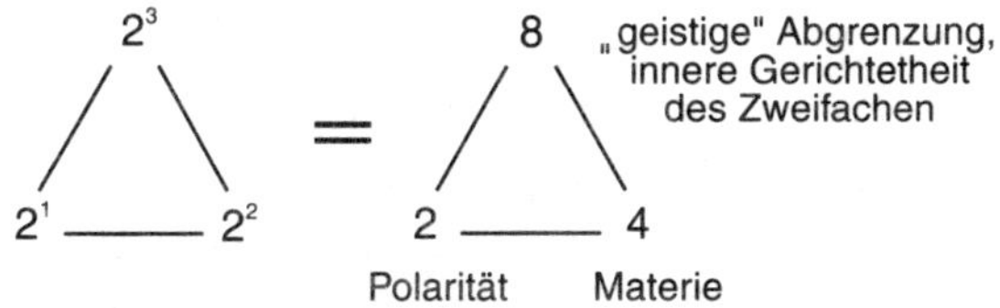

Abb. 42: 8 – die potenzierte 2 zeigt hier den Weg der Materie.

unterschieden. In ihnen wird das Wesen der 8 deutlich. Alles Geschöpfte hat eine innere Gerichtetheit, eine Entelechie. Vokabeln wie Orientierung, Leitbildhaftigkeit oder die Schwere eines Steines sind nur die Form und Ebenen betreffenden unterschiedlichen Ausdrücke der gleichen Qualität, der Qualität der 8. Das Verfolgen des Weges über die 5 (das Individuelle, Lebendige) als auch über die 4 (das Anorganische, Materielle) enden beide bei der 8. Sie ist das Ziel der Zweiheit. Beide Wege unterscheiden sich nur in ihrem Bezugspunkt, wodurch sich die Details und das Formelle ändern. In jedem Falle endet die Zweiheit in der 8, und diese wiederum ist Repräsentant einer besonderen Einheit. Jener Einheit, die durch Abgrenzung (2) neu entsteht, werden wir noch ein bißchen nachspüren.

Die Qualität der Ausgangsposition, des Konkreten und Manifesten (2), darf nach dem Additionsgesetz trotz ständiger Höherentwicklung nicht verlorengehen, sondern muß sich vielmehr verfeinern und vervollständigen. Die Veränderung betrifft nicht das Wesen, sondern nur den Grad der Feinstofflichkeit. Was vorher *sichtbar* konkret war, wird nun *geistig* konkret. Was vorher die materielle Basis war, wird nun eine geistige Basis. Die Manifestation, Stabilität und Fixierung ist in Kreis III auf das Geistige bezogen. Die Folge der materiellen Manifestation (2) ist in der weiteren Entwicklung eine geistige Manifestation, eine geistige Fixierung.[37] Die Qualität Härte und Konkretheit ist feinstofflicher geworden.

In dem Augenblick, wo das Begrenzte, Abgespaltene und Umzäunte auf eine höhere und damit geistige Ebene gebracht wird, verliert es zwar seine Grobstofflichkeit, aber das ihm innewohnende Prinzip bleibt erhalten. Ob ich einen konkreten Zaun um ein Haus baue oder ohne einen solchen durch Gesetze die Grenzüberschreitung verhindere, ist eine Frage des Grades der Feinstofflichkeit. In beiden Fällen wurden Grenzen geschaffen. Ideologische und materielle Begrenztheit entsprechen sich in den verschiedenen Daseinsebenen.

Das Wesentliche der 8 liegt in der ihr innewohnenden Gerichtetheit (Entelechie) des Polaren. Die aufwärtsstrebende, Einheit erstellende Richtung der arabischen und hebräischen Zahlensymbole beschreibt deutlich das Ziel jeder konkreten Bedingtheit. Das Abgegrenzte soll zur Transformation auf eine höhere Ebene führen. Das Ziel ist das Zusammenführen. Die ursprünglich materiellen, konkreten Manifestationen führen auf einem solchen Verwandlungsweg zur inneren, geistigen Konzentration. Die Abgrenzung wurde zur Dienerin der Einheit. Das Individuum kommt durch Ausnutzung seiner Fähigkeit, sich abzugrenzen, zu seiner Konzentration und erreicht darüber die Bewußtheit der Einheit mit dem Ganzen. Was wir in der Zwei noch als bedrückenden Unterschied, als Ausgespanntheit zwischen den Polen, empfinden, kann in der 8 als der erlöste Unterschied bezeichnet werden. Im Laufe der Entwicklung von der 2 zur 8 ist nichts verlorengegangen oder gar vernichtet worden, sondern durch Transformation erlöst. In der 8 liegt die Festigkeit und Stabilität der Ruhe, das, was nicht mehr in Frage gestellt werden kann wegen seiner unergründlichen Tiefe und Gewißheit. Vor diesem Hintergrund wirkt die 8. Sie funktioniert, da sie sich dessen gewiß ist, daß durch Spiegelungen, die Eigenschaft des Polaren, nur immer das Original entstehen kann. Deshalb wird die 8 mitunter auch

---

[37] Der Mensch empfindet das oft als eine Fehlentwicklung, die man mit den Begriffen Verhärtung und geistige Fixierungen verbinden könnte. Beachtet man aber das vorangehende Prinzip der 7, dann ist diese Negativität auf unsere eigene, subjektive, geistige Fixierung zurückzuführen. Äußerlich ist das an den 3 Kreisen schon daran zu erkennen, daß die 8 ein Vertreter des dritten und damit verbindenden (nichts ausschließenden!) Kreises ist. Fixierungen auf Einheit sind der positive Aspekt von Fixierungen.

als Spiegelzahl bezeichnet. Sie spiegelt sich selbst in allen Richtungen und wird durch augenblickliche Rückspiegelung wieder erstellt.

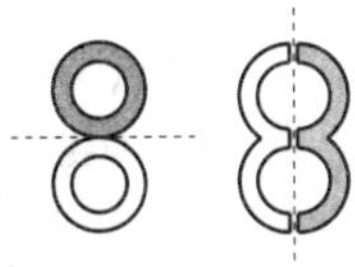

Abb. 43: Spiegelung und Gegenspiegelung, Funktion und Gegenfunktion bilden eine innere Stabilität.

Funktion (Symbol der Dreiheit) kann geschehen, da eine Gegenfunktion gewährleistet ist und das Original nicht aus den Fugen geraten kann. Der Kreis der Einheit wird nach außen projiziert und gleichzeitig durch Gegenspiegelung zurückgenommen. Die Einheit, Ganzheit und Geschlossenheit entbehrt jeder Bedrohung. Ergebnis ist die ständige Wandlung bzw. Spiegelung ohne Verlustangst. Die Lemniskate, das Zeichen der 8, gibt uns ihr Geheimnis nun preis.

Abb. 44: Die Lemniskate, das Zeichen der ewigen Wandlung.

Nur wer sich seiner letzten Unzerstörbarkeit gewiß ist, kann wirklich funktionieren. Die Spiegelung des Einen ergibt wieder das Eine. In seiner einfachsten Form besprachen wir das schon bei der Zweiheit, die durch ihre Existenz nichts weiter beabsichtigt, als die Einheit zu offenbaren. Zusammen mit der 3 zeugt sie von der Einheit. In der 8 ist das Zusammenspiel von Polarität (2) und Funktion (3) auf eine höhere Stufe gehoben (2^3). Das Zeugen wird zum Überzeugen, denn die 8 steht im III. Kreis über den Kreisen I und II. Überzeugung ist geistige Orientiertheit, die schon in allen Polaritäten, allerdings noch ungeoffenbart, vorhanden ist. Das Wissen um die Unzerstörbarkeit und die in allem wirkende Addition bringt Gewißheit. Erst die Gewißheit ermöglicht die Fähigkeit zur ständigen Wandlung. In der 8 muß man begreifen, wie Stabilität (Festigkeit) und Wandel (Funktion) in Verbindung stehen. Erst durch innere Stärke kann man die äußere Form wechseln. Wenn 1 die äußere Kraft war, so haben wir in der 8 die innere Kraft. Auch hier hat ein Ebenenwechsel stattgefunden. Die Kraft ist geblieben, aber sie liegt jetzt verwandelt vor. Aus der alten Welt (1-6) ist sie nicht mehr sichtbar. Dort sieht man nur Äußerlichkeiten. Die innere Kraft gehört dem Jenseitigen an. Immer dort, wo die 8 auftritt, ist das Andere, die Kraft nach der Verwandlung, gemeint. Wenn ein Baum das Diesseitige vertritt, dann ist seine Kraft nach seiner Verwandlung im Samen ebenfalls vorhanden, auch wenn wir der Kraft, Stärke und Vollkommenheit des Samenkornes nicht in vollem Umfange gewiß sind. Wir erahnen es manchmal, wenn der Keimling eine Asphaltschicht durchbricht.

Der Musiker begreift die 8 in bezug auf Inhalt und Form in der Oktave, wo der Grundton im achten Ton verwandelt wieder aufgenommen wird.

Der Ausdruck „heute in acht Tagen" bezeichnet den gleichen Tag im nächsten Abschnitt, der nächsten Woche, obwohl jeder weiß, daß wir eine Sieben-Tage-Woche haben.

Das 8. Zeichen des chinesischen I-Ging ist das „Bi" und bedeutet soviel wie „Das Zusammenhalten". Das „Bi" deutet auf die Basis der 8, die Zweiheit. Die innere Gerichtetheit entsteht und wird wirksam durch das Zusammenwirken zweier polarer Vertreter, die zueinander eine Hierarchie aufweisen. In den Bildern des 8. Zeichens des I-Ging ist es das Wasser (2), welches sich auf der Erde (4) befindet. Das Wasser hat einen inneren Drang nach unten, den Drang zusammenzufließen (→•←). Die Erde bildet die Hilfe des Flußbettes (••). Das Wasser fließt in Flüssen und Meer zusammen durch das in ihm wirkende innere Gesetz all seiner Teile. Das Ziel ist der Mittelpunkt, die Einheit.

Der Begriff der Hierarchie ist beim Verständnis der 8 wichtig. Die beiden Ausgangspunkte oder Ebenen sind ein Gegensatzpaar. Ein Gegensatzpaar ist für unser allgemeines Verständnis ein Paar sich gegenseitig bedingender Pole, wobei der eine der Dünger des anderen ist. Vorschnell läßt man sich von der Gleichwertigkeit beider betören. Jedes Gegensatzpaar hat aber auch in sich eine innere Gerichtetheit durch ein Gefälle seiner Wertigkeiten. Nur über sie ist die Gewißheit der Einheit, die innere Festigkeit, erreichbar. Unterschiedliche Wertigkeit schafft Hierarchie, die den anderen Pol nicht überflüssig macht, sondern benötigt. Beide sind gleich wichtig. Es herrscht ein Gleichgewicht, und dennoch herrscht Unterscheidung. Jener kleine Unterschied ist letztlich das wichtigste jeder Funktion. Er ist die Nutzung der Unterscheidung im Sinne der Einheit. Aus ihm ergibt sich der rechte Winkel als verborgene Forderung des Materiellen. Erkennt man die innewohnende Richtungsweisung, wird aus Finsternis (2) die fruchtbringende Ewigkeit der Lemniskate. Die begrifflichen Zusammenhänge von 8 und der *Acht*ung gegenüber dem Höchsten, welches zur Einheit und Ewigkeit führt, sind hörbar. Andererseits hören wir auch noch in einigen Sprachen den Zusammenhang der geistigen Fixiertheit zu dem dunklen Pol, wenn man nicht *acht*sam im Hinblick auf die Einheit ist.

acht	–	Nacht (dtsch.)
eight	–	night (engl.)
huit	–	nuit (franz.)
octo	–	noctum (lat.)
etc.		

Jemanden achten, achtgeben oder achtbar beinhaltet das „Ansehnliche", das Eine, nach dem sich alles sehnt. Sein Rat ist dem Konkreten immanent. Es zu preisen heißt zu wachsen. Sich der Acht bedienen, einer geistigen Fixierung zu folgen, ohne Bewußtheit der Richtung, führt zum Ächten, der Friedlosigkeit und Verfolgung durch Ausschluß aus der Gemeinschaft. Der Grundcharakter der 8, das Ausschließen und Separieren, bleibt in allen ihren Erscheinungsformen. So auch im Ächten. Nur ist die der 8 innewohnende Lichtorientierung, eben der kleine Unterschied zwischen zwei Polen in der Konsequenz, nicht beachtet worden. Aus dem Folgen wurde ein Ver-folgen. Anstatt zu be-folgen und die Rangordnung zwischen Einheit und Zweiheit zu würdigen, wird der der Zweiheit Verfallene nun verfolgen.[38] Die 8 bündelt die Energie und führt sie zu einem Punkt zusammen. Das Ergebnis wird die Religiosität oder im Umkehrfalle die zu „Acht und Bann" führende Ächtung sein.

Die 8. Karte des Tarot ist die *Gerechtigkeit* bzw. das *Urteil*. Vom Bilde her ist sie die Fortsetzung der 2., 4. und 5. Karte. Auch hier ist das Polare, das Quadratische, die Ausgangsbasis, die gebündelt in der nach oben gerichteten Schwertspitze zusammenläuft. Die richtende Person hält in der linken Hand die Waage, die polare Ausgeglichenheit, und in der rechten Hand das Schwert, welches der einen, rechten Richtung dient. Zwischen beiden ist ein hierarchischer Niveauunterschied. Während die linke Hand beide Pole im

[38] Später wird er nach dem Gesetz sogar selbst zum Verfolgten.

Gleichgewicht hält, ist die *rechte* beim „Richten". Der genaue Betrachter, dem das Bild vorliegt, achte auf die Ursymbole der Erdung, die Füße des Richters. Es fällt ein kleiner Unterschied auf. Der rechte Fuß ist mit seiner Spitze leicht sichtbar und von weißer Farbe.

Die innere Gerichtetheit ist schon in jeder Materie vorhanden, wenn auch noch nicht offenbar. Dieses zu erkennen und sich dem Gesetz zu unterstellen, d. h. sein Erfüller zu werden, ist die Aufgabe des Menschen. Der Mensch, der in seiner Handlung das Ganze be*acht*et, bringt die vorher noch unoffenbarte Gerichtetheit des rein Materiellen ans Tageslicht und wird zum Erfüller des Gesetzes. Er übt M*acht* aus. Sie wird von der Materie, ihrer Gerichtetheit wegen, ohnehin ausgeübt. Der Mensch kann aber bewußt zum Offenbarer der Einheit werden.

Die klare Richtung und Linienführung führt zu der Bezeichnung Achat, des bekannten Quarzminerals mit seiner charakteristischen Bänderung.

Die Bezeichnung Ache als kleiner Fluß kommt von der schon besprochenen immanenten Gerichtetheit auch des kleinen Wassers. Überall, wo die 8 in Erscheinung tritt, ist die Richtungsweisung zu beachten bzw. offensichtlich.

Richtungsweisende Orakel sind u. a. das I-Ging und das germanische Runenalphabet. Beide bauen auf der 8 auf und nennen sich die Weisungen der Wandlungsfähigkeit.

In der Schiffahrt ist „achtern" die Bezeichnung für hinten, dort wo das Steuer sitzt und wo der kleine Unterschied die entscheidende Richtung des Ganzen ausmacht und über Erfolg und Mißerfolg entscheidet.

Die 8 hat in jedem Falle eine richtungsweisende Funktion. Sie selbst ist die Weisung. Ob die geistige Fixierung auf- oder abwärts gerichtet ist, liegt an dem mit der 8 Konfrontierten selbst, seiner Bewußtheit. Es ist entscheidend, ob er den göttlichen Geist, die göttliche Seele, die in jedem Polpaar ist, erkennt, um ihr zu folgen. Wenn nicht, wirkt die 8 unbewußt und führt zu ihrem unerlösten Aspekt, dem Ächten, oder den bekannten „8 Toren, welche in die Unterwelt führen".

Sehen wir uns in der Mythologie nach der Achtheit um, so stoßen wir unmittelbar auf die Fabelwesen Schlange und Drache. Der Kampf mit ihnen kann durch Tötung oder Abschlagen von Köpfen nie gewonnen werden. Seine Qualität der Fixierung, Beständigkeit und Ewigkeit ist unbezwingbar. Die Zahl der Köpfe ist unerschöpflich. Durch den Blick des Helden nach unten in die Hölle entfacht sich der Kampf und kann nicht enden. Erst die Orientierung der gleichen Qualitäten nach oben bringt die Änderung. Der Held hebt das Ungeheuer hoch und wird so zum Sieger. So wird z. B. in der 8. Aufgabe des Herakles das Ungeheuer 3 Klafter hochgehoben ($8 = 2^3$). Die christliche Mythologie weiß ähnliches zu berichten. Der Erzengel Michael, der den Kampf gegen die satanischen Heerscharen anführt (Off 12:7; Jud 9) wird Herr über Satan dadurch, daß er ihn nicht verflucht und vernichtet, sondern ihn befähigt, ihm zu helfen, den Körper Moses in den Himmel zu heben. Michael zerstört nicht das Prinzip der Fixierung und Bindung, sondern gibt ihm eine Richtung.

Inzwischen bei der jüdisch-christlichen Mythologie angelangt, wäre die Frage interessant, wann der 8. Buchstabe des hebräischen Alphabets, das Chet, mit der Bedeutung der Abgrenzung, des Zaunes, erstmals vorkommt, in welchem Wort und welchem Zusammenhang. Es kommt erstmals im Wort Finsternis vor. Besser kann man die noch unbewußte Polarität bzw. den „negativen Pol" der Grundpolarität (hell - dunkel) nicht beschreiben. Der 8. Buchstabe ist 3 x in diesem Vers 2 enthalten ($2^3 = 8$), in den Worten Finsternis, Geist und schwebend: *„ . . . und Finsternis war **über** der Tiefe und der **Geist** Gottes **schwebte** über den Wassern"* (Gen 1:2).

Mit dem 8. der uns bekannten 10 Schöpfungsworte (*Dann sprach . . .*) wurde der Mensch[39] geschaffen:

„Dann sprach Gott: Wir wollen Menschen machen in unserem Ebenbild, nach unserem Gleichnis (s. ← Spiegel →). *Sie sollen herrschen über die Fische des Meeres, über die Vögel des Himmels, über das Vieh, über die ganze Erde und über alle Kriechtiere auf dem Lande. / Gott schuf also den Menschen in seinem Ebenbild; im Ebenbild Gottes schuf er ihn, männlich und weiblich schuf er sie."*

Der Mensch als Abgegrenztes und Begrenztes (2) der Ganzheit, welches durch Gottesorientierung (Ebenbild/Gleichnis) dennoch Ganzheit erfährt. Die doppelte Spiegelung ist durch die „zweifache Abbildung" beschrieben. Die besprochene Hierarchie der Schöpfung, die den wichtigen Unterschied erkennbar macht, ist ebenfalls deutlich herausgestellt.

Hier weiter in eine detaillierte Betrachtung und Analyse einzusteigen wäre höchst interessant, sprengt aber den Rahmen des Beabsichtigten. Er-

[39] Der Mensch ist das zur *Überzeugung* fähige Wesen.

wähnung soll nur noch der Vers 8 des 2. Schöpfungstages finden, da er durch seine 2-8 Charakteristik des Pudels Kern vermuten läßt. Wir werden nicht enttäuscht: „... *und Gott nannte das Gewölbe Himmel. Es wurde Abend, und es wurde Morgen: Der 2. Tag.*" Das Krummlinige (Gewölbe) im Gegensatz zum Geradlinigen (s. 1 bzw. 7) wird nicht abgewertet, sondern vielmehr als Himmel erhöht und schafft die Voraussetzung, um an ihm später die Lichter der Orientierung zu befestigen.

In der 8 wird das Andere (2) vollendet. Was vorher als äußere und offensichtliche Kraft in der 1 vorlag, wird die neue, nun innere Kraft der 8, die völlig neue Ebene. Sie bewirkt Metamorphose oder Transformation. 8 Menschen überlebten deshalb die Sintflut (1. Mose 6:18), und danach war die Welt in anderer Form wiedererstellt – die Oktave der Welt. Wenn wir hier von der völlig neuen Ebene sprechen, so ist es angebracht, dazu eine Erklärung zu geben, denn wir hatten ähnliches auch bei der 7, dem ersten Schritt des Jenseitigen, gesagt.

Ab 7 beginnt die jenseitige Welt. Die 7 wirkt über die Zeit in die Welt der Schöpfung zurück. Die 7 ist ein geistiges Prinzip. Der Mensch vertritt dieses geistige Prinzip in der Welt. Deshalb hat er einen gewissen Zugang, eine Ahnung von ihr. Sein Geist reicht ein wenig hinüber über diese Grenze. Mit seinem Geiste hat er einen gewissen Anteil am Jenseitigen. Aber das „Konkrete" des Jenseitigen fehlt ihm völlig. Die 8, das Konkrete des Jenseitigen, ist ihm fremd. Er soll und muß aber die Oktave des Gegenwärtigen erreichen, welche die Oktave Gottes ist. Die 8 ist das völlig andere. Sie „vervollständigt" in gewisser Weise noch die dem Menschen begegnende 7.

Zum vorläufigen Abschluß fehlen noch einige zusätzliche mathematische Betrachtungen. Der in unserer Zeit geläufige quantitativ-naturwissenschaftliche Umgang mit den Zahlen muß zwangsläufig die besprochenen Qualitäten bestätigen.

Was ist geometrisch die 8? Es ist die dreimalige, fortschreitende Halbierung des Ganzen (Kreises). Im ersten Schritt wird das Ganze einfach halbiert. Im zweiten Schritt werden die beiden Hälften jeweils halbiert, und im dritten bringt die nochmalige Halbierung aller Teile die 8 hervor. Das dritte Halbieren ist seinem Charakter entsprechend ein Doppelschritt.[40]

---

[40] Jedes Dritte ist ein Zwilling.

Der Vorgang beinhaltet 3 Elemente, die sich aufeinander aufbauen:

a) das Ganze, b) das Teil und c) das Tun.

Im nachfolgenden Element ist das vorherige enthalten. Das zweite Element, das Teil, enthält das Ganze (•), und das dritte „Element", die Funktion, schließt seinerseits das zweite (••) ein.

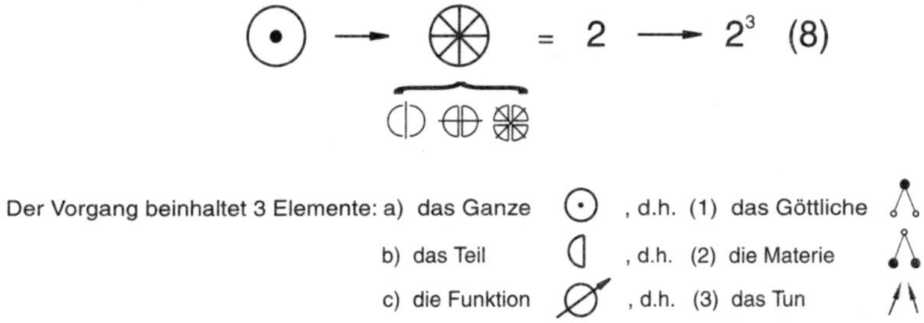

Abb. 45: Die Achtzahl baut auf dem Polaren/Konkreten (2) und der Dreiheit auf. Das konkrete Ganze (a), das konkrete Teil (b) und die konkrete Funktion (c) wirken in ihr zusammen.

In der Formel 2^3 ist die Rangordnung festgelegt. Die Funktion (3) ist die Höherentwickelte und steht über der Materie. Funktionieren (3) heißt Materie (2) verwenden. Die Form wird zu Höherem transformiert und wird zur Formel. Über die Form wird das Ursprüngliche, verborgene Göttliche offenbart, d. h. mit Dimension (2 hoch 3 = 2^3) erfüllt. Das mit Dimension erfüllte Verborgene wird die Kubikzahl, die 8. In ihr sind die Qualitäten 1, 2 und 3 verbunden. Die Form wird zur *Form*el, das Materielle wird zur Funktion. Die Funktion ist aber eine eindeutige, eine verbindende.

In der 8 liegt die ganze Tiefe des Geheimnisses der *Formel*, denn in der 8 werden die 1 und die 2 verbunden (3) und offenbart, d. h. mit Dimension erfüllt. Man erkennt, daß 1 und 2 in der 8 eines sind. Einheit und Zweiheit waren schon immer eines, doch durch die 8, die ständige Wandlung, wird das erfahrbar. Das ist das Geheimnis aller Religionslehren. 8 ist die geistige Orientierung, das „Konkrete" auf der geistigen Ebene.

Die Qualität der 8 ermöglicht die Definition. Mit der Definition[41] , der geistigen Fixierung, wird das Materielle ausgerichtet, orientiert. 8 ist die gei-

[41] Definieren: lat. >abgrenzen<, bestimmen; de fide: lat. >zum Glauben gehörend<, der höchste, einer geoffenbarten Wahrheit zukommende Gewißheitsgrad; im Begriff der Definition ist das Nicht-Endende (∞) enthalten.

stige Klammer für das Materielle. Sie macht das Materielle inert, d.h. sie bewahrt es vor der falschen Funktion und führt es damit der rechten zu.

Die 8 ist die geistige Bindung an die Einheit. Sie bewirkt ein Funktionieren durch die rechte Verwendung von Materie. Das erklärt auch eine besondere, arithmetische Eigentümlichkeit der 8, die darin besteht, daß sich alle ungeraden Quadratzahlen um Vielfache von 8 unterscheiden:

$$\mathbf{3^2} - \mathbf{1^2} = 8 = 1 \times \mathbf{8}$$
$$\mathbf{5^2} - \mathbf{3^2} = 16 = 2 \times \mathbf{8}$$
$$\mathbf{7^2} - \mathbf{5^2} = 24 = 3 \times \mathbf{8}$$
$$\mathbf{9^2} - \mathbf{7^2} = 32 = 4 \times \mathbf{8}$$

etc.

Mit dem Wissen um die Qualität der 8 können wir das Phänomen deuten. Ungerade, männliche Zahlen stehen für Aktivität. Die rechte, bewußte (wahrhaftige) Aktivität ist die Wirkung eines Typus auf sich selber, die Quadrierung. Die quadrierte, ungerade Zahl ist demnach das bewußte (erlöste, recht verwendete) Aktivitätsprinzip. In ihm ist die bewußte Richtung, die Leitbildhaftigkeit, enthalten. Zwischen den vielfältigen, erlösten Aktivitätsprinzipien (1^2, 3^2, 5^2, 7^2, 9^2...) muß also ein *definierter* (orientierter) Niveauunterschied (Hierarchie/Differenz) bestehen. Genau das wird ausgedrückt in der Differenz der Quadratzahlen ungerader Zahlen, die immer ein Vielfaches von 8 sind. Acht und Achtsamkeit bedeuten eben die rechte Verwendung von Differenzen bzw. Polaritäten. Das führt zu der o.g. arithmetischen Eigenschaft der 8.

Was wir in der Fläche als Kreisteilung beschrieben (s. Abb. 45), kann auch in der räumlichen Darstellung zum Ausdruck gebracht werden. Unter den 9 Archetypen befinden sich zwei Kubikzahlen (1, 8 – 1^3, 2^3). Die 1 ist für uns in ihrer dritten Dimension ($1^3 = 1$) wenig durchschaubar und greifbar, weswegen wir zum Zwecke des Begreifens den Umweg über die zweite, die 8, gehen müssen.

Das räumliche Gebilde der 8 ist u. a. das Oktaeder, der Achtflächner (Abb. 46). Das Wunder der 8, die Verbindung der beiden Gegenspieler Ewigkeit und Transformation, beeindruckt bei der Betrachtung des Oktaeders. Dazu empfiehlt es sich, den Körper einmal in die Hand zu nehmen. Obwohl das Oktaeder ein regelmäßiger Körper ist, fällt dem

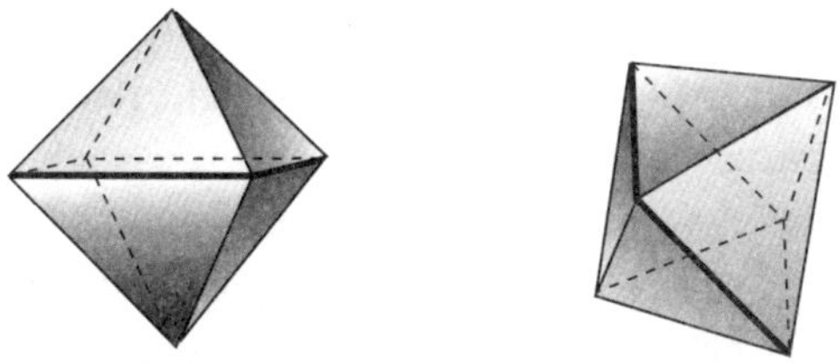

Abb. 46: Die Orientierung, die innere „Aufrichtigkeit“ des Oktaeders. Der Achtflächner zwingt die Empfindung zur Orientierung. Einer der 3 gleichen Umfänge wird hervorgehoben.

Betrachter nicht zuerst die Regelmäßigkeit ins Auge, sondern er empfindet ihn als „Doppelpyramide“. Der Begriff der Pyramide geht von *einer* deutlichen quadratischen Basis aus, obwohl es mehrere gleichartige gibt. Das Auge fixiert sofort eine der drei möglichen Basen. In der 8 ist eben die ewige Polarisation enthalten. Indem aus zwei eines gemacht wird, ist die „Fahrt- und Sehrichtung“ vorgegeben. Die Hierarchie ist immer gegenwärtig. Eines der Quadrate erzeugt immer den Eindruck der Grundebene, von der aus man sich die Doppelpyramide vorstellt. Die allseitige Gleichheit ist nicht sofort und vollkommen zu erfassen. Der Betrachter des Oktaeders erfährt hier optisch unmittelbar die in der 8 liegende Qualität, die ewige Polarisation, die zur Eindeutigkeit, Definition und Orientierung führt.[42]

Die naturwissenschaftliche Sicht verlangt auch einen Blick in die Chemie der Elemente. Das Rutherford-Bohrsche-Atommodell gliedert alle chemischen Elemente in das bekannte Periodensystem der Elemente. Es besteht aus 7 *Perioden* (Anzahl der Elektronenschalen) und 8 *Gruppen* (Anzahl der Außenelektronen, die äußere Hülle). Das Periodensystem ist ein Spiegel der „jenseitigen Stofflichkeit“[43] und zeigt uns die Kriterien der Unterschiedenheit. Die Kriterien gelten für den nicht sichtbaren tiefen Zusammenhang – die „jenseitigen“ atomaren Voraussetzungen.

Vor uns liegt die Analogie des Zwillingspaares 7 und 8, der beiden substantiellen Vertreter des Geistprinzips. Die Gruppe 7 des Periodensystems der Elemente bilden die sogenannten Halogene, giftige und leicht reagie-

[42] Man kann an diesem Beispiel auch den Unterschied der Dreiheit und der Vierheit bemerken. Die Vierheit ist konkreter als die Dreiheit und zwingt das Auge.

[43] Die Polarität 7⟷ 8 gehört zum Kreis III, zum Geistigen und Feinstofflichen.

rende Substanzen, angeführt durch Fluor, das reaktionsfähigste aller Elemente, das sich mit fast allen Elementen, teilweise schon bei tiefen Temperaturen und explosionsartig, verbindet. Reaktionsfähigkeit heißt Manifestationsdrang, symbolisiert durch die nach unten angezeigte Wirkrichtung der 7 (arabisch 7 = V). Das genaue Gegenteil bilden die Elemente der 8. Gruppe, die Edelgase. Sie sind Bestandteile unserer Atemluft und sind chemisch äußerst stabil (reaktionsträge). Sie besitzen abgeschlossene äußere Elektronenschalen und stellen eine Art „neue Generation" der Elemente dar. Deswegen werden sie auch als nullte Gruppe bezeichnet. Es ist im übersetzten Sinne die Oktave der Chemie. Das Charakteristikum der 8, die innere starke Stabilität, findet sich hier auffällig wieder. Was wir als innere Kraft der 8 beschrieben, bezeichnen die Chemiker als inert. Die Stabilität wird durch die Wirkung der 8 erreicht. Die verschiedenen Edelgase haben verschiedene Schalenzahlen, aber jeweils 8 Außenelektronen. Die Unterscheidung durch innere Stärke ist so groß, daß eine Reaktion und Verwicklung mit anderen Elementen eher unwahrscheinlich wird. Die durch die 8 bewirkte Stabilität ist nur noch vergleichbar mit der Vollständigkeit (Ganzheit) selber. Elemente mit aufgefüllten, vollständigen Außenschalen sind ebenfalls stabil.

In der 8 ist die Hierarchie immer gegenwärtig, und so vermittelt das Oktaeder den Eindruck einer Richtungsweisung durch Aufdrängen einer Basis (4). Entschieden wird in der 8 immer. Richtige Entscheidung führt zu Ruhm und Pr*acht* und falsche zum Leid. Das sind die verwendeten Begriffe des 8. Sephirot der Kabbala.

Opfer und Ritual gehören zur 8. Der Altar hat 8 Ecken. In der 8 muß immer von einem Punkt losgelassen werden (dem negativen Pol) und an das Höhere gebunden werden. Dadurch entsteht Fluß. In der 8 ist zwangsläufig das Opfer enthalten. Im Opferritual wird das Tier auf der dem Altar gegenüberliegenden Seite geschl*acht*et. Das Schlachten ist ein Opfern der Form. Es wird zur Formel. Töten wird zum bewußten Schl*acht*en, dem Sch*ächt*en. Im Opferritual wird das Blut, die Quintessenz, das Wesentliche, zum Altar getragen, und der wird in seinen 4 Richtungen besprengt. Das Polare und Erdhafte wird ausgerichtet und richtungsorientiert eingegliedert.

Ein deutliches Bild für jenen Zustand und seine Funktion aus dem Bereich der Mechanik wäre hier das Tandem. Darunter versteht man die

Anordnung der beiden Pole hintereinander, hierarchisch in Zielrichtung orientiert. Das Fahrrad entwickelt seine Balancefähigkeit und Orientierung durch die hintereinandergeschaltete Anordnung zweier Funktionskreise, beide 1-orientiert (auf einer Linie) und trotzdem hierarchisch. Daß ein Fahrrad allein fahren kann ohne den steuernden Menschen, ist experimentell erwiesen. Das Ganze würde nicht auf diese einfache Weise funktionieren, wären die Räder nebeneinander angeordnet.

Der interessierte Leser, welcher in Wörterbüchern und Lexika dem Gehalt des Ausdrucks Tandem[44] nachspürt, kommt auf Zusammenhänge, die mit der 8 zu tun haben, wie Tinnit, Tannin und den achten Monat, den Tinnemonat.

Auch der Ausdruck „mit jemandem Tacheles reden" hat seinen geistigen Ursprung in der klaren Orientiertheit der 8. Eine solche Unterredung rückt Maßstäbe und Hierarchien wieder zurecht. Ergebnis ist eine klare, orientierte Unterscheidungsfähigkeit zwischen den verschiedenen Ebenen.

Wie an vorhergehenden Stellen schon besprochen, geschieht eine Schöpfung in und durch 6 Schritte. Diese Schöpfung analysieren wir. Gehen wir dabei wie im Beispiel der Geisteswissenschaften vom immateriellen Geistprinzip 1 aus, so gelangen wir zur 7, dem jenseitigen göttlichen Geist, der die Welt materiell rückbeeinflußt. Gehen wir dagegen von der 2, der Materie aus, wie das bei den Naturwissenschaften der Fall ist, so gelangen wir zur 8, der der Materie innewohnenden Gerichtetheit, und somit wieder zur Einheit.

$1 + 6 = 7\ (\vee)$ vom Geist ausgehend
$2 + 6 = 8\ (\wedge)$ von Materie ausgehend

Die 7 schafft konkrete Tatsachen, und in der 8 werden die Tatsachen zur geistigen Einheit verwandelt. Ergebnis ist ein ständiger Fluß zwischen beiden Prinzipien. Aus linearer Sicht ist in der 8 natürlicherweise die 7 schon integriert, da sie auf ihr aufbaut und nach dem Additionsprinzip alle vorangehenden Qualitäten in sich einschließt. In der 8 wird Materie vergeistigt, und das ist nicht trennbar von der Materialisierung des Geistes. Wer den Geist, die Orientierung im Materiellen, findet, der wird zwangsläufig durch

[44] Es spielen hier 8, die Orientierung, und 10, das Gesetz, zusammen.

seine Erkenntnis auf das Erdhafte zurückwirken. Das wechselseitige Wirken von 7 und 8 führt zur fortlaufenden Transformation, zur ständigen 6 und Schöpfungstat ().[45] In ihr wiederum ist die Auflösung des alten, überwundenen Teiles enthalten, die Auflösung des Vergehenden im Augenblick des transformatorischen Aufstiegs. Jenes ist charakterisiert durch die 9. Sie verbindet alles miteinander, löst auf, ohne im höheren Sinne wirklich zu vernichten.

[45] $7 \cdot 8 = 56 = 5 \rightarrow 6$, d. h. das Individuelle (5) erfährt sich.

Die Neun – Das Neutralisierende
Die Gebärmutter

Die 9 sollte eigentlich im Anschluß an die 1 besprochen werden wegen ihrer beider Sonderstellungen. Beide rahmen das Zahlensystem ein. Sie sind die Klammern der Erscheinungsformen. Zwischen ihnen spielt sich das Leben ab. Mit bekannten christlichen Worten ausgedrückt, sind sie das „Alpha" und „Omega" der Welt. Vergleichen wir im arabischen die 1 mit der 9, so sind sie mehr als ähnlich.

١ → 9

Abb. 47: Anfang und Ende, 1 und 9 unterscheiden sich nur in der Dimension.

Die 9 übermittelt offensichtlich das Bild der arabischen 1. Ihr Unterschied besteht lediglich in der Dimensionalität. Der vorher dimensionslose „Ur-Punkt" im Zentrum der Eins hat sich in den Raum hineinentwickelt. 9 ist demnach 1 plus Dimension. Die Funktion der Neun in ihrer neutralisierenden Art und ihrem Trieb zum Zusammenführen und zum Ausgleich ist uns schon bekannt durch die Entwicklung und den Sinn des dritten, verbindenden Kreises. Die energisch orientierte Kraft der 1 liegt nun in der größeren Dimension der 9 vor. Wo vorher die Richtung der Orientierung (vgl. mit dem Sperma) äußerlich nicht erkennbar war und man die Eins nur als Energie erfuhr, wird nun der Sinn der Energie im Ausgleich von Spannungen durch Zusammenführung und Einheitsfindung offensichtlich. Damit ist Energie nicht bloß Energie. Ihr ist ein tiefer zu enthüllender und zu vollziehender Sinn innewohnend. Goethe bringt das beispielsweise in der Hexenküchenszene in seinem Faust, Teil 1, zum Ausdruck (s. Abb. 48 – *„Die Neun ist Eins . . . Das ist das Hexen-Einmal-Eins"*).

Nach Durchlaufen des Zyklus (1-9) findet man zur Urenergie (Gott/10) zurück. In diesem Moment ist die in der Eins noch scheinbare Orientierungs-

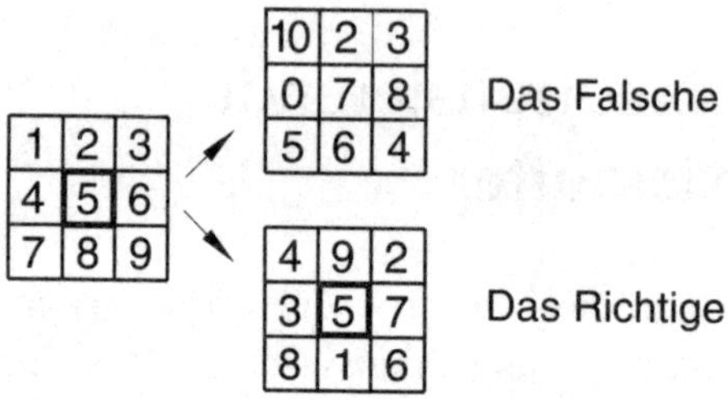

„Du mußt verstehn!
Aus Eins mach' Zehn,
Und Zwei laß gehn,
Und Drei mach' gleich,
So bist du reich.
Verlier die Vier,
Aus Fünf und Sechs,
So sagt die Hex',
Mach' Sieben und Acht,
So ist's vollbracht;
Und **die Neun ist Eins**,
Und Zehn ist keins,
Das ist das Hexen-Einmal-Eins."

Das falsche magische Quadrat nach „Hexenart", aus der Grundtrinität entwickelt. Eine *verbale* Wahrheit wird benutzt für den Gewinn einer Linearität, um den Preis des Seelenverlustes. Das Ergebnis ist ein Falsches, weil Anfang (1) und Ende (9), das Alpha und das Omega, fehlen. Die rein formenbezogene, quantitative Übertragung der Zahlenweisheit ist eine Halbwahrheit. Mit ihrer Hilfe setzt die Hexe die Zahlen linear-logisch um, indem sie das linke Quadrat verändert: Aus der 1 mache die 10, die 2 bleibt stehen, ebenso die 3. Die erste Zeile ist nun anstatt 1/2/3 10/2/3. Die Erstellung der Summe 15 ist Reichtum! Vier stirbt, d. h. wird 0. Aus 5/6 wird 7/8, und alles andere ergibt sich „folgerichtig". Im Zentrum der Welt steht nicht mehr der Mensch (5) sondern die herrschende, strafende Gottheit (7).

Das rechte magische Quadrat entsteht durch die Übertragung der Grundtrinität nach der Qualität der Archetypen. Der Mensch, das Individuum, bleibt im Zentrum. Bedingung ist das Verstehen der Gleichheit, Unterschiedenheit und Hierarchie der Zahlen 1 und 10 (beides Einsen!). Die Zwei wird als Hilfsmittel der Unterscheidung entlarvt. Sie gewinnt nicht die Herrschaft. Man läßt sie gehn! Wenn die 3 ihre wahre Funktion, die Erstellung der Einheit, erfüllt, ist man im Geiste reich. Die 4 ist der Wechsel der Vielheiten, die, ihrem eigenen Gesetz folgend, sich verlieren, d. h. auflösen muß. Eine Welt*formel* benutzt die Form primär, um einen Inhalt zu vermitteln, nicht mehr um physische Berechenbarkeit zu bewirken. Erst dann ist die 4, die Welt, sich selbst treu und zeugt durch ständiges Verlieren von der Ewigkeit und Beständigkeit der nicht greifbaren Einheit. Das Lebendige, der Mensch und die Begegnung (5 und 6), werden nicht mißbraucht für Magie (8) und scheinbare *Mach*barkeit. Die 9, das äußerlich Auflösende, ist ein Ausdruck der mit Dimension erfüllten Einheit.

Abb. 48: Das falsche und das rechte magische Quadrat von Goethes „Hexen-Einmal-Eins".

losigkeit überwunden. Nach der Zusammenführung beginnt ein neuer Großzyklus mit der 10. Die 10 ist Symbol der Vollendung und gleichzeitig das Auftreten der einen konstanten Energie auf höherer Ebene, denn in der 10 verbindet sich die Eins mit der Null. Die vorher beschriebene und für uns unbegreifliche Differenz zwischen 0 und 1 ist demnach überwunden[46].

Die 9 hat wegen ihrer zusammenführenden Funktion bei ihrer Interpretation viele unbewußte Ängste ausgelöst und zu einer immer wiederholten geschichtlichen Fehlinterpretation geführt, indem man nur ihre scheinbar vernichtende Wirkung auf ihre elterlichen Bestandteile sah. Der unvollständig erkannte Zusammenhang hat seine Ursache in der eigenen Vernichtungsangst, einem Grundübel des Menschen. Trotz des Auftretens einer solchen Angst sollte man sich die Dinge lieber genau anschauen und zu Ende denken. Man würde erkennen, daß Energie (1) in ihrem „vernichtenden" Aspekt (9) ihren negativen Beigeschmack nur durch eine zu enge und beschränkende Betrachtungsweise erhält. In Wirklichkeit werden erfüllte Formen im Sinne des größeren Ganzen auf niederer Ebene aufgelöst, um ihren Inhalt auf höherer Ebene zu vollenden. Die Rose stirbt in die Frucht hinein, und das Sperma ergießt sich in den Entstehungsprozeß.

Anhand der gleichen Formen von 1 und 9 im Arabischen soll die Wandlung der Eins in eine höherdimensionale, raumerschließende Kraft dargestellt werden. In ihr ist die Eins keineswegs gestorben, sondern mit Dimension erfüllt. Der Mystiker erkennt darin die Offenbarung der Eins. Wie falsch eine Interpretation im Sinne der Vernichtung der Urenergie ist, zeigt die bildhafte Entwicklung der Zahlen. Dazu betrachte man nochmals die Botschaft in der Logik der Zahlenbilder und deren wachsenden Aufbau der Zahlenbilder 0 bis 3. Deutlich ist die Ähnlichkeit des Bildes der ersten vier Zeichen (einschl. der Null) und die Fortentwicklung aus ihren jeweiligen Vorgängern. Es ist ein scheinbar banales Grundgesetz, das Gesetz der Addition: Alles Folgende ist das Ergebnis des Vorhergehenden, und das Vorhergehende ist in seiner Gänzlichkeit im Folgenden enthalten. Auch wenn ein Phänomen äußerlich etwas ganz anderes darstellt als sein Vorgänger bzw. seine Eltern, so sind in ihm die Eltern in ihrer Ganzheit enthalten. Ein

[46] Die sich voneinander unterscheidenden Archetypen (Energien/Einheiten) sind solche durch „Halbheiten" (Wunden). In der 10 verbindet sich die Energie/Einheit (1) mit dem Numinosen (0), der unaussprechbaren Ganzheit.

Baum enthält den Samen latent in sich, auch wenn es nicht die Zeit der Fruchtbildung ist oder er eine andere äußere Erscheinungsform angenommen hat.

Die Entwicklung erfolgt von 1 nach 9. In der 9 wird das noch in der 1 Verborgene durch einen Dimensionsgewinn offenbar. Das Ziel jedes Keimes ist seine Offenbarung. Das Ziel des individuellen Menschen ist seine errungene Wahrhaftigkeit, die Identität von innen und außen, von Körper und Seele. Wer diese, seine Uridentität, gefunden hat, wird durch Äußerlichkeiten nicht mehr verfälscht werden können. Die Offenbarung seiner selbst ist der Dimensionsgewinn. Hülle und Inhalt sind identisch.

Die Mathematik verrät das gleiche Geheimnis auf ihre Art. Addiert man zu irgendeiner Zahl, die ja selbst durch Quersummenbildung auf eine der 9 Zahlenarchetypen zurückgeführt werden kann, die 9, so ergibt sich immer wieder der gleiche, unveränderte Archetypenwert:

$$12\ (= \mathbf{3})\ +\ 9 =\ 21\ \ (= \mathbf{3})$$
$$25\ (= \mathbf{7})\ +\ 9 =\ 34\ \ (= \mathbf{7})$$

Die Multiplikation von Zahlen, was ja nichts weiter als eine fortlaufende Addition ist, mit 9, ergibt immer den Wert von 9, die mit Dimension erfüllte Eins.

$$16\ (= 7)\ \text{x}\ \mathbf{9} =\ 144\ =\ \mathbf{9}$$
$$33\ (= 6)\ \text{x}\ \mathbf{9} =\ 297\ =\ 18\ =\ \mathbf{9}$$

Die menschliche Grundangst der Vernichtung beruht also auf mangelndem Wissen, jetzt besser mangelnde Einsicht genannt. Diese Angst führt zu einer Angst vor der Befruchtung, da im Augenblick der Befruchtung das Sperma und die Eizelle in ihrer Subjektivität sterben könnten. Solche menschlichen Fehler, aus der Kleingläubigkeit geboren, machten aus dem nur teilweise erkannten Prinzip der Formenzerstörung einen Gegenspieler Gottes. Den kann es letztlich aber nicht geben. Er ist vielmehr die Voraussetzung zur Geburt auf einer höheren Ebene. Deshalb ist die neunmonatige Schwangerschaft der Menschenfruchtbildung kein Zufall.

Der zeitgemäße Skeptiker und Naturwissenschaftler bedarf anderer Beweise der vereinenden Urkraft. Für ihn ist das erste und letzte Prinzip nur findbar, wenn er entlang seines Energiebegriffes bis zur letzten erkennbaren materiellen Ebene vordringt. Auch dabei kann er nur das Urgesetz finden. Die Energie unseres Lebens, das Licht (1) der Sonne, ist das Ergebnis eines Kernverschmelzungsprozesses (9). Die Energieerzeugung in der Sonne erfolgt auf thermonukleare Weise, indem sich 4 Wasserstoffkerne (1) in typischer Weise zu Heliumkernen vereinigen.

Auch der Grundbaustein des Lebens, das Kohlenstoff-12-Atom, entsteht durch Verschmelzung. In diesem Falle verschmelzen Alphateilchen (Atomkerne des Heliums) zu Kohlenstoff. Über das Prinzip der 9 entsteht die höhere Existenz. Die 9 ist das dynamische Signum unseres auf Wachstum orientierten Kosmos. Das nach ihr Kommende gehört nicht mehr zu unserer Welt. Wohl schließt aber das Kommende das Vorangegangene ein.

So wird unsere Sonne von 9 Planeten (Merkur, Venus, Erde, Mars, Jupiter, Saturn, Uranus, Neptun und Pluto) umkreist. Danach beginnt ein anderes System.

Der Christ, Mystiker oder auch allgemein esoterisch Interessierte sieht darin keinen Zufall mehr, daß Jesus in der 9. Stunde am Kreuz sterben mußte. Die jüdische Überlieferung spricht vom Brande des Tempels am 9. Tag des Monats.[47]

Unabhängig von einer historischen Wahrheit ist die Botschaft deutlich. Der ägyptische Gott Nun war der neumachende und verjüngende, indem er eine neue Welt entließ. Die Neun ist das formenauflösende Prinzip und gleichzeitig das Novum. Aus der Sicht der Welt ist alles Geschöpfte, das Materielle, viergliedrig. Die Neun als Novum beginnt eine dritte Vierheit, und mit dem neunten Teil wird die alte Polarität überwachsen. Je nach Bewußtheit oder Bindung an eine der Vierheiten erlebt man sie als positiv, wenn eine Gefangenschaft oder Leidphase zu Ende geht, oder als bedrohend, wenn man an alten, überholten Formen festhalten will. Das Ausgleichen der Widersprüche steht aber immer unter dem Primat der Fortentwicklung und der Addition.

In mythologischen Geschichten finden wir immer wieder das Prinzip der Zusammenführung aller Teile, damit etwas Neues auf höherer Ebene wiedergeboren werden kann, z. B. in den 9 Jahren der Belagerung von Troja oder die 9jährige Fahrt von Odysseus. König Artus hat den 9. Teil der Kraft

[47] n. Weinreb: „Die Symbolik der Bibelsprache“, S. 60

seines göttlichen Vaters (1), um in der Geschichte das große Werk der Gralsfindung (Genesung = Heilwerdung = Ganzwerdung) durch Zusammenführung aller Teile zu bewerkstelligen. Der Rattenfänger von Hameln hat mit 9 Tönen alle Kinder zusammengeführt. Alle Neune beim Kegeln beruhen auf dem Wissen der positiven Zerstörung zur Vollendung und zum Zwecke des Neubeginns. Die 9 ist in ihrem Bild der Kreis, welcher geschlossen wurde und aus dem sich der neue Zyklus schon erkennbar entwickelt in Form eines neues Ausbruchs.

In der östlichen Tradition ist die 9 ebenso häufig und eindeutig zu finden wie anderswo. Der 9stöckige Aufbau der indischen Pagoden läßt dies mit ein wenig Wissen schon äußerlich erkennen. Nach dem Tod eines Inders wird der Sohn des Verstorbenen neunmal die Feuerstelle (1) mit dem Leichnam umschreiten, bis er ihn anzündet.

Der Unwissende hat Angst vor der Totalität der Neun. Es ist ein endgültiger und auf die bestehende Ebene bezogener letzter Schritt. Daher kommt der Ausdruck „ach du grüne Neune". Wer sich in der Farbsymbolik auskennt, kann auch das Grün einordnen als die Basis und Mitte des Lebens. Die Neun führt zurück zur Basis und Mitte und damit gleichzeitig zur höheren Erkenntnisebene.

Null und Eins

Nach einem ersten Durchwandern der Welt und ihrer 9 numerischen Archetypen erreichen wir eine natürliche Grenze, deren Qualität wir bereits bei der 4 und der 7 zwangsläufig mitbesprachen. Dort handelte es sich ebenfalls um ein „Hinübertreten" in das Andere, das Jenseitige. Der kleinste von uns betrachtete Zyklus war der Dreierzyklus. Ihm folgte der Schöpfungsrhythmus der 6. Die Besprechung der 10 baut auf dem vorher erworbenen Wissen um eine transformatorische Grenzüberschreitung auf. Das „Jenseits" ist nie durch die Mittel der alten Welt bezwingbar oder unterwerfbar. Vielmehr führt der Weg zur anderen Seite ausschließlich über die Erfüllung des Diesseits.

Die Spannung zwischen den beiden Welten, dem Diesseits und dem Jenseits, ist eine grundsätzliche, die der Schöpfung von Anfang an innewohnt. Verfolgen wir sie so weit wie möglich zurück, dann begegnen wir ihr schon beim ersten Versuch einer Definition. Die erste natürliche Zahl, die Eins, befand sich von seiten des menschlichen Bewußtseins bereits an der Grenze des Sichtbaren oder Erreichbaren, denn der Mensch benötigt zur Definition die Zweiheit. In ihr findet er sich wieder, und durch sie wird er zur Definition befähigt und wird handlungsfähig. Ist die Eins noch irgendwie definierbar, so ist es die Null nicht mehr. Zwischen der Eins und der Null, dem Anfang aller Anfänge, begegnen wir der Urspannung des Lebens.

Die Null ist keine natürliche Zahl und entzieht sich unserer üblichen Betrachtungsweise. Sie steht für das Nichts, die Raum- und Zeitlosigkeit, und damit folgt sie nicht der Kausalität. In unserer Welt ist das Nichts im strengen naturwissenschaftlichen Sinn auch nicht vorhanden. Selbst das sogenannte Vakuum ist nur eine Hypothese. In der Praxis kennen wir nur eine Annäherung an diesen „Wert". Jegliche Hypothese bezieht sich auf einen Rahmen, eine bestimmte Dimension. Dimension ist aber Raum und Zeit und damit realer Bestandteil. Die Null ist jenseits, vom Menschen nicht wirklich greifbar. Es ist die eigentliche höchste Göttlichkeit der Alten. Ihr nächster Vertreter in der realen Welt ist die 1, die erste wißbare Größe. Sie repräsentiert das Ganze, die Einheit, die kleinste Dimension unter den natürlichen Zahlen. Sie ist die „handhabbar gemachte" Gottheit. Die Eins und Ganzheit ist strenggenommen auch nicht mehr direkt greifbar. Greifbarkeit bedarf der Polarität. Doch durch die Belegung mit Attributen versuchen wir sie zu beschreiben. Das ist mit der Null nicht mehr möglich. Sie bleibt für uns unfaßbar, unbegreifbar und jenseitig jeglicher Vorstellungen. Die beste symbolische Darstellung einer Nichtheit ist deshalb der Punkt, welcher keinerlei Dimensionalität besitzt.

Die Null gab es auch lange Zeit in unserem Zahlensystem nicht. Erst ca. 300-400 Jahre v. Chr. wurde sie entdeckt, und das dreimal unabhängig voneinander im ungefähr gleichen Zeitraum, bei den Babyloniern, Mayas und Indern. Um ihrer Bedeutung gerecht zu werden, durfte sie bei den Babyloniern immer nur in mittlerer Position in ihrem System Verwendung finden. Die europäische Bezeichnung der Null ist auf das arabische „SIFR" zurückzuführen. Dies entspricht im Sanskrit Sunya, der Leere (Zero). Im Religiösen ist es wie in der Mathematik, die Null steht für eine Gottheit, die aus sich selbst heraus nichts bezeichnet, aber im Positionssystem der konkreten Erscheinung, hinter der sie steht, den höchsten Wert gibt.

Das Kreissymbol der Null spiegelt die in sich vorhandene Geschlossenheit und Undurchdringlichkeit, eben die Perfektion an sich, wider. Null und Eins bezeichnen das höchste Prinzip, wobei die Null in der Rangfolge noch über der Eins steht. Sie ist nicht bezeichenbar – das Nichts. Die Eins ist schon ein wenig greifbar gemacht. Sie ist das Höchste, das mit dem Attribut Einmaligkeit, Anfang, Kraft usw. „handelbar" gemacht wurde – der Stellvertreter Gottes auf Erden.

Die arabische Darstellungsweise eröffnet auch einen wesentlichen weiteren Aspekt der Eins. Ihr Bild vermittelt das erste existierende Etwas, hervorgegangen aus dem Nichts, dem dimensionslosen Punkt. Es ist die erste Urenergie, der Ausbruch aus dem Jenseitigen bzw. der Einbruch ins Diesseitige. Der dimensionslose und somit raum- und weltlose Punkt entläßt ein Etwas. Der erste Ausbruch ist durch den Schweif am Punkt verdeutlicht. Auf diese erste Urenergie bauen sich jetzt alle weiteren Erscheinungsformen auf. Die Eins ist die erste männliche (+) Urkraft, energisch orientiert und noch ohne Gegenpol. In der menschlichen Ebene ist das vergleichbare Symbol das Sperma. Es ist die erste menschliche Urkraft, die allein keine Weiterentwicklung bzw. Befruchtung erwirken kann, aber energisch orientiert ist. Man vergleiche unter diesem Aspekt das Bild des Sperma mit der arabischen Eins und bedenke, daß man vor einigen tausend Jahren noch kein Mikroskop besaß.

Der Unterschied zwischen der Null und der Eins ist für den Menschen ein vorerst unüberbrückbarer. Sich der Null, der höchsten Göttlichkeit, zu nähern ist des Menschen Sehnsucht. Dazu muß er aber mit Hilfe der ihn bindenden Polarität sich erstmal der Eins nähern und sie in ihrer Ganzheit erfahren und verinnerlichen. Vor ihm steht ein Weg durch die Linearität der Welt, vertreten durch die Archetypen eins bis neun. Erst wenn er bei der Neun angelangt ist, wird er die Eins als seine Ausgangsbasis wirklich verstehen, ihrer bewußt werden, sie verinnerlichen und sie mit Dimension erfüllen. In jenem Augenblick ist dann der große Schritt zur Zehn möglich. Die Zehn repräsentiert die Vollkommenheit auf einer höheren Daseinsebene, die die Welt der 9 Archetypen überwachsen hat. In der Zehn wird der vorher unüberbrückbare Unterschied der Gottesbegriffe Null und Eins überwunden. Zehn ist das Ende eines Weges, das Ziel, in dem sich die 1 mit der 0 zur 10 verbindet.

Den Unterschied zwischen der 0 und der 1 zu erkennen und sich dann auch danach zu verhalten, ist eine entscheidende Voraussetzung für unseren Erkenntnisweg. Es ist geübte Ehrlichkeit, die aus der Einsicht zwingend folgende Handlung. Hier ist es der Verzicht auf eine weitergehende Definition. Hält man sich nicht an das Gebot der Wahrhaftigkeit, vervielfältigt sich der Anfangsbetrug mit jedem weiteren Schritt. Als Beispiel diene ein Begriff aus der Astrophysik und ihrer Urknalltheorie. Der Zeitpunkt Null des Universums ($t = 0$) wird als sogenannte „Anfangssingularität" bezeichnet. Das kann schon der Anfang eines Selbstbetruges sein. Der Begriff Singularität gehört zur 1 und ist deshalb vom Diesseits angehbar oder berührbar. Der Zeitpunkt Null muß korrekterweise als Nichtwissen stehengelassen werden. Wer das nicht tut, der greift als nächstes schnell zur Vor-Urknallphase, wobei er die wichtigste Forderung, die Nach-Urknallphase zu leben und zu begreifen, übergeht oder abwertet. Das heißt nicht, daß der Mensch sich der Null nie nähern wird oder sich nie mit ihr verbinden könnte. Das geht aber nur über das Diesseits, den Weg über die Eins.

Die Zehn – Das Gesetz, Rhythmus und Beständigkeit

In der Beschreibung der 9 Archetypen haben wir die Grunddimension des von uns erfaßbaren Kosmos durchwandert. 10 ist die nächsthöhere Ebene. Sie zu erreichen, ist das Ziel und die Aufgabe des Menschen. Goethes Faust:

„Du mußt verstehen, aus 1 **mach** *10 . . .“*

Die Bedingungen des Aufstiegs sind in den vorangehenden 9 Zahlen vorgegeben. Durch ihre Erfüllung erschließt sich das Vollkommenere, die Zehnzahl. Das Greifen nach dem Höheren und Vollkommeneren ohne Berücksichtigung der Vorbedingungen ist ein unerlaubter Übergriff, der sich schließlich gegen den Greifenden wendet. Nach Goethes Worten ist es das „Hexen-Einmal-Eins“ der Magie. Der echte Ebenenwechsel ist nur möglich, wenn der Suchende das erworbene Wissen einsetzt, um sich selbst zu verändern und den zwangsläufig damit verbundenen Machtgewinn nicht zur Unterwerfung nutzt. Das wäre genau das Gegenteil seines Inhaltes. Wahre Unterweisung bzw. Einweihung lehrt die Menschen deshalb Gelübde, denen die Tat von selber folgt, weil sie den Eingeweihten verändert, wahrhaftiger macht. Das ist höchste Wertschöpfung.

Die Bedingung des Selbstbezuges ist einleuchtend, denn es liegt in der Natur der Sache, das Vollkommene (10) nicht als Unvollkommener erfassen oder gar beherrschen zu können. Wäre es möglich, so wäre das Vollständige nicht mehr vollständig.[48] Was dem Menschen aber bleibt, ist das Erfahren und Erfüllen der 9 Archetypen mit Dimension, bis er seine letzte Stufe, die 9, erfüllt hat. Das Ergebnis wird dann automatisch die 10 sein. Der Mensch sollte die aufgezeichneten Grenzen erkennen und beachten, um keinen Schaden zu erleiden.

---

[48] Das ist der Grund, weshalb der Mensch, der vom Baum der Erkenntnis aß, das Paradies verlassen mußte, um nicht noch vom Baum des Lebens zu essen. Theoretisch wäre das der ewige Sieg des Unvollständigen.

Die Besprechung der Zahlenarchetypen 1 - 9 ist eine Besprechung der Polarität von Quantität und Qualität. Mit dem einen erklärt man das andere. Auf keine der beiden können wir verzichten. Der Umgang mit ihnen erstellt Maß und Ordnung. Sie sind Ausdruck des Gesetzes. *Die neue Ebene 10 verkörpert dieses Gesetz.* Es herrscht über die Welt der Archetypen und Formen. Alles untersteht ihm. Die Welt gehorcht ihm, ohne Bewußtheit darüber zu haben. Der Mensch hat die Fähigkeit der Schau dazugewonnen, und er besitzt damit die Möglichkeit der Reflexion des Prinzips Leben. Seine Fähigkeit ist gleichzeitig Aufgabe und Verpflichtung. In ihr hat das Gesetz ein Sollen verankert.

Das Leben ist Gestalt, welche durch Maße und Einheiten zur Erscheinung kommt. Jene Maße und Einheiten sucht der Mensch, um sich mit ihrer Hilfe rückverbinden zu können. Seit es Menschen gibt, sind sie auf der Suche nach solchen Urbildern. Im Menschen ist das Wissen um die Existenz solcher Urbilder angelegt, sonst würde er sie nicht suchen. Daß Leben Ordnung ist oder zumindest durch sie existiert, wird von keinem Forscher oder Suchenden ernsthaft bezweifelt. Der Philosoph wie der Naturwissenschaftler suchen nach den Einheiten und Regeln des Lebens. Obwohl sie immer wieder mit dem Chaotischen konfrontiert sind, ringen sie im Ergebnis ihrer Arbeit dem scheinbar Ungeordneten das Typische, die Ordnung, ab. Dafür treten alle Suchenden ein.

Das gemeinsame Ziel ist, die Grundmaße und Einheiten des Lebens zu finden, um sie im menschlichen Geiste zu tragen, um richtig urteilen und handeln zu können. Der Mensch will die Ordnung erkennen, um sich ihr eingliedern zu können, und sie letztlich selbst stiften. Wenn er die Ordnung erkennt und lernt, sie selbst zu stiften, hat er die Möglichkeit, zu einer Super- oder Überordnung zu gelangen, die keine Macht gegen ihn darstellt oder ihn in irgendeiner Weise bedroht. Der Mensch wäre frei. Er wäre wie Gott. Zuvor muß er aber die Ordnung erkennen und begreifen lernen. Er muß die Ordnung zu seinem Lehrmeister machen. Das ist die erste Lektion. Ordnung begreifen und stiften lernen heißt sie schätzen lernen und sie erhöhen und nicht sie zerstören. Indem ich meinen Lehrmeister anerkenne und fördere, wachse ich über mich selbst hinaus. Letzteres ist dann die zweite Lektion, die sich wie von selbst aus der ersten entwickelt. Der Mensch wird sich durch solches Tun der Ordnung immer mehr nähern, um schließlich selbst Ordnung zu sein. Dann ist der Mensch in Ordnung, er *ist* die Ordnung.

Ordnung heißt Maß geben. Jedes Maß aber fußt auf Beschränkung. So paradox es auch klingen mag, der Mensch wird nur dann zu seiner Freiheit finden, wenn er sie von Anfang an einsetzt für eine freiwillige Beschränkung. Die Beschränkung muß zu seinem Hilfsmittel werden. Die treffendste Vokabel dafür ist Einfachheit. Nur sie ist das Licht im Dunkel des Chaos und seiner drohenden Verzweiflung. Indem der Mensch das undurchschaubare Viele auf das Eine, das allgültige Gesetz, zurückführt, erlangt er Gewißheit und Einsicht. Das Gesetz, welches Auskunft gibt über die Mechanismen des Stirb und Werde und über die Struktur der Zeit, ist das vom Menschen angestrebte. Es gab zu allen Zeiten Menschen, die das Geheimnis kannten und es auch in den verschiedensten Verpackungen weitergaben. Nur ist es in seiner Vollkommenheit nicht so einfach zu übermitteln. Der Suchende muß sich darum aufrichtig bemühen und reif sein. Der Empfang solcher Weisheiten ist nicht vergleichbar mit einer mathematischen Formel, die man speichert und bei Bedarf abruft, sondern er betrifft den Menschen selbst. Er kann dann nicht mehr außen vor bleiben, sondern ist voll und ganz einbezogen. Das letzte Gesetz fordert die Totalität der Wahrhaftigkeit. Dennoch wurde das Erkennbare durch alle Zeiten der Geschichte transportiert. Das geschah u. a. in den Mythen und Legenden. Das Gleichnis und das Märchen sind uns bekannte Transportmittel, mit Hilfe derer die vielfältigsten Facetten des Gesetzes übermittelt wurden. Das bekannte *„Es war einmal . . .“*, mit dem bekanntlich Märchen beginnen, und *„. . . sofern sie nicht gestorben sind, so leben sie noch heute . . .“* als Abschluß, heben die Botschaft aus der Zeitlichkeit heraus und deuten auf ihre tiefe und über die Zeiten des Entstehens und Vergehens hinausgehende Botschaft hin.

In der 10 verbinden sich zwei Welten miteinander, die Welt der Archetypen (1 bis 9 – repräsentiert durch die 1) und die Welt des Numinosen und Ungreifbaren (0). Sie vereinigen sich zur neuen Ebene.

Nur wer das Gesetz wirklich kennt, wird sich der Null öffnen können, um sich mit ihr zu verbünden. Das Nichts (Null) flößt uns im allgemeinen Angst ein. Es ist uns zu allmächtig. Unser Maßstab kommt aus der Welt der 9 Archetypen, und wir können den Punkt, wo sich unsere Basis (1) mit dem Raum- und Zeitlosen (Null) verbindet, nicht erfassen. Daher rührt die Angst. Doch die Logik und die Weisheit der Zahlen belehren uns eines anderen. Danach wachsen wir in die Verbindung von 1 und 0 hinein. Was uns fehlt, ist Glaube im Sinne von Vertrauen und Gewißheit, die innere Größe des Selbstwertes, selbst ein Vertreter des unvergänglichen Ganzen zu sein. Habe ich das Vertrauen, dann traue ich mich zu gehen und Grenzen zu überschreiten.

Der Mensch wird auf einem solchen Wege mit dem Numinosen, Jenseitigen und Verborgenen in Kontakt gebracht, welches das Gegenteil seiner bis dahin empfundenen Existenz, des Offenbaren, ist und einen ganzheitlichen Charakter trägt. Jene Welt ordnete er lange intellektuellen Begriffen zu, um sie durch Abgrenzung zu ihnen benannt und scheinbar gebannt zu haben. Solche Begriffe sind das Chaos und das Nichts. Nach der Unterweisung wird er imstande sein, die Polarität als die Grundlage seiner Existenz anders zu begreifen. Im Erkennen und Würdigen der gegenseitigen Bedingtheit zweier Pole sieht er die Zusammengehörigkeit von Offenbarem und Verborgenem, Diesseitigem und Jenseitigem. Wie das Oben nicht ohne das Unten existieren kann, da es durch die Existenz seines Gegenteils selbst erst zur Erscheinung kommen kann, so entdeckt er die unaufhörliche Zusammengehörigkeit von Offenbarem und Verborgenem. Das Offenbare und der in ihm lebende Mensch benötigen nicht nur das Verborgene, Jenseitige, sondern sie sind auch aus ihm geboren. Ohne es könnte der Mensch nicht sein. Das Geheimnis hat hier seine Wurzel und ist das Unterpfand der offenbaren Existenz. Wer den Polaritätsgedanken streng zu Ende denkt, kann zu keinem anderen Schluß kommen. Das aber hat Konsequenzen. Wissenserwerb, um das Verborgene und Jenseitige aus der Welt zu schaffen, erkennt man als Wahn.

Sehr lange und immer wieder hat der Mensch seine Herkunft aus dem Verborgenen aus seinem Bewußtsein verbannt. Immer zeitigte seine Verdrängung ihm einen Weg in die Wüste. Sein Leben vertrocknete, und sein Blick zeigt ihm eine Welt, die sich aufzulösen scheint. Seine Tätigkeit beschränkt sich nun nur noch auf das Verwalten von einzelnen Bestandteilen. Indem er seine Heimat verleugnet und das Geschenk des Schauens, welches ihn vom Tier unterscheidet, ablehnt, degradiert er sich auf die Tierstufe, was dem Gesetz vom Grundcharakter widerspricht. Es greift korrigierend ein. Vom Menschen wird Bewußtheit verlangt, und diese manifestiert sich unaufhörlich. Abgelehnte Bewußtheit führt zu einem „unbewußten Erkennen". Das ist das Bewußtwerden des Leides. Dieser Mensch „erkennt" nur die Unerbittlichkeit des Gesetzes. Das verkürzte Gesetz erscheint ihm als ein

Gesetz des Todes. Das Gesetz, das Sicherheit vermitteln will, vermittelt nun die Sicherheit des Todes, weil es an die niedere Ebene gebunden wurde.

Das Gesetz vollzieht sich bedingungslos, so wie das Entstehen eines Kristalls. Aus dem scheinbaren Nichts entwickelt sich die eindeutige und sichtbare Struktur. Zuerst entstehen die Streben. Danach füllt sich der Zwischenraum. Die Ordnung wird manifest. Das Streben des Kristalls ist ein mechanisches Gehorchen. Das Streben des Menschen will sein Bewußtsein und dessen Freiheit miteinschließen. Dazu muß man begreifen, daß das Gesetz und seine Ordnung weiterreichen als das augenblickliche Begreifen des Menschen.

In der Welt der Formen und Erscheinungen, die vom Wechsel der Polaritäten geprägt ist, kann es nichts Endgültiges und Unwidersprochenes geben. Das in die Welt Einbrechende und Unerwartete kommt aber immer aus dem gleichen, dem Nichts, dem Numinosen. Obwohl demzufolge auf nichts in der Welt unwidersprochen wirklich Verlaß ist, bleibt die andere Seite, der unendliche und undurchdringbare Urgrund, aus dem das Einbrechende kommt und was wir mit dem Nichts bezeichnen. Fazit ist: Obwohl wir uns in der Welt auf nichts verlassen können, ist auf das Nichts ewiger Verlaß. Das Einbeziehen des Verborgenen, des Urgrundes allen Seins, der Einheit, und die wahrhaftige Selbstbegegnung bringen uns zur Weisheit. Aus ihr heraus wird man in die Lage versetzt, alles Existierende, unserem Ursprung entsprechend, polar zu begreifen wie den Satz: Auf (das) Nichts ist Verlaß. Das Paradoxon ist dann nicht mehr verzweifelte Widersprüchlichkeit, sondern nur ein der gewöhnlichen Ansicht Widersprechendes und, nach Lösung aus der Verfangenheit, letztlich Ausdruck der Vollkommenheit.

Das Ablehnen oder das Einschlafen der Erinnerung des Menschen an seine verborgene Heimat läßt ihn richtungslos werden. Seiner von ihm entwickelten Negativität unterliegt er schließlich nach einem leidvollen Kampf. Andererseits hat er durch die Nutzung seiner Freiheit die Möglichkeit der Alternative. Das ist das Wirken im Sichtbaren unter Einbeziehung des Verborgenen mit seinem Offenbarungsdrang. Wenn er bei dem, was er sich aneignet, die Bildekraft des Jenseitigen einbezieht und wirken läßt, ist es ihm von wirklichem Nutzen. Durch jede Begegnung mit dem Unerwarteten wird er reicher. Was er dazugewinnt, ist ein vorher verborgen gebliebener Teil seiner Basis. Die Begegnung ist eine Selbstbegegnung, die in Richtung Vollkommenheit und Einheit sich entwickelt.

Nach der allgemeinen Definition des Gesetzes wollen wir uns nun der Symbolik der 10 im einzelnen zuwenden. In den Einweihungslehren gibt es die verschiedensten Begriffe für das 10. Symbol: Das Konkrete, Feste, Gesetz, Hüter der Schwelle, Zeit, der Diktator und Tod, der Herrscher der Welt.

Die 10 ist das Beständige, Konkrete und Feste, in dem die Einheit verborgen ist. Der Mensch muß sich ihr unterstellen. Er kann sie nicht vergewaltigen und unterwerfen, sondern nur das Gesetz erfüllen. Auf diese Weise verbindet er sich mit der Einheit. Er kann sie sein. Symbol dafür ist der Stein. Man denke hier an den Stein der Weisen, der es ermöglicht, die nächsthöhere Ebene, die Ebene des Eins-Sein, zu erreichen. Der genaue Blick auf das Wort verrät den Zusammenhang:

St**ein**
} 1 bzw. 10 (= 1)
St**one**

Mit der 10 beginnt ein neuer Rhythmus. Das sollte uns daran erinnern, daß wir zu Beginn unserer Zahlenbetrachtungen schon einmal das Problem der Befangenheit in einem speziellen Zahlensystem, hier unserem 10er-System, erörtert haben. Wir entschlossen uns, das Unendlichsystem, welches bis einschließlich der Neun mit unserem Zehnersystem identisch ist, zu benutzen. Ab der Zehn beginnt nun der spezielle Rhythmus. Wagen wir uns noch weiter vor, dann müssen wir das Prinzip des Rhythmus bis hierher verstanden haben.

Tatsächlich haben wir in dem Vorangegangenen ständig dieses Prinzip besprochen. Der offensichtlich bei der 10 beginnende Rhythmus ist nichts weiter als die Wiederholung seines kleinen Bruders, der Trinität. Die Trinität wiederholte sich, ihrem Charakter entsprechend, bis zur Neun dreimal. Die Zahlen ab 10 setzen bei ihrer Interpretation das erlangte Wissen voraus. Das ist vor allem das Wissen um den Qualitätssprung, den Übergang von der Dreizahl zur Vierzahl, denn mit der Vierzahl beginnt das Neue, der Rhythmus.

Das Besondere der Vierzahl war ihre Additionscharakteristik. In der Vier sind Einheit (1) und Gespaltenheit (2) vereinigt und konkret manifestiert. Einheit und Vielheit sind eines, nur daß in der konkreten Vierheit/Vielheit eine weitere Offenbarung/Differenzierung des Vorangehenden stattgefunden hat.

Mit der zu besprechenden Zehn ist das nicht anders. Sie wiederholt das Prinzip auf einer nächsthöheren Ebene. Auch in ihr sind die zwei sich scheinbar widersprechenden Anteile enthalten und vereinigt. Erinnern wir uns an das bei der Vier besprochene Tetragrammaton, den theosophischen Wert der Vier:

$$1 + 2 + 3 + \mathbf{4} = \mathbf{10}$$

Bilden wir den theosophischen Wert der Zehn, so erhalten wir ihre beiden polaren Bestandteile, die beiden Fünfheiten:

$$1 + 2 + 3 + 4 + 5 + 6 + 7 + 8 + 9 + \mathbf{10} = \mathbf{55} \quad \text{(d.h. } 5 + 5\text{)}$$

Die 4 verkörpert das Wunder, da in ihr die beiden früher gegenüberstehenden, elterlichen Bestandteile 1 und 2 widerspruchsfrei verbunden sind. In der 10 sind es die beiden Bestandteile Ich und Du (5 + 5), Individualität und Gegenindividualität. Beide Zahlen (4 bzw. 10) sagen letztlich das Gleiche aus.

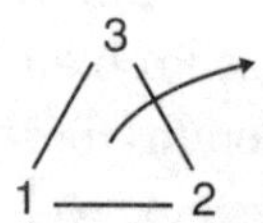

4, das Konkrete, welches die elterlichenTeile 1 und 2, Ganzheit und Halbheit, in sich hat.

10 = 5 + 5, d.h. in der 10 sind Individualität und Gegenindividualität enthalten.

Abb. 49: 4 und 10, die jeweils neuen Qualitäten, die durch Gegensatzvereinigung entstehen.

Zwischen 4 und 10 liegt lediglich ein Dimensionsunterschied. So wie in der 4 die Polaritäten 1 und 2 zur neuen Ganzheit verbunden sind, verbinden sich in der 10 die Individualitäten. Die Individualität (5) lernten wir als die Polarität (2) im Bereich des Lebendigen (Kreis II), der Bewußtheit, kennen. Die 10 ist Repräsentant der gleichen Art wie die 4 – nur auf höherer Ebene. In der 4 waren auch schon die beiden Pole zu einer Vollkommenheit vereinigt. Nur geschieht dort alles noch unbewußt und automatisch. Die Vierheit ist die vollkommene Natur. In der 10 sind wieder die zwei sie bildenden Bestandteile zur Vollkommenheit verschmolzen, diesmal aber unter Einschluß der Bewußtheit des Individuums. Der 10 sieht man durch die Verbindung mit der 0 den Ebenenwechsel an (Bewußtheit).

Das polare Wesen Mensch kann die Einheit und Vollkommenheit, aus der die ganze Welt besteht, nur über die Hilfen Raum und Zeit erfassen und nicht gleichzeitig. Was gleichzeitig vorhanden ist, erfährt der Mensch nacheinander. Im Vergleich der Rhythmen 4 und 10 wird das deutlich (Abb. 50). Beides sind Rhythmen, doch erfährt sie der Mensch durch seine beschränkte Lebensspanne unterschiedlich.

Der Mensch (5) beobachtet die 4 als das Geschehen in der Natur mit all ihrem ständigen Wechsel. Er überblickt viele Zyklen. Den Wechsel der 4 erfährt der Mensch vordergründig als Unbeständigkeit. Erst durch zusätzliche Überlegungen wird ihm die tiefe Hintergründigkeit einer nicht sichtbaren Ganzheit (10) bewußt, über deren Vollkommenheit und grandioses Zusammenspiel er sich wundert. Trotz dramatischer Jahreszeiten folgt ein Jahr dem anderen.

Obwohl auch die 10 ein Rhythmus ist, erfährt er sie im Gegensatz zur Vierheit als Beständigkeit. Durch seine beschränkte Lebensspanne erlebt er oft nur eine der beiden Fünfen. Von ihm wird nun der bewußte Akt verlangt, auf die in seiner Zeit nicht unmittelbar sichtbare Gegenschwingung zu schließen. 4 und 10 vertreten das gleiche Geschehen, nur in verschiedenen Vergrößerungen. Das allein ist der Grund, weshalb er die *4 als Wechsel* und die *10 als Beständigkeit* erfährt. Der Dimensionsunterschied in der Form verschiedener Frequenzen läßt die verschiedenen Erlebnisarten entstehen.

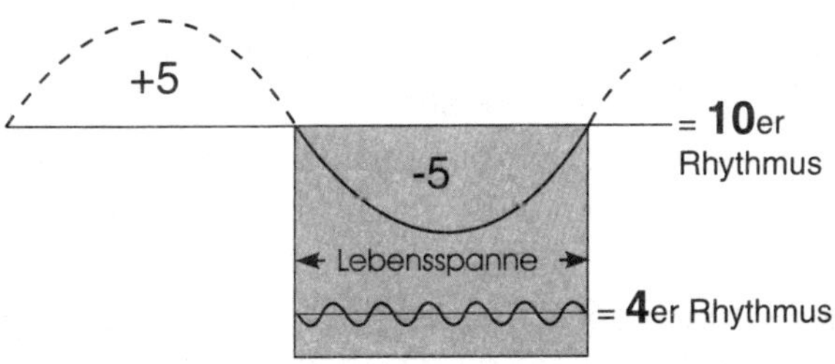

Abb. 50: 4 und 10 vertreten das gleiche Geschehen, einen Rhythmus. Allein die verschiedenen Dimensionen führen zu unterschiedlichen Erlebnissen. Innerhalb seiner Lebensspanne erfährt der Mensch die 4 als ständigen *Wechsel* und die **10** als **Beständigkeit**. Das Durchschauen des Zusammenhanges verlangt die Bewußtheit der Individualität (5), der Ungeteiltheit.

In jedem Falle stellt sich die 10 den Menschen als festgeschriebenes, unumstößliches Gesetz vor. In ihm ist Raum und Zeit enthalten. Ihnen muß er sich stellen und konkret werden. Der Zeitgeist und seine Bedingungen sind für ihn zwingend. Er hat nur die Wahl, die Herausforderung in Weisheit, d. h. in klarer Orientierung, anzunehmen oder die Erfüllung des Gesetzes als Leid und Schicksal zu erfahren.

In dem Moment, wo der Mensch den Tatsachen des Lebens gegenübersteht, vernimmt er das Gesetz („das Wort Gottes", die Information), und er antwortet in jedem Falle. Er hat keine andere Wahl. Selbst die versuchte Flucht ist eine Handlung und Antwort. Rechtes Antworten heißt bewußt handeln und verantworten. Das Wort erzwingt Antwort, und diese kann durch bewußte Entscheidung zur Verantwortung werden.

Von dem Gesetz, dem Rhythmus der 10, sieht der Mensch nur eine Hälfte. Auf die andere muß er unter Anwendung seines Geistes logisch schließen. Das gelingt ihm aber nur durch das Wissen und die Erfahrung des 1- 4 Gesetzes. Das Gesetz der aufbauenden Kontinuität, der Addition, läßt eine wirkliche Vernichtung nicht zu. Die Zahlen beschreiben den ewigen Wandlungsprozeß. Wandlung beinhaltet Tod und schließt beim Aufstieg den Tod auf niederer Ebene ein. Solange man die Wandlung nicht anerkennt und annimmt, bemerkt man nicht das Beständige, was in ihr ist, und findet damit auch nicht zu Gott (1 bzw. 0). Die Suche nach Vollkommenheit ist erst einmal der Weg in die Vielheit. In der Vielheit findet man die unaufhörliche Wandlung. Man erfährt das Beständige durch und über die Vielheit. Die Einheit (1) erfährt sich in der Vielheit (4).

Der Tod, das Gesetz der Welt, das satanische Prinzip, ist ein Hilfsmittel zur Erfahrung der Einheit und Beständigkeit. Lucifer heißt Lichtträger. Er hilft, das Licht zu offenbaren. Ohne den Widersacher, den Herrscher dieser Welt, wäre die Einheit nicht erfahrbar. Deshalb ist Satan der Lieblingsengel Gottes. Sein Fall ist nichts anderes als die Fehleinschätzung des Widersachers (2) durch den Menschen (5).

Nach der ersten Runde der Zahlenbesprechung sollte die Zweiheit ihren Platz im Vollkommenen einnehmen. Das läßt den Zusammenhang von 2 und 10 begreifen. 10 ist der Beginn der zweiten Reihe unserer Zählweise. Auch in ihr verlieren die Archetypen 1- 9 nicht ihre Gültigkeit, sondern werden erhöht zu neuer Vollkommenheit. Die 10 verbindet die Polaritäten, weil sie sich als Individualitäten erkannten (5 + 5 = 10). Das Krummlinige und das Geradlinige[49] werden handelnd verbunden. Aus der Polarität wird die

[49] Die Begriffe Krummlinigkeit und Geradlinigkeit werden später am Beispiel von Kreisradius und Kreisumfang näher erklärt. Hier genügt es, sie als die scheinbaren Gegenpole Einheit – Zweiheit, Ganzheit – Halbheit oder Beständigkeit – Wechsel zu verstehen. Sie sind nur äußerliche Gegenpole und bilden gemeinsam ein Ganzes. Als Gegenpole sind sie zueinander deutlich hierarchisch gegliedert.

bewußt verbindend handelnde Polarität, die Individualität. Sie ist Bestandteil der höheren Ordnung und repräsentiert das Gesetz, die Zehnzahl. Das Gesetz und die Ordnung ist das, was alles Geschehen prägt und das Wort *Ten*-denz im Gegenwärtigen schuf. Alles auf dieser Welt ist gekommen, um das Gesetz zu erfüllen. Nur ist es ein Unterschied, ob es bewußt oder leidvoll geschieht. Wirkliche Bewußtheit führte Christus zu dem Ausspruch: *„Ich bin gekommen, um das Gesetz zu erfüllen."*

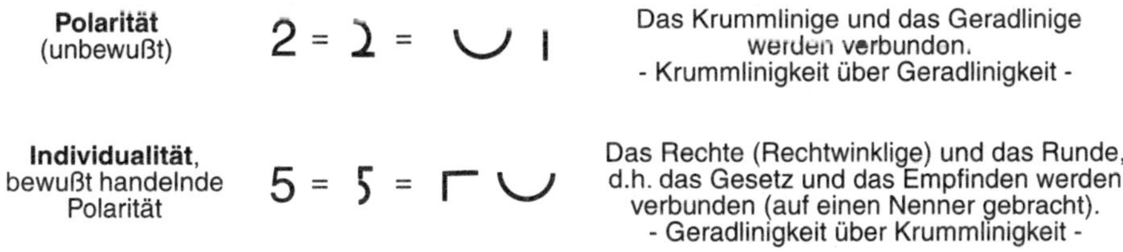

Abb. 51: Polarität und Individualität, die sich in der Bewußtheit unterscheidenden zwei Ebenen der Verbindung und Offenbarung der Ordnung. Rein äußerlich scheinen umgekehrte Verhältnisse zu herrschen.

Der Griff nach der Einheit, das Seinwollen wie Gott, käme der Unterwerfung der Vollkommenheit gleich. Stattdessen muß der Mensch sich damit abfinden, daß sie immer da ist, aber eben nicht beweisbar ist. Die Einheit bedarf keines Beweises; darum kann ein solcher Versuch nie gelingen. Die Leistung des Menschen ist, sich ihrer gewiß zu sein und auf ihre Versklavung zu verzichten. Ihre Versklavung bedeutet, sich selbst zu vernichten.

Die Geometrie der 6 Kreise mit dem innenliegenden siebenten Kreis ist ein gutes Bild für das eben Beschriebene. Der 7. Kreis, das Jenseits, ist auf der Welt der äußeren Erscheinungen (1 + 6) nicht sichtbar. Der Einheitskreis (7) steht im Hintergrund und ist von außen nicht greifbar. Er muß jedoch vorhanden sein, sonst könnte die Welt der Schöpfung (1 - 6) gar nicht existieren.

In jedem Falle kommt es darauf an, die Richtigkeit des Gesetzes der aufbauenden Kontinuität sich zu vergegenwärtigen. Dazu bedienen wir uns diesmal der Erkenntnisse der Hirnforschungen. Der Tod ist der Archetyp der Verneinung. Dem bisher Erörterten nach gibt es aber keine wirkliche Verneinung. An der Leistung des menschlichen Gehirns ist das leicht nachzuweisen. Es ist gesichert, daß das Gehirn keine Verneinungen registriert.

Der Begriff „kein Auto" registriert in jedem Falle das Auto. Das Gehirn arbeitet im Additionsverfahren. Die zusätzliche Information stellt zwar besondere Zusammenhänge her, verhindert aber nicht die Informationsaufnahme. Ein altes Beispiel soll das verdeutlichen: Sagen Sie einem Probanden, er solle sich keinesfalls ein rotes Haus vorstellen. Die Information „rotes Haus" kommt immer durch und führt zur Addition. Darin liegt der Grund, weshalb bei Suggestionen keine Verneinungen verwendet werden. Wer versucht, sich durch Eigensuggestion in Form der Verneinung zu beherrschen, und etwas unterdrücken will, der lädt den für ihn schlimmen Begriff immer weiter mit Energie auf. Die ständige Suggestion „ich will nicht töten" wird im Durchbrechen des Tötungszwanges enden.

Der noch Hörende und Sehende erkennt das Additionsprinzip im Täglichen bei den Verneinungen. N*ein* und K*ein* sind nur abgewandelte *Ein*heiten. Jenes große Geheimnis der additiven Welt ist in der Genesis 1 der Bibel (Gen 1 bis 2:4) enthalten. Die gesamte Schöpfungsgeschichte 1 enthält keinerlei Verneinungen! Die Genesis 2 dagegen berichtet von 8 Verneinungen. Der Zahlenhinweis ist perfekt. Die Zahl der Verneinung ist die 2. Sie führt zur 8, dem lemniskatischen Wandel und ständigen Unterhalter der Einheit. Die Genesis 1 ist gewissermaßen der Keimling der Heiligen Schrift. Rhythmisch verkleinert finden wir die Botschaft schon im ersten Wort bzw. bereits im ersten Buchstaben, dem Samenkorn alles folgenden.

Die Analogien könnte man unendlich fortsetzen. Immer werden sie im umfassenden Sinne *ein*deutig. Jeder Religion und Wissenschaft geht es eben um diese Eindeutigkeit, das Gesetz der Gesetze. Man sucht in allen Ecken der Welt nach diesem einen unveränderlichen Ruhepunkt, auf den man sich in alle Ewigkeit verlassen kann. Die Auswirkungen und Beschäftigungsgebiete tragen unterschiedliche Namen. Wissenschaft, Religion und Sucht, alle suchen mit ihren Mitteln. Die Suche aller Parteien muß letztlich am gemeinsamen Punkt enden, der Gewißheit. Gewißheit verlangt nach Religion, der Rückverbindung. Nur dann stimmen Inhalt und Form überein. Ist das nicht der Fall, dann endet Suche in Sucht. In der Sucht hat sich der Suchende primär an eine Materie (Form) gebunden anstatt an den Inhalt, die Einheit und Gewißheit. Die Formen der Materie, die Drogen, sind vielfältig. Sie reichen vom Rauschgift bis zum Mikroskop.

Sehen wir nochmals detaillierter auf die zwei unterschiedlichen Arten der Suche, die Religion und die Naturwissenschaft. Beginnen wir mit der

Religion und betrachten die 10 in ihren Zusammenhängen. Schon im ersten und mystischsten aller Buchstaben, dem unaussprechbaren Alef (א) wird der Zusammenhang hergestellt (Abb. 52). Das Alef (א) ist der noch unoffenbarte Gott, die Eins und Einheit, die in unserer polaritätsgebundenen Welt nicht greifbar ist und folglich unaussprechbar und im Hebräischen nicht hörbar ist. Auch er ist, mit der Lupe angeschaut, polar und besteht aus zwei sich um 90° spiegelnde Jota (י). Das Jota wiederum ist der kleinste aller Buchstaben und trägt den Zahlenwert 10. Das ihm zugeordnete Symbol ist die Hand mit ihren 5 Fingern. Diese Symbolik ist sehr umfassend. Zum ersten ersehen wir die polare Gliederung der Einheit und Zehnheit, ausgedrückt in den zwei Individualitäten/Fünfheiten. Diese sind gleichzeitig Hände und weisen auf Handlung/Anpacken hin. Die Aufgliederung macht Handlung möglich und verlangt Handlung. Das Alef selbst wird von einem Stierhaupt symbolisiert. Der Stier steht für die Bearbeitung des Erdhaften. Schon hier im ersten Buchstaben ist die Kraftentwicklung und „Beackerung“ enthalten. Ihre Eindeutigkeit offenbart sich allerdings erst über die Bewußtheit (5/Mensch) im Laufe der Entwicklung von 1 nach 10. In der Symbolik kommt zum Ausdruck, daß das Erreichen der höheren Ebene 10 nur durch Handeln des Individuums gelingt.

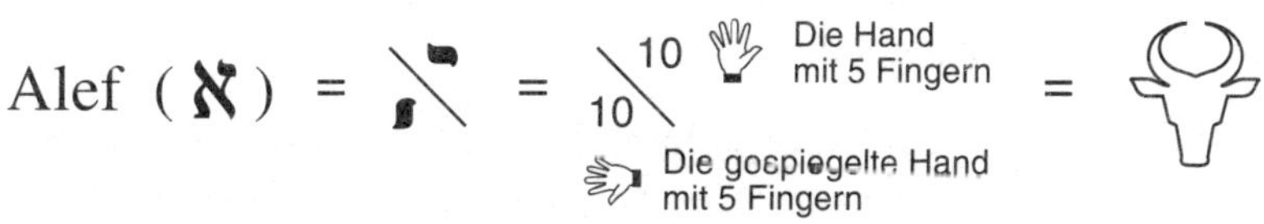

Abb. 52: Alef, der unaussprechbare, erste Buchstabe hat Bezug zur Einheit und zur Individualität. Er besteht aus zwei sich spiegelnden Individualitäten, die Handlung verursachen und einschließen. Das Stierhaupt symbolisiert die Kraft der Handlung, die das Erreichen der höheren Ebene 10 ermöglicht.

Das ist die Botschaft, die zum Empfang abrufbereit steht: In allen Einzelheiten und Bestandteilen ist das Höchste und Göttliche enthalten. Wer von der 1 die 10 erreichen will, muß eine klare Tendenz (Ten = 10) in sich haben. Tendieren heißt Ausgerichtetsein, genauso wie der Tenor, der die hohe männliche Stimme bzw. den Verlauf und die Handlung einer Sache beschreibt.

In all dem Beschriebenen liegt der Ursprung des Zehnten, der Abgabe an den Herrn. Der Zehnte gehört nicht zu dieser Welt und wird dem höheren Ganzen, der Obrigkeit, gegeben.

In jedem Falle ist Handlung und Tun die Voraussetzung des Findens. Zum Finden muß aber das Handeln und Tun eindeutig orientiert sein. Die beiden Teile der Ganzheit müssen verbunden werden. Bei der Suche nach der 10 in den religiösen Traditionen dürfen wir erwarten, daß wir in ihr die beiden Bestandteile der unter ihr stehenden Welt in ihr vereinigt wiederfinden. Exakt diese Merkmale finden sich tatsächlich beim Auftreten der 10 in allen Mythologien. Die 10 Gebote, die Moses auf dem Berg empfing, sind die über allem stehenden Gesetze, aufgespalten in 2 Steintafeln zu je 5 Geboten. Im frühen Rigveda findet man 10 Bücher. Die buddhistische Lehre umfaßt 10 Gebote, wobei 5 für Mönche und 5 für Laien gelten. Die Schöpfung in der Bibel geschieht durch 10 x ... *Gott sprach* ... (sogen. 10 Schöpfungsworte). Dann erst kam die neue Ebene und Qualität, indem er zu sich erstmals <u>Ich</u> sagte. Das Ich setzt ein Nicht-Ich (Du) voraus. Aus der 10 entsteht 5 + 5. Gott 10 = Ich (5) + Du (5). Der zweite Teil des Schöpfungsberichtes verwendet dann nicht mehr den Begriff Elohim (Gott), sondern Jehova (Gott der Herr). In der hebräischen Zahlensprache ist es die Zahlenfolge 10-5-6-5. Die Zehn teilt sich in zwei Fünfen, welche durch den Haken, die 6, miteinander verbunden werden (übersetzt: 10 = 5 + 5).

Sehen wir in der Bibel weiter nach dem Vorkommen der 10, so finden wir immer die Zusammenfassung der Vielheit (Ich und Du) zu *einem Ganzen*, oft auch zusätzlich gegliedert in 2 x 5:

- Nachdem der Begriff Gott (Elohim) das 10. Mal vorkommt, heißt es: *„Das Wasser unterhalb des Himmels sammle sich an* **einem** *Ort, damit das Trockene (Beständige) sichtbar werde."*
- 3. Mose 26:26: *„... zehn Frauen sollen in* **einem** *Ofen backen."*
- Jes 5:10: *„... zehn Morgen Weinberg sollen nur* **einen** *Eimer geben."*
- Matth 25:1: *„...wird das* **Himmel***reich gleichen 10 Jungfrauen."*
  Das Gleichnis von den 10 Jungfrauen berichtet von 5 klugen und 5 törichten.
- Es war die 10. Generation (Noah), bis mit Hilfe der Arche die alte Welt verlassen wurde.

Das Ziel des Suchenden und seines Weges ist das Finden der Eindeutigkeit in allen Vielheiten. Auch die Naturwissenschaften machen da keine Ausnahme. Ihr Gegenstand ist das Finden einer Weltformel. Die Weltformel ist heute der heilige Gral der Wissenschaftler. Solang man aber die *Form* der

Welt*formel* wörtlich nimmt, ist das eine Droge, ein primäres Binden an die Materie. Die Naturwissenschaften haben Jahrzehnte im Analyseverfahren ihren Blick ausschließlich in die Vielheit gerichtet und eine erdrückende Flut von Daten gesammelt, welche durch weitere Aufspaltung beliebig erweiterungsfähig sind. Man spürt heute das Unbefriedigende in diesem Verfahren und folgt automatisch dem Gesetz der Wandlung, indem man seinen Blick wendet und die „Theorie of Everything" (TOE) ansteuert. Das Ziel ist jedoch nur erreichbar durch ein Verschmelzen mit der Religion, so wie Individualität und Gegenindividualität die Zehn ergeben. Dann erst werden Form und Materie recht verwendet.

Werfen wir noch einen Blick auf die materialistische Weltsicht mit ihrem Reduktionismus. In einer wissenschaftlich-technischen Welt wird von einem verlangt, wissenschaftlich-technisch vorzugehen, und man sollte das auch tun. Jeder sollte seine spezifischen Fähigkeiten nutzen, um weiterzukommen. Unweigerlich kommt der Suchende an einen Punkt, an dem nicht seine technische Fähigkeit entscheidet, sondern die Ehrlichkeit und Aufrichtigkeit sich selbst gegenüber im Hinblick auf das Entdeckte. Es wird dann entscheidend sein, ob er sich auf die sich nähernde Krise einläßt und Wandlung erfährt. Die Freiheit des Menschen stellt es ihm frei, sich für die Wandlung zu entscheiden oder auch das Gegenteil zu wählen, die Möglichkeit, sich in eine erneute dialytische, d. h. aufspaltende Runde zu stürzen.

Hier sollte das Beispiel Isaac Newtons nicht unerwähnt bleiben. Newton, der Begründer unserer modernen Physik und ihrer Welt war zu wissend und zu intelligent, um in den Reduktionismus zu verfallen, der aus einer unzuverlässigen Verkürzung seiner Aussagen gemacht werden kann. Er, der schon zu Lebzeiten den Ruhm des Forschers erfuhr, begann im Alter mehr und mehr die Naturwissenschaften weniger zu achten, studierte die Schriften Jakob Böhmes (dt. Mystik) und wandte die ganze Fülle seines Geistes auf religiöse Probleme. Die Unzulänglichkeit all seiner Entdeckungen wurde ihm gegenwärtig. Einer der größten Naturwissenschaftler verabschiedete sich von den Naturwissenschaften und versuchte sich an Ausdeutungen der Apokalypse. Das Beispiel Newtons ist nur eines von vielen und sollte Erwähnung finden, da er unsere Zeit und ihr Weltbild entscheidend geprägt hat. Aber welcher Abiturient kennt schon den Weg und die Entwicklung Newtons. Seine Formeln dagegen sind angestrebtermaßen abrufbar.

Die analytische Methode der Physik folgte der Materie, bis sie zum kleinsten ihrer Teilchen, dem Atom, kam. Die weitere Aufspaltung führte zum Elektron und zum Atomkern, den Elementarteilchen. Das so vor den Forschern gelegene Muster gab schon das wichtigste Geheimnis preis. Der Kern, aus Protonen und Neutronen bestehend, ist das Stabile, Feste und Unveränderliche, um welches sich das ständig Verändernde bewegt.

Die Physiker entschlossen sich zu weiteren analytischen Runden, und man fand nun andere Formen und Erscheinungen. Trotzdem bleibt das Grundprinzip immer das gleiche. Die Vielfalt wird um einige Bestandteile erweitert. In der Natur der Vielheit liegt aber auch ihre Unendlichkeit, und das sehnsüchtig gesuchte Eine kann mit der Analyse, dem Spalten, nicht gefunden werden. Sie ist lediglich das Hilfsmittel zur Umkehr und Einsicht. Wer flußabwärts geht, wird den Quell nicht finden.

Die Physiker ließen mit ihrer neuen Runde das sich in praxi als stabil erkannte Proton und Neutron nicht gelten. Der physikalische Analyseprozeß führte bisher zu über 200 weiteren Elementarteilchen. Allen gemeinsam ist, daß sie sich durch geeignete Stoß- und Zerfallsprozesse ineinander umwandeln lassen oder aus Energie erzeugt werden können. Inzwischen ist man soweit, erneute Unterschiede, ihre Stabilität betreffend, herauszuarbeiten. Das Spaltende ist das Widersacherprinzip und der Repräsentant von Zerstörung. Es kann die menschliche Sehnsucht nie erfüllen. Der Charakter der Hüllen und ihrer Wandlungen muß erkannt werden.

Der Forscher muß orientiert sein im wörtlichen Sinne, um des Einen innezuwerden. Er muß und soll forschen. Doch nur Bewußtheit und Orientierung befähigen ihn, zwischen der Vielfalt der Formen die rechte Wahl zu treffen. Man denke nur an die Unterscheidung von Spaltung und Fusion in der Kernphysik. Die Grundeinstellung des Forschers wird durch seine Taten sichtbar.

Je tiefer der Blick des Suchenden, um so mehr löst sich das Materielle auf und gibt sich als Repräsentant der Einheit zu erkennen. Wir brauchen das feste, greifbare Prinzip, um erkennen zu können. Niemand kann auf den Widersacher verzichten. Nur sollten wir uns die Verhältnisse ihrer Größe zueinander ansehen, um die Orientierung nicht zu verlieren. Das materiehafte Atom besteht fast aus Nichts! Wenn der Atomkern die Größe eines Tischtennisballes hätte, dann wäre das Elektron in einigen Kilometern Entfernung von ihm. Dazwischen ist leerer Raum. Das Beispiel zeigt, wie wenig substantiell Materie in Wirklichkeit ist.

Der Mensch lechzt nach einer eigentlichen Binsenweisheit: Er ist nicht bedroht, und er ist ein Vertreter des Unvergänglichen, das sich in ständiger Wandlung befindet. Das ist die Botschaft des Gesetzes.

Die Elf – Die Symmetrie
Das Zwillingspaar
Der Urrhythmus und das Schöpfen

11 ist die Zwillingszahl, die Zahl der Symmetrie. Sie besteht aus zwei gleichen Teilen. Die Teile sind von ihrem individuellen Charakter zueinander, d. h. in der Form, gleich. Sie sind einheitlich. Das macht aus ihnen ein Zwillingspaar, ein symmetrisches Paar. Die Symmetrie zeichnet sich nicht nur durch eine offensichtliche Zweierbeziehung aus, sondern beinhaltet auch eine wichtige und besondere Dreierbeziehung. Den Begriff Zwilling benutzten wir bereits bei der Beschreibung der Dreizahl. In ihr waren die beiden vorangehenden Gegenpole (1 und 2) enthalten, was zur Bezeichnung Zwilling führte.

Hinter dem Zwilling 11 steht ebenfalls ein verbindender Dritter. Es ist die gemeinsame größere Einheit, aus der die beiden Einzelheiten hervorgehen, bzw. in der diese zusammengefaßt werden (s. Abb. 63 auf S. 194).

Das wichtige Thema der Symmetrie und der Zwillinge behandeln wir später noch einmal in einem gesonderten Kapitel. Hier soll vorerst der Hinweis auf den Zusammenhang der Zweizahl und der Dreizahl im Zwilling 11 genügen. Die 11 umfaßt in ihrer Definition die ersten drei Zahlen. Sie beschreibt den ersten denkbaren Rhythmus, den Funktionskreis I. Sie repräsentiert damit den Urrhythmus, der zum Schöpfer der ersten Manifestation (4) wird.

Die 11 ist die Schöpferqualität. Schöpfen heißt aber auch und vor allem Zweimachen. Das Auseinanderbrechen der noch nicht sichtbaren, der noch nicht offenbaren Einheit macht Reibung von zwei Teilen möglich. Die Einheit kann sich somit über sie erfahren. Das ist Schöpfung.

Hier liegt eine Gefahr, deren man sich bei dieser Qualität, dem Auseinanderbrechen, dem Zweimachen, bewußt sein sollte. Sie liegt im Vergessen der Herkunft der Einzelteile aus der Einheit und im anschließenden Überbewerten der Zweiheit. In der 11 ist es das Vergessen der vorangehenden

Ordnung, das Vergessen des vorangegangenen Gesetzes (10), dem sie dient. Unbewußtes und undifferenziertes Schöpfen und Zweimachen führen zum Fall. Die Fähigkeit des Schöpfens verlangt nach der Unterscheidung. Wer schöpft, kann unterscheiden, denn Unterscheidung macht Schöpfen erst möglich. Die Natur schöpft immer neu, doch sorgt sie trotz aller Untergänge in einem größeren Rahmen immer für die Entstehung von Einheit und Fortschritt. Nur durch dieses Prinzip konnte sich über die Jahrmilliarden Leben und so etwas wie unser Gehirn entwickeln, über dessen „Zufälle" wir staunen. Der Mensch, das Wesen, das selbst *bewußt* zum Schöpfer werden kann, muß auch bewußt sein Schöpfungspotential unterscheiden. Das im Urgrund verankerte Schöpfungsprinzip der Welt und des Menschen bleibt, auch wenn der Mensch seine Freiheit und Pflicht zur Unterscheidung vertut. Was geschöpft wird, steht dann neben dem Schöpfer Mensch und tritt ihm entgegen. Das von ihm unbewußt Geschöpfte wird als „Teufelswerk", als Strafe, empfunden. Bewußtes Schöpfen ist ein Maß geben, das Offenbaren der Ordnung und des Gesetzes (10).

Wenn die 11 auftritt, wird etwas Neues geschöpft. Das alte wird zerbrochen. Schaut man genauer hin, dann wird die Einheit dadurch nie wirklich gefährdet, sondern durch den Schöpfungsakt in neuer Weise wiedererstellt. Nur aus der Sicht des alten, überholten Zustandes geschieht das Verrückte. In Wirklichkeit rückt die sich ständig bewegende Einheit immer weiter, und wer am formellen Standort stehenbleibt, empfindet Verrücktheit.

Könige (10) hielten sich deshalb Hofnarren (11). Sie konnten ungestraft aussprechen, was andere den Kopf gekostet hätte. Über sie machte man sich flexibel, um das Fortschreiten nicht zu verpassen. Das Verhältnis von 10 und 11 wollen wir noch etwas detaillierter betrachten. Schon jetzt wissen wir, daß das Gesetz durch das Verrückte, „scheinbar Gegengesetzliche", verjüngt und offenbart wird.

Um die Zahlenbetrachtung über die Zehnheit hinaus fortzuführen, müssen wir das feste, ewige Gesetz, die Zehnheit, als gegeben voraussetzen. Auf sie bauen die ihr folgenden Zahlen auf. Sie beginnen wieder mit der 1 und durchlaufen erneut die 9 Archetypen (11-19). Nur diesmal steht vor ihnen die 1, das Zeichen der Zehnerreihe, die die fortlaufenden Archetypen einer Gattungsart zuordnet. Wer die 11 studiert und versucht sie zuzuordnen, wird in eine erneute Spannung geworfen, eine Aufspaltung der Einheit in 2

Einzelheiten. Jene Spannung ist auch sichtbar zwischen der 10 und der 11, dem König und dem Narren:

10 = theosophisch 1 + 0 = **1**, der unbestrittene Erste;
11 = theosophisch 1 + 1 = 2, der Erste in der neuen Reihe 1**1** – 19.

Zum einen ist der Begriff der 1 durch die 10 (1 + 0 = 1) schon besetzt, denn die 10 war bereits das über der Welt stehende Gesetz, das den 9 Archetypen ihre Richtung gab und auch theosophisch den Beginn eines neuen Zyklus anzeigte. Andererseits tritt in der zweiten Stelle ebenfalls die 1 auf, welche den ersten Archetyp einer neuen Reihe bildet und ebenfalls den Anspruch auf den ersten Platz hat. Inhaltlich ist die 11 damit eindeutig dem Ersten zugeordnet und bildet deutlich einen Beginner und Schöpfer. Dennoch ist sie gleichzeitig auch die Zweite einer Reihe, denn vor ihr steht die 10, und ihre eigene theosophische Addition (1 + 1 = 2) ist zwei. Sie vereint gewissermaßen zwei Pole und Gegensätzlichkeiten in sich. In ihr kann man gut den Übergang von der paradoxen Gegensätzlichkeit zur paradoxen Weisheit, zum Sowohl – Als auch, studieren. Dazu werfen wir einen Blick auf die erste Zahl, die Eins, das Sinnbild der Einheit:

Obwohl die Eins die erste Zahl ist, ist Einheit nur denkbar durch Vereinigung. Eine Vereinigung setzt aber Gegensätzlichkeit voraus. In der Eins sind also zwei unterschiedene Bestandteile miteinander vereinigt.[50] Das erst macht die Einheit, die Eins, aus. Am ersten Buchstaben des hebräischen Alphabets, dem Alef (א), ist seine spiegelbildliche, zweiteilige Anlage klar ersichtlich. Auch unser A besteht aus zwei Teilen, die miteinander vereinigt sind. Vorher haben wir uns keine Gedanken über die Details der Eins gemacht. In der 11 wird nun der gleiche Aspekt genauer beleuchtet. In ihr sind Einheit und Zweiheit vereint. Das ist nur möglich durch eine klare Rangordnung der beiden Zahlen, der beiden Einsen. Unter beiden ist die erstere auch die Erstgeborene und Gattungsangebende und bestimmt den Charakter der ihr folgenden. Die zweite Eins macht durch die Summe und ihre Stellung aus der Eins *auch noch* die Zwei. Nur ist das immer unter der Vormachtstellung der ersten Eins, der Einheit, zu sehen. Die Energie der zweiten Eins kann nur wirksam werden im Sinne der ersten.

---

[50] Eine oft gestellte Frage ist: Wenn in 1 zwei unterschiedliche Bestandteile sind, warum benötigt man die 2? Antwort: Um die Einheit zu *offenbaren*, um sie zu manifestieren.

Auch die zweite Eins ist definitionsgemäß eine Urenergie. Sie macht aber im Ergebnis Polarität, denn durch sie tritt zu einer schon vorhandenen Eins eine zweite hinzu, die mit ihr die Summe 2 bildet. Die zweite Eins ist demnach eine spaltende, unterscheidende Energie. Dennoch kann die Ener-gie der Unterscheidung nur im Sinne der ersten Eins, der Erstgeborenen, nämlich im Sinne der Einigung, wirksam werden. Das klingt im ersten Augenblick wie ein Widerspruch. Es ist in Wirklichkeit keiner. Unterscheidung im Sinne der Einheit kennen wir alle. Nur ist uns das Prinzip nicht immer deutlich. Zuweilen verdrängen wir es auch, da es von uns Verantwortung durch Entscheidung fordert. Stellen Sie sich eine einfache Aufräumarbeit vor. Ohne Unterscheidung von Ordnung und Unordnung und die Zugehörigkeitsentscheidung der verschiedenen Gegenstände zu den verschiedenen Schubläden sind Ordnung und Einheit, der angestrebte Zustand, nicht möglich. In dem einfachen Beispiel wird deutlich, wie die Energie der Zweiheit das Unterscheidende zur Verwirklichung der Eins beiträgt, ja sie gar erst ermöglicht.

In der 11 werden sowohl die Eins als auch die Zwei neu gesehen. Was wir in der ersten Runde der Betrachtung (1-9) als einfache Archetypen gesehen haben, wird in der zweiten Runde verfeinert, indem weitere Aspekte zum Vorschein kommen. Die Einheit wirkt auf sich selbst durch das Entstehen ihres Spiegelbildes. Plötzlich stehen sich zwei Einheiten, besser gesagt Einzelheiten, gegenüber. Das Ergebnis ist die summarische, theosophische Zwei. Die Zwei bekommt durch das Wesen ihrer Entstehung einen umfassenderen Charakter. Sie ist nicht nur der Gegenspieler und Widersacher der Eins, sondern auch und vor allem eine Einheit. Widersacher ist sie erst in zweiter Linie. Obwohl sie diese Aufgabe übernimmt, erkennen wir nun die Sinnhaftigkeit und Folgerichtigkeit der Entwicklung und die *Notwendigkeit* der Zwei im doppelten Sinne. Im Wissen um ihre Entstehungsgeschichte wird sie vollkommener und verliert ihren negativen Aspekt.

Die Hierarchie und Rangordnung der beiden Einsen in Form von Bild und Spiegelbild unterordnet die zweite Eins zwangsläufig dem Original, der Einheit. Wenn man das weiß, besteht kein Grund zur Befürchtung einer endgültigen Entzweiung, Verzweiflung oder des unwidersprochenen Auseinanderfallens. Die Unterscheidung (2) erhält ihre Kraft von der Einheit, und die Einheit ist auch immer ihr Ziel.

Der Begriff der Unterscheidung, des Zweimachens, ist das Thema der 11. Sie führt die zweite Runde der Zahlen, die neue Zahlenkolonne, an. Ihre

Beginnerstellung im Zweiten, der zweiten Runde, und das Thema des Trennens machen sie, wie schon gesagt, zur Zahl der Schöpfung. Jede Entstehung basiert auf Trennung und Zweimachen. Der Begriff ‚hell' wird geschöpft und damit vorstellbar, indem er von seinem Gegenteil, ‚dem Dunklen', getrennt wird. Am Beispiel von Licht und Schatten begreifen wir den Einsbezug des Zweiten, denn Schatten ist eine Abstufung des Lichtes. Jeder Charakter und jedes Ding werden manifestiert durch die Unterscheidung von ihrem Gegenteil. Das macht die 11. Sie wird in den Mythologien immer als Schöpfersymbol verwendet. Sie ist der Klapperstorch, der die Kinder, die konkreten Wesen mit ihren typischen Charakteren, aus dem großen Wasser oder Ozean holt, der das noch Ununterschiedene, große Eine, Unbewußte symbolisiert. Ein anderes Bild ist das elfte astrologische Zeichen, der Wassermann, der aus dem großen Wasser herausschöpft und es über die Erde gießt, die dadurch fruchtbar und hervorbringend wird.

Bleiben wir vorerst noch beim Thema der Hierarchie, dem Entscheidenden der 11. Die 11 folgt der 10 und steht damit in der linearen Folge über ihr. Die Welt der Archetypen 1-9, einschließlich des über ihnen stehenden Gesetzes (10), wird ihrerseits durch die 11 überstiegen. Sie ist der Beginn des Überweltlichen, des von der Erde Abgehobenen. Die Symbole der 11 umfassen deshalb immer auch den Himmel, den Vogel, der Abstand zum Erdprinzip herstellt. Im Bild des Vogels oder Himmels werden das hierarchische Prinzip und seine Beziehungen sehr deutlich. Der Vogel hat die Welt der Kriechtiere verlassen, indem er sich über sie erhebt. Sein Leben ist aber immer auf seine Herkunft bezogen. Er schaut immer nach unten und steht in konkreter Beziehung zur Erde. Von ihr lebt er. Keineswegs entsteht in ihm Verachtung oder Vernachlässigung gegenüber dem Weltlichen, dem Erdhaften. Die Interaktion zwischen ihm und der Erde ist sogar enorm gewachsen. Stand er früher als Erdwesen noch in konkretem, engem Kontakt mit der näheren erdhaften Umgebung, so ist das für ihn jetzt sogar noch intensiviert. Er überblickt durch die Vogelperspektive nun einen größeren Raum, mit dem er aber weiter in konkreter Beziehung steht. Dazugewonnen hat er aber die Freiheit, das nächste große Thema der 11.

Die Freiheit steht mit der Anwendung des Unterscheidungsprinzips in direkter Verbindung. Sie wurde dadurch erst möglich. Wenn die Unterscheidungsfähigkeit in der eingangs beschriebenen Unterordnung unter die Einheit geschieht und nicht zum Selbstzweck wird, entsteht Freiheit.

Konkret heißt das, daß die 11 immer unter Respektierung der 10 wirksam wird. Im Falle des Vogels ist es die deutliche Erdbeziehung, die Anerkennung von Gesetz und Gattungsgrenzen, trotz seiner Abgehobenheit. Die Augen des Vogels sind auf die Erde gerichtet und nicht zum Himmel, den er für die Erde verkörpert.

Freiheit hat einen Bezug, so wie die 11 auf die 10 bezogen ist. Wenn der Mensch *von* etwas frei sein will, so ist er auf den Gegenstand seiner Unfreiheit bezogen. Gegen das Schwarze sein, wird das Schwarze in meinem Bewußtsein nähren. Für den Unwissenden ist das ein Teufelskreis der Verzweiflung. Je mehr er sich um Freiheit von einer Sache bemüht, je mehr bindet er sich an sie. Eine solche Art von Befreiung ist immer kurzfristig, weil der solcherart Freiheitsuchende oder Flüchtende und Kämpfende nur zeitweise scheinbar befreit ist. Unweigerlich wird er durch seine im Verborgenen sitzende Angst unerwartet von dem Objekt seiner Unfreiheit eingeholt. Wer das Prinzip der Freiheit kennt, weiß um die in ihr liegende Bindung. Er bedient sich ihrer Basis, der Unterscheidungsfähigkeit, und kennt und akzeptiert die Hierarchien der Ordnung. Dadurch kann der Gedanke der Freiheit durch Bindung an das Höhere zu seiner Verwirklichung gebracht werden. Am Beispiel des „*Gegen* das Schwarze sein" wäre das die Entscheidung „*Für* das Weiße sein". Freiheit erfordert Bindung an das Höhere, um verwirklicht zu werden. Das menschliche Wesen, das den Gedanken der Freiheit erfassen kann, ist mit der Gabe auch zur Ausübung der Freiheit verpflichtet. Man kann seine Freiheit einsetzen, um sich zur Unfreiheit oder zur Freiheit zu bekennen. Bekennung, Bindung und Unterscheidung sind in der Freiheit schon enthalten. Ihnen kann man sich nicht entziehen. Wer der Entscheidung entgehen will, hat gegen das Gesetz (10), aus dem Freiheit (11) erwächst, verstoßen und sich so schon gegen die Freiheit, also für die Unfreiheit entschlossen. Die Segnung mit Freiheit verlangt ihre bewußte Ausübung, und das ist die Entscheidung *für* die Freiheit.

Das ist ein Beispiel von Wahrhaftigkeit, der Anwendung einer Sache auf sich selbst, die Quadrierung. Auf den Begriff der Freiheit angewendet, ist die höchste Freiheit das Freisein vom Gedanken der Freiheit. Das aber ist totale Gebundenheit, die freiwillige Bindung, die mit Angst und Unfreiheit nichts mehr zu tun hat. Das ist das Geheimnis, weshalb die 11, die nur aus Einsen besteht, also in beiden polaren Ebenen die Einheit repräsentiert, theosophisch und letztlich die Zwei bedeutet. Die Zwei ist das Konkrete und Manifeste, das Beständige, welches sich über die Freiheit entwickeln konnte und alle vorangegangenen Qualitäten in additiver Weise in sich trägt. Ihr fehlt der Begriff des Mangels, den wir vorher noch mit der Zwei verbanden. Die höchste und letzte Freiheit liegt demnach in der freiwilligen Bindung an das Gesetz. Der Widerspruch hebt sich auf, weil das Gesetz ein Gesetz der Freiheit ist.

Der soeben vollzogene Gedanke ist sehr abstrakt. Er soll den Charakter der 11 und ihre Tiefe beschreiben. Der Mensch steht in seiner konkreten Welt und muß sich erst durch den Vollzug seiner Freiheit ihrer als würdig erweisen. Ihm steht der Weg zur *bewußten* Unterscheidung offen. Die Entscheidung vollzieht sich nach dem Gesetz in jedem Falle. Der Mensch hat nur die Wahl, ob er von seiner Möglichkeit Gebrauch macht oder nicht. Die 11 wird deshalb in der Literatur und Geschichte auch immer von zwei Extremen gesehen. Entweder sind die Begriffe der 11 bewußt gewählt und damit deutlich, bindend und befreiend, oder der Charakter der 11 wird aus der Sicht von unterhalb der 10 als gefährlich und willkürlich angesehen. Im letzteren Fall wird die 11 mit dem Aspekt der Verzweiflung behaftet, der immer nur den spaltenden, kontinuitätszerreißenden Teil sieht.

Das Thema ist in perfekter Weise durch die Cheopspyramide[51] in ihrem Grundriß 11-14 beschrieben und soll Gegenstand späterer Ausführungen sein. Hier wollen wir einige uns überlieferte Begriffe der 11 anführen, die durch die Silben Al / El auf das Gesagte hinweisen.

Das Wort El kennen wir aus der Bibel als den Begriff des Engels. Die Namen der Engel enden auf el: Micha*el*, Gabri*el*, Uri*el*, Rapha*el*. Der Eng*el* wird dem Himmel zugeordnet und damit der höheren Ebene. Der Bezug zur Gottheit, der Ganzheit und seiner Entscheidung für ihn, liegt in ihm. Er ist das eingreifende, handelnde Wesen, welches Polarität deutlich in den Dienst der Ganzheit stellt. Ebenfalls enthalten ist es in:

- Ala, was im Lateinischen der Flügel bedeutet. Die Flügel, das Paarige, *vordere* oder *obere* Element, ermöglichen die befreiende Funktion. Im Vogel ist oben und unten, vorn und hinten, deutlich unterschieden. Der Vollzug der Unterscheidung machte die Ausprägung der vorderen, oberen

[51] Al-Ahram, arabisch >Die Pyramide<.

Gliedmaßen zu Flügeln möglich, wodurch weder die Erde noch die Füße verachtet werden, sondern in vollkommenerer Weise gesehen werden.
- Allah – Gott. Er stellt durch sein Eingreifen Einheit her. Er entspricht dem später noch weiter zu besprechenden Jehova.

Der Aspekt der Unterscheidung des Außergewöhnlichen von seiner Basis unter Betonung des oberen höheren Poles durch bewußte Nutzung der Freiheit kommt noch gut zum Ausdruck in den Begriffen Eltern, Elan oder elegant. Die Welt der Eltern und ihre Entscheidungen sind von der Warte der Kinder nicht immer logisch und folgerichtig. Für sie geschehen Dinge und werden Entscheidungen gefällt, die sie nicht nachvollziehen können, weil sie einer höheren Welt entstammen. Dennoch tun Eltern alles erdenkbar Gute für ihre Kinder. Ihre Abgehobenheit nutzen sie für das Wohl ihrer Nachkommenschaft. Ihre Freiheit führt zu Handlungen, die für die Kinder von Wert sind. Sie haben ihr ehemaliges Kindsein, ihre Herkunftsbasis, berücksichtigt, geehrt und gefördert. Ob die Kinder im Augenblick des Eingreifens der Eltern, der *El*itären, die Richtigkeit einsehen, ist eine erst darauffolgende Frage.

Das gleiche gilt auch für das Polpaar Eltern untereinander. Die Unterscheidung liegt hierbei nicht zwischen zwei Generationen, wie bei Eltern und Kindern, sondern innerhalb der höheren Generation, zwischen den Eltern. Wer die 11 begreift, läßt sich nicht mehr von den unendlichen Debatten über den Geschlechterkampf mitreißen und verwirren. Innerhalb der Ebene der erwachsenen Eltern wirkt der andere oft abgehoben und verrückt, gerade eben nicht in die Welt seiner Logik passend. Wird die Trennung bewußt im Sinne der 11 genutzt, entsteht das Schöpferprinzip. Ohne die Unterscheidung wäre es nicht möglich.

- Elan ist die begeisternde, vorschnellende, sich aufschwingende Spannkraft, die einem den nötigen Schwung gibt.
- Wer elegant ist, hat sich bewußt entschieden, war wählerisch deutlich für Erhabenes. Die Polarität und Unterschiedenheit, die auf die Einheit gerichtet ist durch einen bewußten Akt der Freiheit, ist in allen Begriffen der 11 aufzuspüren. Im Althochdeutschen war die Elf noch „einlif", was „eins darüber" bedeutet und die deutlich gewählte Richtung wiedergibt. Im Wort elementar kommt die in ihm liegende selbstbewußte Urkraft

zum Ausdruck, die Basis und Einheit in den Vordergrund stellt. Die Übersetzung als grundlegend und einfach gibt nur noch einen Teil davon wieder.

- Suchen wir nach der Elf in kosmischer Dimension, gelangen wir zur Erdbahn um die Sonne. Sie ist eine Ellipse, in deren einem Brennpunkt die Sonne steht. Die beiden Brennpunkte entsprechen den beiden Einsen der 11. Die Sonne macht einen Pol elitär, ohne den anderen zu vernichten. Wie in unserem Elternbeispiel kann man das auch auf die Ebene der Partner übertragen. Hier wären Erde und Mond in der einfachen Ebene die Partner, die beiden Einsen. In der Unterscheidung ihrer Grundparameter, der Umlaufzeiten, liegt das Signum 11. Der Unterschied zwischen Sonnen- und Mondjahr beträgt 11 Tage (365 – 354).
- Der Altar dient der bewußten Entscheidung für das Höhere (altus = lat. hoch).
- Das Elixier, die trockene Substanz mit magischen Eigenschaften oder auch Stein der Weisen genannt, ist das angestrebte Ergebnis der Alchimisten, welches durch aktives Tun, durch Scheidungsprozesse, das Eine, die Ewigkeit, erreichbar macht. Die heilende, ganzmachende, verjüngende Kraft ist der Kern der 11. Im Arabischen ist es al-iksir.
- Die Mythologie berichtet von Elfen (Alben), Miniaturausgaben der Menschen, die extrem schön und weise (elitär) sind und Musik und Tanz lieben. Wenn einem Menschenmann einmal eine weibliche Elfe begegnete, suchte er ein Leben lang nach einem ebenso hübschen Menschenmädchen. Die Elbengesellschaft ist streng traditionell organisiert. Auf einer festen Basis aufbauend, wirken sie durch Entscheidungen orientierend.

  Der Elfenkönig Alberich (rich = König) wird in der Lyrik oft beschrieben. Man denke dabei z. B. an den Erlkönig, ein Synonym für Elfkönig. In dem von Goethe verfaßten Gedicht wird die selbstbewußte Durchsetzung des Erlkönigs, der die Schönheit seiner Welt dem Neuen, dem Kinde, offenbart und orientieren will, beschrieben. Der Vater ist dem Anderen, in seine Welt Einbrechenden, Elfigen (Albernen), verschlossen und tötet so das Kind durch Unbewußtheit.
- Im Karneval, der am 11.11., 11.11 Uhr beginnt, übt man die Tradition der 11 und gibt ihr Raum. Das Andersartige, Verrückte, Närrische, was in der alten Welt der Tradition keinen Platz hat, darf bewußt sein. Der Lob- und Trinkspruch des Karnevals „Alaaf“ huldigt der Elf.

Wer den Sinn der 11 nicht versteht und das Einbrechende abwehrt, kennt sie nur als Narrenzahl im Sinne des Übergeschnapptseins. In einer doppelten Verdrehung bezeichnet man denjenigen, welcher die befruchtende Andersartigkeit durch praktische Auseinandersetzung nicht annimmt, als im „Elfenbeinturm sitzend". Um den Begriff richtig zu werten, muß man das Elfenbein (= Elefantenbein) in seiner Symbolik kennen. Es sind die beiden *oberen Einser* des Elefanten*ober*kiefers. Beim Elefant sind der Oberkiefer und die Oberlippe in Abhebung zu den unteren besonders stark ausgeprägt, was zu der einmaligen (elitären) Funktion des Rüssels führt. Die beiden oberen, vorderen Schneidezähne (1|1) bilden das Elitäre. Sie stehen für Durchsetzung und Entscheidung.

Wer sich in den Elfenbeinturm zurückzieht, dreht das Elfenprinzip um, um der konkreten Entscheidung entgehen zu wollen. In der lauretanischen Liturgie wird deshalb die Jungfrau Maria als „elfenbeinerner Turm" bezeichnet. So wurde der Elfenbeinturm zu einem Symbolbegriff für sittliche Reinheit und letztlich zur selbstgewählten Isolation. Die Jungfrau wehrt das auf sie Zukommende ab, weil es, in ihrer Welt befangen, das Schöpfungsprinzip, welches auf Einsmachung orientiert ist, nicht zuläßt. Die neue Welt, die Zukunft, wird gezeigt von der Elf, dem von der anderen Seite Kommenden. Die 11 hat nicht die Absicht, Leben zu zerstören, sondern wird neben der Zeugung des neuen Lebens dem alten Ekstase und Glück bringen. Zerstört wird nur die überflüssig gewordene Form, das Verhärtete, dessen Aufgabe es ist, aufgegeben zu werden.

Die 11 gehört der höheren Ebene, dem Himmel, an und verlangt das Verständnis vom Sinn der Unterschiedenheit. Die leitende Person als der Herrscher eines Volkes oder der Direktor müssen das Prinzip verstehen und erfüllen, um die Unterschiede zwischen den zwei hierarchisch geordneten Polen fruchtbringend zu verbinden. Im Wort Direktor ist der Sinn noch zu erfassen. Das mangelnde Wissen um die Dinge oder der fehlende Mut zur Ergreifung der Freiheit machen schnell aus dem Leitenden den Leidenden. Der Herrscher eines Volkes wird deshalb von den unter den Gesetzen Stehenden oft mißverstanden. Ein Beispiel wäre das oft zitierte „divide et impera" (teile und herrsche). Zum Herrschen ist das Unterscheiden Voraussetzung. Für den unter dem Gesetz Stehenden ist die Einhaltung und Vertretung des Gesetzes das höchste Gebot. Wer das Gesetz erläßt, modifizieren muß und dafür Sorge zu tragen hat, daß das erlassene Gesetz zur

Entwicklung derer, die unter dem Gesetz stehen, in vollkommener Weise sorgt, der muß einer noch höheren Gesetzlichkeit folgen.. Jene ist jedoch nicht nur in profaner Weise geschrieben, wie die für das Volk, die durch Gleichnisse verständlich wird. Der Herrscher ist insofern allein. Er steht vor der schweren Aufgabe, im Sinne des Höchsten von seiner Freiheit tätigen Gebrauch zu machen. Er ist nur seinem Gewissen verpflichtet. Das allerdings schließt sein Volk vollkommen ein. Ohne eine glasklare Unterscheidungsfähigkeit und unsägliche Kraft kann er seine Aufgabe nicht erfüllen. Die Vorwürfe des unverstandenen „divide" muß er ertragen. Sie wurzeln in der Unreife des Beurteilenden, der noch Entzweiung im Dienste des Egoismus in seinem Repertoire hat. Wie hoch die Anforderungen und Leistungen eines Herrschers sind, kann nur der beurteilen, der sich schon in solchen Situationen befunden hat. Der Gebrauch der Freiheit ist gleichzeitig ihr Unterpfand. Sie ist aber auch der Schlüssel zur nochmals höheren Dimension.

Die höchste Einheit ist jenseits von Polarität, obwohl sie die Polarität in sich trägt. Ohne Polarität wäre sie gar nicht benennbar. Diese Einheit bedient sich der Polarität, ist aber nicht in ihr versunken. Sie ist von seiten der Polarität (Welt) nicht greifbar. Jene Qualität ist durch die 11 symbolisiert. Das erste Konkrete und Manifeste ist die 11. In unserer Wissenschaftswelt ist sie das Symbol der Symmetrie. Symmetrie ist das urerste Zwillingspaar. Die Symmetrie ist die Zweiheit mit dem Sinn und der Zielrichtung der Einheit. Die imaginäre, transzendente und nicht aussprechbare Einheit bedient sich der Polarität, und das ist im Konkreten die Vielheit (4). Die 11 (1-1) und die 14 (1- 4) hängen in ihren Erklärungen eng miteinander zusammen und werden im Bauplan der Cheopspyramide, der Genesis der Bibel oder allen anderen religiösen Darstellungen exakt beschrieben.

Die beiden aus der Einheit hervortretenden Einzelheiten (1 →1 1) sind der Prototyp der Vielheit, der Zwillinge und der Symmetrie. Das kosmische Symbol der 1 fällt der Sonne zu. Zwischen ihr und der Vielheit der Erscheinungen des Lebens liegt die 11, das Urpaar. Die Beobachtung der Sonne läßt uns deshalb auch ihre Signatur finden, weil sie unmittelbar aus ihr entspringt. Das Prinzip der Ellipse und der Planetenbahnen haben wir diesbezüglich schon angesprochen. Tatsächlich begegnen wir bei Sonnenbeobachtungen einem Sonnenrhythmus von 11 Jahren. Die bisher berechnete Sonnenfleckentätigkeit verläuft in einer mittleren Periode von 11,1 Jahren.

Interessant ist auch, daß die Sonnenfleckentätigkeit keineswegs diffus oder über die ganze Sonne verteilt ist. Sie beschränkt sich auf zwei Zonen, die parallel zum Sonnenäquator verlaufen. Im Laufe des 11jährigen Rhythmus verschieben sich diese Zonen immer weiter zum Äquator, und ihre Tätigkeit nimmt ab. Kurz vor ihrem Minimum tauchen zwei neue Zonen auf. *„Während des Minimums sind damit eigentlich* **4** *Zonen gleichzeitig vorhanden."*[52]

Das Hervortreten der Vielheit aus der Einheit bedient sich einer konstanten Gesetzmäßigkeit, des 1 - 4 Gesetzes. Wir begegnen ihm in seiner einfachsten Art schon in dem Zwillingspaar 11, dem ersten Vielfachen. Die Symmetrie, das Zwillingspaar, ermöglicht es, die nicht unmittelbar sichtbare Einheit zu begreifen.

[52] Zitat J. Herrmann, S. 345

Die Zwölf – Harmonie durch Hierarchie
Die kosmische Funktion

Nachdem wir das Erreichen der höheren Struktur in der Zahl 10 beschrieben haben, entstehen nun aus der neuen Basis der Struktur zwei neue Paare. Das sind 11 und 12, die neuen Anfangspole 1 und 2 im Zehnerbereich. Die 12 nennt die beiden ersten Pole (1 und 2) in einem Namen und ordnet sie hierarchisch. Der Zusammenklang zweier vorher scheinbar gegensätzlicher Pole führt innerhalb der Hierarchie zur Harmonie. Die Zahl 12 nennt alle Geheimnisse des Kosmos mit einem Male. Man kann es nicht umfassend genug beschreiben. Deshalb nähern wir uns der 12 schichtweise. Der Leser möge am Ende des Buches , wenn er einen größeren Überblick erhalten hat, die Bedeutung der 12 an dieser Stelle noch einmal lesen, und es wird ihm viel mehr darin auffallen. Viele vorerst verklingende Worte geben dann mehr von ihrem Inhalt preis.

12 ist die Zahl des Universums. Sie ist die praktische Vollkommenheit, das harmonische Zusammenspiel von Einheit und Unterscheidung. Wie in einem Konzert klingen die einzelnen und unterschiedlichen Töne als Ganzes harmonisch zusammen. Die Vereinigung der Gegensätze ist erlebbar. Räumliche und zeitliche Gebundenheit sind überwunden durch ihre Erfüllung. Das auf die Ganzheit gerichtete Unterschiedene repräsentiert die höchste Ordnung. Harmonie setzt Ordnung voraus, und was geordnet ist, setzt Relation voraus. Die Hierarchie ermöglicht Ordnung und Harmonie.

Wie in der 12 die zwei Grundpole hierarchisch geordnet zusammenklingen, sieht man auf den ersten Blick in der Linearität der 1 und der ihr folgenden 2. Für die beiden Grundpole kann man jedes Spannungspaar setzen. Besonders aufschlußreich ist, die Gegensätze und benachbarten Pole 3 und 4 im Spiegel der 12 zu beleuchten. 3 und 4 sind ganzzahlige Teiler der kosmischen Harmoniezahl 12. So wie die 12 das rechte und erlöste Spannungsverhältnis der Grundpole 1 und 2 ist, so muß es auch ein solches zwischen 3 und 4 geben. Es ist im Göttlichen Dreieck sichtbar und enthüllt dort seinen Zusammenhang zur Qualität der 12 (s. Abb. 53). Das Göttliche Dreieck war bei den Pythagoräern ein Gegenstand der Einweihung und wurde seit jeher als praktisches Hilfsmittel in der Baukunst verwendet. Mit seiner Hilfe konnte man einen rechten Winkel konstruieren, indem man die Längen 3, 4 und 5 miteinander verband.[53]

3 und 4 sind die benachbarten Teile zweier Welten (s. Funktionskreise I und II). Drei ist die prinzipielle Trinität der Welt, die geistige Grundlage der Welt, die die 4, die Manifestationen, hervorbringt. In der 12 sind die Drei- und die Vierheit harmonisch vereinigt. Der Körper (4) und der Geist (3) sind in einer Funktion miteinander verbunden (3 x 4 = 12). 12 ist deshalb theosophisch eine 3, also die Funktion auf höherer Ebene. Beide Gesetze, das des Geistes (Trinität) und das Metamorphosegesetz der Materie (1- 4 Gesetz), führen zu einer Bewegung, der Verbindung von Körper und Geist. Die Vereinigung von 1 und 2 ist identisch mit der Vereinigung von Gott und Materie, von Sonne und Mond. 12 ist deshalb die Zahl des Kosmos und der Vollkommenheit. Der Geist, der die Materie bewegt, ist als 12 registrierbar. Sonne (1) und Mond (2) geben den Rhythmus 12 vor, der zur Einteilung des Jahres und des Tages führte.

Im Namen „Zwölf" liegt der Zusammenklang zweier Grundpole, der Eins als Alef bzw. 11 und der Zwei (Zw-elf). Das Herausragen der beiden Urpole und ihre Einheit in der Besonderheit hören wir bei der Nennung ihres Namens. Wir sagen nicht „einzehn" oder „zweizehn" wie z. B. dreizehn, sondern würdigen mit unserer Sprache die Einheit und Besonderheit der geordneten Urpole. In der Reihe der einfachen Archetypen war nur die 1 das Herausragende und Besondere. In der zweiten Runde (11-19) sind es zwei Zahlen, die erste und zweite (11, 12). Damit hat die 2 den Olymp bestiegen. Die 12 vereinigt das individuelle Geschehen mit der höheren Ordnung, das Subjektive mit dem Objektiven zum Kosmischen. In der Sprache der Mysterien wird himmlische Ordnung offenbart durch irdische. Das wird in der Welt der Polarität insbesondere durch das Göttliche Dreieck repräsentiert.

---

[53] Ein Dreieck nennt sich ein pythagoräisches, wenn es rechtwinklig ist und alle drei Seiten von ganzzahliger Länge sind. Nur das Göttliche Dreieck verbindet jedoch aufeinanderfolgende Zahlen (3, 4, 5 und 6) miteinander.

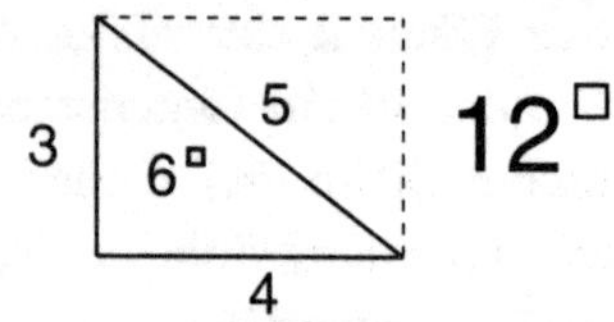

Abb. 53: Das Göttliche Dreieck. Es vereinigt die lineare Zahlenfolge 3 – 4 – 5 – 6 zu einer neuen Einheit, einer neuen *Ebene*.

In der späteren Besprechung von Quadrat und Dreieck stoßen wir erneut auf das Göttliche Dreieck, die Verbindung beider, welche durch den rechten Winkel zwischen 3 und 4 charakterisiert sind. Das Produkt des Zusammenspiels von Geist und Materie wird in ihm deutlich. Vorgreifend müssen wir hier die doppelte Sechsheit, die in ihr enthalten ist, erwähnen. Die 6 ist das flächenfüllende Prinzip mit Anteil an zwei Welten. Die 6 muß im Erleben der 12, oder besser gesagt, bevor man die kosmische Ordnung erleben kann, zweifach durchlebt werden. Das ist einerseits die 6 als formenschaffendes Prinzip, das wir als Sex kennen, und andererseits das Opferprinzip, die Aufgabe des subjektiven Anteils am Individuellen, was wir als Hineinsterben des Einzelnen in das große Ganze wahrnehmen können. Letzteres ist die Nagelprobe der Wahrhaftigkeit, die guten „Sex" erst möglich macht und von der Schönheit einer Rose spricht, die in die Frucht hineinstirbt und bewußt von Heiligen in den Mysterien (wie der Kreuzestod Christi) vollzogen wird.

Praktische Beispiele des harmonischen Zwölferstempels des Kosmos sind der schon erwähnte Sonne-Mond-Rhythmus und die volkstümlichen Brüche der 12. Die Brüche sind in der 12 ganzzahlig. Sie bauen auf den Zahlen 1- 4 auf.

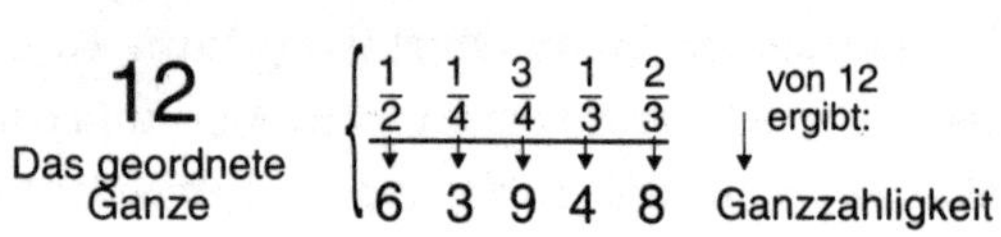

Abb. 54: Alle möglichen Brüche der 12, bezogen auf die Materie (1- 4), ergeben ganze Zahlen.

Die grundsätzliche Vierheit [1 2 3 4] führt zu 5 Brüchen $\frac{1}{2}$ $\frac{1}{4}$ $\frac{3}{4}$ $\frac{1}{3}$ $\frac{2}{3}$, die die Individualitäten (5) der Welt sind. Welt (4) und Individualität (5) ergeben die 9 numerischen Archetypen.

Die 12 ist das Wirken (Funktion = 3 = 1 + 2) des Ganzen, wodurch sie zur Zahl des Universums wird. Die vollkommene Funktion wird ermöglicht durch die Ordnung und Hierarchie in der Linearität und die Einordnung des Linearen seinerseits in ein Größeres. In der 12 sind die beiden in ihrer Gattungsart unterschiedenen Größen 3 und 4 vereint. Sie wird zur Raumzahl, indem sie die Trinität als Grundgesetz in das Größere, den Raum (der mit 4 beginnt und später noch beschrieben wird), hineintransportiert. Das Wirken der Trinität in der Ebene der Vierheit ist die Raumzahl 12.

Die Verwendung des Raumbegriffes stellt zwangsläufig die Frage nach der anderen Grundgröße unserer Welt, der Zeit. Raum und Zeit gehören zusammen und bilden den Rahmen unserer Welt. Den Begriff der Zeitzahl erwähnten wir im Zusammenhang mit der 7, welche das Fehlende mit Hilfe des jenseitigen Spiegels und der Zeit wieder in unsere Welt zurückbrachte. 7 ist die Summe der beiden vorher erwähnten Größen 3 und 4, welche zu ihrer Bildung führen. Nur ist es jetzt eine Multiplikation anstatt eine Addition, also ihr großer Bruder. Das Verwandtschaftsverhältnis von Addition und Multiplikation kann mit 1 - 4 bezeichnet werden, denn die Multiplikation ist das Vielfache der Addition. Sowohl die Raumzahl 12 als auch die Zeitzahl 7 verbinden zwei Welten (3 und 4 bzw. I und II) miteinander, die auf Grund des menschlichen Unterscheidungsvermögens in ihren Qualitäten gut trennbar sind und dennoch eines sind und eine aus der anderen hervorgehen. Das ist das vom Menschen zu Begreifende.

Raum und Zeit sind in der kosmischen Ebene die neuen Grundgrößen. Sie entsprechen den Größen 1 und 2 der alten Linearität. Gemeinsam entlassen sie ein funktionelles Drittes, die Kausalität. Raum, Zeit und Kausalität sind die neue Trinität und die Basis unseres wissenschaftlichen Denksystems.

Um mit Raum und Zeit richtig umgehen zu können, müssen wir unser bisher erworbenes Wissen heranziehen. Wir wissen um die Aufgabe der Formen. Raum und Zeit sind die zwei grundsätzlichen Formen der neuen Ebene. Beide sind Offenbarungshilfen des einen Ganzen. In beiden ist die Eindeutigkeit enthalten, mit deren Hilfe sie zur Offenbarung werden sollen. Werden ist erden. Das Göttliche, das Vollkommene, soll greifbare Gestalt annehmen. Raum und Zeit werden durch die kosmische Funktion 12 (= 3) verknüpft. Das ist die Kausalität im umfassenden Sinn. Sie erstellt immer Harmonie und Einheit.

In den Zahlen ist es die Eins, die in allem enthalten ist und durch die Vielheit ihrer Erscheinungen, die Vielheit und Unendlichkeit der Zahlen, hervortreten kann. Was ist nun die Eins in Raum und Zeit? Es ist die Eindeutigkeit. Die Zeit zeigt ihre Eindeutigkeit in Form der Einsinnigkeit. Diese *Ein*sinnigkeit (Einheit) bedient sich verschiedener Formen (Vielheit), bleibt aber auf das Prinzip Einheit ausgerichtet.

Was die Einsinnigkeit der Zeit ist, ist im Raum die Ordnung mit ihrer Eindeutigkeit. Raum und Zeit sind Eindeutigkeiten! Die Zeit schafft Ordnung durch das Nacheinander der Dinge. Der Raum schafft Ordnung im Nebeneinander der Dinge. Beide sind nicht losgelöst voneinander, sondern verhalten sich in ihren Qualitäten wie 1 zu 2 oder die beiden Achsen einer Fläche, die zusammen das größere Gebilde, die höhere Dimension, ergeben. 12 repräsentiert sie. Wir begegnen ihr in der Funktion der Welt, über deren Ordnung wir nur staunen können. Die Dynamik (3) des Kosmos ist die 12, und ihr Sinn liegt in der Offenbarung der Einheit. Suchen wir nun mit solchem Wissen in den Heiligen Schriften nach der 12, dann finden wir das eindrucksvoll bestätigt.

Der 12. Buchstabe des biblischen Alphabets ist das Lamed (ל), was soviel wie Ochsenstachel bedeutet. Das ist ein Instrument, mit dem man die Ochsen (Symbol für Erdkräfte) antreibt. In der Genesis kommt das Lamed erstmals im 3. Wort (12 = theosophisch 3), dem Elohim (Gott), vor. Das zweite Mal erscheint es im Begriff >über<[54] , und zum dritten Mal erscheint das Lamed wieder im Elohim. Es ist das Göttliche (Vollkommene), welches sich der Äußerlichkeiten, der Form, bedient, um wieder das Göttliche zu sein (1→3→1 = Einheit→Funktion→Einheit). Der 12. Buchstabe ist, wie schon beschrieben, die Dynamik der Welt, und es verwundert nicht mehr, daß der ihm zugeordnete Zahlenwert des hebräischen Alphabets 30 ist. In der 30 verbindet sich die Funktion (3) mit dem höchsten Göttlichen, dem Numinosen (0).

Im Periodensystem der Elemente werden wir bei der 12 fündig, beim Kohlenstoffatom, der Basis des Lebens, mit seinen 6 Protonen und seinen 6 Neutronen, welche ein Molekulargewicht von 12 ergeben. Der Blick auf die Ordnungszahlen bringt uns zum Magnesium, welches die Ordnungszahl 12 und ein Atomgewicht von 24 hat (1 : 2). Magnesium ist das Zentralatom des grünen Blattfarbstoffes, wo es in Verwirklichung des 1-4 Gesetzes

---

[54] *„ . . . und Gottes Geist schwebte* ***über*** *der Oberfläche."* (Gen 1:2)

(1 Magnesiumatom – 4 Stickstoffatome) die lebensnotwendige Verbindung zu den nächsthöheren und bewußteren Lebensformen (Tier und Mensch) schafft, ohne die jene nicht existieren könnten.

Durch die späteren Ausführungen wird das alles deutlicher, weshalb ich am Ende der Lektüre das nochmalige Lesen der 12 empfehle. Erst dann kann man Raum und Zeit und die in ihnen liegende Chance sowie ihre Gefahr, in der Linearität unterzugehen, verstehen. Bei dem Erlernen des Zahlenalphabets sollte hier nur das Wesentliche, Wirkliche und Wirkende der 12 klar geworden sein:

Die 12 führt allseits zur Harmonie in der Kette der Hierarchie.

Die Dreizehn – Die Manifestation im Jenseitigen Die handelnde Einheit

Der kosmische Rhythmus (12) schließt alle bis dahin erschienenen Archetypen ein, indem er sie in einer Hierarchie ordnet. Jede Qualität bekommt ihren Anteil am Ganzen und bringt es dadurch zur Erscheinung. Die nichts ausschließende Totalität gibt auch dem Negativen, welches durch die Subjektivität des Menschen entsteht, seinen Platz. Niedergang und Zerstörung werden Notwendigkeiten, die keine Angst mehr verursachen. Der geschlossene Rhythmus der Zwölf wird durch die Dreizehn durchbrochen. Die Dreizehn ist ein Neubeginn. Das Prinzip eines Neubeginns beleuchteten wir in unterschiedlicher Weise durch unsere fortschreitende, rhythmische Betrachtung der Zahlen. Der kleinste der Rhythmen war der anfangs beschriebene Grundrhythmus der Trinität (1→2→3). Er polarisiert, d.h. verdoppelt sich, und es entsteht der Sechserrhythmus. Der Sechserrhythmus ist die Entfaltung des Dreierrhythmus in den Bereich des Lebendigen (Funktionskreis II) hinein. Als Konsequenz aus ihm entstanden die 9 Archetypen unserer Zählweise, die als dritte Trinität das verbindende geistige Element hervorbrachten.

Das *Prinzip* des Rhythmus, das Unausgesprochene in ihm, ist das Wesentliche und nicht das Formelle. Der spezielle Rhythmus als solcher ist immer nur ein Hilfsmittel, ein Vermittler, um des Wesentlichen gewahr zu werden. Obwohl auch die formellen Hilfsmittel hierarchisch gegliedert sind und ihrerseits einer Ordnung unterstehen, bleiben sie Hilfen des Einen und des sich Einigens. Sie existieren ihrer Be*deutung* wegen, wegen „des Deutens auf . . .", → die Einheit.

Die Ordnung führt zu immer größeren Rhythmen, die immer wieder einen Neuanfang nach sich ziehen. Die 13 ist der Neubeginn eines zweiten 12er-Rhythmus. Wenn in der 12 Niedergang und Zerstörung ihren notwendigen Platz erhielten, dann wird der der 12 entgegentretende Pol (13) sich dieser Tatsache bewußt und reflektiert sie mit all ihren Konsequenzen. Der Untergang ist für die 13 ein Selbstverständliches. Der Gedanke einer Flucht oder Ungerechtigkeit kommt nicht mehr auf. Der 13. Teil tritt der 12 bewußtseinsmäßig gegenüber und integriert sie immer wieder als Notwendigkeit, so wie der Mensch (5) der Erde (4) gegenübertritt und konkret mit ihr umgeht.

Wenn wir die 13 aus der Sicht der Welt (unterhalb der 13) betrachten, konstatieren wir einerseits das Durchbrechen der früheren Geschlossenheit der 12 und andererseits seine von der 13 offenbar selbstverständlich hingenommenen, eigenen Untergänge. Aus der subjektiven Weltsicht berührt die scheinbare Ohnmacht der 13 noch emotional. Aus der 13 jedoch ist es die selbstverständliche Konsequenz der Erfüllung des Gesetzes. Sie hat die allumfassende Harmonie (12) schon erfahren und integriert. Für sie liegt in allem Begegnenden Sinn und Ordnung. Ohnmacht ist das freiwillige Abgeben der Macht und damit eine qualitativ höhere, neue Macht. Ohnmacht ist lediglich das Hilfsmittel. Was aus der 13 die Erfüllung des Gesetzes, die bewußte Manifestation der Ordnung ist, haben wir als allgemeinen Manifestationsbegriff in der 4 kennengelernt. Die 4 war ebenfalls ein Neubeginn, der die Trinität überstieg und in konkreter Weise die Elternteile in sich vereinigte. Die 13 ist eine theosophische 4, eine Manifestation aus dem kosmischen Rhythmus der 12 heraus. Es ist die Manifestation der zweiten Art[55]. Was durch sie manifestiert wird, hat die Unbeweglichkeit und die Bindung an das Subjektive überstiegen[56]. Der Mensch, der sie verkörpert, überbewertet sich nicht mehr und dient der Offenbarung. Er sieht sich in einer Vermittlerrolle und nimmt verantwortungsvoll seine Aufgabe wahr, weil er seine Wirkung kennt.

Die 13 ist immer, wenn man ihr begegnet, vermittelnd zwischen der Basis 12, die mythologisch oft als Gruppe (Geschlossenheit) dargestellt wird, und dem höchsten Gesetz (1-4 = 14) zu finden. Immer geht die Dreizehn als Beispiel voran und schließt sich als Opfer ein. Im Christentum ist es Christus, der als Dreizehnter inmitten seiner 12 Jünger sitzt und beim Abendmahl seine „Ausgeschlossenheit" und Grenzüberschreitung durch

[55] 1. Art = **4**; 2. Art = 13; 3. Art = 22; 4. Art = 31

[56] Manifestation meint ja eigentlich im engeren Sinn „Gegenständlichkeit", also harte und unbewegliche Materie.

sein bereitwilliges Opfer demonstriert. Seine Jünger urteilen aus der Boden- und Erdperspektive, d.h. von unten, aus der Welt der 12 heraus. Von dort wird die 13 immer vernichtet, da sie sich zum Opfer bringt.

Das Durchbrechen der Geschlossenheit kennen wir in dem Ausdruck *„…nun schlägt's aber dreizehn!"*. Das heißt soviel wie *„…es ist genug! Du, der du aus der Reihe tanzt, wirst zum Opfer! Jetzt wendet sich das Blatt!"*.

Die freiwillige Empfangsbereitschaft des Notwendigen liegt in der 13 schon drin. Ihr kann man damit nicht mehr drohen. Das Manifestieren des Konkreten (4) auf höherer Ebene ergibt die Empfangsbereitschaft, für die das Symbol des Wassers steht. In der hebräischen Sprache ist der 13. Buchstabe das Mem (ם), und es bedeutet Wasser. Die eigene Reinheit und Empfangsbereitschaft (Lösungsprozeß) lassen es zum Reinigungsmittel für andere werden. Das Ritual des Abendmahles wurde zum Ritual der liturgischen Doppelhandlung, der Eucharistie, dem Empfangen der Heiligen Sakramente. In ihm gab Jesus seinen Jüngern Brot und Wein als seinen Leib und sein Blut.

Die Eucharistie, auch Messopfer genannt, ist das zentrale Sakrament des christlichen Kultes. „Brot und Wein" (jajin + lechem) ergeben in der hebräischen Zahlschrift die Summe 148 = theosophisch 13. Für die profane Welt tritt der Tod ein. Aus höherer Sicht erfolgt eine Transformation ins Feinstofflichere. Aus diesem Grunde ist es kein Zufall, daß der Ausdruck „am Leben bleiben"[57] der beim Auszug aus Ägypten, beim Übergang von einer Welt in eine andere, ebenfalls die Totalsumme 148 bildet. Die Mahlzeit wurde vor dem Auszug (Exodus) eingenommen, um den todbringenden „Verderber" vorübergehen zu lassen. Der Tod traf die Erstgeburten der Ägypter, die Vertreter der alten Welt (2. Mose 12:13).

Die christliche Symbolik fußt auf jüdischer Überlieferung, die von den gleichen Elementen spricht. Israel bestand nach der Heiligen Schrift aus 13 Stämmen, wobei bei allen 18 Aufzählungen immer nur 12 beim Namen genannt werden. Der 13. soll laut Überlieferung (Talmud) dem Erlöser, dem Messias, zufallen.

---

[57] ‚pesach' = פסח = 8-60-80 = ‚überspringen', es hat hier den Inhalt von ‚am Leben bleiben'. Es führt zum Ritual des Passaopfers und des Passafestes (n. Weinreb: „Der göttliche Bauplan der Welt". S. 249 f.);
man achte auch beim Lesen des Gleichnisses auf die Bedeutung der 14 (1-4) und das Blutzeichen der 8!

Gehen wir in den Traditionen noch weiter zurück bis zu den Ägyptern, dann begegnen wir in der Osiris-Legende ebenfalls der gleichen Beziehung bei der Nennung der 13. Auch Osiris wurde Opfer seines Gegners Seth, der ihn in 14 Teile zerstückelte. Am Anfang steht das Additionsprinzip 1-4. Doch wurde er aus 13 Teilen von Isis wieder zusammengesetzt, so daß er insoweit wieder zum Leben erweckt wurde, daß er seinen Sohn Horus zeugen konnte. Das Leben in der 13 übersteigt die Stofflichkeit des Vorhergehenden und ist trotz Opfer ein Zeugendes. 13 ist das Überleben, auch wenn aus der Sicht der alten physischen Welt etwas fehlt bzw. der Tod eintritt. Leben wird in der 13 umfassender, feinstofflicher, aber zeugend verstanden.

Die Legende um Odysseus mit seinen 12 Gefährten meint das gleiche, obwohl ein anderer Einstiegswinkel gewählt wird. Auch Odysseus ist ein Dreizehnter. Als Dreizehnter überlebt er, obwohl seine 12 Gefährten als Vertreter der alten Welt aufgefressen werden. Je nach Sichtweise führt die 13 ins Jenseitige wie im Osiris-Mythos oder der christlichen Geschichte, oder sie führt zur Vernichtung der alten Welt wie bei Odysseus. Osiris wird nach seiner Wiederherstellung aus 13 Teilen zum Herrscher der Unterwelt. Christus geht in das Himmelreich ein. Dagegen überlebt Odysseus, und seine 12 Gefährten werden vernichtet. Was sich äußerlich widerspricht, ist vom Inhalt das gleiche, die Qualität der Dreizehn.

Der Dreizehnte als Führer einer Gruppe ist das praktische Symbol des Wassers, der einfachste (himmlische) stoffliche Vertreter auf der Erde. Er demonstriert Reinheit und wirkt zeugend. Mit seiner Handlung gibt er Vorbild, weil er als Vorangehender das Aktivitätsprinzip vertritt und in Erfüllung des 1- 4 Gesetzes und im Wissen, ein Instrument des Ganzen zu sein, das Negative negiert (2 x 2). Jesus, der sich als Dreizehnter seinen Henkern übergibt, zeugt nicht von einer sinnlosen Opferbereitschaft, sondern ist aktiv im Einschluß des Passiven. Das Schwert, das in vielen Schlachten gebraucht wurde, wird nun nur noch in einem Museum ausgestellt als Symbol und Zeugnis, ohne die Hände, die es gebrauchten, zu verurteilen. Das ist gemeint im *„Herr vergib ihnen, denn sie wissen nicht, was sie tun"*.

Der Dreizehnte ist vielmehr wie ein Barometer, welches die Witterung treu und echt anzeigt, ohne das Maß, für das es entworfen ist, zu verfälschen. Das anzeigende Barometer hat aber zweifelsohne eine Wirkung für die, die darauf schauen. Die Reinheit und Echtheit, die Freilegung des Kerns unter Einschluß des Opfers, ist symbolisiert in der Beschneidung des Ismael im 13. Lebensjahr (Gen 17:25).

Wie vollkommen und eindeutig auch hier die Symbole der Heiligen Schrift sind, will ich an einem wichtigen Beispiel belegen: Die ersten drei Worte der Bibel bilden eine Trinität, ein Grundmuster.[58] Es endet mit dem 13. Buchstabe des Alphabets (מ = Mem = Wasser). Ziel des Grundrhythmus ist das Erreichen der Qualität der Dreizehn (Wasser). Gleichzeitig ist dieser 13. Buchstabe des Alphabetes der 14. Buchstabe der konkreten Ausführungen (Bibel, Gesetzesvorlage). 14 ist aber das Grundgesetz, das Weltgesetz. Das heißt, das Erreichen der Qualität des Wassers (Empfangen, Reinigen) ist die Erfüllung des Gesetzes (1- 4).

Der 13. Buchstabe kommt erstmals an der 14. Stelle der Schrift vor und bedeutet Wasser. Das ist der Inhalt der Urfunktion, denn das 3. Wort ist ein Wort der Funktionen und es bedeutet Gott (Elohim). Das letzte Symbol der Ur-Trinität ist auch das letzte Symbol Gottes. Wenn man unter diesem Aspekt die Genesis betrachtet, dann erkennt man das Prinzip der Schöpfung. Gott selbst geht mit aller Totalität in die Aufgabe ein. Er ist es, der sich manifestiert und Erscheinung und Funktion wird. Die angestrebte neue, höhere Ebene wird erreicht durch das **10**. Mal *„Gott sprach. . .“*. Hier sagt er: *„**Ich** übergebe . . .“* Der Gang in das Ich ist gewollt, und Gott macht es vor.

Das Besondere und die Herausforderung der 13 ist der tätige Vollzug des Erkannten und Bewußtgewordenen. Die 13 übersteigt die Philosophie und theoretische Religion. Die Philosophie ist zur 13 wie ein erzähltes Mittagessen. 13 ist die handelnde Einheit, der zur Funktion gewordene Gott (1→3).

Die ersten 3 Worte der Bibel:

Im Anfang	**schuf**	**Gott**	die Himmel und die Erde .....
1. 2. 3. 4. 5. 6.	7. 8. 9.	10.11.12.13.**14**.	.... fortlaufende Buchstaben
2-200-1-300-10- 400	2-200-1	1- 30-5-10-**40***	.... bildhafte Zahlenwerte
Bereschit	bara	Elohim	.... hebräischer Ausdruck

* 40 = מ (Mem) = Wasser = 13. Buchstabe des hebräischen Alphabets

Ganzheit (Gott), der menschliche Geist und die Zahl als Bindeglied

Akzeptieren wir die Existenz der Qualität 1, der Einheit und Vollkommenheit, einen allmächtigen Gott, dann ist die Welt, so wie sie ist, eine vollkommene und die schönstmögliche. Die Vollkommenheit ist im göttlichen Wesen da. Der Mensch trägt als sein Abbild diese Vollkommenheit in seinem Geiste. Er ist dadurch in der Lage, die Vollkommenheit in ihrer Verwirklichung in der Welt zu erkennen.

Der menschliche Geist ist ein Organ höherer Art. So wie das Auge für die Farbe und das Ohr für die Töne geschaffen sind, so ist der Geist für die Abstraktion von Größen, für das Vernehmen von Urqualitäten, geschaffen. Je näher sich der Geist an der ureinen Qualität befindet, je erleuchteter ist er. Der Geist ist das Organ der Religiosität, der Rückverbindung zum Ursprung. Mit ihm kann die Vollkommenheit offenbar werden. Die Vollkommenheit empfindet er als Überhöhung des Positiven, als Ekstase.

Fehlt der bewußte und eindeutige Bezug, so bedient sich der einmal geschaffene Geist primär der Negation. Selbst das ist noch vollkommen und göttlich, da außerhalb Gottes nichts wirklich sein kann. Wer der Negation das Primat zuordnet, kann nur Negatives negieren. Das aber ist der Sieg des unwidersprochenen, allumfassenden Positiven. Die Tragik liegt ausschließlich darin, daß der Mensch sich dieses komplizierten Umweges nicht mehr bewußt ist. Vollkommenheit geschieht dann ohne sein Bewußtsein, und damit empfindet er sie jenseits von sich. So beraubt sich der Mensch seiner Vollkommenheit oder, besser gesagt, des Bewußtseins der Vollkommenheit. Er fühlt sich minderwertig und versteckt sich vor dem Größeren, der Gottheit. Die Adams greifen zu Feigenblättern und schämen sich. Wenn die Verbindung zur Vollkommenheit fehlt, wird sie sekundär und unbewußt hergestellt, und der Mensch kommuniziert mit der Gottheit als Knecht und empfindet ihn als rachsüchtig und strafend.

Der Geist sollte deshalb auf das Vollkommene gerichtet sein. Nichts kann sinnlos oder planlos geschaffen sein. Der gerichtete Geist wird so versuchen, dem Urpunkt näherzukommen, indem er die Urqualitäten, die Urgebärden aufzuspüren versucht. Das Ganze und Vollkommene repräsentiert sich und begegnet den Menschen in Teilen. Das letzte Thema ist das vom Zusammenhang des Ganzen und seiner Teile.

Die Wiederentdeckung der Zahlenqualität ist die Wiederentdeckung des Ganzen in den Teilen. All die besprochenen Individualitäten (Zahlen) der Ganzheit machen letztlich nur eine Aussage:

- *Jede Individualität führt auf ihre Weise zur Ganzheit.*
- Die Zweiheit, das Polare, existiert, um *Einheit* erfahrbar zu machen. Ohne Unten könnten wir das Oben nicht erfahren.
- Die Dreizahl, die Funktion, verbindet zur *Einheit.*
- Die Vierzahl, das Manifeste, ist und kommt immer aus der *Einheit* (1 - 4, das Additionsgesetz).
- Die Fünfzahl ist das bewußte Individuum, das ungeteilte *Eine.*
- Die Sechszahl verbindet die Gegenpole zur *Einheit.*
- Die Siebenzahl bringt das Verlorengeglaubte, den Schatten, zurück, um *Einheit* zu gewährleisten.
- Die Achtzahl orientiert die Materie und Polarität an der *Einheit.*
- Die Neunzahl schafft das Neue durch Neutralisation aller Teile im Ganzen, *der Einheit.*
- . . . etc.

Das Zählen ist das ständige Bewegen des Geistes um den einen Mittelpunkt. Zahl und Zählen wollen uns erzählen. Hören wir also hin !

Die Primzahlen

Der Begriff Unordnung oder Chaos macht Angst. Die Ursache liegt im Bedürfnis des Menschen, in einer Ordnung eingebettet zu sein und irgendeinen Punkt zu haben, auf den immer und überall Verlaß ist. Diesen Punkt gibt es. Der Mensch ist in die große und verläßliche Ordnung eingebunden. Er kann sich darauf verlassen. Das Problem ist nur, daß ihm das Wissen darum verloren gegangen ist. Alles Suchen und alle Wissenschaft ist auf jenen Punkt gerichtet. Nur ist die Verwirrung mitunter schon so groß, daß der Suchende noch nicht einmal mehr weiß, wonach er sucht. Die moderne Naturwissenschaft mit ihrer spaltenden Methode und ihrem Blick ins immer Kleinere zergliedert die Dinge ständig neu. Auf diese Weise gelangt man nie zu dem *einen* Punkt. Zergliederung führt immer zu mindestens zwei Dingen, in die ich das zu Untersuchende aufgespalten habe. Das Gefühl ganz am Ende muß Ver*zwei*flung und *Zwi*st sein. Dabei wäre es recht einfach. Man müßte nur seinen Blick umkehren und nicht mehr ins Kleine, sondern ins Große schauen, dem Einen entgegensehen. Wer die Quelle sucht, muß flußaufwärts gehen. Das tut man aber erst, wenn es wirklich *not*-wendig ist. Auch die Bestätigung für die über allem stehende Ordnung liegt auf der Hand. Wer aber noch nicht reif ist, der erkennt die einfachsten und genialen Zusammenhänge nicht an. Ein solcher wäre z.B. die einfache Feststellung der Begriffsbildung „Unordnung". Wer Unordnung hat, der muß die Ordnung erfahren haben, von der er ausging, damit aus ihr die Un-Ordnung entstehen konnte. Jede Unordnung setzt also Ordnung voraus.

Wenden wir uns der größten Unordnung zu, die einem Wissenschaftler begegnen kann, dann landen wir sehr schnell bei den Primzahlen. Dort, wo man mit allergrößter Sicherheit die Ordnung ausschließen will, wie z.B. bei den Zufallsgeneratoren, bedient man sich der Primzahlen. Selbst ein Zufallsgenerator hat eine konkrete Basis. Auf irgend etwas muß er zurückgreifen. Man muß also die Zahlen erst einmal durcheinanderwürfeln, ehe man sich der völligen Unordnung sicher sein kann. Dazu benötigt man aber eine Matrix, die möglichst schon unordentlich ist und die man nach den möglichst unordentlichsten Kriterien würfelt. In solchen Fällen greift man, wie schon erwähnt, auf die Primzahlen zurück. Ihnen ist nach dem bisherigen Wissen die geringste Ordnung inne. Doch weit gefehlt! Wir werden zeigen, daß sie einem höchsten und letzten Ordnungsgefüge folgen. Aus religiöser Sicht kann es keine absolute Unordnung geben. Auch die modernen Naturwissenschaften bestätigen das heute durch die Resultate der Chaostheorie. Uns interesssiert das letzte Gesetz, die letztmögliche formale Erkenntnis des Menschen. Das Gesetz, dem alles unterstellt ist, muß sich in der Primzahlfolge finden lassen.

Nach der geltenden Definition sind Primzahlen natürliche Zahlen, die nur durch 1 und sich selbst teilbar sind. Dementsprechend haben sie keine „echten" Teiler. Die Zahl 1 wird nicht dazugezählt. Das ist ein tragischer Fehler, der durch mathematischen Funktionalismus nötig war. Jede Primzahl ist etwas Einmaliges und Besonderes. Ihr haftet deshalb etwas besonders Archaisches an, da sie nach mathematischen Betrachtungen auf keine andere Zahl zurückgeführt werden kann.

Der Inhalt der Urformel 1- 4 kann nichts, also auch die Primzahlen nicht ausschließen, und sie ist so auch ein formaler Ausdruck der Primzahlreihe. Das Eine (1), die Einheit und Einmaligkeit (Prime), tritt in den verschiedensten Gewändern in der Vielheit (4) der Primzahlen auf. Trotz der Geburt der Vielheit geht die Einheit nicht verloren, sondern präsentiert sich in dem Einzelnen. Das Einmalige, Unvergleichbare und Unteilbare des Einzelnen zeugt von der immer wiederkehrenden Repräsentanz der Einheit. Die Primzahlen sind der unmittelbare Ausdruck dessen. Ist eine Zahl prim, so wird ihre Eigenschaft der Unverwechselbarkeit ins Majestätische gehoben. In ihr geschieht ein Wunder. Sie ist einerseits Glied einer Kette und damit dem Vielen angehörig und andererseits das Besondere, welches sie von der Ununterschiedenheit und Gleichheit befreit und Botschafter ihrer *ein*maligen Quelle ist. Unter den unendlich vielen Primzahlen ist unzweifelhaft eine besonders einmalig (prim). Es ist die 1 selbst. Gerade sie wird vereinbarungsgemäß in der Mathematik nicht zu ihnen gezählt, wohl aber die 2 und die 3. Beide letzteren gehorchen der soeben beschriebenen Primzahlregel. Dennoch bilden sie unter den Primzahlen eine Ausnahme. 2 ist die einzige gerade Zahl und die 3 ist die einzige „verbindende" Zahl unter ihnen.

Schreibe ich die Primzahlen in einer Reihe, so ist ein Ordnungsprinzip nicht erkennbar:

2, 3, 5, 7, 11, 13, 17, 19, 23, 29, 31 . . .

Die Primzahlen waren in den Köpfen großer Denker schon immer Träger der Weltordnung. Viele haben sich an ihnen versucht, und ihr Ziel war es, eine Formel ihrer logischen Entwicklung zu finden. Auf diese Weise würde man die Schöpfung in den Griff bekommen. Nur ist es nicht allein eine Frage der Intelligenz, ob man ihnen ihr Geheimnis entlockt, sondern sie geben es nach ehernen Gesetzen nur dann Stück für Stück preis, wenn man dem Grundsatz der Wahrhaftigkeit folgt und der Erlösung der Polarität dient, in dem man sich selbst und seine Bedingungen verändert. Was das heißt, wollen wir im folgenden über die Symbolik erschließen.

Berühmte Mathematiker wie Gauß, Fermat, Leibnitz, Bruhn und viele andere kannten intuitiv die Bedeutung der Primzahlen und opferten viel Energie für ihre Entschlüsselung. Einstein sprach aus, was alle seine Mitstreiter zu ihren Anstrengungen trieb – die geniale Vereinfachung. Er glaubte an eine zukünftige Physik, die keiner großen und unübersichtlichen Formel mehr bedarf, sondern die auf einfachen Zahlenzusammenhängen basiert. Der Durchbruch dorthin verlangt aber das Erkennen wesentlicher Dinge, wie die Natur des Erkennens und das Akzeptieren und Umgehenkönnen mit der eigenen Beschränktheit. Erkennen geht immer vom Erkennenden und seiner Basis aus, von der aus er urteilt und handelt. Von ihr ist die Farbe seiner Brille geprägt. Das Erkennen hoher, letzter Gesetzmäßigkeiten wie der Urformel oder der Primzahlenfolge fordern den bewußtseinsmäßigen Einschluß der eigenen Basis und deren Anfangsbedingungen. Das Außenvorlassen der Basis und der Person des Betrachters wäre zuviel Unvollkommenheit, da das Entscheidende nicht einbezogen wäre. Ergebnisse dieser Art wären heiliger Formeln wie der Primzahlen unwürdig. Die größten Erforschungsversuche sind leider von unwürdigen und ungeeigneten Voraussetzungen getrieben. Seit man sich der Undurchschaubarkeit der Primzahlen bewußter wurde, verwendete man sie vor allem im militärischen Sinne. Die Kryptologie, die Kunde vom Chiffrieren und Dechiffrieren von Informationen, regte eine hitzige Primzahlforschung an. Der sicherste Code geht immer über die Primzahlen.

Trotz der Undurchschaubarkeit hat man einiges über die Primzahlen herausgefunden, welches allein Beweis ist, daß ihre Entwicklung einem Gesetz folgen muß. Die große Unordnung entlarvte sich als weniger starke Ordnung oder weniger erkennbare Ordnung. Die bisher wesentlichen Erkenntnisse sind:

- Jede natürliche Zahl größer 1 ist selbst eine Primzahl oder ist als Produkt von Primzahlen darstellbar, wobei die Reihenfolge der Primfaktoren natürlich keine Rolle spielt. Zum Beispiel ist die Zahl 1980 das Produkt folgender Primfaktoren:

  $$2 \times 2 \times 3 \times 3 \times 5 \times 11 = 1980.$$

  Dieser heute als Fundamentalsatz der Arithmetik bekannte Zusammenhang ist der Hauptgrund für die Bedeutung der Primzahlen. Er wurde von dem griechischen Mathematiker Euklid (ca. 350-300 v. Chr.) in seinem ‚IX. Buch der Elemente' bewiesen. Der Fundamentalsatz der Arithmetik beschreibt die Primzahlen als fundamentale Bausteine der natürlichen Zahlen, ähnlich den Elementen der Chemie.

- Von Christian Goldbach wurde 1742 eine bisher nicht widerlegte Vermutung aufgestellt. Sie besagt, daß jede gerade Zahl, die größer ist als 2, die Summe zweier Primzahlen ist. Beispiele für die *Goldbachsche Vermutung*, die die Elementarfunktion der Primzahlen untermauert, sind:

  $$4 = 2 + 2$$
  $$6 = 3 + 3$$
  $$8 = 3 + 5$$
  $$10 = 5 + 5$$ [59]

- In der Primzahlreihe treten immer wieder sogenannte *Primzahlzwillinge* auf. Zwischen ihnen liegt nur eine Zahl. 5/7; 11/13; 17/19 sind solche Zwillinge.

- Primzahlen treten mit wachsender Größe *zunehmend seltener* auf.

- Zwischen jeder natürlichen Zahl >1 und ihrem *doppelten Wert* liegt mindestens eine Primzahl.

---

[59] 1931 zeigte der russische Mathematiker Schnirelmann, daß sich jede Zahl als Summe von nicht mehr als 300.000 Primzahlen schreiben läßt. Siehe auch S. 182, die Grundfunktion der konkreten materiellen Welt.

1 2 3 4 **5** 6 **7** 8 9 10 **11** 12 **13** 14 15 16 **17** 18 **19** 20 21 22 **23** 24 25 26 27 28 **29**
30 **31** 32 33 34 35 36 **37** 38 39 40 **41** 42 **43** 44 45 46 **47** 48 49 50 51 52 **53** 54 55
56 57 58 **59** 60 **61** 62 63 64 65 66 **67** 68 69 70 **71** 72 **73** 74 75 76 77 78 **79** 80 81
82 **83** 84 85 86 87 88 **89** 90 91 92 93 94 95 96 **97** 98 99 100 **101** 102 **103** 104 105
106 **107** 108 **109** 110 111 112 **113** 114 115 116 117 118 119 120 121 122 123 124
125 126 **127** 128 129 130 **131** 132 133 134 135 136 **137** 138 **139** 140 141 142 143
144 145 146 147 148 **149** 150 **151** 152 153 154 155 156 **157** 158 159 160 161 162
163 164 165 166 **167** 168 169 170 171 172 **173** 174 175 176 177 178 **179** 180 **181**
182 183 184 185 186 187 188 189 190 **191** 192 **193** 194 195 196 **197** 198 **199** 200
201 202 203 204 205 206 207 208 209 210 **211** 212 213 214 215 216 217 218 219
220 221 222 **223** 224 225 226 **227** 228 **229** 230 231 232 **233** 234 235 236 237 238
239 240 **241** 242 243 244 245 246 247 248 249 250 **251** 253 254 256 **257** 258 259
260 261 262 **263** 264 265 266 267 268 **269** 270 **271** 272 273 274 275 276 **277** 278
279 280 **281** 282 **283** 284 285 286 287 288 289 290 291 292 **293** 294 295 296 297
298 300 301 302 303 304 305 306 **307** 308 309 310 **311** 312 **313** 314 315 315 **317**
318 319 320 321 322 323 324 325 326 327 328 329 330 **331** 332 333 334 335 336
337 338 339 340 341 342 343 344 345 346 **347** 348 **349** 350 351 352 **353** 354 355
356 357 358 **359** 360 361 362 363 364 365 366 **367** 368 369 370 371 372 **373** 374
375 376 377 378 **379** 380 381 382 **383** 384 385 386 387 **389** 390 391 392 394 395
396 **397** 398 399 400 **401** 402 403 404 405 406 407 408 **409** 410 411 412 413 414
415 416 417 418 **419** 420 **421** 422 423 424 425 426 427 428 429 ... ... etc.

Abb. 55: Primzahlteppich und seine undurchschaubaren Zwillinge.

Unser Ansatz soll zahlensymbolisch sein. Wir sehen uns die Primzahlen in Hinblick auf die gefundenen Zahlengesetze an. Das sind

- die grundsätzliche Trinität (1-2-3),
- das Gesetz der Addition (1- 4) und
- das Wahrhaftigkeitsgebot. Wahrhaftigkeit ist der Bezug einer Sache auf sich selbst.

Diese drei Zahlengesetze sind Ausdruck eines Rückbeziehens des Vorhandenen auf die Basis und Anfangsbedingung. Sie beschreiben, wie wir noch sehen werden, ein allgemeines Symmetrieprinzip.

Das Primzahlcharakteristikum ist das *Ein*malige. Für jeden Ausdruck steht die Eins. Jede Primzahl muß demnach Abkömmling und Repräsentant der Eins sein. Das ist bisher nur eine Binsenweisheit, denn jede andere Zahl leitet sich ebenfalls aus der Eins ab und ist durch sie teilbar. Dennoch halten wir den Sachverhalt fest. Er ist, wie wir sehen werden, sehr bedeutsam. Im Gegensatz dazu wissen wir, daß die Eins aus formalen Gründen nicht zu den Primzahlen gezählt wird. Genau hier liegt der Schlüssel zur Weisheit der Primzahlen. Er ist die Unterscheidung von Inhalt und Form.

Was ist unter den 9 Archetypen denn das Einmalige und Auffällige in Bezug auf die Primzahlen? Es sind die drei ersten Zahlen, unsere bereits bekannte Trinität. Ihre Bestandteile sind alles Primzahlen. Die nachfolgenden sechs sind nach früheren Belegen nur weitere Ausformungen. Die Trinität bildet das Grundgerüst. Aus diesem Grunde muß eine Primzahlbetrachtung immer von der Trinität ausgehen![60]

Das Symbol der Dreiheit ist das Dreieck. Eine geometrische Zahlenordnung muß deshalb der Dreiecksform folgen. Wir zeichnen alle Zahlen in der Dreiecksform auf und verfolgen ihre Dynamik. Die so entstehende Form der Abb. 56 ist uns aus der Mathematik in einem anderen Zusammenhang als Sierpinski-Dreieck bekannt. Wir gelangen zu einem Bild der fortwährenden Vergrößerung. Die Dreiecke bauen sich zu immer neuer Komplexität auf. Es entwickeln sich in abnehmender Zahl immer neue Primzahlen. Sie sind in der Abbildung mit einem Punkt gekennzeichnet. In der neuen Dreiecksform wird uns nun zumindest am Anfang eine bisher verborgene Ordnung sichtbar.

Die ersten drei Zahlen sind ihrem Inhalt nach alle drei prim, und dieses kleinste der Dreiecke haben wir als Grunddreieck des öfteren beschrieben. Seine Botschaft ist die der Trinität, das paradox erscheinende Zusammenklingen von Einheit und Unterscheidung. Die Trinität bildet eine Einheit und doch besteht sie aus drei sich unterscheidenden Elementen.

Jede der drei Zahlen stellt einen besonderen Archetyp dar, der in den ihnen folgenden Zahlen enthalten ist. Das heißt, daß jede Zahl in Hinblick auf diese drei Grundcharaktere befragt werden kann. Stellvertretend für die 1 stellt sich die Frage nach der Einmaligkeit. Die 2 spiegelt in der Zahl das *Gegenteilige* eines schon Vorhandenen wider, und die Frage nach der Qualität der 3 führt uns zu dem *Verbindenden* der zu untersuchenden Zahl.

Den Begriff der Einmaligkeit sollten wir uns vor einer weiteren Analyse genau anschauen. Er hat seine Wurzel in der Einheit. Einmaligkeit ist ein

[60] Die ersten drei Zahlen bilden eine Einheit. Sie sind prim. Die Vier ist das Andersartige, das Nichtprime (1- 4 Gesetz).

Abkömmling der Einheit und schließt bereits eine Unterscheidung, die ihn zum Einmaligen macht, ein. Einmaligkeit wird zum Kriterium des Primen. Inhaltlich müssen wir die 1 deshalb als Primzahl betrachten. Das nachgeborene Kriterium der Unterscheidung ist zwar sekundär, fordert aber dennoch seine Berücksichtigung. Um auch sekundär die Unterscheidung gebührend zu würdigen, dürfen wir in diesem Rahmen die 2 und 3 nicht als Primzahlen sehen. Würden wir es tun, müßte man jeder weiteren Zahl einen primalen Charakter zuerkennen. In dem Gedankengang liegt etwas Wahres. Nur widerspräche das dem Kriterium der Unterscheidung, und es würde uns in diesem Stadium nicht helfen, die Gesetze zu finden. Würden wir ausschließlich Ununterschiedenheit postulieren, würde sich die Suche ad absurdum führen. 2 und 3 klammern wir deshalb aus. Sie sind nur bedingt Primzahlen und damit inhaltlich keine echten Primzahlen. Primheit ist ja unserer Definition nach gerade Unbedingtheit.

Durch unsere gesamte Analyse wird sich also ein Spannungsverhältnis ziehen, das Unterscheiden in

echte Primzahl (1) ↔ *unechte* Primzahl (2).

Daraus ergibt sich ein dritter, verbindender Punkt. Auf ihn kommt es, um nicht in der Linearität hängenzubleiben, an. Die Nichtlinearität ist ja gerade die Botschaft der Primzahlen. Erfüllt die Drei ihre Aufgabe korrekt, dann entsteht das Besondere, das Wunder, die Manifestation der Vierheit. Das ist der Inhalt des 1- 4 Gesetzes.

Werfen wir einen Blick auf die nächste Dimension, die Vergrößerung des Grunddreiecks. Das nächsthöhere Dreieck ist das der Archetypen 1 bis 9, das große Dreieck[61] [1]. Es unterteilt sich in das männliche (1-2-3), das weibliche (4-5-6) und das neutrale (7-8-9). Schon hier fällt die Spiegelung bzw. Umkehrfunktion in der Primentwicklung von 1 und 5 auf. Ihr unauffälliger Urtyp ist die o.g. Unterscheidung 1↔2 in *echt « unecht*. In 1↔5 steckt in einer weiteren Differenzierung die gleiche Spannung. Sie erscheint als

echte Primzahl (1) ↔ *Abbild* der Primzahl (5).

[61] unterscheide: - Dreieck
- großes Dreieck [ ]
- Großdreieck { }

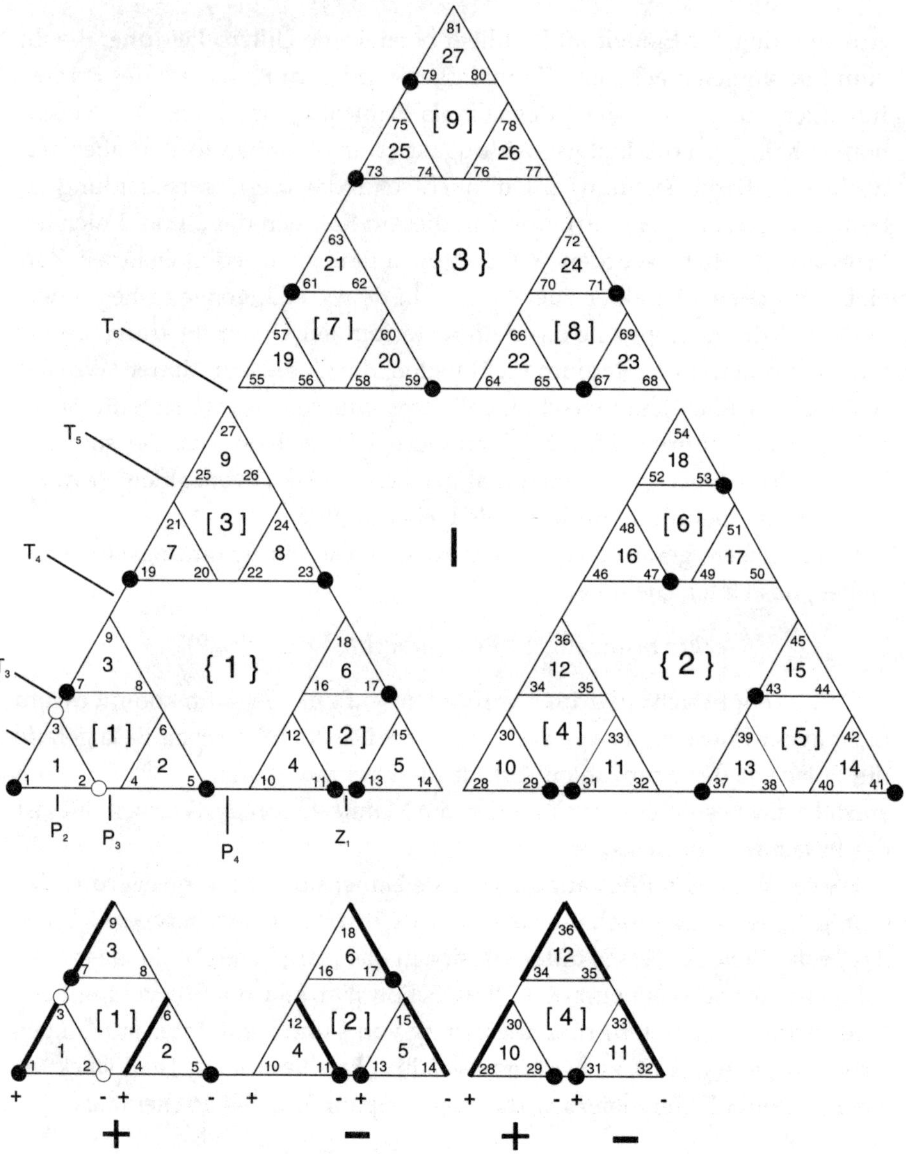

+ sind die jeweils ersten Schenkel eines Dreiecks.
- sind die jeweils zweiten Schenkel eines Dreiecks.

± bezeichnen in der Hierarchie die "geschlechtlichen" Prioritäten.

Abb. 56 a: Das Primzahldreieck, in dem die Primzahlen hervorgehoben sind.
(Das formelle, mechanische Wahrhaftigkeitsprinzip)

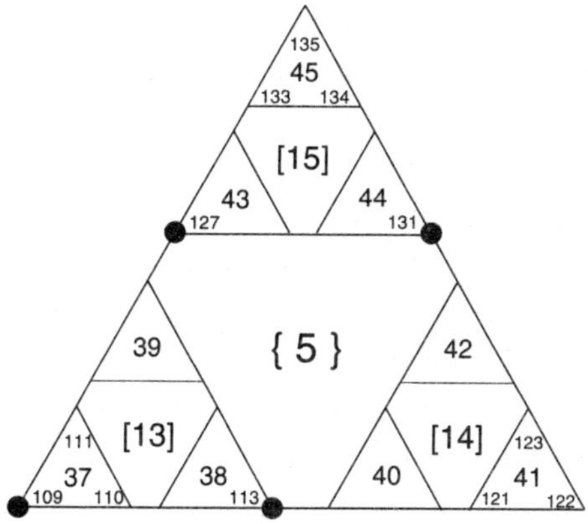

Abb. 56 b: Das 5. Großdreieck

Das Urpaar 1|2 wird in der Vergrößerung deutlicher. In ihr steht dem ersten Dreieck das zweite gegenüber, und dadurch begegnen sich die Zahlen 1|5 als gegenseitige Abbildungen bzw. Spiegelungen. Offenbar ist die 5 der Vertreter der 1 in ihrer gespiegelten Welt.

Nehmen wir das dritte, das die beiden ersten verbindende und neutralisierende Dreieck (7-8-9) hinzu, entsteht eine Asymmetrie durch die Primzahl 7. Unserem Auge würde es auf den ersten Blick wohler sein, wenn sowohl 7 als auch 8 den Primpunkt tragen würden. Warum ist das nicht der Fall? Weshalb ist die 7 originaler, d.h. prim? Dem liegt hier die gleiche Spannung zugrunde, die wir zwischen 1↔2 oder 1↔5 beschrieben haben und die eine Unterscheidung bewirkte. Die Unterscheidung ist aber nicht willkürlich. Der Leser erinnere sich hierbei an das Thema der innewohnenden Gerichtetheit der Dreizahl am Beispiel der ägyptischen Pyramidentrilogie. Auch hier handelt es sich um das 3. Dreieck, und so ist seine Aufgabe, die Verbindung beider Elternteile herzustellen unter dem Blick und der religio zur 1. Drei hat immer einen direkten Bezug zur 1 (s. a. Treue, rechter Winkel). Die drei Dreiecke sind lediglich Vergrößerungen der drei Grundzahlen (1-2-3) und deshalb genauer aufgegliedert, wodurch Funktion, Inhalt und Sinn noch deutlicher hervortreten. Das im Grunddreieck noch sehr verborgene Spannungselement zwischen den sich unterscheidenden Primheiten erfährt eine Aufgliederung. Das dritte Dreieck muß aus diesem Grunde die Erhöhung der 1 bewirken. Das geschieht durch die Primzahl 7. Die 8 tritt durch die Unterscheidung zurück.[62] Eine Unterscheidung ist unablässig. Selbst wenn der Rahmen für eine Unterscheidung zu klein geworden ist (z. B. 25/26), wird sie wirksam, indem sich beide Pole *gemeinsam* von ihren Ursprung unterscheiden. Die Spitzen aller Dreiecke sind auch deshalb nie Primzahlen. Ihnen fehlt sinngemäß jede Eigenfärbung. Das ist, wie besprochen, auch der Sinn der Funktion (3). Die hat selbstlos, also immer nur „in Hinblick auf" zu erfolgen. Ihr Charakteristikum ist die dienende Verbindung in Selbstlosigkeit. Vor jenem großen gemeinsamen Schritt der „kollektiven" Unterscheidung steht die Unterscheidung individueller Art. Im großen Dreieck [1] führt sie zum Hervortreten der 7 gegenüber der 8. Man sollte sehr sorgfältig registrieren, daß sowohl die 7 als auch die 8 sich ebenfalls auf ihre individuelle Weise durch Unterscheidung von ihrer Basis (Dreieck 1 bzw. 2) heraus entwickelt haben. Als Ergebnis bilden sie ein neues Dreieck (3), das genau die Form zur Verfügung stellt, die jede Individualität (hier 7 und 8) für sich benötigt. Das der Individualität *Zufallende* ist nicht der Zufall des alten, nur materialistischen Verständnisses. Ihn kann es nicht geben. Zu dessen Nachweis verfolgen wir die unendliche Rhythmik noch ein Stück weiter in die nächsten Vergrößerungen der Dreiecke. Doch sollten wir uns jetzt schon bewußt darüber sein, daß wir an Grenzen stoßen. Unsere Chance ist dann aber unvergleichlich größer als vorher, weil wir sie als Grenzen in uns begreifen können und das Entwicklungsprinzip durchschauen.

Gehen wir nun zum nächstgrößeren Dreieck [2], welches dem besprochenen (1-9) gegenüberliegt, so ist eine Umkehrwirkung offensichtlich. Die Primen 11/13/17 bilden das Gegenstück zu 1/5/7. Ab sofort unterscheiden wir zwischen einfacher Spiegelung und Gegenstückbildung. Es sind zwei Aspekte der Polarität. Im zweiten großen Dreieck [2] liegt eine Gegenstückbildung vor, indem genau die Punkte als Prime besetzt sind, welche im Original frei waren[63]. Zwei heißt Gegenteil. Primpunkte tragen hier die Zahlen der originalen Zweiheit. Das ist gewissermaßen die Primheit in zweiter Reihe. Das Vierte ist immer ein neues Erstes (1-4), ein zum

[62] Wir sollten uns hier an die Qualität der 8 erinnern. Das Konkrete, Materiebehaftete und Vordergründige tritt zugunsten einer größeren Feinstofflichkeit zurück. Einheit wird erstellt durch geistige, innere Bindung anstatt materieller und offensichtlicher.

[63] unter Beachtung, daß die Dreieckspitzen für selbstlose Funktion stehen, also nie prim sein dürfen.

Originalen polarer Anfang. Das Dreieck **5** (13/14/15) ist das zweite innerhalb der zweiten Art, was einer doppelten Verneinung gleichkommt und ein Ja, d.h. prim, ist. Die Additionsformel gilt auch hier, denn die doppelte Verneinung (2x2) ist wieder ein neuer, polarer Anfang, die konkrete Wiederholung des Originals. Man kann es auch als ein „Zurückspringen" der zweiten Zweiheit zur Eins, also zum Ja und damit zum originalen Primkriterium des offensichtlich Ersten sehen. Die 13 wird prim wie die 1.[64]

Die zusammenfassende Dreiheit des zweiten großen Dreiecks [2] ist das Dreieck 6. 16 und 17 hätten aufgrund der Dreiecke 4 und 5 einen Primanspruch. Das Kriterium der notwendigen Unterscheidung gibt im Bereich [2] der 17 die Sonderstellung, und 16 tritt in der Hierarchie zurück, so wie im Bereich [1] die 8 zurücktrat.

Gehen wir zu dem dritten großen Dreieck über (19-27), erwarten wir die Bestätigung der bisher gefundenen Gesetze. Dazu müßte das dritte große Dreieck [3] dem ersten großen [1] „zuarbeiten". Das tut es auch auf den zweiten Blick. Es ist das Bild des ersten ohne die Betonung der 25. Würde die 25 noch einen Primpunkt tragen, so wäre es ein Abguß des ersten. Es hat gute Gründe, weshalb die 25 sich auf die merkwürdige Art „heraushebt" durch Nichtprimheit. Sie sorgt für das Einmalige. Einmaligkeit schließt Abweichung ein bzw. kommt durch sie zustande. Immer geschieht das aber durch Rückverbindung zum Ursprung, der Eins. Der Schlüssel zur 25 ist in ihren Bestandteilen (2 und 5) zu finden. Es ist der Übergang der Polarität/Subjektivität zur Individualität, der durch die Bewußtheit der Ungeteiltheit die entscheidende neue Qualität ermöglicht. Die 25 steht in unseren Kolonnen der kommenden Abb. 57 unter der Eins. Ihre Besonderheit soll später noch ausführlicher besprochen werden. Sie besteht in dem Bewußtsein, kein Besonderes zu sein. Ihr kommt die Rolle einer „Superprimen" zu.

Auch ohne Berücksichtigung der Sonderrolle der 25 ist das Verbindende des großen Dreiecks [3] erkennbar, denn die 7 findet sich in der 19 wieder, und die 17 wiederholt sich in der 23. Die 7 ist das Zusammenfassende der Dreiecke 1 und 2, so wie die 17 die Dreiecke 4 und 5 zusammenfaßt. 7 und 17 bilden ihrerseits die Grundlage der über ihnen stehenden Dreiecke 7 und 8.

---

[64] s. a. Zahlbeschreibung 13. *„Ich und der Vater sind eins"* (Joh 10:30). Christus ist der 13. unter den 12 Jüngern.

Verfolgen wir die Primbildung nach oben weiter in das Dreieck 9 hinein, dann wird auch aus dieser Sicht klar, weshalb die 25 keine Primzahl sein kann. 25 und 26 wären in der linearen Betrachtung beide Primzahlen. Ein Paar von Primen der gleichen Gattung widerspricht sich. Prim heißt Sondersein im Vergleich. Sind beide, trotz aller Kriterien der Unterscheidung, in der Sonderstellung, ergibt sich automatisch Nichtprimheit. 25 und 26 sind eigentlich „superprim" und erscheinen als Nichtprimheit.

Hier beantwortet sich auch die vielgestellte Frage nach einer letzten, höchsten Primzahl. Sie kann es nicht geben, denn das Kriterium das zur Primheit führt, wird immer umfangreicher. Es zeichnet sich durch eine Additionscharakteristik aus. Unsere Definition der Primzahl ist wesentlich primitiver als die Kriterien, die die jeweilige Zahl zur Primzahl machen. Wir beurteilen die Primzahl nur an einer Form. Diese kommt aber durch zunehmend verschiedene Kriterien zustande. Es ist so, wie wenn wir alles Fliegende auflisten und auf unserer Liste so verschiedene Dinge wie ein Staubkorn, ein Blatt, einen Vogel und ein Fluzgzeug haben.

Der Sinn der Primentwicklung, das Ziel, weshalb der Kosmos (die Welt der Formen, deren einfachste Vertreter die Zahlen sind) vorhanden ist, ist absolute Nichtprimheit im Konkreten, bewirkt durch integrierte, d.h absolute innere Primheit. Die Primzahlen nehmen mit den steigenden Zahlen ab. In der Nichtprimheit hat sich Welt und Kosmos erübrigt zugunsten einer höheren Primheit. Die Frage nach einer letzten, höchsten Primheit ist identisch mit der Frage nach der Endlichkeit des Universums. Schon der Frage liegt der Gedanke der Linearität zugrunde. Ihn gilt es zu überwinden. Die Welt geht aus der Einheit hervor, und sie ist deshalb eine einheitliche, geschlossene. Der Begriff der Unendlichkeit ist ein Metapher für die Einheit. Die Einheit ist aus der Welt der Polarität nicht greifbar.

Das alles ist der Inhalt der 1-4 Gesetzlichkeit. Vielheit und ihre Veränderungen sind immer auf die Offenbarung von Einheit ausgerichtet. In der Vielheit zeigt sich die Einheit. Primheit ist durch ihre Gegenständlichkeit und Benennbarkeit bereits ein Teil der Vielheit und deshalb der Veränderung unterworfen. Die Vielheit der Primzahlen zeugt davon, denn im strengsten Sinne widerspricht Primheit der Vielzahl. Sie ist geradezu ihr Gegenteil. Die höhere Primheit ist die neuerlangte Nichtprimheit, in der die ursprüngliche Primheit eingeschlossen ist. Das „Primste", was es geben kann, ist Nichtprimheit. Übersetzt heißt das, das wirklich Besondere ist, nichts Besonderes mehr sein zu wollen. Die mathematische Definition der Nichtprimheit der 1 ist insofern richtig. Das ist ein originäres Beispiel von vielen wissenschaftlichen Aussagen, die richtig, aber unwahr sind, weil ihnen die bewußte Ganzheit fehlt. Dadurch sind sie nicht heil, heilbringend oder heilig. Der Wandel innerhalb der Vielheit ist richtig und wahr, der Tod als gefürchteter Ender aber unwahr. In der Primzahlentwicklung sehen wir das Additionsprinzip, das Prinzip des ständigen Aufbaues. Auch das Zweite, das Gewandelte, ist im Nächsthöheren enthalten. So ist im dritten großen Dreieck [3] das zweite [2] ebenfalls berücksichtigt und wird gewürdigt mit dem Primpunkt 23. Die 23 rekrutiert sich nicht nur aus dem Bereich [2], sondern ist gleichzeitig ein Bestandteil der Rekonstruktion bzw. Reinkarnation des ersten großen Dreiecks [1]. Es liegt im Wesen jeder Entwicklung, das Dazugewonnene im Gesamtbild aufzunehmen und der Urabsicht nicht nur nicht zu schaden, sondern deren Bestandteil zu werden. Das große Dreieck [3] erklärt sich auf zweierlei Art. Zum einen über die aufsteigende Linearität des großen Dreiecks [1] und zum anderen über die lineare Logik des großen Dreiecks [2]. Ihr zusätzliches Verschmelzen offenbart eine vorher unvorstellbare Ganzheit, die erlebbare Einheit.

Die Primzahlentwicklung konfrontiert uns mit dem gefürchteten Chaos, das wir mit dem Tod und Sterben angstvoll verknüpfen. Doch bekommt das Sterben über die Wissenschaft der Zahl einen anderen, vollständigeren Charakter. Wir wissen nun, daß jede Zweiheit, Polarität, Gegenständlichkeit etc. dem Wechsel unterworfen ist, und immer die Form, also das Zweite in das Höhere hineinstirbt zum Zwecke des Heils. Die Formen des Sperma und der Eizelle „sterben" in die Frucht hinein, wie 11 und 13 in die 17 hinein sterben oder 1 und 5 in der 7 reinkarnieren. Tatsächlich sind im Kommenden beide ihm vorangehenden Pole enthalten.

Gehen wir nun zum zweiten Großdreieck {2}. Hier begegnen wir abermals einer Umkehrung, der Polarität des ersten Großdreiecks {1}. Alle Punkte, die im Dreieck {1} besetzt waren, sind es im Dreieck {2} nicht, und alle Punkte die im Dreieck {2} besetzt sind, waren es im Dreieck {1} nicht[65]. Es liegt eine gegenseitige Ausschließung vor. Beginnt das erste Großdreieck {1} mit der Prime 1, so beginnt das zweite Großdreieck {2} mit der Nicht-

[65] Das ist das sofort auffällige, aber nicht einzige Kriterium. Die Begründung der Zusatzkriterien folgt.

prime 28. Gipfelt das erstere im Dreieck 9 mit sichtbarer Nichtprimheit (25, 26), so gipfelt das letztere mit sichtbarer Primheit (53). Primheit durch Nichtprimheit ist das aus dem vorangehenden Großdreieck {1} Gelernte (s. 2/3 oder 25/26). Im Falle des Großdreiecks {2} wird deshalb die gegenteilige Form gewählt und Nichtprimheit durch Primheit dargestellt. Das ist die Primheit des Zweiten, des Nichtersten, also z. B. der Nr. 53 anstatt 52.

Im Vergleich der Großdreiecke {1} und {2} fällt außerdem auf, daß das zweite nicht nur durch Polarisierung des ersten entsteht, sondern eine zusätzliche, gesetzesmäßige Abwandlung erfährt. Fortschritt ist Gesetz. Er geschieht durch *zusätzliche* Unterscheidung. Das führt zu den fehlenden Punkten des Großdreiecks {2}, wenn wir es als Gegenstückbildung des Großdreiecks {1} auffassen. Was wir am Beispiel des aufsteigenden Fortschrittes der Dreiecke 1 bis 9 zeigten, gilt auf allen Ebenen. Sehen wir uns das im Detail der Großdreiecke {1} und {2} an.

Nach dem additiven Prinzip hat das Großdreieck {2} mehrere vorangehende Gesetze auf verschiedenen Ebenen zu erfüllen. Zum ersten ist es die schon besprochene Gegenstückbildung zum Großdreieck {1}. Zum anderen ist es die Wiederholung der Trinität [1][2][3] im polaren Gegenteil als [4][5][6]. Beide Bedingungen müssen sich ohne Widerspruch ergänzen.

Das Großdreieck {2} beginnt mit dem großen Dreieck [4]. Vier ist die Zahl unseres gefundenen, additiven Weltgesetzes 1- 4. An der Stellung des großen Dreiecks [4] im größeren Ganzen können wir die Richtigkeit jenes Gesetzes überprüfen. [4] ist ein neues Erstes. Das Charakteristikum des Ersten muß in ihm enthalten sein. Andererseits ist es ein Zweites, weil es auf der 2 aufbaut und zum Großdreieck {2} gehört. Von der Vierzahl wissen wir aus den allgemeinen Zahlenbetrachtungen, daß sie etwas manifestiertes Neues ist, welches beide Elternteile (1 und 2) konkret vereinigt. Wir wollen mit diesem Wissen nun einmal die einzelnen Bestandteile suchen.

Als Beginner des Großdreiecks {2} muß es dessen Grundprinzip erfüllen. Das ist die schon erwähnte Gegenstückbildung zwischen {1} und {2}. Die Forderung nach Gegenstückbildung zu [1] ergäbe ein Aussehen wie das des Dreiecks [2]. Das existiert aber bereits als originale Zweiheit im Großdreieck {1}. Dazutreten muß die Unterscheidung. Sie ist die Nichtprimheit der 35. Die notwendige Unterscheidung von [4] und [2] in gerade dieser Zahl (17/35) erklärt sich aus der Addition der vorangehenden Qualitäten und ihrer Hierarchie. Hierarchie bedeutet Würdigung des Vorangegangenen. In

[4] muß [1] und [2] gewürdigt sein, obwohl das Großdreieck {2} die äußere Form diktiert. Um das konkret nachzuvollziehen, werfen wir einen Blick auf den mittleren Teil der Abb. 56, der eine Ausschnittvergrößerung darstellt.

Das Dreieck [1] hebt archetypisch den jeweils ersten (linksseitigen) Schenkel hervor. Das Dreieck [2] hebt archetypisch den jeweils zweiten (rechtsseitigen) Schenkel hervor. Die tonangebenden Schenkel sind in der Abbildung fett gedruckt. Überträgt man Dreieck 1 und Dreieck 2 nach oben in die Position des Dreiecks 3, dann sieht man, daß die Zahl 7 den Primpunkt tragen muß und nicht 8. Den gleichen Mechanismus kann man im großen Dreieck [2] überprüfen. Das Übertragen der Dreiecke 4 und 5 auf die Position des 6. Dreiecks verlangt aufgrund der bevorzugten, tonangebenden, rechtsseitigen Schenkel die Primheit der 17. Überblickt man nun das Gesamtbild der Dreiecke [1] und [2], dann fällt die nach oben konvergierende Gegenposition beider auf. Zwischen beiden befindet sich die Symmetrieachse P_4.

Das vierte große Dreieck verbindet die soeben dargestellten Vorgänger [1] und [2] miteinander. Konkret geschieht das, indem der erste Schenkel des ersten Dreiecks (10) und der zweite Schenkel des zweiten Dreiecks (11) hervorgehoben werden und tonangebend für die Bildung des darüberliegenden werden. Aus dieser Dynamik wird offensichtlich, weshalb die Zahlen 34 und 35 keine Primpunkte tragen dürfen. Das Nichtprimsein der 35 als das Unterscheidungsmerkmal zum großen Dreieck [2] erklärt sich nun nochmals auf diese andere Weise. Eingangs erklärten wir es mit dem allgültigen 1- 4 Gesetz.

Die Generalität des Additionsgesetzes verlangt auch die Integration des vorangehenden dritten großen Dreiecks [3]. Es gipfelt in der „Primheit der 25 und 26 durch Nichtprimheit". 34 und 35 zeichnen sich in der Konsequenz durch Nichtprimheit aus. So wird das schon entwickelte Prinzip der [3] in der [4] integriert. Alles geschah durch Addition, das 1 - 4 Gesetz.

Kommen wir zum großen Dreieck [5]. Es ist ein neues Zweites. Das zweite Dreieck des Zweiten (Großdreieck {2}) ist vom Charakter ein Viertes (2 x 2, d.h. 1→4). Das ergibt wieder das Erste als doppelte Verneinung. Das allein führt zur gleichen Erscheinung wie der des Dreiecks [1]. Wir können auch über eine andere Betrachtung zum gleichen Ergebnis kommen. Nehmen wir nochmals die [5] als neue Zweiheit, dann muß sie das Gegenstück zur [2] sein. Sie ist es. Der ursprüngliche Weg [1]→[2] hat sich umgekehrt als [2]→[5] = [1]. Die Fünfzahl wird in ihrer Stellung ihrer Aufgabe gerecht. Fünfheit heißt, die Ganzheit auf neue Weise erstellen. Sie bedient sich dazu der Zweiheit und Halbheit. In der Abb. 56 steht sie deshalb im zweiten Großdreieck {2} an dessen zweiter Stelle. Ihre beiden Pole sind 13 und 14, die handelnde Gottheit und das Transformationsgesetz der Addition. Die Individualität (5) wird sich ihrer Einheit bewußt und handelt danach. *„Ich und der Vater sind eins"*, ist der biblische Ausdrück dafür.

Was nach dieser Erkenntnis folgen muß, ist die verbindliche, rechte Handlung mit allen Konsequenzen. Das aber ist das Verlassen der Linearität. Was heißt das für unsere Primzahlanalyse?

Man kann sich einen Sport daraus machen, der Entwicklung weitestmöglich zu folgen. Das wäre dann der Gang in die Linearität, der Fall. Besser wäre es, bis hierher den Sinn der Entwicklung in Gänze erfaßt zu haben, und das Weltgebilde wäre erfaßt. Würden wir in der linearen Art weitermachen, dann stünden wir umgehend vor einem Chaos, dessen konkrete Details für uns nicht erfaßbar sind. Der einfache Grund liegt in der wunderbaren additiven Entwicklung, in der immer neue Details hinzukommen, ohne ihre Vorgänger zu stören. Das Wunderbare liegt in der Vollkommenheit der immer neuen Komplexität. Um sich jener Wunder zu befähigen, muß der Betrachter verbindlich werden. Bleiben wir auf einem Niveau stehen, dann dürfen wir uns nicht wundern, wenn unsere Werkzeuge nicht ausreichen, das Kommende zu erfassen. Der Naturwissenschaftler überholten Schlages versucht, eine Primzahlformel zu finden, die alle Primzahlen bis ins Unendliche erreichbar macht. Dabei bemerkt er nicht, wie er in einer von ihm geforderten Entwicklung hängenbleibt und nicht bereit ist, sich selbst zu verändern. Gottseidank kann ihm eine solche Formel nicht gelingen. Die Vollkommenheit schließt das aus. Dennoch versuchen viele Forscher, gerade das zu erreichen, und begreifen nicht, daß sie krampfhaft und vergebens ihre Vernichtung suchen, denn das wäre das Ergebnis.

Die Beschäftigung mit den Lebensgesetzen und den Primzahlen wird reichlich belohnt. Nur ist das Ergebnis nicht das erwartete. Der Wunsch nach Vorausberechnung wird enttäuscht. Doch das Ende der Täuschung geschieht, der Botschaft der Primzahlen folgend, im Sinne und zum Schutze des Individuums, des bewußten Menschen. Die Nichtberechenbarkeit und

Ununterwerfbarkeit der Einheit gibt den Menschen die Einsicht und die Gewißheit in die Unverletzbarkeit des ewigen Additionsprinzips der Schöpfung, als dessen Träger und Offenbarer er sich erkennt. Wäre er in der Lage, die Einheit und deren Additionsprinzip zu töten, würde er seine Basis und damit sich töten. Der Lohn aus dem Gesetz ist der denkbar größte. Es offenbart den Menschen die ewige Wandlungsfähigkeit. Die Voraussetzung, das zu erfahren, ist natürlich die Bereitschaft zur Wandlung. Wer auf seinem Standpunkt beharrt und aus der linearen Sicht heraus einen Machtanspruch erhebt, ist nicht reif zu solcher Weisheit. Er muß die lineare Welt erst durchschauen lernen.

Daß ein Kind trotz genialster Intelligenz und bester Aufklärung erst die Pubertät durchlaufen muß, um die Sexualität in ihrer Dimension erleben zu können, ist jedem einleuchtend. Das analoge Beispiel im wissenschaftlich-geistigen Bereich weigern wir uns anzuerkennen und versuchen, unserem Beispiel zufolge, ein Kind (uns) in das Cockpit eines Jets zu setzen. Das gelingt uns letztlich nicht. Wer verhindert es? Die aus dem Hintergrund wirkende Ganzheit, und das zu unserem Wohle! Das ist es, was wir begreifen müssen, um zum wahren Menschentum aufzusteigen.

Um die Forderung an das denkende Wesen Mensch, die in der Primzahlfolge steckt, nicht zu überhören, werfen wir einen letzten, vergleichenden Blick auf die Primpunkte 1 und 5, die Symbole Einheit (Gott) und Individualität (Mensch). Ihr Verhältnis finden wir in der größeren Dimension der Dreiecke 1 und 5 wieder. Die noch höhere Dimension der großen Dreiecke [1] und [5] wiederholt sich zum dritten Male. Insgesamt ist über drei Dimensionen das gleiche Bild zu finden. Die vierte Dimension stellt einen Neuanfang dar. Seine Bedingung ist uns inzwischen geläufig. Wir erkennen noch die Einheit des Vierten mit dem Ersten. Das Großdreieck {5} belegt die gleichen Punkte wie sein Original. Die Unterscheidung besteht in einem zusätzlichen „Verlieren der Primheit", was ein Hinzugewinnen von Nichtprimheit heißt. Die nächste Größenordnung, die 5. Dimension, ist auf diese Weise nicht mehr zu begreifen. Es wäre auch die dem Gesetz widersprechende Primentstehung. Die 5. Dimension geht in die existentielle Substanz des Menschen. Hier ist seine Verwandlung gefordert. Verwandlung heißt, die Linearität verlassen zugunsten des Höheren. Die Grenzen der Linearität zwischen der Vierzahl und der Fünfzahl kennen die Mathematiker unter dem Scheitern des Lösens einer Gleichung 5. Grades.

Die Spannung zwischen 4 und 5 ist die Spannung des Menschen zur Welt. Sie will in ihrer Fruchtbarkeit durchschaut sein und fordert die Handlung des Menschen. Erinnern wir uns an die besprochene Umkehrfunktion in der Primentwicklung von 1 und 5 der ersten beiden Dreiecke. Dort erkannten wir schon die gleiche Spannung zwischen den ersten beiden Zahlen 1 und 2, der Einheit und Polarität, als die Spannung *echte* Primzahl (1) ↔ *Abbild* der Primzahl (2). Die Zwei ist zwar eine Primzahl lt. unserer Definition. Sie ist aber eben von der 1 unterschieden. In der Mathematik „löste" man das Problem, indem man die 1 sterben ließ.[66] Der andere, ebenfalls falsche Weg ist, die Polarität und Zweiheit sterben zu lassen, was von Religionsvertretern oft getan wird. Die Lösung verlangt die Anerkennung beider, mit der schwierigen Aufgabe des Menschen, sich voll einzubeziehen. Geschieht das, dann verändert ihn das Erkannte.

Über die Trinität haben wir die wesentlichen Geheimnisse der Primzahlen erfahren, die Gleichzeitigkeit von Einheit und Unterschiedenheit, von Einmaligkeit und Linearität (fortlaufende Gleichheit). Der scheinbare Widerspruch löste sich in einem Parodoxon durch Hierarchie auf. Es besteht ein Primat der Einheit, zu deren Offenbarung die Linearität beiträgt. Linearität ist die Dienerin der Einheit und ihres kleinen Bruders, der Einmaligkeit. Unsere 9 Archetypen sind helfende Parameter der Offenbarung. Jede der 9 Wesenheiten bringt auf ihre Weise das gleiche Eine hervor.

Das bringt einen auf den Gedanken, daß man Zahlen auch anders als im üblichen 10er-Rhythmus anordnen kann. Das Erkenntnisprinzip im Bereich des Lebendigen ist 6 = ♎. Der 6er-Rhythmus hat deshalb eine besondere Bedeutung in unserer Welt. Das Göttliche und das Individuelle als sein Offenbarer bedienen sich der 6, der Selbstbegegnung, um sich zu erfahren. Die 6 war die Zahl, die die Konsequenz aus der Form zieht und höhere „Formen" schafft, indem die alte Form aufgegeben wird und so Befruchtung und Wandlung ermöglicht. Wir wollen die Zahlen und ihre Primheiten unter diesem Aspekt beleuchten. Dazu ordnen wir sie im 6er Rhythmus an.

---

[66] Der Akt als solcher ist richtig, weil er den Weg der Einheit, die in die Vielheit ging, beschreibt, doch ist er unbewußt erfolgt. Die Motivation war eine technisch-mathematische.

1	2	3	4	**5**	6
7	8	9	10	**11**	12
13	14	15	16	**17**	18
19	20	21	22	**23**	24
25	26	27	28	**29**	30
31	32	33	34	35	36
37	38	39	40	**41**	42
43	44	45	46	**47**	48
49	50	51	52	**53**	54
55	56	57	58	**59**	60
61	62	63	64	65	66
67	68	69	70	**71**	72
73	74	75	76	77	78
79	80	81	82	**83**	84
85	86	87	88	**89**	90
91	92	93	94	95	96
97	98	99	100	**101**	102
103	....				

Abb. 57: Der 6er-Rhythmus. 6 ist unser Erkenntnisprinzip.  (6) führt uns weiter. Alle Primzahlen sind Abkömmlinge der 1 oder der 5.

Die Klarheit, die uns der 6er-Rhythmus liefert, ist bestechend. Mit einem Blick überschaut man die Sonderstellung der 2 und der 3. Sie gehören im Rahmen der Primzahlvielheit nicht zu den klassischen Primzahlen. Ohne die Betrachtung des Lebendigen, des 6er-Rhythmus, verleiten sie eher zu Fehlschlüssen. Ihre Aufgabe als Primzahlen erfüllen sie als Prime der grundsätzlichen Dreiheit 1, 2, 3. Die Information lautet: In allen Teilen ist das Prime. Das ist die Einheit in der Vierheit (1- 4). Umgekehrt manifestiert das Vierte nach dem gleichen Gesetz die Besonderheit. Vier ist keine Primzahl. So offenbart sich die Weltformel 1- 4. Die Einheit in der Vielheit bleibt gewahrt, doch verlangt das gleiche Gesetz aus sekundärer Sicht weitergehende Differenzierungen.

Nachdem wir gesehen haben, daß jede Zahl in letzter Konsequenz oder, besser gesagt, aufgrund ihrer Geburt, ihrem Inhalt nach „prim" ist, bleibt nur noch die Frage nach dem Rahmen, der die „Primqualität" hervorbringt.

Eine erste und wesentliche Antwort darauf finden wir im erwähnten 6er-Rhythmus.

Alle Primzahlen stehen unter der 1 oder der 5, d. h. jede Primzahl bezieht sich auf die 1 oder die 5 und ist damit eine Spielart oder ein Abkömmling der 1 oder der 5. 5 und 1 sind also die Basis des Primen.

Die an vorhergehender Stelle aufgestellte banale Behauptung, alle Primzahlen seien Eins-Abkömmlinge, präzisiert sich hier. Sie erscheint schon nicht mehr so banal wie vorher. Welche Rolle spielt nun aber die 5? Offensichtlich ist sie der andere Quell der Primzahlen. 1 und 5 sind wie die Eltern, Vater und Mutter bzw. Sonne und Mond, für die Primzahlen.

Wenn wir den bereits erarbeiteten Zusammenhang und das gegenseitige Verhältnis von 1 und 5 zugrunde legen, kann es letztlich gar nicht anders sein, als sie als Eltern der Primzahlen zu entdecken. Eins ist das Göttliche und Einheitliche, das Prime schlechthin. 5 war die Zahl des bewußten, schauenden Individuums (Mensch). Die Eins geht in die Individualität. Aus dem *Einen* wird in der Welt der Vielheit das *Einmalige*. Verkörperung verlangt Abgrenzung. Ohne Begrenzung ist ein Körper nicht möglich. Der Körper ist die Anwesenheit der Einheit in der Vielheit. Die Einheit stirbt dabei nicht, sondern ruht im Einmaligen, durch welches sie vertreten wird. Im konkreten Einzelnen, dem In-dividuellen, ist das Un-geteilte anwesend. Es wird einleuchtend, warum die Einmaligkeiten (Prime) der Welt von Gott (1) oder den Menschen (5) ausgehen. Die 5 ist neben dem Ursprung die eigentliche Primzahl.[67]

Bei der 25 wird die Folge der Primzahlen, die alle unter der 1 und der 5 stehen, das erste Mal unterbrochen. Ausgerechnet bei dem Quadrat der 5 tritt das Außergewöhnliche ein. Primzahlen sind die Repräsentanten des Einmaligen und Außergewöhnlichen. Eine Primzahl definiert sich durch ihre „Nichtfolge" zur Primzahl. Mit der Unterbrechung der Folge des Außergewöhnlichen (der senkrechten Primzahlkolonnen) tritt gewissermaßen das Außergewöhnliche des Außergewöhnlichen ein. Äußerlich gleicht sie deshalb wieder dem Profanen, der allgemeinen Zahl. Der 25 kommt unter den Primzahlen deshalb eine außergewöhnliche Bedeutung zu. Sie ist die erste aus der Folge der beiden Primreihen, die die Ausnahme bildet, d.h. in der Primreihe steht, aber dennoch keine Primzahl unserer Definition nach ist. In der 25, der quadrierten, auf sich selbst wirkenden 5, werden Primheit und Nichtprimheit vereint. Sehen wir uns dazu die Abb. 56 nochmals an, um die „Superprimheit" in der Grafik besser erfassen zu können. Jedes der Grunddreiecke hat höchstens eine Primzahl. Das erste, mit der 1 beginnend, steht für die Primheit am ersten (linken) Punkt, und das zweite Dreieck, welches mit der 4 beginnt, steht für Primheit am zweiten (rechten) Punkt. Das gleiche Verhältnis wiederholt sich im größeren Maßstab der Dreiecke [1] : [2].

Im 9. Dreieck, welches mit der 25 beginnt, fallen beide Qualitäten zusammen, d.h. es ist sowohl das 5. Dreieck, welches den Primpunkt links tragen würde, als auch das 5. Dreieck, welches den Primpunkt rechts tragen würde. Noch einmal anders ausgedrückt: Zählen wir die Dreiecke mit rechten Primpunkten durch, so wäre das Dreieck 9 das 5. seiner Art, falls es den

[67] Der Mensch legt deshalb tatsächlich fest, was prim ist oder nicht, d.h. was er unter prim versteht. Nur aus dieser Sicht sind die Zahlen ein Konstrukt des menschlichen Geistes.

Primpunkt tragen würde. Ebenso können wir die Dreiecke mit linken Primpunkten zählen. Dann wäre auch das Dreieck 9 das 5. dieser Reihe. In das Dreieck 9 fallen zwei Primpunkte. Demzufolge trägt es keinen. Nochmals: Vor dem 9. Dreieck (welches mit der 25 beginnt) gab es 4 rechts als auch 4 links mit Punkt beginnende Dreiecke. Die Sonderposition der 25 zeichnet sich aus durch einen Beginnerstatus, indem der Punkt links und rechts stehen müßte.

Fünf, die Individualität des Menschen, entwickelt sich weiter und erlöst sich, in dem sie auf sich selbst wirkt. Mathematisch heißt das Quadrieren. Das führt zum noch höheren Hervorragen und Offenbaren des Primen. Die erste und gleichzeitig erlöste Primzahl ist die Eins. Sie ist mit ihrem Quadrat identisch ($1^2 = 1$). In ihr fallen Ursprung und Erlösung zusammen, weshalb wir als Individuen das Besondere eines Erlösungsweges, nach dem das Individuum fragt, nicht erkennen können. Erst die höhere Dimension und das Hinzutreten von Raum und Zeit führen zu einer Lupenwirkung des Vorganges, und uns ist der langsame und bewußte Nachvollzug möglich.

Die beiden außergewöhnlichsten Primen im Sinne eines Selbstbezuges (Heimweges, Erlösungvorganges) sind deshalb 1 und 25. Beide haben den Erlösungsschritt getan, die 1 unauffällig in sich und die 5 über den äußeren, sichtbaren Bereich. Vor der erlösten Individualität (25) liegt die 24gliedrige Welt mit ihrem zweifachen oder doppelten Charakter der Ganzheit ($2 \cdot 12 = 24$).

Die Primzahl, das Einmalige, ist der Repräsentant der Einheit (1) in der Linearität der Vielheit. 1 und 5 sind die Urtypen der beiden Primkolonnen. Aus den besagten Gründen kommt neben der 1 und der 5 der 25 wieder eher die Bezeichnung Prim zu. Sie ist das wirklich Einmalige in der Zahlenreihe, denn sie bringt das Neue und Besondere hervor. Alle ihr folgenden Ausnahmen (49, 55, ...) sind dann schon wieder Verdünnungen und verletzen eher den primalen Charakter.

Die 1 und die 25 sind der Definition nach nun aber gerade keine Primzahlen. Hier muß der Betrachter die Hierarchie der Argumente, die zu seiner Analyse führten, beachten. Tut er es, dann bekommt er eine Antwort. Er kommt nun um die Frage, weshalb er forscht, nicht umhin.

Die Primzahl der Primzahlen, die 1, hat strenggenommen, wenn überhaupt, nur zwei tatsächliche Nachfolger, die 5 und die 25. In ihrem Entstehen muß das Charakteristische einer Entwicklung, das 1-4 Gesetz verborgen sein, weil es genau den Weg der Einheit in die Vielheit beschreibt (s. Abb. 58). Das Wissen darum läßt es uns auch sofort finden, wenn wir berücksichtigen, daß der 6er-Rhythmus ein funktioneller Rhythmus ist. In der Ebene der Zahlen müssen wir von der Eins 4 Schritte horizontal gehen, um zur 5 zu gelangen. Ebenso sind es 4 Schritte in der vertikalen Ebene. Das 1- 4 Gesetz der Materie, um das Neue hervorzubringen, ist gewahrt.

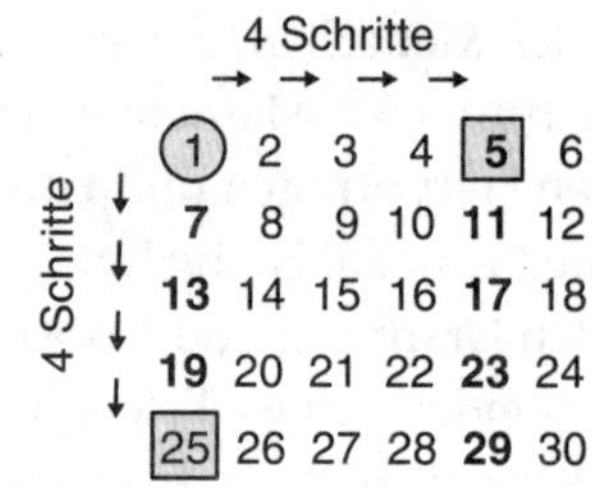

Abb. 58: Die beiden wirklichen, d. h. außergewöhnlichen, nichtlinearen Primen sind neben der 1 die **5** und die **25**. Sie entstehen nach dem 1- 4 Gesetz. Zwischen dem Ursprung und der 5 bzw. 25 liegen im Rhythmus des Lebendigen (6) jeweils 4 funktionelle Schritte.

Die Welt des Individuums endet bei der 25. Es muß das wirkende Gesetz bis dorthin verstanden haben. Ab der 26 beginnt wieder eine höhere Ebene, die sich nach der Dynamik der Primzahlentwicklung vom Vorhergehenden abhebt und gerade deswegen mit den Mitteln der Vorgänger nicht beherrscht werden kann. Wäre es möglich, so wäre echte Entwicklung tatsächlich ausgeschlossen. An deren Stelle würde die reine Linearität treten.

Ab 26 beginnt eine neue Wirklichkeit, die sich über das Gewesene erhebt. Hier liegt das Nichterfaßbare des Seins, seine Großartigkeit und Fülle, die jegliches denkbare Ideal noch übersteigt. Das einzige Hindernis dorthin stellt der Mensch dar, welcher glaubt, mit seinen im Verhältnis zum Kommenden kleinkarierten Eigenschaften das Werdende beherrschen zu können. Ein solcher Machtanspruch versucht schon im Vorfeld das Großartige, welches sich entwickeln will, zu erniedrigen. Auf diese Weise frustriert er sich selbst und verschließt sich der Wunder.

Die universelle Weltformel 1- 4 schließt ihre Veränderung ein. Mathematische und physikalische Formeln binden sich unveränderbar an die jeweilige Form, was die Universalität ausschließt. Die Primzahlentwicklung zeigt die Unterschiede. Wer an dem Versuch, eine Primzahlformel zu entwickeln, scheitert, der scheitert an seiner selbstgewählten Kleinheit und seinem Machtanspruch gegenüber dem Größeren. Er wird den Größeren nicht erreichen können und nicht erkennen können, daß er in ihm selbst ist. Seine Freiheit nutzte er dann nur, um sich in Freiheit für die Unfreiheit zu entscheiden.

Was sagt uns nun die Zahl 26, und was wissen wir über ihre Qualität? Zahlensymbolisch ist sie der Übergang von 2 nach 6. Das ist das Polare (2), das in die Wandlung führt, mit der Subjektivität in konsequenter Weise konfrontiert und sich dadurch selbst verwandelt. Die 26 verbindet die Polarität (2) mit der lebendigen Funktion, der Selbstkonfrontation (Ω = 6). Im Geschehen der 6 (Sex) erfährt das seine Grenzen erweiternde bzw. auflösende Ego die Verwandlung. Es stirbt in etwas Größeres hinein. Im Ergebnis wird etwas Neues geschaffen, eine neue Generation, die von seiten der polaren Eltern aus nicht völlig beherrschbar ist.

Für weitere Hinweise müssen wir die Religionen befragen. Im Hebräischen trägt der Name des herrschenden Gottes (Jehova) den Zahlencode 10-5-6-5 = 26. Die Geschlechterliste der Bibel umfaßt 26 Geschlechter. Die biblische Figur, durch welche der Name Gottes offenbart wird, ist Moses. Er ist das 26. Geschlecht. In der Legende erfolgt der Übertritt in das langersehnte gelobte Land nach der Offenbarung des Namens (26). Aber er selbst, d.h. sein Körper[11] , wird nicht mitwechseln können. Er gehört der alten Form an. Der Verzicht auf die alten Begrenzungen führt zur Selbstverwandlung und zum Übertreten ins gelobte Land.

Die höchste Ebene in der Cheopspyramide ist das Plateau der Königskammer. Sie ist exakt 26 Einheiten (Ellen) lang. Das sich in der Kammer Befindende, der Sarkophag, hat ein völlig anderes, mit bisherigen Parametern nicht verständliches Maß.

Das letzte reale Maß der alten Welt ist die Grenze, die „Über-Primzahl" 25. Zwischen der „Urprimzahl" 1 u. der 25, dem letzten Realen, liegen 24 Schritte. Die Welt der Erscheinungen teilt sich demgemäß in 24 Teile. Die 24 ist eine sinnvolle Gliederung innerhalb des Erscheinungsgefüges der Welt. Sie gibt das Maß des Materiellen an. Ihrer bedient man sich, um die konkreten Bestandteile der Welt zu ordnen und um Technik und Naturwissenschaft zu betreiben. Die 24 der konkreten Welt liegt uns vor in unserer

[68] Körper heißt: der materielle Anteil (2). Er geht über in die 6 (2 → 6).

Zeitaufteilung, den 24 Stunden des Tages. Viele Mythologien nehmen auf das Maß des Konkreten Bezug. So hat das neue hebräische Alphabet und das griechische 24 Buchstaben. Man kennt 24 einschichtige Hieroglyphen. Nach Pythagoras hat der Himmel 24 Glieder. Wir kennen 24 Klassen von Priestern und Leviten (1. Chronik 24:5 ff und 25:1 ff), und die Offenbarung berichtet von 24 Thronen und 24 Ältesten mit weißen Gewändern vor dem Thron Gottes. Unser Weihnachtsfest beginnt am Ende des 24., dem Heiligen Abend, an dem das Licht die Welt erblickt. Der 25. ist der Festtag des unbesiegten Sonnengottes, welcher vom Christentum übernommen wurde. Die 24 steht für die Welt in ihren Teilen. Über ihr und ihr gegenüber ist die Ganzheit. Die 24 tritt in den Mythologien immer dort auf, wo das Einzelne in das Große fließt.

Das alles sind Hinweise, die unsere Aufmerksamkeit nach ähnlichen Zusammenhängen auch in den harten Wissenschaften erwecken könnten. Dafür sensibilisiert, fällt einiges auf, wie beispielsweise das Phänomen des Tropfens. Es spricht vom Ganzen und seiner ihm gegenüberstehenden 24gliedrigen Vielheit. Mit Hochgeschwindigkeitskameras hat man den Aufprall eines Wasser- oder auch Milchtropfens auf einer Flüssigkeitsoberfläche festgehalten. Immer spritzen kreisförmig genau 24 kleine Tröpfchen zur Seite[69]. Man kann sich diesem Phänomen mit physikalischen und mathematischen Theorien nähern und sie derart begründen, so oft und so exakt man will: Die 24 und ihr Kontext bleiben.

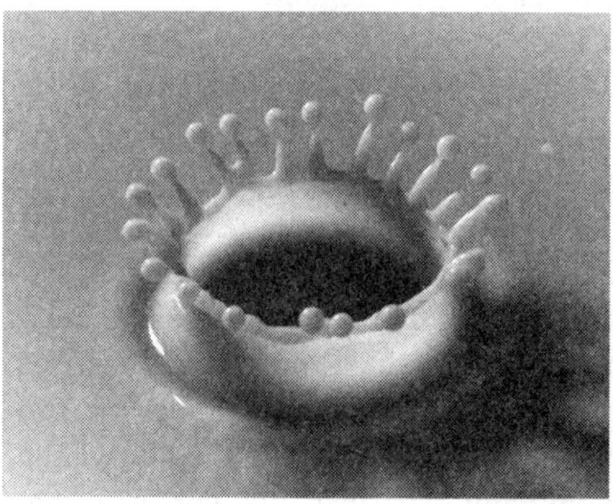

Abb. 59: Der Teil und das Ganze am Beispiel eines Wasser- bzw. Milchtropfens. Beim Aufprall des Tropfens entstehen immer genau 24 kleine Tropfen.[70]

[69] Die Welt, s. Literaturverzeichnis.
[70] Foto: Ulrich Goertz, Motor-Presse international, Stuttgart.

In der 24 liegt gemäß dem 1-4 Gesetz die Aufforderung, die Polarität zu quadrieren (2→4, d.h. $2 \to 2^2 = 2 \cdot 2 = 4$). Auf diese Weise wirkt die Polarität auf sich selbst. Wenn sie ein zweites Mal in Erscheinung tritt, dann bedeutet das, daß sie auf sich selbst wirkt. Die Polarität der Polarität ergibt wieder die Einheit. Die so enstehende Einheit ist numerisch die Vier. Das Weltgesetz, die Gleichheit von Einheit und Vielheit (Vierheit) hat sich vollzogen. Dieser Vorgang der doppelten Polarisierung stellt sich aus der Sicht der Linearität, der Sicht der konkreten Teilchen, numerisch anders dar:

Das erste existierende Polpaar ist die Grundpolarität 1-2. Ihre gegenständliche Erscheinung, die Manifestation, ist die 12. Sie muß wiederholt, d. h. verdoppelt werden. Konkret führt das zur 24. Übersetzen wir den Vorgang auf das bewußt schauende und handelnde Wesen, dann besteht der erste Schritt in der Tatsache, daß die Polarität als solche ins Bewußtsein tritt. Dann folgt der zweite Schritt, das bewußte Nutzen der Polarität, das Benutzen der bewußten Unterscheidung. Durch dieses wahrhaftige Verhalten wird die Einheit wieder an ihre hierarchisch erste Stelle gesetzt. So wird die Zweiheit eine Steigerung der Einheit. Der Schritt 1→2 (12) ist dann zweimal durchlaufen. In der Gesamtheit haben sich eine Abwärtsentwicklung und eine Aufwärtsentwicklung vollzogen. Die Polarität wurde quadriert (2→ 4), und die Einheit wurde neu erstellt. Ein solcher Weg bzw. ein solches Verhalten ist Wahrhaftigkeit. Die 24 steht für die geordnete Welt, in der die Elemente durch ein rechtes, aufeinander bezogenes Verhalten der Selbstverwandlung zustreben.[71]

Die Urpolarität 1-2 ist die von Raum und Zeit (s. a. das Göttliche Dreieck $3 \cdot 4 = 12$). 12 ist der Zusammenklang der beiden ersten Archetypen 1 und 2. Ihre symbolischen Vertreter waren für die alten Geometer die beiden großen Lichter Sonne und Mond. Sie geben einen Rhythmus von 12 vor. Bei der Umsetzung des o. g. Geschehens, der Verdoppelung bzw. Quadrierung der Grundspannung, ergibt sich die 24. Die zweimalige Wiederholung ergibt das Ganze, wie Tag und Nacht mit 24 Stunden den Tag bilden. Man wurde durch solcher Art Umgang mit der Natur der doppelten Polarität der Materie gerecht.

Wir entdecken die Grundprinzipien heute auf unsere Art neu. Das Gesetz, daß die Materie (4) eine doppelte Polarität (2) einschließt, findet die

[71] siehe später auch die 24fache Rechtwinkligkeit des Würfels, des Symbols der Welt.

Physik in der Quantenmechanik wieder. Der Spin ½ der Elementarteilchen, die die eigentliche Materie stellen, sagt nichts anderes, als daß sich das Teilchen 2 x um seine Achse drehen muß, um wieder gleich auszusehen.

Die Vollständigkeit der Funktion in der Materie wird erreicht beim doppelten = zweimaligen Durchschreiten des Zyklus. Was wir bei der 12 einfach als ein Funktionieren (12 = theosophisch 3) in der hierarchischen Ordnung und als kosmischen Rhythmus beschrieben haben, ist in der 24 ein differenzierteres, materielles Hin und Zurück. Die konkrete Funktion ist vollständig, wenn sie die Zweiseitigkeit der materiellen Ebene erfüllt. Inhaltlich muß sie sich zweimal mit der Vollständigkeit des Zyklus verbinden und somit alle Teile in sich aufnehmen.[72] Das erklärt den Wert der theosophischen Addition der 24, die 300 (1+2+3+ . . . +24 = 300). Die Funktion, deren Symbol die Dreizahl ist, verbindet sich zweimal mit dem Numinosen (0). Das erstemal ist es ein Beherrschtwerden, ein einfaches Unterordnen unter das Göttliche (Nacht, Schlaf). Das zweitemal ist es das *bewußte* Funktionieren des Göttlichen (das Tagwerk). Auffällig ist die Analogie zum Licht und seiner Funktion. Licht ist die Manifestation der Eins, die Urmanifestation im Kosmos. Diese Manifestation ist nichts Gegenständliches, sondern eine Ur-Funktion/Ur-Bewegung (Welle[73]). Sie beträgt 300.000 km s^{-1}.

Erinnern wir uns an die drei Funktionskreise der Abb. 21, die die Archetypen unserer Welt repräsentieren. Der Kreis III faßt die Kreise I und II als eine Art Hin- und Herbewegung zusammen. Das Resultat ist eine theosophische 6, die 24 (7+8+9 = 24). Die Funktion, die aus den beiden Kreisen I und II hervorgeht, ist die Manifestation des Lichtes.[74] Man sollte hier nicht versuchen, einen zu engen Kausalitätsbegriff herzustellen oder gar eine zeitliche Folge zu finden. Entscheidend ist vielmehr der symbolische Zusammenhang des Lichtes, der Urfunktion des Kosmos, mit den Zahlenarchetypen, insbesondere mit der 3 (III. Kreis) und ihrer Quadrierung.

Die 25 stellt, wie beschrieben, die Grenzschicht zwischen zwei Seinsebenen dar. Suchen wir im Leben nach zwei benachbarten Seinsebenen mit

---

[72] s. Sonne / Mond = 12; das Erleben auf der Erde schließt Tag und Nacht (2 · 12 = 24 Std.) ein.

[73] Die Lichtwelle ist eine Bewegung/Fortpflanzung ohne Medium, d.h. sie ist etwas Grundsätzliches. Sie besteht aus zwei senkrecht (!) aufeinander stehenden Anteilen, dem elektrischen Feld und dem magnetischen Feld, die sich durch eine ständige Hin- und Rückbewegung ineinander umwandeln.

[74] Man beachte auch: 1 · 2 · 3 · 4 = 24 → 300.

der gemeinsamen Grenze der 25, die sich durch eine qualitative Steigerung des Bewußtseins derart voneinander unterscheiden, wie wir sie in den Primzahlen abstrahierten, dann wird der Blick auf die Unterscheidung der Pflanzen- von der Tierwelt gerichtet. Beide repräsentieren das Leben auf unterschiedlichem Niveau.

Das Leben der Pflanzen und das der Tierwelt sind von einem zentralen Saft abhängig. Es ist das Chlorophyll bei den Pflanzen, welche die Urenergie, das Sonnenlicht, verarbeiten kann und ohne dessen Eigenschaften auch der Mensch nicht leben würde, und das Hämoglobin der Tiere und des Menschen, welches den Sauerstoff im Blut transportiert. Chlorophyll und Hämoglobin haben ein zentrales Magnesium- (Pflanzen) bzw. Eisen- (Blut) Atom, das 4 Stickstoffatome bindet. Sie verbergen beide die Formel 1- 4.

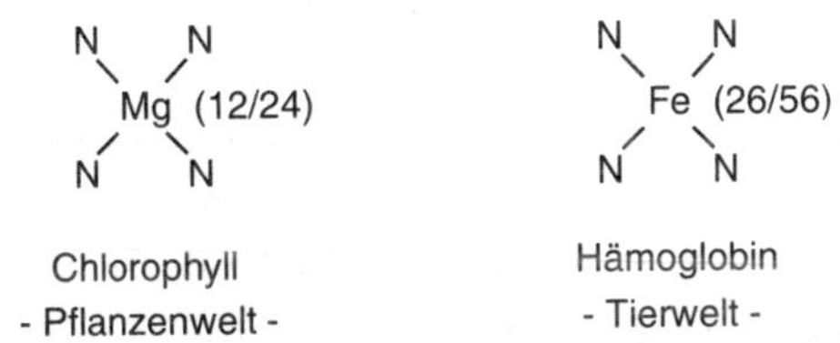

Abb. 60: Das 1- 4 Gesetz in der Struktur des Chlorophylls und Hämoglobins. Zwischen ihnen liegt ein Qualitätssprung des Bewußtseins.

Das entwicklungsgeschichtlich vorangehende Chlorophyll trägt in seiner Mitte und Basis das Magnesiumatom mit der Kernladungszahl 12 bei insgesamt 24 Kernteilchen.

Der Entwicklungssprung vom Chlorophyll zum Blut gleicht inhaltlich einem Primsprung. Das Eisen trägt die Kernladungszahl 26. Bei seiner häufigsten Isotopenzahl von 30 sind das 56 Kernteilchen. Auf allen Ebenen tritt ein Niveauunterschied auf: Magnesium gehört zur zweiten Hauptgruppe und Eisen zur dritten. Magnesium gehört zur dritten Periode und Eisen zur vierten des Periodensystems der Elemente.

Der Primsprung vom grünen Blattfarbstoff Chlorophyll der Pflanzen zum Blut der Tiere:

	Pflanzenwelt (Chlorophyll)	Tierwelt (Blut)
Kernladungszahl/Isotopenzahl:	**12/24** Magnesium	**26**/56 Eisen
	2. Hauptgruppe des PSE	**3.** Hauptgruppe des PSE
	3. Periode des PSE	**4.** Periode des PSE

Die primale Determination durchzieht scheinbar alle Gebiete. Es wird Zeit, das Wesen und den Sinn zu hinterfragen. Deshalb füge ich noch einige Fakten hinzu.

Die Basis organischen Lebens ist das chemische Element Kohlenstoff. Es bildet sich mit Hilfe des 1- 4 Gesetzes. In der Sprache der Chemiker muß dazu die Tripel-Alpha-Reaktion ablaufen, in der drei Alphateilchen (Heliumkerne, mit je 4 Nukleonen!) zum Kohlenstoffatom (Ordnungszahl 6 / relative Atommasse 12) verschmelzen. Der Bezug des Kohlenstoffatoms zu der Raumwelt des Tetraeders wird später als Ausdruck des 1- 4 Gesetzes in der Dreidimensionalität beschrieben.

Schon 1954 stellte der britische Astrophysiker Fred Hoyle fest, daß eine solche Reaktion wie die Geburt des Kohlenstoffatoms eine derartige Koinzidenz voraussetzt, *„daß es so scheine, das Universum sei dafür geschaffen, Leben auf Kohlenstoffbasis hervorzubringen und die Gesetze der Physik absichtlich und zielgerichtet entworfen wären."*

Auch ein Blick auf den Kosmos mit seinen geordneten Zyklen läßt, wie schon erwähnt, eigenartige Zufälligkeiten erkennen, die auf die Gesetzmäßigkeit der Primzahlen deuten. Suchen wir hier die Übergänge von einem niederen Zyklus zu einem höheren, stoßen wir auf den Tages- und Jahresrhythmus sowie auf das Platonische Jahr.

Unser Tag-/Nachtzyklus, der durch die Rotation der Erde um ihre eigene Achse verursacht wird, ist in 12/24 Stunden gegliedert. Die Erde wandert in Form einer Ellipse um die Sonne und beschreibt einen Zyklus, der in 12 Monate gegliedert wird. Eine volle Umdrehung der Erde um die Sonne ist für uns 1 Zyklus = 1 Jahr. Die Erde führt gleichzeitig eine Kreiselbewegung (Präzession) um die um 23,5° (24!)[75] geneigte Erdachse aus, die ca. 25.850 Jahre dauert und das Platonische Jahr bildet. Die Präzession und ihr Platonisches Jahr sind eindeutig der übergeordnete Zyklus. Die Signatur 12/24, die Übergangszahl 25 und ein darüber liegender höherer Zyklus 26 läßt sich also auch hier finden. Abweichungen geringerer Art sind gesetzmäßig, so wie auch die Planetenbahnen nicht in vollständigen Kreisen, sondern in Ellipsen verlaufen. Im Vergleich der großen Zahlen offenbart sich der große Zusammenhang. Abweichungen

[75] Die Schwankung der Schiefe der Ekliptik zeigt nach bisherigen Berechnungen eine Periode von etwa 40.000 Jahren und erreicht einen Extremwert von 24°18'.

sind nötig, liegt doch gerade in ihnen das Geheimnis der Primzahl und des Lebens.

Die Primzahlreihe beschreibt den Übergang in die nächsthöhere Welt durch das Übersteigen der 25. 24 beschreibt die Welt selbst. Die 25 übersteigt die Welt durch Erlösung (Quadrierung) der 5, die bis zu diesem Punkt noch den 1- 4 Schritt deutlich zeigt. Die andere Welt liegt jenseits der 25, und sie ist das, was wir uns neu erschließen müssen. Dazu bedürfen wir dringend der Mitarbeit der Wissenschaft. Das war schon die Einstellung der alten Ägypter. Wenn wir die Gesetze der materiellen, polaren Welt in der ägyptischen Symbolsprache suchen, müssen wir auf die Pyramidentrilogie sehen und uns speziell die zweite der Pyramiden, die des Chefren, vornehmen. Sie ist die Pyramide der konkreten Welt, geprägt durch den rechten Winkel und das Dreieck **3-4-5**. Daraus ergab sich die Kantenlänge **6** und ein Pyramidenumfang von **24**. Das relativ einfach angelegte, aber *doppelte* Gangsystem hat seinen Eingang zum oberen Gang 24 m über dem Grundniveau. Das untere Gangsystem erreicht eine Tiefe von 24 Ellen. Die zwei symbolisierten Welten trennen zwei unterschiedliche Maßsysteme. Die Gegenüberstellung dieser zwei Welten in ihren sich unterscheidenden Maßsystemen finden wir auch in der größeren Dimension, zwischen den beiden großen Pyramiden, der des Cheops und der des Chefren. Auch innerhalb der Cheopspyramide ist die gleiche Symbolik bei der ihr entsprechenden zweiten Kammer, der Königinnenkammer R, zu finden. Sie befindet sich auf der 24. Steinschicht. Die Grabkammer Chefrens liegt 5 Ellen unter dem Pyramidenniveau, hat aber eine Breite von 5 Metern[76] .

Tal- und Totentempel Chefrens sind wie seine Pyramide dem Konkreten, der Polarität/Materialität (2/4) zugeordnet und bezeugen in ihrer Form die konkrete Manifestation. Sie sind durch ihre wahrhaft kyklopischen Blöcke besser erhalten als alle anderen Kultanlagen. Nach Verlassen des Taltempels gelangt man durch den Aufweg in die höhere Welt, den Totentempel. Vor Eintritt in den Verehrungshof kommt man durch 3 Räume mit insgesamt 26 (!) Säulen. Der letzte von ihnen besteht aus 2 Reihen zu je 5 Säulen. Zur Pyramidenseite hin gibt es 5 Durchgänge zu den 5 Statuenkapellen, deren

[76] Der Zusammenhang von Meter und Königselle sprengt hier den Rahmen und soll einer bereits verfaßten Abhandlung der Pyramiden vorbehalten sein. Der Leser sollte aber berücksichtigen, daß sich das Metermaß am Erdumfang orientiert.

mittlerer seitlich breiter ist. Der Weg der Erlösung geht auch hier durch die 5.

Der kleine Ausflug zu den ägyptischen Pyramiden sollte zeigen, wie man schon vor 4.000 Jahren mit den Zahlen umging, indem man sich der Analogie bediente. Man bildete damals ein Gesetz der Zahlen ab, das wir uns heute neu, auf unsere Art, erschließen müssen. Die Analogie ist eine Form der Abstraktion und von der Abstraktion lebt jede Wissenschaft. Wir erahnen, daß Maßsysteme und Dinge, die offensichtlich nichts miteinander zu tun haben, doch in einer Beziehung stehen.

Die Furcht, auf der Suche nach der Einheitlichkeit der Welt ins Unwissenschaftliche abzurutschen, ist verständlich. Doch zwischen der nützlichen Verallgemeinerung und der schädlichen Pauschalierung steht das Kriterium des Tötens. Solange das Vorangehende in seinem Inhalt (!) nicht getötet wird und Platz im Neuen findet, sind Handlung und Funktion wahrhaftig. Unvermeidlich wird natürlich die Wandlung des Suchenden und seiner Postulate sein, die durch ihren Formenanteil zwingend der Veränderung unterliegen. Aus der Erfahrung wissen wir, wie Fortschritt im Sinne einer Neugeburt zustande kommt. Einer Geburt geht immer die Verschmelzung von scheinbaren Gegensätzen voran.

Ich wollte mit den Querverbindungen keine Beweise präsentieren. Mir reicht es, den Blick für den Zufall zu schärfen. Was einem zufällt, fällt einem aufgrund von Gesetzmäßigkeiten zu. Dazu habe ich die Gesetzlichkeit der Primzahlen untersucht. Sie galten bisher als die mystischsten Vertreter des Konkreten. In ihrem Erkennen liegt die Chance, die Einheit allen Seins zu begreifen. Gelingt uns das, wird uns der Sinn des Zufalls, des uns jeweils Zufallenden, erkennbar. Die dann sich daraus ergebende „Große vereinheitlichende Theorie" bringt nicht nur die Vereinigung der physikalischen Theorien, sondern es ist der Beginn eines bewußten Weges zum Frieden, den Naturwissenschaftler wie Religionsvertreter suchen.

Die vollkommenen Zahlen

Die Besprechung der Primzahlen erfordert der Vollständigkeit wegen eine Besprechung der vollkommenen Zahlen. Jedes Ding der Welt hat einen Gegenpol. Die Welt der Dinge baut auf Symmetrie auf. Aus der Einheit (1) geht als erstes immer ein Zwilling (1-1) hervor. Der Gegenpol bzw. der symmetrische Zwilling zu den Primzahlen sind die vollkommenen Zahlen. Das wird den Mathematiker und Techniker vorerst verwundern, hat er doch die vollkommenen Zahlen bisher nur als ein interessantes, aber nutzloses Kuriosum angesehen. Viele Argumente zeigen jedoch den Zusammenhang zu den Primzahlen. Durch eine vergleichende Betrachtung findet man zu dem über beiden stehenden, gemeinsamen Prinzip. Die Primzahlen sind die „perfekten" unter den ungeraden Zahlen. Ebensolche gibt es unter den geraden. Das sind die vollkommenen Zahlen.

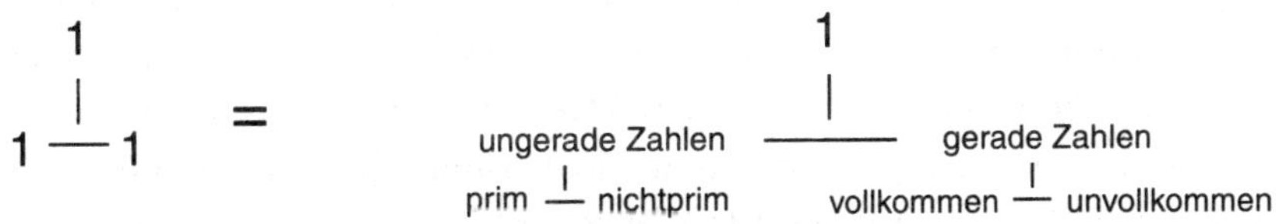

Abb. 61: Der Primzahl steht eine Zwilling/Gegenindividualität gegenüber, die über die polare Form ebenfalls das Einmalige darstellt. Primzahlen vertreten die Einheit unter den ungeraden Zahlen, und die vollkommenen Zahlen tun das unter den geraden Zahlen.

Die vollkommenen Zahlen erhielten ihren Namen von den Pythagoräern. Es sind Zahlen, bei denen die Summe ihrer Teiler wieder die Zahl selbst ergibt.

$$6 = 1 + 2 + 3.$$

Man versteht sie besser in Verbindung mit den Primzahlen, die ihnen vorausgehen. Ist die Primzahl ungerade, so ist die vollkommene Zahl gerade. Ist die Primzahl eine solitäre, nichtzusammengesetzte Zahl, so ist die vollkommene Zahl eine zusammengesetzte. In ihrer Zusammengesetztheit liegt auch ihre besondere Botschaft.[77] Würde zur Primzahl nicht die vollkommene Zahl hinzutreten, dann könnte man die *Form* des Primären für das Entscheidende halten und nicht ihren Inhalt, der ein Verstehen fordert. Die vollkommene Zahl wiederholt den Inhalt der Primzahl auf die ihr entgegengesetzte Weise. Das Zusammengesetzte ist das Besondere („Prime") an ihr. Zusammengesetztheit ist nicht unvollständiges Stückwerk, wie man es durch die halbherzige Kenntnis der Primzahlen empfinden könnte, sondern sie offenbart sich als höhere Vollkommenheit/Einheit. In ihr ist die Zusammengesetztheit /Teilheit/ Subjektivität enthalten, ohne der Ganzheit Abbruch zu tun. Im Gegenteil dazu wird die Ganzheit durch Teilheit bereichert. Vollkommene Zahlen sind:

6, 28, 496, 8128, 33550336, 8589869056

Die Quersumme ist immer **1**. Die theosophische Reduktion verweist also immer auf die Einheit![78] Die Einheit geht den Weg der Offenbarung über die Vielheit. Das ist die vollkommene Funktion, die Funktion des Lebendigen. Die erste vollkommene Zahl ist 6. Als erste vertritt sie das *Prinzip* der Vollkommenheit. Wir besprachen dieses schon bei der Erörterung der Sechszahl. In der 6 begegnet einem unmittelbar die Verwendung der Vielheit, um Einheit zu erstellen. Die Vielheit ist in unserem hier besprochenen System die Vielheit der 9 Archetypen. Das verdeutlicht in besonderer Weise eine andere, sonst nicht verstandene „Kuriosität" der vollkommenen Zahlen. Bei der Quersummenbildung (theosophische Reduktion) erhält man immer ein Vielfaches von 9 plus 1.

28	496	8128	33550336	8589869056			(vollkommene Zahl)
10	19	19	28	64	=	**1**	(Quersumme)
9+1	2 · **9+1**	2 · **9+1**	3 · **9+1**	55 · **9+1**			(n · 9 + 1)

Das männliche Prinzip der Primzahl wird ergänzt und erweitert mit dem weiblichen der vollkommenen Zahl. Erinnern wir uns an das erste Weibliche, die Zweizahl und ihre Botschaft. Zweiheit erhöht und offenbart

[77] s.a. Goldbachsche Vermutung, die jede gerade Zahl, die größer als 2 ist, als Summe von Primzahlen erklärt.

[78] ausgenommen 6. Bei der 6 gilt das nur inhaltlich.

Einheit. Über sie, die Polarität, wird Betrachtung und Funktion erst möglich. 6 und 8 sind ihre Gipfelpunkte, die Verwendung und Orientierung der Zweiheit. Die vollkommenen Zahlen sind gerade Zahlen und enden auf 6 oder 8.[79] Das Gerade und Weibliche zielt immer auf die Erstellung der Einheit, wodurch die Einheit selbst wächst.

Jede vollkommene Zahl ist die Summe aufeinanderfolgender ungerader dritter Potenzen, z.B.:

$$28 = 1^3 + 3^3$$
$$496 = 1^3 + 3^3 + 5^3 + 7^3$$
$$8128 = 1^3 + 3^3 + 5^3 + 7^3 + 9^3 + 11^3 + 13^3 + 15^3$$
$$33\,550\,336 = 1^3 + 3^3 + 5^3 + 7^3 + 9^3 + 11^3 + 13^3 + 15^3 + 17^3 + 19^3 + \ldots\ldots + 127^3$$

Die vollkommene Zahl ist das Ergebnis der richtigen Verwendung von Polarität und Form. Sie repräsentiert den Zustand nach der in Kauf genommenen Auflösung der Form durch Wandlung und Verschmelzung (s. 9+1). Die Verschmelzung ist eine Addition von Individualitäten/Einzelheiten.

$28 = 1^3 + 3^3$ (Die Einzelheiten sind die 3. Potenzen der ungeraden Zahlen)
$28 = 1 + 2 + 4 + 7 + 14$ (Die Einzeiheiten sind die Teiler der vollkommenen Zahl)

Der Begriff der Individualität ist abhängig von seinem Kontext. Immer bezieht er sich jedoch auf die Ganzheit. Im oberen Fall (Potenzen) sind die einfachen Individualitäten/Einzelheiten innerhalb der Zahlenreihe, die ungeraden männlichen Zahlen, gemeint. Das Ungerade, Einzelne, ist aber in Kenntnis der Trinität immer auf eine Erhöhung, eine Funktion, die Dreiheit, bezogen.

Im unteren Fall sind die Individualitäten/Einzelheiten die direkten Teiler der Zahl. Die Ganzheit, auf die die Einzelheit bezogen ist, ist die Zahl selbst.

Die vollkommene Zahl hat noch eine andere bemerkenswerte Eigenschaft. Die Summe der Kehrwerte all ihrer Teile ist stets 2. Beispielsweise gilt für 6:

$$\frac{1}{1} + \frac{1}{2} + \frac{1}{3} + \frac{1}{6} = 2$$

Die vollkommene Polarität (2) ist eindeutig und bedient sich der *doppelten* Negation. Die Summe all der *Kehrwerte* (a) ihrer *Teiler* (b) erstellt sicht-

[79] Mathematisch bewiesen ist lediglich, daß alle *geraden* vollkommenen Zahlen auf 6 oder 8 enden. Es ist keine ungerade vollkommene Zahl bekannt.

bare und konkrete Einheit/Vollkommenheit, und das ist die Zweizahl. Die vollkommenen Zahlen erheben die Zwei in den Adelsstand, so wie es die Primzahlen mit der Eins tun.

So unterschiedlich Primzahlen und vollkommene Zahlen auch sind, sie müssen das Weltgesetz 1-4 zeigen und auf der Trinität aufbauen. Für die Primzahlen haben wir das bereits belegt. Die vollkommenen Zahlen sind wegen ihrer Seltenheit schwerer analysierbar. Doch zeigt sich eine Einheit der ersten vier. Die erste vollkommene Zahl ist einstellig, die zweite zweistellig, die dritte dreistellig und die vierte vierstellig. Es gibt keine fünfstellige vollkommene Zahl.

6
28
496
8128

33550336

Die 4 ersten vollkommenen Zahlen bilden eine Einheit (1 – 4)

Bezüglich der grundsätzlichen Trinität wird man ebenfalls fündig. Alle geraden vollkommenen Zahlen sind triangulär, d.h sie können durch eine äquivalente Anzahl von Kugeln dargestellt werden, die so angeordnet sind, daß sie ein gleichseitiges Dreieck bilden.

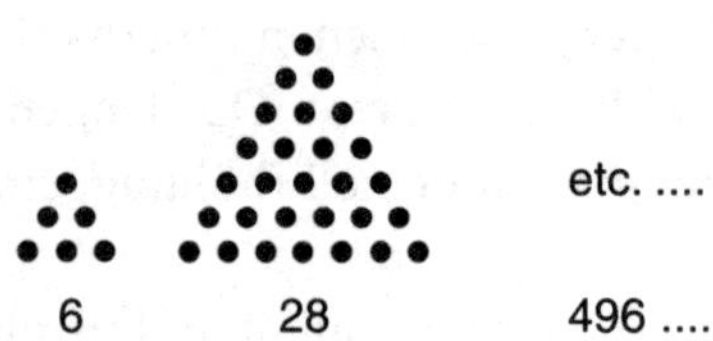

Abb. 62: Auch die vollkommenen Zahlen bauen auf der Trinität auf. Sie sind **triangulär**, d.h sie können durch eine äquivalente Anzahl von Kugeln dargestellt werden, die so angeordnet sind, daß sie ein gleichseitiges Dreieck bilden.

Die wohl interessanteste und faszinierendste Klassifizierung der Zahlen ist die nach Primzahlen. Doch ist sie nur eine, um das Wesen der Zahl und der Schöpfung zu erfahren. Das Geheimnis der Zahl steckt schon in der einfachen Reihe der natürlichen Zahlen. Um es zu entschlüsseln, bedienen wir uns der Methode der Unterscheidung, d.h. wir unterteilen die natürlichen Zahlen in Gruppen von gleichen Eigenschaften. Die einfachste Unterteilung ist die in gerade und ungerade Zahlen. Eine andere Unterteilung ist die in die Quadratzahlen und Nichtquadratzahlen oder die Unterscheidung nach bestimmten Teilbarkeitskriterien. Immer ist die Unterscheidung eine willkürliche von vielen möglichen und dient dem Zweck der Erkenntnis des großen allgemeinen Zahlengeheimnisses.

Die Zahl als solche birgt schon eine umfassende Botschaft, denn sie demonstriert das Zusammenwirken von Einheit und Vielheit. Nur übersieht man das bei ihrer Benutzung durch die große Faszination ihrer Formen leicht. Auf der Suche nach den Geheimnissen der Welt ist das folgenschwer. Die Versprechungen der Welt und die Überschätzung der Formen gegenüber den Inhalten werden in den Mythen immer wieder beschrieben.

Die grundlegenden mathematischen Objekte, die natürlichen Zahlen 1, 2, 3, ... haben nicht nur für die Mathematik eine Bedeutung. Sie sind von fundamentaler Bedeutung für das Leben überhaupt. Das veranlaßte den Mathematiker Leopold Kronecker zu der Aussage: *„Die ganzen Zahlen hat der liebe Gott gemacht, alles andere ist Menschenwerk."*

Im Rausch der phänomenologischen Erfolge der Technik geriet das in Vergessenheit. Schaut man in der mathematischen Forschung auf das Verhältnis von Qualität und Quantität, begegnet man einem offensichtlichen Mißverhältnis. Die mathematische Forschungsaktivität ist gigantisch. Weltweit gibt es über 25.500 Berufsmathematiker plus ein Heer ungezählter >Amateure<, die oft genug von sich reden machen.[80]

Die Qualität der Zahl wird in den Berichten nicht oder kaum erwähnt. Es wird Zeit, den fehlenden Teil hereinzuholen. Auch wir benutzen zwangsläufig die Methode der Unterscheidung, ist es doch die dem Menschen typische. Wir wollen aber die Unterscheidung nutzen, um Einheit in der Unterschiedlichkeit herzustellen.

Die Zahlenreihe hat ein offensichtliches Geheimnis, welches wir ebenso offensichtlich übersehen. Durch die Beschäftigung mit der Qualität der Zahlen begegnet man der tiefen Bedeutung der unendlich steigenden Zahlenreihe. Hier finden wir die wichtigste Information für alle Suchenden. Das erste Gesetz ist das der Addition! Nichts geht verloren, und auch der Mensch kann damit seine Angst über Bord werfen, etwas Gewonnenes je

---

[80] s. Keith Devlin: Sternstunden der modernen Mathematik.

verlieren zu können. Nur die Fähigkeit des Menschen, im Bilde der Einheit (Gottes) selbst zum Schöpfer zu werden, befähigt ihn, auch das Gegenteil zu schöpfen, vor dem er Angst haben kann. Das ist z.B. die negative Zahlenreihe, die der Mensch dann benutzt, um zu beweisen, daß es weniger als nichts gibt. So bereitet er sich eine Gänsehaut und vergißt, daß auch die negativen Zahlen ansteigen und additiv wirken, nur eben mit einem anderen, *zusätzlichen* Vorzeichen.

Symmetrie

>Symmetria< bedeutet in griechisch das Ebenmaß. Das Maß als solches ist per definitionem schon eine Bezugsgröße zu einem Original und definiert eine hierarchische Proportion. Das *Eben*maß ist also ein Maß, welches noch einmal zusätzlich auf eine Harmonie mit einem Höheren zielt bzw. das Höhere einschließt. Wer z.B. bei seiner täglichen Arbeit das Metermaß benutzt, der kann das nur, weil es ein Urmeter gibt, welches als Eichmaß zur Verfügung steht. Das Ebenmaß, die Symmetrie, ist, darauf aufbauend, ein nächster Schritt. Es vergleicht zwei Gegenstände mit Hilfe dieses Maßes miteinander. Der Vorgang des Vergleichens allein ist nicht das Entscheidende des Ebenmaßes. Das In-Beziehung-Setzen geschah auch schon im ersten Schritt. Jetzt geschieht dieses In-Beziehung-Setzen bewußt unter der Herrschaft von und mit Respekt vor dem Urmaß. Das erst führt zum Ebenmaß, der Symmetria. Es erstellt seinerseits einen Bezug zum Höheren. Im Volksmund scheint das „doppelt gemoppelt" zu sein. Er geht von der Voraussetzung und Annahme aus, dieser Doppelbezug sei überflüssig. Der rein technische Verstand gibt dem auch recht. Für den Handwerker ist die Benutzung des *konstanten* Vergleichsmaßes ausschlaggebend und nicht die Norm in Meter oder Zoll. Hier droht ein gefährlicher Bewußtseinsverlust, wenn man das Original nicht mehr schätzt. Der rein technische Blick greift auf Dauer zu kurz. Der doppelte/zweifache Bezug im Wort Ebenmaß hat seine tiefe Berechtigung. Bei genauerer Betrachtung liegt hier ein Original von Wahrhaftigkeitsverhalten vor. Der doppelte Bezug hat eine klare Gliederung. Das Maß beschreibt den Bezug zweier Pole zueinander, und das Ebenmaß setzt diese beiden in ein klares Verhältnis zu einem gemeinsamen Ganzen, das über den beiden Polen steht. Vor uns liegt die einfache, klassische Trinität (Abb. 63).

Jede Trinität zeigt die Merkmale der Symmetrie. Da jede Existenz auf der Trinität aufbaut, ist auch alles Existierende ein Ausdruck von Symmetrie. Nichts kann da herausfallen. Hat man dennoch den Eindruck, so muß man lediglich grundsätzlicher hinschauen. Die in den Erscheinungen vorkommenden Symmetriebrüche sind nichts weiter als Spezialfälle von Symmetrien und sollen später genauer beleuchtet werden.

Die Wissenschaften haben die Symmetrie als Grundlage des gesamten Universums nachgewiesen, und es wurden diesbezüglich hervorragende Arbeiten veröffentlicht. Wenn auch die Symmetrie als der Bauplan der Welt oft genug beschrieben wurde, so hat man die Konsequenz nicht wirklich begriffen bzw. gezogen. Das schlußfolgere ich, da das wirkliche Begreifen der Symmetrie unwiderrufliche Konsequenzen für den Erkennenden nach sich ziehen würde.

Wir werden nach dem früher genannten Umwegprinzip das Immergleiche, die Symmetrie, aus den verschiedensten Perspektiven anschauen. Die Wiederholungen bringen jeweils einen neuen, kleinen und vielleicht auch unmerklichen Aspekt hinzu. Am Ende wollen wir etwas verstehen, was sich der Formebene entzieht, aber außerordentlich wichtig ist, die Einheit, aus der wir leben.

Sehen wir uns die Entstehung einer Symmetrie in der Entwicklungsreihe der Zahlen an. Am Anfang steht die 1, die Einheit, welche jenseits der Zweiheit, der Polarität steht, bzw. die 1 steht als alles Umfassende allein da, und die Polarität ist noch gar nicht geboren. Der erste Schritt ist die Entlassung der Polarität, um mit ihrer Hilfe eine erste Benennbarkeit oder Aussprechbarkeit zu erzeugen. Bis zu diesem Schöpfungsakt konnte die 1 überhaupt nicht benannt werden, weil zur Benennung (Bezeichnung) Polarität, d.h. Abstand zum Benennenden, die Voraussetzung ist. Aus der Einheit wird die Zweiheit entlassen.

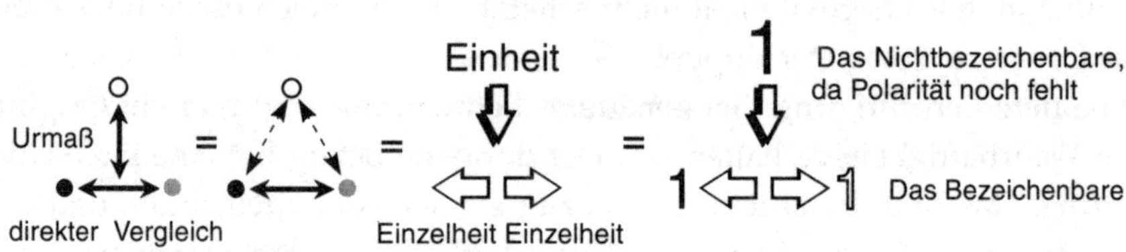

Abb. 63: Symmetria, das Ebenmaß. Die Entstehung der Symmetrie ist die Verwandlung der Einheit in zwei Einzelheiten. Das Ebenmaß schließt die Urbeziehung zur Einheit bewußt ein.

Das erste, was benennbar existiert, ist demnach ein Zwillingspaar. Beide Teile des Paares sind Einzelheiten und jeweils Repräsentanten der Einheit. Mit der Zweiheit werden Unterscheidungsfähigkeit, Benennbarkeit, Linearität und Hierarchie geboren. Zwangsläufig wird man die Symmetrie als *Grundbaustein* der Schöpfung finden.

Nach dem Gesetz der Addition gehen vorhandene Qualitäten nie verloren, sondern es werden mit jedem Evolutionsschritt (Metamorphoseschritt) zusätzliche hinzugewonnen. In dem Begriffspaar *Einheit/Ein*zelheit oder in der Zahl **11** ist das symbolisch perfekt ausgedrückt. Immer ist das Vorhergehende im Jetzigen, sogar noch verfeinert, vorhanden. Goethe beschreibt das als *„den ureigenen Metamorphosevorgang auf der Basis von Polarität und Steigerung"*. Das erste in der Welt ist das Urpaar 11, der Prototyp des Zwillings.

Die mitgeborene Unterscheidung verlangt ihr Recht in zwei Richtungen, in der Vertikalen und auch in der Horizontalen (Abb. 63). Beide Einzelheiten müssen sich gegeneinander unterscheiden (+1 ⇔ -1), und zusätzlich muß jede Einzelheit den Unterschied und die Hierarchie zu ihrem Erzeuger, der höheren Einheit, würdigen. Die Einzelheiten repräsentieren das gleiche Eine auf gegenseitig unterschiedene Weisen. Wer sich in den weiteren Betrachtungen vorschnell auf das Urpaar 11, das Paarige an sich, stürzt, welches überall in der Welt findbar ist, der hat den Paradiesfall, den Sündenfall, nachvollzogen. Ihm fehlt die religio zur Ganzheit, die die Hierarchie fordert. Richtiger wäre die Beachtung der zwingenden Polarität des Betrachters, und das wäre die Ausübung seiner Unterscheidungsfähigkeit. Danach muß der entscheidende erste Schritt in einer religio erfolgen und das Vorhandene hierarchisch rückverbinden. Rückverbinden kann man nur zur *Ein*heit, dem anfänglich Unwidersprochenen. Jene ist auch in der Welt der Polarität, vertreten durch die beiden *Ein*zelheiten, vorhanden, aber eben nicht direkt sichtbar oder greifbar, sondern im Idealfall im Bewußtsein der Einzelheit. Das Entscheidende des Zwillingspaares besteht gerade in dem nicht direkt Sichtbaren, der wenig oder noch nicht offenbarten Einheit. Die entstandene Symmetrie (1-1) ist überhaupt erst eine solche durch die im Verborgenen herrschende Einheit, auf welche sie bezogen ist. Sie ist im herkömmlichen Sinne zwar noch nicht benennbar oder existent wie die Polarität, aber dennoch *wirk*lich, den sie bewirkt die Einzelheiten. Die in der Mitte über beiden Einzelheiten herrschende Einheit (Nichtgetrenntheit) ist das Primäre, der Gebärer der symmetrischen Zwillinge. Die beiden Erscheinungsformen der Einheit sind ihr ein-eindeutig untergeordnet. Erst in zweiter Hinsicht existiert auch die Symmetrie. In dritter Ableitung muß die hierarchische Unterscheidungsfähigkeit auch zwischen den beiden horizontalen Polen gefunden werden, denn die einmal geborene Hierarchie verschwindet nicht mehr ins Nichts. Wir finden hier die klassische Trinität mit all ihren Charakteristika:

- *Unterscheidung 1. Ordnung:* ⇑ Die Anerkennung der nichtdinglichen *Einheit*, außerhalb derer nichts sein kann.
- *Unterscheidung 2. Ordnung:* ⇔ Die Anerkennung der Polarität und ihrer *Symmetrie*. Ohne sie kann es keine Anschauung geben.
- *Unterscheidung 3. Ordnung*:  Die Anerkennung einer Hierarchie zwischen den zwei symmetrischen Polen. Das dritte ist wie immer ein Zwilling. In ihm werden die beiden vorhergehenden Qualitäten verbunden. Die Verbindung ermöglicht das Neue, das scheinbar Paradoxe. Die individuelle Einzelheit nutzt bewußt ihre Vorteile, indem sie ihr Besonderes als den Ausdruck des Göttlichen zur Geltung bringt. – Der dritte Punkt ist wie immer ein Punkt der Funktion. Das Individuum findet in ihm zur rechten Handlung und wird nun zum Offenbarer der verborgenen Einheit. Rechte Handlung heißt Handlung, die bewußt auf Einheit zielt. Die Dreizahl erhöht die Einheit (s. a. Rechtwinkligkeit).

Ein wahres Verstehen des Phänomens Symmetrie ist nur unter Beachtung der Trinität möglich. Das Prinzip Zweiheit reißt ansonsten die Macht an sich. Orientieren wir uns in unserem Klärungsprozeß vorteilhaft an der o.g. Ordnung. Beginnen wir mit der Anerkennung der Einheit, der *1. Ordnung:*

Die nichtdingliche Einheit hinter der Welt der Vielheit ist das Wirkliche, das in der Welt Wirkende. Symmetrie spricht in einem Atemzug von Gleichheit und Ungleichheit. In Wirklichkeit sind sie jedoch eines. Hier muß verstanden werden, daß ausnahmslos alles auf die Einheit bezogen ist. Praktische Beispiele dafür gibt es so viele, wie es Einzelheiten gibt. Alles Tun und jeder Sinn (einschl. aller Sinne) versucht, die Einheit zu erstellen, und zielt auf Einklang zwischen den Teilen und dem Ganzen. Das ist auch die letzte, weil einfachste Definition der Liebe. Um die Natur daraufhin zu prüfen, brauchen wir nur ihre letzte und höchste Entwicklung, das menschliche Gehirn, zu beleuchten. Jedes Denken und Tun setzt *Ein*zelheiten voraus, ohne die Denken und Tun nicht möglich wären. Die Welt kann nur ein gesetzmäßig geordnetes Ganzes sein, das seiner Geburt nach die Einheit und Geschlossenheit mitbringt. Das im Hintergrund stehende numinose Ganze beherrscht alle Schöpfungs-, Vervielfältigungs-, Steigerungs- und Metamorphoseschritte. Als Beispiel kann neben dem erwähnten Denken in Einheiten auch die Abstraktionsfähigkeit des Menschen dienen, die infolge von Rückschlüssen (religio) zu einem übergeordneten Ganzen führt. Selbst die Erkenntnis, daß alles konkret Existierende in auch noch so langem Zeitraum dem Wechsel und damit der Vergänglichkeit anheimfällt, offenbart letzten Endes nicht primär den Wechsel, sondern die *Ewigkeit* des Wechsels, also die im Hintergrund stehende Unvergänglichkeit der Einheit und sekundär erst den Wechsel. Wie man die Sache auch betrachten mag, alles ist da, um die Einheit zu offenbaren. Es ist wie mit der Wahrscheinlichkeitsberechnung. Wie oft auch ein Wechsel stattfinden wird und der Einzelfall durch Wiederholung oder Inversion im Augenblick etwas anderes zu bestätigen scheint, mit jedem Würfelspiel nähert man sich dem im vornherein feststehenden Ergebnis, der Einheit. Nichts ist sinnlos, weil jeder Sinn aus der Anfangssingularität auf seine Offenbarung ausgerichtet ist. Die Sinne des Menschen und sein Tun sind vom Trieb zum Einfachen geleitet. Wirklich Großes ist immer einfach.

Alle Sinne sind auf die Erstellung von Geschlossenheit und Ganzheit ausgerichtet, was jeder Forscher bestätigen kann. Für den Laien soll die Heringsche[81] Täuschung (Abb. 64) ein einfacher Beleg dafür sein. Die Einheit einer Gestalt, hier die *Ein*rahmung, führt zur richtigen Funktion, der Rückverbindung zu dem schon irgendwo anders bereits Existierenden.

Abb. 64a: Die entscheidende Wirkung der Ganzheit/Einheit. Erst der Rahmen, das Ganze, stellt Geschlossenheit und Erkenntnis sicher, siehe Abb. 64b.

Ein anderes eindrucksvolles Beispiel der Orientierung unseres Gehirns sind die Versuche mit Umkehrbrillen[82]. Die natürliche Umwelt wird, wie wir

[81] n. Schober H./Rentschler

[82] Stratton 1897

Abb. 64b:
Die Einheit und Geschlossenheit

wissen, als umgekehrtes, verkleinertes Bild auf der Netzhaut unseres Auges abgebildet. Trotzdem sehen wir die Umwelt nicht auf dem Kopfe stehend. Trägt ein Proband nun eine Umkehrbrille, steht das Abbild auf der Netzhaut aufrecht, und der Proband sieht alles auf dem Kopfe stehend. Nach einiger Zeit dreht das Gehirn die Wahrnehmung um, und der Proband sieht trotz Umkehrbrille wieder alles normal. Die Welt ist wieder heil. Beim Weglassen der Umkehrbrille steht für kurze Zeit, bis das Gehirn erneut für Aufrichtigkeit gesorgt hat, die Welt wieder auf dem Kopf. Die Leistung zur bildlichen Aufrichtigkeit ist das handelnde Prinzip der Ganzheit, der Einheit der Welt.

Jede Heilung ist das Richtung Ganzheit wirkende Prinzip. Heilsein und Heilung durchwalten die Welt. Kein Mensch bezweifelt das, wenn er die Welt aus einer angemessenen Perspektive sieht und das Gesetz der Hierarchie beachtet. Verwirrung tritt ein, wenn Hierarchie und Angemessenheit verlorengehen und ein mikroskopischer Verstand den Makrokosmos betrachtet. Der mikroskopische Verstand überblickt nicht die Dreiheit der Symmetrie (Erkenntnisdreieck). Er ist vielmehr in einer direkten Polarität verstrickt und denkt nur noch in sich gegenüberstehenden Polen (+1/-1). Das im Hintergrund stehende Ganze (**1**) wird in die tiefere Ebene gezogen und als Gegenpol beurteilt. Als Folge werden Gesetze auf einen falschen, unpassenden Rahmen angewendet.

Solang der Betrachter noch alle drei Punkte des Erkenntnisdreiecks überschaut, besteht keine Gefahr. Erst wenn er selbst einen der Pole vertritt und das übergeordnete Ganze nicht mehr erkennt, entsteht die Krise. Um auch dann die Orientierung nicht zu verlieren, muß man die Grundgesetze des Kosmos kennen:

Alles in der Welt der Erscheinungen Existierende deutet auf die im Hintergrund stehende Einheit, die der Polarität bedarf, um sich zu offenbaren. Deshalb ist nichts bedeutungslos. Alles deutet auf Einheit. Für die Betrachter sind die Formen und Gestalten der Einheit unterschiedlich und vielfach. Immer jedoch deutet der Sinn. Sinn und Bedeutung sind dem Kosmos immanent. Ob dem jeweiligen Menschen etwas bedeutungsreich oder bedeutungsarm erscheint, ist nur eine Frage seines Bewußtseinsgrades, abhängig davon, welchen Stand sein Wissen erreicht hat.

Wenden wir uns nach der Bewußtwerdung und Würdigung der Einheit nun der Unterscheidung der 2. *Ordnung* zu:

Unterscheidung der zweiten Ordnung ist ein Paradoxon, da die Zwei und die Unterscheidung die gleiche Qualität beschreiben. Zahleninhaltlich ist das die Verneinung des Nein (2 x 2). Das dabei herauskommende >Ja< ist nach dem Additionsgesetz eine gewachsene Variante der Einheit, die Vierheit. Sie ist unsere Welt der Polarität und der Symmetrien. Hier, in der 2. Ordnung, den Unterscheidungsfähigkeiten, müssen wir „die Unterscheidungen unterscheiden". Das heißt, wir müssen unterscheiden, wann wir noch unterscheiden wollen und wann nicht. Es gibt also Dinge, die nicht mehr weiter zu spalten, zu unterscheiden sind. Die Unterscheidung wurde vorher im Sinne benutzt. Das Neue der 2. Ordnung hat den Charakter des Gegenständlichen und Konkreten. Hier stellt sich die Frage nach der Unterscheidung zwischen zwei handfesten Dingen.

Denken wir beispielsweise nur an den wissenschaftlichen Streit, ob Symmetrie oder Asymmetrie die Erstgeborene ist. Je nach Betrachtungsweise könnte man in einer unendlichen Kette das eine immer wieder zur Voraussetzung des anderen erklären. Es gleicht der Frage nach der Erstgeburt vom Huhn und vom Ei. Tatsächlich geschieht das bei der Beurteilung der Priorität von Symmetrie und Asymmetrie immer wieder. Mit beiden Standpunkten wurde schon der Nobelpreis verbunden. In Würdigung unserer vorangegangenen Anerkennung der nichtdinglichen, unbedingten Einheit erübrigt sich diese Auseinandersetzung. Einheit beherrscht alles. Vor ihrer Spaltung machen wir halt. Jene heilige (ganzheitliche) Grenze, die wir aus der Polarität heraus ausmachen können, überschreiten wir nicht. Nur dürfen wir das hinter ihr Liegende nicht bezeichnen, auch nicht als etwas Asymmetrisches![83] Die Welt beginnt mit Symmetrie, und die Symmetrie existiert, weil sie in der Einheit existiert. Deshalb ist unsere Welt rund und der Kosmos unendlich.

---

[83] – Deshalb hatte die Cheopspyramide nie eine Spitze.
– Noah ließ nach Anweisung Gottes die letzte, höchste Elle (50ste) beim Ausbau der Arche unberührt.
– Alef (א) bleibt unaussprechbar.
– Die Eins ist keine Prim*zahl*, etc.

Abb. 65: Die Welt ist in der Ganzheit eingeschlossen. In ihr waltet das 1-4 Gesetz, die Symmetrie. Einheit ist weder dinglich noch „weltlich" definierbar. Greifbar ist nur ihr Vertreter, die Symmetrie.

Das Thema der Symmetrie ist das Thema von Zwillingen. Die beim ersten Blick ins Auge fallende Gleichheit eines symmetrischen Paares entpuppt sich bei genauerer Betrachtung als deutliche Linearität und Abstufung, indem einer der beiden Pole dem anderen nachgeordnet ist. Je nach Sichtweise, ob als erstes das Gemeinsame oder das Trennende wahrgenommen wird, sprechen die Beobachter dann vom Vorherrschen der Symmetrie bzw. der Asymmetrie. Ohne religiösen Hintergrund ist das nicht objektiv zu entscheiden. Die Verfechter beider Seiten finden genügend Argumente, die letztlich nur Ausdruck des Nichtverstehens sind und vom Zweifel anstatt von der Einsicht getragen werden.

Die Symmetrie ist der erste Baustein der Welt, und sie ist das einfachste und klassischste Beispiel eines Paradoxons. In ihm werden die zwei scheinbar gegeneinander stehenden Begriffe Symmetrie und Asymmetrie, Gleichheit und Gegensätzlichkeit miteinander verbunden. Die Welt mit ihrer Symmetrie ist ein Produkt der Einheit und Ganzheit, folglich ist sie selbst eine einheitliche und ganze, d.h. göttlich. Die Welt ist, wie sie ist, in Ordnung, und nur unser Bewußtsein über diese Ordnung hinkt dem nach. Um aus diesem Dilemma herauszukommen, muß man das Prinzip Ordnung und ihren Sinn verstehen. Ohne eindeutige Anfangsbedingung gerät man immer weiter in das Chaos und die Verzweiflung. Deshalb war es notwendig, die Anfangsbedingung so deutlich, wie geschehen, zu klären. Wir verstricken uns nun nicht mehr in der Fülle der Argumente, sondern sehen in der Symmetrie das Ganze, welches mehr als die Summe seiner Teile ist. Wir stellen die beiden Bestandteile nicht mehr gegeneinander, denn das Großartige der Symmetrie entsteht ja erst durch das Zusammenwirken der scheinbaren Gegensätze. Das Zusammenwirken ist die *3. Ordnung:*

Um eine Wirkung erzielen zu können, muß unterschieden werden.[84] Wirken und Funktion sind der Dreizahl zugeordnet. Sie wirkt im Sinne der Einheit, weil sie Einheit erstellt, und sie erhöht sie damit. Die Drei bringt die

[84] Ohne Spannung gibt es keine Bewegung. Ohne Tag und Nacht gibt es keine Entwicklung.

verborgene Einheit in die Welt. Einheit wird durch Dreiheit offenbar. Unter diesen Voraussetzungen darf und muß Unterscheidung geschehen. Einheit (1) *und* Unterscheidung (2) führen zur Dreiheit. In der Trinität ist alles prim *mit* Unterscheidung.

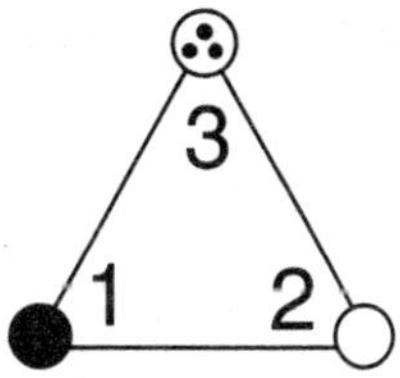

Abb. 66:
Die Primheit in der Trinität

Selbst auf die Gefahr der Wiederholung hin halten wir nochmals fest: Primsein heißt, etwas Einmaliges zu sein. Was prim ist, hat Ursprungscharakter und ist durch sich selbst begründet. In der Primheit liegt Originalität und Selbstverständlichkeit. Die Primheit liegt jenseits der beschriebenen Grenze und wirkt in die Welt. Sie wird durch ihre Schöpfungen offenbart. Ohne Frage ist unter den Zahlen die Eins die Primheit schlechthin. Sie ist das Original und die Ursache aller Zahlen. Was nach ihr kommt, ist wieder eine Zahl und aus *der* Sicht nicht mehr prim, dennoch bekommt sie durch die *erste* Nichtprimheit wieder den primalen Charakter. Schon wegen des Additionsgesetzes muß sie die Qualität des Vorangegangenen in sich tragen. Es ist ihr Erbe. Der scheinbare Widerspruch der Zweiheit wird im Primzahlbild deutlich. Die Zwei ist eine Primzahl, wie jeder weiß, weil sie wie die anderen durch keine Zahl außer der 1 und sich selbst teilbar ist. Sie ist auch die einzige gerade Primzahl, und das macht wieder Primheit, Einmaligkeit aus.

Die 3 kann in Fortführung der Reihe 1-2 - (3) keine Primheit erreichen. Sie wird aber auch prim durch das Wechseln in eine andere (höhere) Ebene und durch die Nutzung ihres Potentials, die Elternteile *zu einen*. Nur sie kann uns vom Geheimnis der Schöpfung berichten. Aus unserer polaren Sicht fehlt den beiden Vorgängern jeweils ein Teil. Die 3 ist einen Weg gegangen und trägt das Vorangegangene in sich. Sie ist unser Transportmittel zur Einsicht[85]. Das Verstehen von Einheit und Zweiheit, von Symmetrie und Asymmetrie, wird durch die 3 erst möglich. Sie befreit uns aus der kriegerischen Auseinandersetzung zwischen den Polaritäten. Der Blick auf das Polare und seine Symmetrien kann nur über die 3 zum rechten Verstehen führen. Das wollen

[85] Der 3. hebräische Buchstabe ist Gimel, was Kamel bedeutet. Es war das damalige Transportmittel.

wir anhand der Primzahldreiecke jetzt tun und die Erkenntnisse nach ihren religiösen und philosophischen Konsequenzen befragen.

Symmetrie zeichnet sich aus durch Spiegelbildlichkeit, d. h., einem Original wird ein anderes, das gespiegelte Original, gegenübergestellt. Ist im Bewußtsein des Betrachters der Unterschied sehr klein (z.B. Zwillinge), so bezeichnen wir das Paar als symmetrisches Paar. Ist der Unterschied vom subjektiven Standpunkt des Betrachters aus größer als die Gleichheit (z.B. Mann | Frau), dann sprechen wir lieber von einer Gegenteilbildung. Beides ist identisch, nur die Subjektivität des Betrachters macht einen Unterschied zwischen Symmetrie und Gegenteilbildung. Beide sind ein Paar, d. h., sie sind eins. Was das heißt, kommt sehr deutlich in der Primzahlentwicklung zum Ausdruck. Zwischen der 1 und der 5 ist eine klare Spiegelbeziehung.

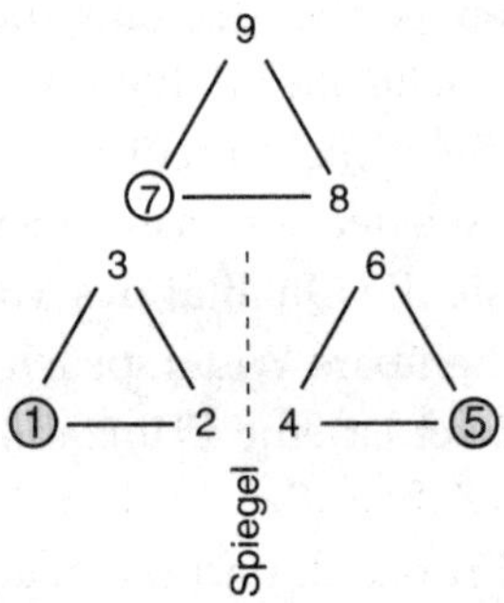

Abb. 67: Die Spiegelbeziehung zwischen 1 und 5. Zwilling oder Gegensatzpaar? Das entscheidet nur der subjektive Standpunkt.

Der Spiegel liegt zwischen 2 und 4 und ist in der Zeichnung gestrichelt eingezeichnet. Im Begriff der Spiegelung sind Gleichheit und Gegenteiligkeit vereint. Das Gleiche ist seitenverkehrt abgebildet. Die Zahlen 1 und 5 bilden deutlich eine Spiegelsituation ab. 1 und 5 stehen für Gott (1) und den Menschen (5). Sie sind das Gleiche, nur ist der Mensch seitenverkehrt. Gott geht von Einheit aus und macht durch Schöpfung Zweiheit. Der Mensch geht von Zweiheit aus und sollte durch Schöpfung Einheit machen. Im Sündenfall begegnet uns das Verhältnis unter dem Aspekt der Zweiheit, und wir erfahren: Gott ist selbstbewußt (+), und der Mensch versteckt sich und schämt sich (-). Der Mensch nimmt von seinem subjektiven Standpunkt nur die Asymmetrie, sein Anderssein, wahr. Vorher war aber das Selbstbewußtsein/Selbstverständnis Gottes (+). Durch die Welt entsteht die Symmetrie, d.h. die Gleichheit von Gott und Welt (Mensch). Das Andersartige (Asymmetrische) ist dabei eine Hilfe. Die Geburt der Symmetrie bringt das Selbstverständnis Gottes in die Welt. Es ist nach dem Additionsprinzip damit auch und vor allem im Menschen. Nimmt er es nicht an und offenbart es nicht, kommt es durch die Hintertür herein. Da ist es in jedem Falle. Wird es nicht angenommen, erscheint es in der Projektion, als strafender Gott.

Der Mensch muß sich seiner Herkunft bewußt werden und die primäre Stellung der Symmetrie als Ebenmaß vor der Asymmetrie erkennen. Dann erst kann er selbstbewußt, wahrhaftig und total handeln wie Gott, der in der christlichen Geschichte für sein Vorhaben starb (Genesis) bzw. seinen einzigen Sohn hergab (Neues Testament). Das ist erst möglich mit dem Selbstbewußtsein Gottes. Das ist die Aufgabe des Menschen. Dann *ist* im Menschen Gott und der Mensch will nicht mehr *sein wie* Gott. Mit diesem Wunsch postuliert er nur seine Trennung von Gott und vertreibt ihn aus sich. In den Gleichnissen ist das sein Rauswurf aus dem Paradies.

Das Erkennen der Einheit in der Zweiheit ist das Ziel. Das ist gemeint mit „innen wie außen" und entspricht der in der Geometrie später beschriebenen Identität von Oberfläche und Volumen ($A \equiv V$) einer Sache oder eines Körpers[86] . Das Göttliche im Menschen (→•←) soll mit dem Äußeren, der Form (Mensch = ○) gleich sein. Daraus folgt das Symbol der Sonne (⦿), in dem der Kreisumfang den Wesenskern der Einheit in sich trägt. Erst wenn der Mensch göttlich handelt (= 3 = verbindende Funktion) und freiwillig auch als Hülle (5) göttlich handelt (wahrhaftig), ist Symmetrie ($A = V$) hergestellt. Das muß der Mensch wissen, und dann liegt alles weitere an ihm, ob er sein Vermögen nutzt. Sein Vermögen nutzen heißt, seine Zweiheit und Unterscheidungsfähigkeit *ein*zusetzen, und das ist das Setzen der Eins und Einheit an den ihr gebührenden obersten Platz. Der Mensch ist dann der Schöpfer der Einheit, die ihrerseits den Menschen neu schöpft. Der Tech-niker erkennt hier evtl. ein perpetuum mobile. Es ist aber noch mehr als das. Es ist das Gewinnen aus dem Nichts, das Hervortreten aus dem Chaos, welches unseren jüngsten naturwissenschaftlichen Erkentnissen nicht mehr so fremd ist wie früher. Der Weg dorthin ist ein definierter, ein rechter. Die Gefahr auf der Suche nach ihm ist die Entwürdigung der Einheit durch den Menschen. Das passiert, wenn man sie greifbar vorfuhren will, anstatt sie in sich zu finden und zu tragen.

Verstehen wir die Spiegelbeziehung 1 | 5 , so verstehen wir auch die Zahl 25, in der das Subjektive zur Individualität wird (2→5). Wir haben hier zwei

[86] Volumen und Oberfläche entsprechen Inhalt und Form.

Zugangs*formen* zu dem gleichen Inhalt. Das bisherige Verständnis von Primheit führte uns zur „Superprimen" 25, die sich durch Nichtprimheit auszeichnete. An diesem Beispiel ersehen wir, daß es auch hier nicht eine Frage der Entscheidung im Sinne von Gegnerschaft zwischen Gleichheit und Ungleichheit ist, sondern Einheit geschöpft wird durch den *bewußt und eindeutig handelnden Menschen*.

Obwohl das Wesentliche sehr einfach ist, ja sogar das Einfachste in der Welt überhaupt ist, versteht der Mensch nichts so oft falsch wie eben dieses. Das liegt an seiner Befangenheit, seiner Subjektivität, der ausschließlichen Identifikation mit der Zweiheit.

Der Grund ist der durch Unwissenheit verursachte geistige Ausschluß der Einheit und Einfachheit. Alle Erkenntnisversuche haben deshalb immer nur das eine Ziel, die Bewußtwerdung der Herkunft der Individualität aus der Einheit. Wir versuchen das über die Qualität und Weisheit der Zahlen zu erreichen.

Der Weltaufbau folgt der Zahlenlogik. Die Primzahlen sind in der Linearität der Zahlen das, was die Individuen in der Entwicklung der Welt, der Evolution, sind. Primzahl und Individualität entsprechen sich. Nun gibt es eine Primzahl, die direkt dem Begriff der Individualität zugeordnet ist. Das ist die Fünf. Ihr Verhältnis zur Einheit, Einfachheit und Ganzheit (1;10) einerseits und zur Polarität und Zweiheit andererseits ist die *Quint*essenz erreichbaren Wissens.

Individualität (5) setzt Subjektivität (2) voraus. Die Subjektivität (2) erfährt der Mensch in seinem Leben als das Beständigste. Die Erfahrung Einsteins bestätigt das, wenn er sagt, *„... das einzig Objektive ist meine Subjektivität"*. Von ihr kommt er nicht los. Der Sinn der Schöpfung ist allseitig auf sie ausgerichtet. Und der Schöpfer des Universums scheint nur das eine Ziel zu haben; er will die Zweiheit erkennen, sonst hätte er ein Schlupfloch gelassen. Die Einheit ist das, was der Mensch anstrebt, wohin seine Sehnsucht geht und was er als seine ewige Heimat erkennen muß. Der Mensch hat mit Sicherheit die Zweiheit, der Schöpfer aber mit Sicherheit die Einheit.[87] Der Mensch strebt, wie sollte es auch anders sein, zu dem, was er

[87] Das Erkennen beruht also auf Zweiseitigkeit. Der Mensch braucht Gott, und auch Gott braucht den Menschen, um sein Ziel zu verwirklichen. Das ist keine Anmaßung. Es ist die adäquate Antwort auf „das Wort Gottes", die Verantwortung des Menschen.

glaubt nicht zu haben, und das ist die Einheit. Er muß und kann auch nur erkennen, daß er in der Heimat, der Einheit, ist und schon immer war. Jede Ablehnung der Zweiheit, weil man Einheit (Vollkommenheit, Totalität) will, macht es unmöglich, die Einheit zu erreichen, weil zu ihr dann wiederum die abgelehnte Zweiheit fehlt. Ablehnung und Tötung der eigenen Anlage und der eigenen Basis, der Polarität und Zweiheit, ist der falsche und unfruchtbare Weg, das Bewußtsein der Vollkommenheit zu erreichen. Der suchende Mensch hat nur eine wirkliche Chance, und die besteht in der Annahme seiner Subjektivität. Mit ihr muß er sich auf den Weg machen. Sie muß hineintransportiert werden in das Bewußtsein der Einheit. Der Schöpfer kreierte die Zweiheit, und diese muß ihm der Mensch entgegenbringen. Der in die Einheit zurückkehrende Mensch bringt sie als Geschenk mit und übergibt sie der Einheit.[88] Dieses letzte große Ziel kann nur von einem sich seiner selbst bewußten Individuum vollzogen werden, das seine beiden Anteile kennt und akzeptiert. Der Weg dorthin führt durchs Leben und Erleben, das Aneinander-Reiben der Teile. Die Teile, die *Einzel*heiten der größeren *Ein*heit (Abb. 63), sind im Leben die Individualitäten (5).

Finden wir zu unserem früher beschriebenen Symbol der 11 zurück und verknüpfen es mit den subjektiven Individualitäten (5) des Lebens, dann sehen wir in der hebräischen Formel für den Gott Jehova eine feinere Differenzierung des Symmetriesymbols 11.

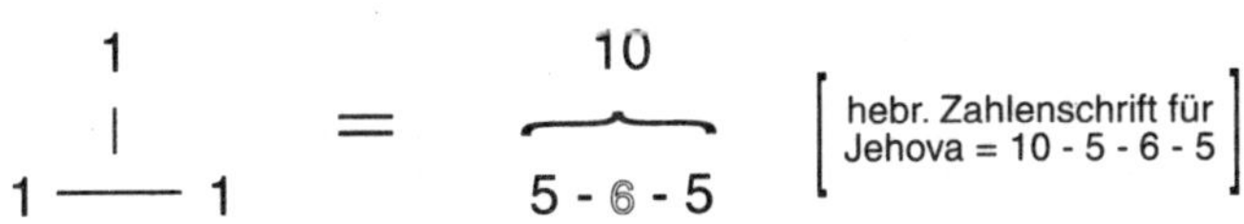

Abb. 68: 11, das Symmetrieprinzip der Schöpfung

In beiden Formeln wird uns vermittelt, daß zwei Dinge (Zwillingspaar) immer etwas Dahinterliegendes, Höheres darstellen. In der ersten Formel auf der linken Seite ist es die 1, und auf der rechten Seite ist es die 10. Die 10 steht für die höhere Seinsart, die aus der Verbindung von Individualität (+5)

[88] Das Subjekt übergibt sich in jedem Falle, obwohl in dem Wort ein doppelter Sinn liegt. Im Bewußtsein der Einheit tut das der Mensch gern und vollständig, weil er den Tod nicht mehr kennt. Das unbewußte Subjekt übergibt sich im Sinne von Erbrechen und Brechen und bricht die Einheit auseinander und beschmutzt sie.

und Gegenindividualität (-5) entsteht. Die 6 ist das Verbindungsglied zwischen beiden. Ihre zentrale Rolle als Lebensprinzip, der Funktion im Bereich des Lebendigen, haben wir beschrieben. In der Übersetzung der hebräischen Zahlenschrift bedeutet sie einfach >und<[89].

Wir finden sie in der Erfüllung ihrer charakteristischen Aufgabe auch bei den Primzahlzwillingen wieder. Der Zusammenhang von Zwillingen und ihrem Bindeglied 6 wird bei ihnen besonders deutlich. Die Primzahlzwillinge sind, wie schon beschrieben, zwei Primzahlen, die sich um zwei voneinander unterscheiden, d.h. zwischen denen nur eine andere natürliche Zahl liegt, z.B. 5/7; 11/13; 17/19 etc. Diese Zahl ist 6 oder ein Vielfaches von ihr. Die Paare nehmen mit steigender Größe ab sowie auch die Primzahlen.[90]

Jede Zwillingsmitte ist durch 6 teilbar. Der Blick auf die Zahlenkolonnen in Abb. 57 bestätigt, daß alle Zwillingsmitten unter der 6 stehen. Sie fordert zur wahrhaften Funktion auf. Dabei sollte man zur Kenntnis nehmen, daß das gemeinsame Eine, aus dem sich die Notwendigkeit der Geburt eines solchen Zwillings ergibt, in einem vorher schon existierenden Gemeinsamen liegt, das auf unterschiedliche Weise offenbar werden will. Jedes der beiden Primzwillinge hat seine persönliche Aufgabe an der Offenbarung des Ganzen, der Einheit. Die Zwillingspartner vertreten das gleiche Thema, das sich nur in der jeweiligen Form unterscheidet.[91]

Die sich unterscheidenden Formen sind es, die uns oft den Blick für das Ganze verstellen. Haben wir es einmal aus dem Auge verloren, können wir

---

[89] Das Zeichen für >und< ist >ו< (waw) und trägt den Zahlenwert 6, z.B. ... Himmel ***und*** Erde ...

[90] Abnehmende Primzahlzwillinge sprechen gleichzeitig von ihrem Ziel. Ziel ist die Nichtzwillingshaftigkeit und Nichtprimheit, das Erstellen einer höheren Einheit. Das Einmalige (Primheit) führt zum Zwilling (Primzahlzwilling) und dieses durch Reduzierung der Zweiheit wieder zur Einheit, diesmal einer gewachsenen, höheren als der, die am Anfang stand. Das ist der Begriff der Kunst. Das Übernatürliche („künstliche") entsteht, indem das, was ist, über die Polarität zu dem höheren Sein wird. Um zu wachsen und sich zu offenbaren, geht die Einheit den Weg über die Zweiheit.

[91] Das erste greifbare Paar, der Urzwilling, ist die 11. Sie nimmt eine bedeutende Position ein, in der alle Zusammenhänge des Einen und seiner Teile (1- 4) enthalten sind. Suchen wir die Zwillingszahl 11 in der Abbildung der Primdreiecke, entdecken wir sie im 2. Großdreieck [2], dem **vierten** allgemeinen Dreieck, welches hier in der Zweiheit das **erste** ist (1=4 in der Polarität). Die Zwillingszahl 11 ist nicht nur im 2. Großdreieck zu finden, sondern sie ist auch die 2. Zahl (2x2=4) ihres Dreiecks (Dreieck 4). Die Zwillings- und Schöpfungszahl 11 hat eine allseitig eindeutige Position.

die Hierarchien nicht mehr erkennen und dementsprechend nicht mehr recht handeln. Das Unterscheidende will aber orientieren.

Die Ausrichtung des Subjektes hat immer auf das Höhere zu erfolgen. Der Partner ist nur Hilfsmittel, um dieses Höhere zu erkennen. Der Partner hilft erst einmal, den Unterschied zwischen beiden Zwillingsteilen herauszuarbeiten. Ist der dingfest gemacht, kann man die Einheit sicher anstreben. Mathematisch ist das die Gleichung mit zwei Unbekannten. Tatsächlich führt eine Lösung nur über zwei Gleichungen. In ihrer Verbindung erlösen sich beide, und die dahinterstehende Einheit wird offenbar.

Was wir im Leben täglich erleben, ist die Paarbildung, die in endlose Kriege ausartet. Haben sich zwei Partner, und dies gilt auf allen Ebenen wie denen der Politik, der Geschäftsbeziehungen und der Ehen, gefunden, dann weiß jeder, daß es zur Verbindung, dem Sichfinden, durch irgendwelche, oft nicht genau benennbaren Gemeinsamkeiten gekommen ist. Wir kennen das als das Sich-Verlieben. Die Zeit bringt mit Sicherheit die Unterschiede an den Tag, und der Rosenkrieg beginnt. Die Schicksale der Ehekriege werden leichter vergessen, die der Religionskriege bleiben länger in Erinnerung. Immer haben die Individualitäten ihre Aufgabe nicht erkannt oder verfehlt. Anstatt den Unterschied anzunehmen und die Aktivitäten nicht gegen die andere Fünfheit zu richten und damit töten zu wollen, hätte man nach oben schauen müssen. Dort liegen der gemeinsame Ursprung und das Ziel.

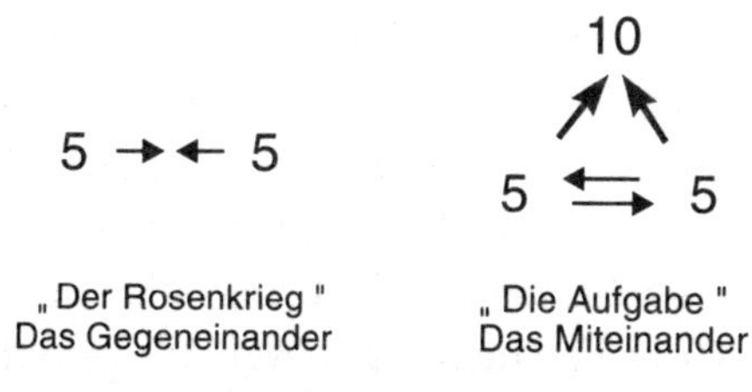

Abb. 69: Das Mit- und Gegeneinander der Individualitäten

Der Sinn der Subjektivitäten muß nach oben gerichtet sein und nicht auf den anderen, das nur vordergründige Gegenteil. Eine wichtige Voraussetzung, um der Aufgabe gerecht zu werden, ist die Findung der eigenen Identität, der individuellen Subjektivität, der Fünfheit. Dort, also bei sich selbst, muß man ansetzen. Das ist kein Egoismus, sondern die nötige Voraussetzung, um den anderen zu erkennen und dann im letzten Schritt das Eine zu erkennen. Ein archetypisches Beispiel finden wir im biologischen Befruchtungsmechanismus, der Reifeteilung (Meiose) vor dem Verschmelzen von Samenzelle und Eizelle. Die Keimzelle entsteht durch Teilung, die eindeutig auf die Befruchtung abzielt. Vor der Befruchtung geschieht die deutliche Definition der beiden Fünfheiten („selbstbewußte Halbheiten"). Vor der Befruchtung, dem Vollzug der 6, kommt es im ersten Schritt der Reifeteilung zur Bildung des halben Chromosomensatzes.

Das Bild der Formel Gottes (Jehova) wäre noch deutlicher, wenn die eine der beiden Fünfheiten dicker und kräftiger geschrieben wäre.

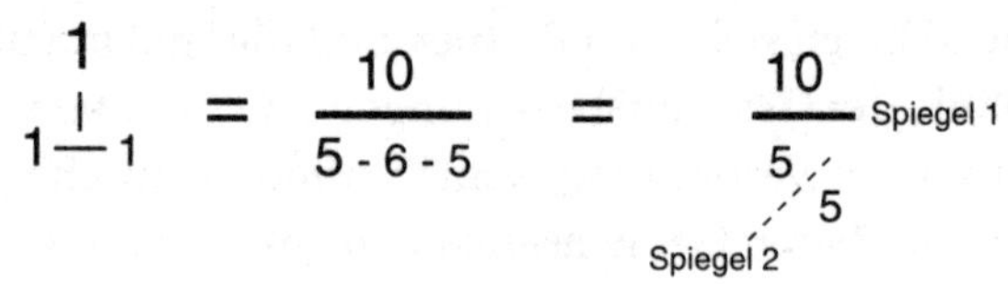

Abb. 70: Die Ungleichheit symmetrischer Pole und der zweifache, hierarchische Spiegel der Symmetrie

Dabei kommt sehr deutlich der additive Steigerungseffekt in der Symbolik zum Vorschein. Bei der 11 besprachen wir das Unterscheidungsprinzip mit seiner ihm innewohnenden Unterscheidungspflicht. Erst die bewußte, zielgerichtete Entscheidung im rechten Sinne der Hierarchie bringt die Möglichkeit der Freiheit.

Sehen wir uns den Vorgang nochmals unter dem Gesichtspunkt des Spiegels in der Abbildung 70 an. Die 10 bricht sich, d.h. spiegelt sich, und es entsteht die 5. Die 5 spiegelt sich ebenfalls, und es entsteht die Gegen-5. Wir haben 2 Spiegel. Darin liegt Wahrhaftigkeit/Ebenmäßigkeit. Spiegel ist Zweiheit, und die zweifache Spiegelung bringt die Wahrhaftigkeit. Konkret bringt sie das Original in Erscheinung[92]. Wer das praktisch sehen möchte, der stelle sich vor einen sogenannten Raumspiegel. Das ist ein Spiegel, der aus 2 Spiegeln besteht, die *rechtwinklig* zueinander angeordnet sind. Wer hineinschaut, erkennt sich im Original. Das Ergebnis ist die bestmögliche Erscheinung des verborgenen Originals. Nichts wurde dabei zerstört, weder das Original noch das einfache, seitenverkehrte Spiegelbild.

---

[92] s.a. Analogie: *„Und Gott schuf den Menschen zu seinem Bilde, zum Bilde Gottes schuf er ihn; und schuf sie als Mann und Weib"* (1. Mose 1:27). s.a. Ebenmaß durch 2 x „Bild".

Wir klärten schon die Hierarchie von Symmetrie und Asymmetrie. Nichts in der Welt kann ohne die Symmetrie existieren. Selbst die Asymmetrie ist ein Spezialfall der Symmetrie. Die Asymmetrie, als eine in der Welt vorgefundene Erscheinung, setzt die Symmetrie voraus. Das geht auf verkürzte Weise schon aus dem Wort A-Symmetrie hervor. Vor der Asymmetrie muß Symmetrie existieren.

Symmetrien entstehen durch das Spiegelprinzip, dessen erstes Beispiel die Spiegelung der Ganzheit/Gott ist.

Wenn die Symmetrie sich ihrerseits spiegelt, entsteht die Asymmetrie. Auch sie sind ein Paar. Also bilden von einem höheren Standpunkt aus Symmetrie und Asymmetrie wieder ein symmetrisches Paar. Von einem niederen Blickwinkel aus könnte man es auch als ein asymmetrisches Paar bezeichnen.

Am Beispiel der Abb. 71 kann man sich das verdeutlichen. Das eine Paar ist das Zusammenspiel der beiden Individualitäten mit ihren gleichzeitigen Auseinandersetzungen. Das Paar (5↔5) befindet sich auf gleicher Ebene, und wir empfinden es als ein symmetrisches Paar. Das Verbindende, die Gemeinsamkeiten scheinen zu überwiegen, zumindest am Anfang der Beziehung. Auf der gleichen Ebene treten im Laufe der Zeit zusätzlich Dissonanzen auf, die das Bild der Asymmetrie mit ins Spiel bringen. Die früher geborene Symmetrie besitzt das Erstgeburtsrecht und wirkt durch ihre hierarchische Position ordnend. Die ihr folgende Asymmetrie steht unter ihrer Vorherrschaft. Das sieht man daran, daß die sich ergebenden Auseinandersetzungen immer die Vereinigung, das Gemeinsame in den Vordergrund stellen bzw. von ihnen ausgehen. Ein sich über den anderen aufregender Partner tut das nur, weil ihm der andere näher steht als der Fremde. Was er evtl. bei einem Fremden duldet oder gar als gut empfindet, wird beim Lebenspartner zum Streitpunkt. Alle noch so verdrehten Zusammenhänge dürfen nicht darüber hinwegtäuschen, daß jene Unterscheidung sich auf der Voraussetzung der Vorherrschaft von Partnerschaft (Symmetrie) ausbildet. Der asymmetrische Anteil wird subjektiv in den Vordergrund treten. Der Kampf gegen die Gegenindividualität beginnt (Rosenkrieg). Das Verhältnis der beiden Fünfheiten ist ein Abbild des Urverhältnisses 1-2. Der „Gegner", die Zweiheit, führt dazu, die Einheit zu stärken, die aufgrund der Auseinandersetzungen ihre Bewußtheit schärft.

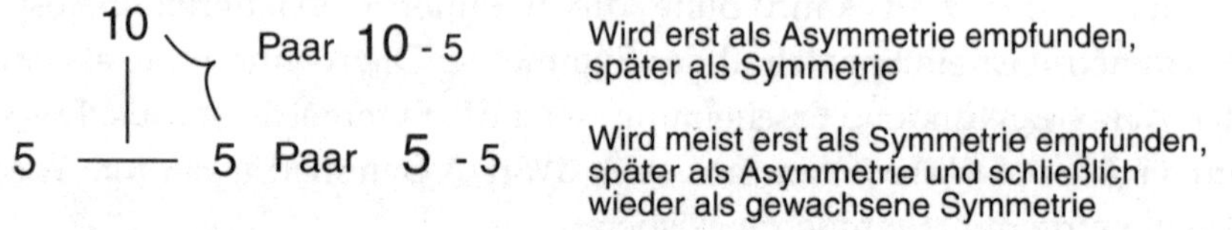

Abb. 71: Die Asymmetrie ist ein Spezialfall der Symmetrie. Sie sind eines! Die subjektiven Empfindungen wechseln im Laufe der Zeit.

Die Symmetrie 5-5 bleibt bestehen, obwohl als Zusätzliches die Asymmetrie in Form von Spannung dazutritt. Die Partner empfinden sich als gegenteilig, doch sind sie Partner. Im Laufe der Auseinandersetzung tritt das Wissen um das Höhere, die 10 hinzu. Das Individuum (5) und das Höhere (10) bilden ein erneutes Paar, eine erneute Symmetrie. Der Begriff Symmetrie gilt auch hier, denn Paarbildung ist Symmetrisation. Aus der vorhergehenden, niederen Sicht der beiden Fünfheiten ist das Hinzutreten der 10 ein Hinzutreten eines Asymmetrischen, da die 10 als übermächtig, als Gottheit empfunden wird[93]. Das neue Beziehungspaar ist (10⟷5). In der neuen Beziehung ist die alte Symmetrie, die Beziehung 5-5, enthalten und nicht verlorengegangen. Die durch ein Aufwärtsblicken sich nach der Symmetrie erneut ausbildende Asymmetrie ist nicht nur das scheinbare Gegenteil ihrer vorhergehenden Symmetrie, sondern beinhaltet als neuer Spezialfall der Symmetrie die vorhergehende Symmetrie in sich. Das Individuum kann nach seinem Wachstum nun Symmetrie und Asymmetrie, die beiden scheinbaren Gegenspieler, in parodoxer Weise in ihrer Beziehung verbinden.

Ob man ein wahrgenommenes Verhältnis als asymmetrisch oder symmetrisch empfindet, liegt ausschließlich am Betrachter und seiner Perspektive. Sein Betrachtungsmaßstab entscheidet, ob er das Verbindende oder das Trennende in der Definition höher bewertet. Das symmetrische Paar vertritt immer beide Anteile, denn diese machen es erst zu dem Paar. Selbst zwei identische Kugeln schließen noch das Trennende ein, sonst wären es nicht zwei. Im Betrachterauge ist eine immer die rechte, obere oder anderswie

93 Gott Jehova (der Herr) rief nach dem Sündenfall Adam: „*Wo bist du?..... Adam versteckte sich.... verflucht sei der Acker um deinetwillen...*“ (1. Mose 3).

Unterschiedene im Gegensatz zur anderen. Wir kennen das Phänomen in der Technik, in dem es lediglich eine Frage der Vergößerung ist, wann das Unterschiedene offenbar wird. Die paradoxe Verbindung der Gegensätze macht das Individuum aus. Die daraus entstehende Einmaligkeit ist das Göttliche in der Welt, dessen Großartigkeit dem Menschen Angst macht, wenn er sich ihr nicht zugehörig fühlt.

Die Paradoxie von Symmetrie und Asymmetrie will in ihren abstrakten Begriffen verstanden sein, weil ihre Vertreter in der Welt der Vielheit sehr schnell das Chaos und die Verzweiflung in den Vordergrund treten lassen. Die Naturwissenschaften kennen eine Vielzahl von Symmetriebegriffen, die offensichtlich miteinander zusammenhängen, aber eine klare und unwidersprochene Ordnung nicht finden lassen. Es ist wie mit den Primzahlen. Tatsächlich verhalten sich die Symmetriebegriffe aufeinander aufbauend, aber *nicht linear* in ihren Beziehungen zueinander. Die Abb. 72 führt einige Symmetriebegriffe aus der Biologie und Phsyik auf.

Das Prinzip Symmetrie geht in die Vielheit und erfährt eine ständige, weitere Differenzierung. Die Formenvielfalt nimmt zu, und der subjektive Eindruck des Überwiegens der Asymmetrie wird immer stärker. Das Prinzip der Symmetrie ist aber immer geblieben, lediglich die Offenbarung schreitet voran. Die Arten der Symmetrien entwickelten sich wie die Primzahlen. Symmetrie, Individuum und Primzahl meinen das gleiche. Es ist das Zusammenspiel der Einheit mit der Zweiheit (Vielheit). Das Additionsgesetz ist ihre Grundlage. Das bewußte Aneinanderreihen, das Dazutreten jeweils neuer, deutlicher offenbarter Elemente zu den schon vorhandenen in einer auf die Einheit deutenden Hierarchie ist ihr Inhalt. Am Begriff des Individuums erläuterten wir das über die Zahl 5, die Polarität und Einheit des Lebendigen. Noch vor der Existenz des sich bewußt werdenden Individuums waltet das Prinzip schon in einfacherer Form in der 12, der numerischen Hierarchie des Kosmos. Bei der Besprechung der dreidimensionalen Welt anhand der Platonischen Körper werden wir anhand des Ikosaeders und Dodekaeders die beiden Zahlen in ihrem Zusammenhang praktisch kennenlernen.

Eine Symmetrie spricht immer von der Beziehung des Ganzen zu seinen Teilen, von der Einheit zur Vielheit (1- 4). Das aus dem Verborgenen herauswirkende Ganze ist in dem Existierenden allgegenwärtig. Es gibt ihm eine Richtung und Wirkung. Eine bestehende Symmetrie wird ergänzt durch

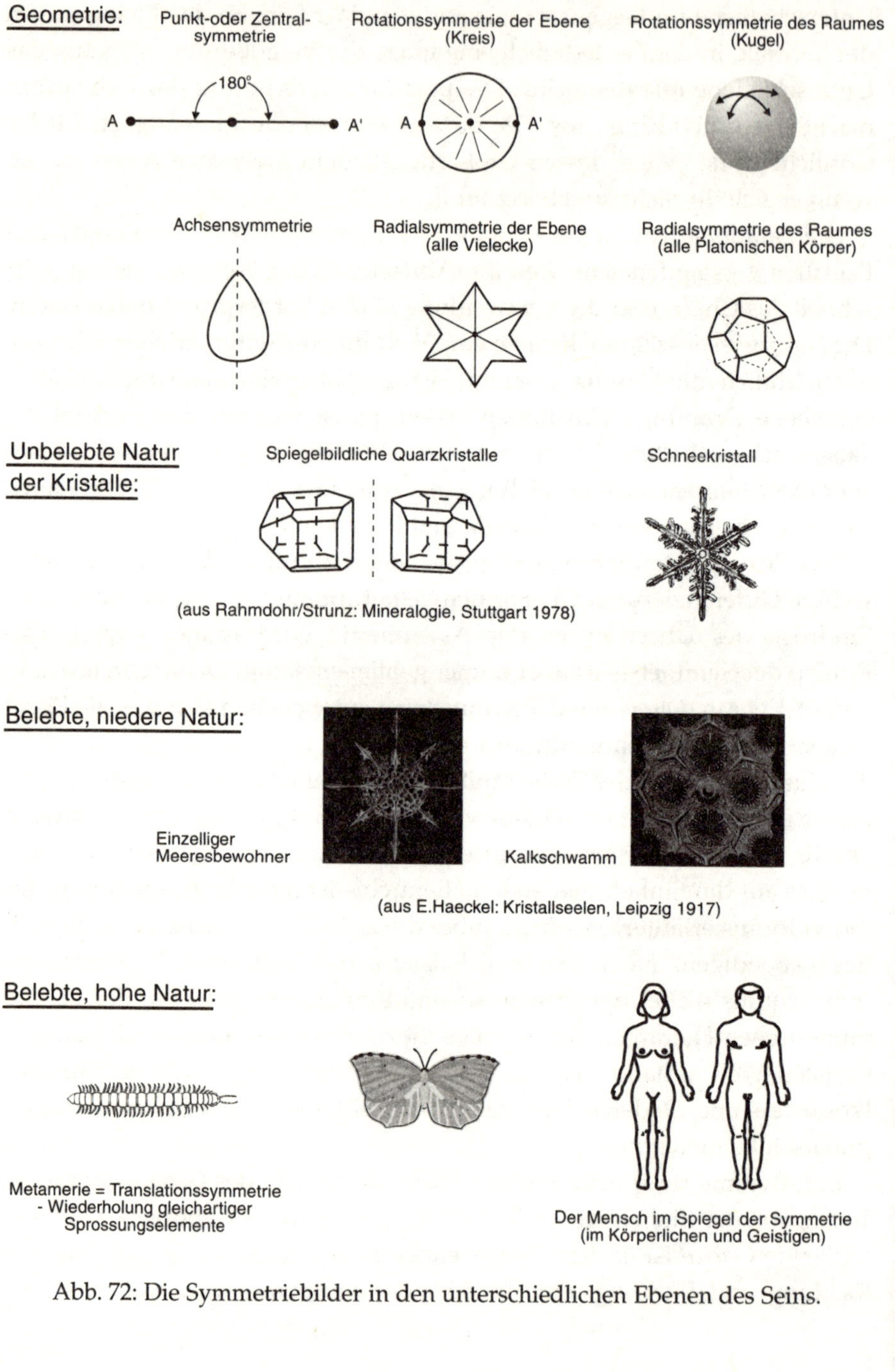

Abb. 72: Die Symmetriebilder in den unterschiedlichen Ebenen des Seins.

etwas Hinzutretendes, welches aus der alten Perspektive erst einmal als ein Asymmetrisches in Erscheinung tritt. In Wirklichkeit ist es der erste Schritt zur Entstehung einer neuen Symmetrie, einer höheren Symmetrie. Beide Paare (Symmetrien) ordnen sich hierarchisch aneinander und bilden das Neue, Größere, Ganze. Was wir am Beispiel der menschlichen Beziehungen nachvollzogen haben, läßt sich in jedweder Entwicklung finden. Die Abb. 72 enthält als einfachste, erste Art der Symmetrie die Punkt- oder Zentralsymmetrie. Ihr folgt die Achsensymmetrie. In der Achsensymmetrie ist die Punktsymmetrie enthalten. Sie ist in ihr aufgegangen. Zusätzlich ist das Element der Asymmetrie offensichtlich geworden.

Als weiteres Beispiel diene hier auch die unbelebte Natur mit ihren häufiger vorkommenden beidseitigen Symmetrien gegenüber der belebten Natur mit der Bevorzugung der Einseitigkeit oder die Rotationssymmetrie der Pflanzen, die der Spiegelsymmetrie (eine Art Asymmetrie gegenüber ihren Vorgängern) der Tiere vorangeht.

Bevor der Leser hier beweisbare Widersprüche anmeldet, soll er wissen, daß auch dem Autor die Unhaltbarkeit der eben aufgestellten These bewußt ist, wenn man sie als ausschließlich betrachtet. Louis Pasteur hat schon einmal das gleiche behauptet, als er die Spiegelsymmetrie der Kristalle entdeckte und die rechtshändig ausgerichteten Bakterien, die alles zu bestätigen schienen. Als absolute Aussage war das falsch. Heute kann man Gegenbeispiele benennen. Die Erkenntnis war dennoch richtig, weil man mit dem Erkennen eine Richtung erkannte und dem Prinzip Symmetrie näherkam. Es kommt auf das Erkennen dessen an, welches nicht mehr „dingfest" gemacht werden kann. Aber erkennen kann man es, und das umfaßt mehr als Definitionen. Definition umfaßt auch das Nichtendende, wenn man nur richtig hinhört[94].

Symmetrie und Asymmetrie sind nicht trennbar. Man kann aber ihr Wesen verstehen. Die *Ein*deutigkeit alles Existierenden ist primär ein Ausdruck von Einheit! Der analytische Blick durch das Mikroskop bringt sie aber als Einseitigkeit zur Erscheinung. Einheit im Kleide der Form (Zweiheit) „erscheint" einseitig. Alles in der Welt hat im weitesten Sinn ein Geschlecht. Nur ist das kein Mangel, sondern offenbarte Vollkommenheit.

---

[94] lat. >finis< = das Ende; >de< = weg, nach; Definition wäre demzufolge das Nichtendende anstatt Festschreibung.

Die Naturwissenschaft hat das religiöse „Gesetz der Geschlechtlichkeit" schon bei den Elementarteilchen nachgewiesen. Die scheinbare Symmetrieverletzung im Mikrokosmos wies die Japanerin C. S. Wu 1957 beim atomaren ß-Zerfall von Koboltatomkernen nach. Beim radioaktiven Zerfall der Atome flogen die meisten Elektronen in *eine* Richtung. Die in den Religionen seit Jahrtausenden bekannte Geschlechtlichkeit der Formen nannten die Physiker „die Verletzung der Spiegelinvarianz". Ohne verstanden zu haben, sprach man von der Linkshändigkeit Gottes.

Jede Ebene birgt das eine und ewige Gesetz vom Ganzen und seinen Teilen. Deshalb ist es egal, wo man es sucht. Hat man es einmal verstanden, sieht man das Wesen des Menschen, das Individuum, als ein Unteilbares. Seine Geschlechtlichkeit adelt es. Es ist das Signum der Einheit.

Das Erkennen der Polarität ist nur in Hinblick auf die Einheit möglich, und das ist *Ein*deutigkeit. Ohne diese Eindeutigkeit ist auch die Zweiheit nicht erkennbar, vielmehr bleibt man in ihr stecken und erfährt dann Ver*zwei*flung. Um jene Eindeutigkeit in der Symmetrieentwicklung zu entdecken, so wie wir sie in der Primzahlentwicklung entdeckt haben, vergleichen wir doch noch einmal die Symmetrien der niederen Arten mit den Symmetrien des höher entwickelten Lebens bis hin zum Menschen. Die häufig vorhandenen Radiärsymmetrien der Pflanzenwelt haben sich beim Wurm in eine Art Achsensymmetrie, die hier als Longitudinalsymmetrie bezeichnet wird, entwickelt. Zusätzlich zu der Rechts/Links-Symmetrie tritt eine „Asymmetrie" in der Längsrichtung auf. Vorn und hinten wird unterschieden. Beim genauen Hinschauen besteht die Längsentwicklung ebenfalls aus zueinander symmetrischen Teilen, den Sprossungselementen. In der Biologie bezeichnet man diese Art der Symmetrie als Metamerie oder Translationssymmetrie. Wichtig ist hier, das Wesentliche zu erkennen, das darin besteht, daß auch die auf den ersten Blick asymmetrische Abweichung ebenfalls das Symmetrieprinzip zum Grundprinzip hat. Aus ihm entwickelt sich eine Spezialisierung, eine „Bevorzugung" eines Teiles. Vorn und hinten sind eindeutig unterschieden. Die offenbarte Hierarchie und Einheit ist beim Wurm offensichtlich. Auch wenn er noch rückwärts kriechen kann, so ist er in diese Entwicklung eingetreten, um vorwiegend und vor allem vorwärts zu kriechen. Sein Vorwärtskriechen ist die Bevorzugung *des* Poles, der die Einheit offenbaren will.

Der Mensch hat in der Entwicklung den höchsten Stand eingenommen, und an ihm ist das Zusammenspiel von Differenzierung und Einheit auch am deutlichsten, zumal noch das Geistige hinzutritt. Auch das Körperliche ist schon eindeutig. Die Bilateralsymmetrie, zu der zwei gleiche Hälften gehören, ist geblieben. In der Frontalen und Transversalen erscheint uns das Asymmetrische zu überwiegen. Rücken-Bauch und Kopf-Füße unterscheiden sich sehr. Sehr vollkommen hat das Schöpfungsprinzip den After und die Nase nicht nur nach vorn und hinten, sondern auch noch nach oben und unten getrennt. Die Trennung erscheint uns sehr wichtig, weshalb wir sie als Asymmetrisches empfinden. In Wirklichkeit sorgt das, „was hinten rauskommt" für das Wachstum dessen (Pflanzen), was wir mit Freude vorn wieder hineinstecken. Der Mensch nimmt nach einem Entwicklungs- und Bewußtwerdungsweg das Transformierte und nun richtig Verstandene als Genuß wieder auf. Lucifer, der Lichtträger, und das Gleichnis vom verlorenen Sohn sind nur andere Bilder dafür. Tatsächlich gehören Mund und After zusammen. Sie sind ein Paar, eine Symmetrie.

Noch deutlicher wird das soeben am Körperlichen Gezeigte am höchsten Organ des Lebendigen, dem Geist. Ein Beispiel, wie sich das Bewußtsein der Subjektivität bedient und zu einem höheren Ganzen wird, indem es nicht den Weg des Rosenkrieges wählt, sondern der additiven (1- 4) Formel folgt, wollen wir am menschlichen Gehirn aufzeigen.

Das Gehirn besteht bekanntlich aus zwei Hälften, die jede für sich eine besondere Aufgabe haben. Trennt man beide Hirnteile chirurgisch, wie dies bei schweren Fällen von Epilepsie[95] getan wurde, so kommt man zu sonderbaren Erkenntnissen, für die Sperry, Hubel und Wiesel 1981 den Nobelpreis erhielten. Sogenannte Splitbrainpatienten, bei denen der verbindende Balken beider Gehirnhälften durchtrennt ist, haben zwei scheinbar unabhängig voneinander existierende Bewußtseinszustände. Tastet bei Splitbrainpatienten die eine Hand einen ihr bekannten Gegenstand, so kann sie ihn zuordnen, indem sie das durch Zeigen tut. Sie kann ihn aber nicht benennen, weil das Sprachzentrum auf der anderen Seite liegt. Ebenso kann man das umgekehrte Verhalten nachweisen, indem Benennbarkeit möglich, aber Zuordnungen

[95] Epilepsie = Anfall, Fallsucht, mit Anfällen von Bewußtlosigkeit und Krämpfen. Sie wird von Fachleuten als das „Gewitter im Gehirn bezeichnet", bei dem sich plötzlich Spannungen entladen.

ausgeschlossen sind. Jede Gehirnhälfte hat ein eigenes Bewußtsein und weiß direkt nichts von dem andersartigen Bewußtsein der anderen, getrennten Seite. Der Balken, welcher beide Teile verbindet, übt die Funktion der 6 aus. Beide zusammen machen beim Gesunden das reifere, höhere Bewußtsein aus, ohne daß eines verlorenginge. Die Ausrichtung beider zu der höheren 10 schafft den Qualitätssprung. Die Einzelheiten werden zur Einheit.

Zu ähnlichen Ergebnissen kommt man bei einem anderen Versuch am menschlichen Gehirn. Die komplette Betäubung einer Hirnhälfte und die in diesem Zustand durchgeführte Befragung des Probanden fördert trotz „Halbierung" einen vorher nicht erwarteten, subjektiven Zustand von Ganzheit zutage. Der Proband hat dabei nie das Gefühl, ihm fehle etwas. Das Bewußtsein hat immer Ganzheitscharakter. Die Einigung beider offensichtlich ganzheitlichen Hälften bringt aber den Qualitätssprung.

Die Welt ist Einheit, und sie offenbart sich als Einheit. Das steht in keinem Widerspruch zur Formenvielheit. Symmetrie und Asymmetrie als Ganzheit sind so zu verstehen. Im evolutionären Stadium der Bewußtwerdung der Individuuen tritt eine erneute Herausforderung auf, die den Umgang mit der Freiheit ermöglicht und fordert. Die Freiheit des Individuums verpflichtet es zur Entscheidung für seine Aufgabe, um das Höhere zu offenbaren. Nutzt es seine Freiheit nicht, ist das die unbewußte Entscheidung zur Trennung anstelle der Einigung der Einzelheiten. Die aus dem Hintergrund wirkende Ganzheit ist aber unbestechlich. Sie manifestiert das Verdrängte. Das geforderte totale Hineingehen in das Prinzip der 6 geschieht auf indirekte Weise. Solche Bilder sind u.a. die von Rosenkriegen oder Religionskriegen. Immer ist es das Fallen und der Ausdruck der Ohnmacht, der körperlichen Aufgabe oder Schwächung des Materiellen, das äußere Zeichen der Sechs. Die Kraftentwicklung durch totale Verausgabung aller materiellen, körperlichen Potentialitäten geschieht nun zwanghaft, ohne wirklich Bewußtheit entwickelt zu haben. Der Kriegsführende gibt zwar Bewußtheit vor, zeigt aber seine Ohnmacht und übt Sex auf unfruchtbare Weise.

Die Beispiele ließen sich unentwegt fortsetzen, und mit jeder Ausführung würde die Zahl der Gegner, die gute Gegenbeweise haben, ansteigen. Alles das hilft wenig, wenn wir nicht erkennen wollen. Wenn wir jedoch erkennen, dann erfahren wir, daß es nur ein umfassendes Wirkprinzip gibt. Symmetrie oder 1 – 4 sind abstrakte Ausdrücke dafür. Das alles war einigen wenigen auch schon in vornaturwissenschaftlicher Zeit bekannt und führte zu dem Gruß: „Friede sei mit Euch". Heute ist die Weisheit keine andere, aber wir können sie auf neue, spannende und noch offensichtlichere Weise durch die Naturwissenschaften wiederentdecken

Übertragen wir das Wissen auf die Primzahlen, dann begegnen wir der Einheit in dieser ihrer letzten höchsten Art in den Spiegelachsen. Sie sind es, die wirken, aber nicht sichtbar sind, die sich verändern, aber immer das Gleiche bewirken. Wir sehen sie nur, wenn wir unsere Unterscheidungsfähigkeit nutzen, indem wir das Bewußtsein der Einheit, welches wir in uns tragen, schöpferisch nach außen stellen. Wir schöpfen sie, die Einheit, ohne ihr die Variabilität, die Vielheit und Unendlichkeit zu rauben. Sehen wir uns die Primzahlen daraufhin an, um ihr Bild der Ordnung aufzunehmen.

Alle Gesetze der Entwicklung sind in der grundsätzlichen Trinität enthalten. Nur haben wir durch ihre Komplexität große Schwierigkeiten beim Erkennen. Um zu lernen, bedienen wir uns einer Lupe und gliedern in die Vielheit auf, um sie am Ende wieder zusammenzufügen zu der ursprünglichen Komposition. In einem Zergliederungsvorgang machen wir aus der einfachen Trinität nach ihrem eigenen Vorbild ein im Dreierrhythmus wachsendes großformatiges Gebilde der Abb. 56. Das ausführlich Besprochene sehen wir uns nun nochmals unter dem gesonderten Aspekt der Symmetrie und ihrer Spiegelachsen an.

Im ersten Kreis, dem Dreieck 1, war die Frage der Primheit noch ungeklärt durch zu geringe Differenzierung. Tatsächlich liegt aber zwischen beiden eine erste Symmetrieachse (P_2 der Abb. 56), die wir durch die Zahl 11 besprochen haben. Der Grundkreis 1 bildet sein Spiegelbild im Grundkreis 2, in dem der letztere Gegenteil und Spiegelbild des ersteren ist (Spiegelachse P_3). Außerdem tritt eine weitere Differenzierung ein in bezug auf die noch zwiespältige Primheit der 2 und 3. Im Kreis 2 sind ihre Spiegelbilder nun entschieden keine Primzahlen. Die Entstehung von Kreis 2 zeichnet sich also aus durch Gegenteilbildung, Spiegelbildung und weitere Differenziertheit durch Entscheidung. Die Anwesenheit aller 3 Kriterien ist feststellbar, noch nicht jedoch ihre Rangordnung. Sie ist noch relativ undifferenziert, wenig offenbar. Stellen wir den Großkreis [1] nun seinem Gegenpol, dem Großkreis [2] gegenüber, fällt die nächste Symmetrieachse (P_4) auf. Wieder ist Symmetrie das Entstehungsprinzip. Offensichtlich ist der Großkreis [2] das bildliche Gegenteil des Großkreises [1]. Die Zahlen, die auf einer Seite prim sind, sind es auf der anderen Seite nicht mehr. Die

Symmetrieachse (P_4) bewirkt auf der unteren Linie (Kreise 1, 2, 4, 5) eine eindeutige Gegenteilbildung. Symmetrie durch Spiegelung nach dem Vorbild 1- 5 finden wir nur noch in den Spitzendreiecken 3- 6. Die Achse P_4 bewirkt Spiegel- und Gegenteilbildung gleichzeitig. Diesmal ist eine Hierarchie aber offenbar. Mit jeder weiteren Symmetrieachse entstehen zusätzliche Differenzierungen, die auch die vorher verborgene Hierarchie offenlegen. Die Gegenteilbildung, das Widersacherprinzip, wird als untergeordnetes Hilfsmittel zur Symmetriebildung und zum Dimensionszuwachs (größere Differenziertheit) erkannt und entlarvt.

Symmetrie ist umfassender als Gegenteilbildung. Sie schließt ein höheres Ganzes ein. Das sehen wir nun auch in der Primzahlenfolge. Die durch formale Differenzierung entstehende Gegenteilbildung wird durch den Faktor Zeit oft besonders hervorgehoben und scheint dann im Leben zu überwiegen. Das erweist sich beim genauen Hinschauen als Täuschung durch subjektive Befangenheit. Auch die scheinbare Gleichzeitigkeit von Gegenteilbildung und Wiederholung verwirrt uns in ihrer geringen Differenziertheit. Dieser wirkenden, aber undurchschaubaren Ordnung begegnet man bei der Betrachtung von Teilbereichen. Die Achse Z_1 innerhalb des Großkreises [2] soll das andeuten. Die bisher unerklärlichen Primzahlzwillinge sind ein solches Beispiel. Die individuelle Ordnung (z.B. 11|13 im Kreis [2]) ist nur durch das übergeordnete Ganze erfaßbar. Ein Wesen im Bereich [2] erfährt auf seiner Ebene ein geschlechtliches, händiges Spiegelprinzip. Es hat aber die Möglichkeit, auf seine Weise sich dem Ganzen und der Hierarchie zu nähern und damit auch der Spiegelachse P_4 gerecht zu werden. Rechtes Verhalten geht vom Inneren, dem Individuellen aus. Der später dazugewonnene größere Überblick konfrontiert mit dem scheinbar Asymmetrischen, der Vorherrschaft der Achse P_4. Doch entpuppt sie sich im Laufe der Entwicklung als ein Symmetriegeschehen. Die Spannung, die dem erfahrenden Subjekt widerfährt, regt es an, die Hierarchien überblicken zu lernen. Dazu sind sie da. Nie haben sie wirklich zerstörenden Charakter. Der Blick nach oben ist notwendig. Der Horizont ist die Eins. Sie läßt sich nicht ausklammern. Der Wissenschaftler, der ihren Inhalt beschränken will, nutzt ihn trotzdem durch die Anwendung des Prinzips der Abstraktion. Doch ihm fehlt die Bewußtheit. Die Polarität der Welt, die Symmetrie mit ihren Zwillingen, verlangt nach der Eins. Im Primzahldreieck sind es die Zwillinge 2 und 3, die aus der Eins heraustreten.

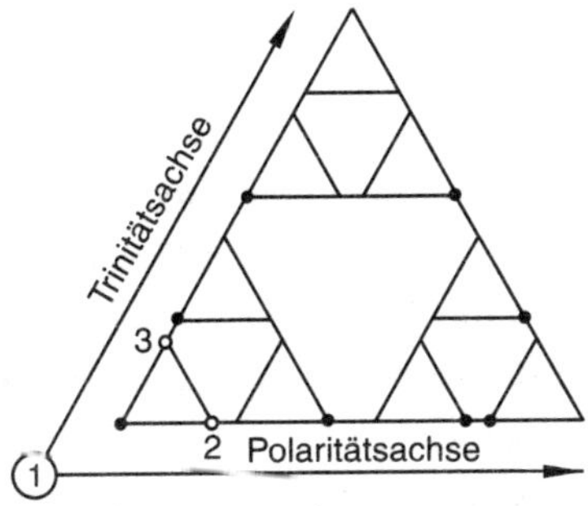

Abb. 73: Die zwei aus der Einheit hervorgehenden Achsen

Die Zahlenentwicklung erfolgt entlang zweier äußerer Achsen, die ich Trinitätsachse und Polaritätsachse nenne. Das Symmetrie- und Gegenteilprinzip verfolgten wir jetzt entlang der Polaritätsachse, der Achse, die die Verlängerung der Zwei bildet. Die Trinitätsachse ist der Polaritätsachse übergeordnet und umfaßt in sich die Polaritätsachse, d.h. die 3 ist der 2 übergeordnet und trägt die 2 gleichermaßen in sich. Die 2, das Gegenteil, haben wir als Hilfsmittel entlarvt, welches über einen nächsten, den 3. Schritt der Offenbarung der Einheit dient. Gehen wir nun entlang der Trinitätsachse nach oben, so wird der gegenteilbildende zweite Schritt nicht förmlich ausgeführt wie bei der Entwicklung längs der Polaritätsachse (vergleiche die Symmetrieachsen P_3/T_3), sondern im Bewußtsein des Hilfsmittels übersprungen. Im Ergebnis dessen ist das 2. Dreieck auf der Trinitätsachse (das ist das Dreieck 3) eine Wiederholung des ersten ohne vorherige Gegenteilbildung. Der Unterschied zum ersten besteht nur noch in einer Vereinfachung. Die ungewissen, zwiespältigen Primzahlen 2 und 3 sind als 8 und 9 ($8 = 2^3$; $9 = 3^2$) nicht mehr prim. Die Vereinfachung hatten wir auch auf der Polaritätsachse, wo 4 und 6 als Abkömmlinge der 2 und 3 nicht mehr prim waren. Vereinfachung ist als Kern in jeder Entwicklung zu erkennen. Der Weg in die Vielheit, die Aufspaltung durch Lupenwirkung, geht parallel mit einer Vereinfachung. Das ist die Grundlage der Offenbarung. Der Begriff Vereinfachung steht nicht im Widerspruch zum Weg in die Vielheit, sondern macht diesen erst möglich durch bewußte Entscheidung für einen von zwei Polen, der das einende Instrument in der Hierarchie wird. Auf die Lebenssituationen übersetzt, bedeutet das das Erkennen des Hilfsmittels und seiner Annahme. Diese Leistung hat das

Subjekt in der Entwicklung zur Vielheit zu vollbringen. Darin besteht seine Freiheit und seine Aufgabe.

Mit anderen Worten: Gott will keine Schwächlinge – oder, differenzierter betrachtet, keinen, der nicht in Stärke zu seiner Schwäche steht![96]

Die Symmetrieentwicklung auf der Trinitätsachse ist vollkommener als auf der Polaritätsachse, da der jeweilige Zwischenschritt der Gegenteilbildung stillschweigend enthalten ist und die „Gegenpol"-Bildung als vereinfachende Wiederholung des Originals stattfindet. Die Symmetrieachse T_3 zwischen 3 und 7 wirkt vereinfachend, indem die zweifelhaften Primzahlen 2 und 3 wegfallen. Die nächste Symmetrieachse zwischen 9 und 19 (T_4) wiederholt die Dreiecke 1 und 3 und wirkt ebenfalls vereinfachend, indem die 7 als Wiederholung in der 25 wegfällt. Inhaltlich ist das sehr bedeutend, wenn wir die 7 kennen. Sie steht u.a. für den allmächtigen, für sein Volk eintretenden Gott jenseits der Welt der 6. In der 25 erübrigt er sich (der theosophische Wert der 25 ist 7). Die 25 ist die Quadrierung der 5, die Erlösung des sich bewußt gewordenen Subjektes durch Wahrhaftigkeit, d.h. Wirkung auf sich selbst. Der Mensch hat in dem Augenblick sein Schicksal selbst verursacht bzw. ist sich als der Schöpfer seines Schicksals bewußt geworden und begreift die Macht des Jenseits als die Konsequenz seiner Handlungen. In der 25 hat der Mensch bewußtseinsmäßigen Anteil an beiden Welten, dem Hier und dem Jenseits. Seine Handlung wird zur Handlung Gottes.

Die 25 ist eine ganz besondere Zahl, deren Qualität von vielen Seiten zu beleuchten sich lohnt. Aus der Sicht der Logik und der Welt ist sie das Höchste, was der Mensch anstreben und erkennen kann. Das darüber Hinausgehende ist von der Existenzebene, die wir besprochen haben, nicht faßbar, da nach der 25 folgerichtig das Übermenschliche kommt. In der „Superprimen" geht die Polarität (2) in die Subjektivität/Individualität (5) über (2→5). Voraussetzung dazu ist die einmalige, superprime Qualität, nicht mehr prim sein zu wollen. Das ist die Konsequenz, in das freiwillige Opfer zu gehen. Opfer hat hier einen ganz anderen Sinn, als wir es allgemein verstehen. Opfer bedeutet hier die konsequente Größe, die die Gottheiten selbstbewußt in allen Mythen immer wieder vorführten. Nur die Vollkommenheit kann sich teilen, ohne Gefahr, sich *ausschließlich* in der

[96] Das ist der wirkliche Sinn der Beichte; Exculpierung (*Ent*-schuldigung) durch Bekenntnis. Die bewußte Schuld (Halbheit) offenbart Einheit.

Bewußtheit von Zweiheit wiederzufinden. Das ist eine Stärke, die sich allseitig miteinschließt. Das ist totale Wahrhaftigkeit. Wer sich seiner Unsterblichkeit bewußt ist, ist in der Lage, freiwillig zu sterben. Das wäre Christus-Bewußtsein. Goethe läßt Faust in seinen letzten Worten sprechen:

„.... im Vorgefühl von solchem hohen Glück,
genieß ich jetzt den letzten Augenblick."

Die Primzahlentwicklung hat eine Logik. Das Wunder, das Unfaßbare, ist in ihr enthalten. Andere mögen das von mir Angefangene noch einige Schritte weitertreiben können. Allen gemeinsam wird der Punkt der Notwendigkeit begegnen, wo sie ihre Schranke sehen und nur noch zu entscheiden haben zwischen Theorie und wahrhaftiger Handlung. Eine Primzahlformel, mit der jede Primzahl berechnet werden kann, ist völlig ausgeschlossen, da man so mit beschränkten Mitteln, die polarer Natur sind, die Ganzheit beherrschen würde und die Ganzheit folglich nicht mehr allumfassend wäre. Das kann es nicht geben. Das erst macht Vollkommenheit aus. Die Primzahlen sind die abstraktesten Formen der Welt und damit der Einheit extrem nahe (Primheit meint Einheit). Sie sind dennoch Form. Die gesuchte Primzahlformel existiert nicht wegen ihrer Zugehörigkeit zur Form. Das ist der Garant der Göttlichkeit und der Beweis, daß jede Form der Einheit unterstellt ist und nicht herausfallen kann und andererseits der Formenwechsel garantiert ist. Machen wir uns das *wirklich* klar und lassen es unsere *Wirk*lichkeit werden! Das ist die Unsterblichkeit des göttlichen Menschen. Das ist das, was die Begriffe der uneingeschränkten Gnade Gottes oder die Liebe zum Ausdruck bringen wollen, aber der überholten Sprache wegen nicht mehr verstanden wird.

Symmetrie in der Ornamentik, einer der möglichen Ausdrücke von Religion

Die Ornamentik ist wohl die älteste Art der Menschen, den Sinn der Materie im Symmetrischen bildlich darzustellen. Der Name Ornamentik (Schmuck) deutet auf das Wesentliche hin, das durch den künstlerischen Ausdruck dargestellt werden soll, welches der Schmuck selber aber nicht unmittelbar ist. Die älteste mir bekannte Ornamentik ist das auf einen Armreif in Elfenbein geschnitzte und aus der Steinzeit (11. Jahrhundert v. Chr.) stammende Mäandermuster aus Messin (Ukraine). Es ist für mich auch das deutlichste und eindrucksvollste. In ihm ist nicht nur das Geheimnis der Symmetrie, der Gegensatzvereinigung von Gleichheit und Ungleichheit, dargestellt, sondern es zeigt auch wunderbar das Wandlungsprinzip und die Wirklichkeit (im Sinne von Bewirken, Erstellen) der 11, der beiden Pole der Einheit und das aus ihr hervorgehende Weltgesetz 1 - 4 mit seiner eingeschlossenen Rechtwinkligkeit.

Das Mäanderornament besteht aus der Wiederholung einer Grundform von regelmäßigen und rechtwinklig gebrochenen Linien, die sich zu einem Größeren vereinen. Das ins Auge fallende Wesentliche des Mäanders ist, daß innerhalb der fortlaufenden Gesamtbewegung der Linie ein Richtungswechsel der Einzelbewegungen stattfindet. Das doppelte Bewegungsgesetz bringt den Menschen in Kontakt mit dem Schöpfungsgesetz der Welt. In allen Kulturen hat man versucht, das eine und doch vielfältige Gesetz zu begreifen, und man hat sich wissend der der Zeit entsprechenden Mittel bedient. Nach dem Erkennen macht es keinen Unterschied mehr, mit welcher Technik und auf welchem sogenannten „Niveau" das Erkennen vollbracht wurde. Das Erkennen ist in jedem Falle das Begreifen des Konkreten, seiner Relativierung und geeigneten Verwendung. Was die moderne Physik in den Elementarteilchen sucht und finden wird, ist im Ergebnis identisch mit den vor Jahrtausenden in der Kunst gefundenen Symmetrien. Tatsächlich spiegelt schon das Mäandermuster in seinen Variationen das klassische Gesetz der Trinität mit Hilfe der Vierheit (Geradlinigen und Quadratischen) wider. Die Vierheit, das geschaffene Manifeste, als Rechtwinkligkeit dargestellt, wird benutzt, um die Elemente Einheit, Zweiheit und funktionelle Verbindung zu durchschauen. Gegenteilbildung und Wiederholung zur Erstellung einer größeren Einheit sind die spezifischen Mittel des Mäanders.

Mäander von Mezin (Ukraine)

Mehrfacher Hakenmäander

Abb. 74: Mäandermuster

Die Ornamentik mit ihrer Symmetrieausbildung erreicht in der islamischen Kunst ihren Höhepunkt. Wer sich die unzähligen Ornamente in den islamischen Heiligtümern eingehend angeschaut hat, die allseitig in den vielgestaltigen Symmetrien gipfeln, der erspürt die innewohnende Ausrichtung. Die Perfektion des Ganzen ist überwältigend. Veränderte man nur eine Kleinigkeit in den auf verschiedenste Weise zusammenspielenden Symmetrien, wäre die Einheit zerstört. Der Gleichheit tritt Ungleiches hinzu, um in einer Gleichheit höheren Grades die Einheit zu erstellen. Im Islam ist das geometrische Muster mit einem eindeutigen Bilderverbot verbunden. Dem zugrunde liegt Wahrhaftigkeit durch Abstraktion bis in das Geometrische hinein. Abstraktion ist der Weg zu dem Einen, im Gegensatz zum Weg der Spaltung. Der islamische Weg definiert sich durch Abstraktion, indem er den Weg über die Symmetrie *zu* dem einen Allah geht. Die Definition der Subjektivität (Fünfheit) ist aber aus dieser Sicht ein Mehr, ein Sich-Unterscheiden von der Vielheit der Einheit, die seiner Definition nach in den Bildern verfolgt wird und deshalb nicht wahrhaftig ist. Für den Islam ist das Bild außerdem das Vortäuschen von etwas, was in seiner Ebene nicht vorhanden ist. Räumliche Tiefe, Verkürzungen, plastische Schattierungen und Perspektiven hat das Bild nicht tatsächlich, sondern es spielt sie nur vor. Das ist für das islamische Verständnis unwahrhaftig und damit verboten. Die Gegensubjektivität wird benutzt zur eigenen Definition. Wer die Definition ernst nimmt und das eine, welches die Symmetrie erstellt, erkennt, der wird das Gleiche, das Einende, dann auch in der Gegensubjektivität erkennen. Der über den Islam Eingeweihte erkennt anschließend in der Ikone die eine, logische Perspektive. Seine von ihm geforderte rechte, orientierende Ausrichtung findet er dann auch in seinem Gegenüber, dem Partner, der sich als Zwillingsbruder zu erkennen gibt.

Nur wer keinen religiösen Zugang zum Begriff der Symmetrie mehr hat, wird die Ornamentik, die er in zahlreichen Überlieferungen wie Teppichen, Schmuckfassaden, Mosaiken, Gittern und Borten findet, als langweilig empfinden. Langeweile ist das Verlorengehen des Blickes für das Eindeutige und Wesentliche. Die Gefahr des Aufkommens von Langeweile ist um so größer, je größer die Kluft wird zwischen dem Grad der Abstraktion in der Darstellung und dem Bewußtseinsgrad des Betrachters. Man denke an die abstrakteste aller möglichen Darstellungen, den Punkt.

Ein Einheitsbewußtsein, welches die Perspektive aus dem Punkt heraus ermöglicht, kann keine Art der Offenbarung ablehnen. Es erkennt die Einheit in der Vielheit und kann die logische Linearität einer Entwicklung als Offenbarungsgeschehen annehmen. Aus dem Punkt wurde das Linienhafte, das die Ornamentik schuf. Über die Ikone bis hin zur naturalistischen Malerei ist alles aus dem Punkt hervorgegangen und bildet eine Entwicklungsreihe. Wichtig allein ist das Bewußtsein, das sich mit den Teilen der Vielheit verbindet. – Religion ist dafür unverzichtbar.

Die zweite Dimension – Die Flächen

Zweiheit und Fläche

Von unserer angekündigten mehrdimensionalen Beschreibung der Weltgesetzlichkeit haben wir bisher die Eindimensionalität bearbeitet. Die Zahlenarchetypen haben uns ihren Charakter auf einfache und abstrakte Weise mitgeteilt. Über die Eindimensionalität haben wir die Qualitäten der Linearität erfahren. Streng genommen ist die Eins oder Eindimensionalität allein gar nicht möglich, weil zu ihrer Beschreibung schon das Polare benutzt werden muß, und das gehört der Zweiheit an. Unsere Einteilung bezieht sich aber naturgemäß immer auf Formen. Die Form bedarf der zweiten Dimension, um zur Anschauung zu kommen. Formale Zweidimensionalität sind die Formen der Ebene, die Flächen. Um eine Fläche zu beschreiben, benötigen wir zwei Parameter, die beiden Achsen Länge und Breite. Die einfachste Fläche, der Urtyp der Flächen, ist der Kreis. Es ist keine einfachere Fläche als der Kreis vorstellbar.

Der Kreis und sein Gleichnis

Der Kreis, der Prototyp aller Flächen, nimmt in der Zweidimensionalität der Flächen die Position der Eins ein. Aus ihm heraus entstehen alle Flächen, und er ist in jeder enthalten. Das Mysterium der Einheit versuchten wir am Anfang der Zahlendarstellung zu umreißen. Das dort Gesagte gilt in gleicher Weise auch hier in der Zweidimensionalität. Die Einheit entzieht sich unserer direkten rationalen Beschreibung. Aus der Welt der Rationalität, der Rationen (Abgeteiltheit), ist das Vollkommene nicht greifbar. Mit der Sprache der Unvollkommenheit ist das Vollkommene nicht beschreibbar. Als die Unmöglichkeit der „Quadratur des Kreises" erfahren wir das. Mit der zweiten Dimension haben wir ein neues Hilfsmittel in die Hand bekommen, was vielversprechend ist, denn es ist uns vertraut. Haben wir uns doch in unserer Suche in der Zweiheit, der Polarität, stehend erkannt. Aus ihr heraus hat uns die Gespaltenheit überwältigt, die wiederum unsere Suche induzierte. Wir dürfen also hoffen, dem Wesen der Einheit mit dem neuen, uns vertrauten Hilfsmittel ein Stück näher zu kommen.

Sehen wir uns den Kreis an, dann gibt es nur einen Einstiegspunkt – den Mittelpunkt, das göttliche Ur. Aus ihm ist die Welt der Erscheinungen hervorgegangen. Aus ihm heraus werden Raum und Zeit, Linearität und Logik geboren. Sie gehen aus dem Punkt hervor, sind aber etwas anderes als der Punkt selber. Der Punkt ist ihre Herkunft, und so wie der Punkt vielfach in jeder Linie vorhanden ist, so ist auch der Ursprung in der aus ihm entlassenen Welt vorhanden. Dennoch tritt etwas Zusätzliches in der Welt der Erscheinungen, dem Umfang, auf, welches im Punkt noch nicht vorhanden war. Es sind die Linearität, Raum, Zeit und Folgerichtigkeit. Mit der Entstehung des Kreises, d. h. mit dem Kreisbogen und Umfang, wird die Erscheinung, die Form, geboren. Der Kreis verkörpert den Punkt in größerer Dimension. Er ist der Punkt mit dazugewonnener Dimensionalität. Im Augenblick der Wandlung des Punktes zum Kreis wird der Punkt verlassen, er ruht bzw. stirbt, ist aber dennoch in jedem Punkt der neugeborenen Linie enthalten. Es ist wie ein Wunder. Es stirbt etwas, was gleichzeitig wächst. Es ist ein Sterben des Punktes mit Ziel und Folge des Wachstums. Es ist das tiefste Geheimnis, welches erkannt werden kann. Nur ist es nicht sofort und vollständig erfaßbar. An dieser Stelle wollen wir das Besondere festhalten, das darin liegt, daß etwas „Vorhandenes" (der Punkt) in das Größere hineinstirbt.

Abb. 75: Der Kreisumfang ist die Vielzahl des Zentrums. In jedem Peripheriepunkt ist die Einheit anwesend.

Die Welt der Dimensionalität und der Linearität, in unserem Beispiel die Welt des Umfanges, ist uns näher als der Punkt. In der Raum-Zeit-Welt sind wir zuhause. Die Welt des Punktes ist uns fremd. Wir können mit ihm wenig anfangen, da er sich noch vor der Qualität der Unterscheidung befindet, und ohne Unterscheidung ist auch keine Definition möglich. Wir können die Welt des Punktes nicht begreifen. Wohl wissen wir aber, daß er unser Ursprung ist und er irgendwie in uns sein muß. Der Weg zurück ist uns versperrt durch Dualität. Es existieren in unserem Bewußtsein also ab jetzt 2 Welten, unsere dimensionale Umfangswelt und der dimensionslose Ursprung.

Das für uns einzig Erkennbare an der Welt des Punktes ist seine Eindeutigkeit. Ganz am Anfang steht also die Eindeutigkeit. Da der Punkt in jeder Linie unendlich oft vorhanden ist und gewissermaßen in die Dimension übergeht, bleibt die Eindeutigkeit in der Vielheit der Dimension erhalten. Das Problem des Menschen, der sich in seiner dimensionalen Welt bewegt, ist es jetzt, daß er sich dieser Eindeutigkeit trotz der dazu gewonnenen Dimensionalität und Vielheit nicht bewußt ist. Er gerät in das Räderwerk der Vielheit, der Zerrissenheit und Zwiespältigkeit.

Diese Vielfältigkeit bzw. Dimensionalität ist der Zweitgeborene. Der Erstgeborene ist die Eindeutigkeit. Vielheit ist also nur durch Eindeutigkeit möglich. Mit diesem Wissen sollten wir im Falle der Zerrissenheit immer zu der Eindeutigkeit zurückfinden können, da wir von ihrer Existenz ja nun unwiderruflich wissen. Ist diese Eindeutigkeit in ihrer ewigen Existenz einmal in unser Bewußtsein gedrungen, so haben wir auch die Chance, sie konkret zu erfahren.

Alle Religiosität dreht sich um die Beziehung dieser beiden Welten zueinander und die Rolle des Menschen zwischen ihnen. Die Welt der Eindeutigkeit und die Welt der Zweiheit begegnen uns aus unserer menschlichen Sicht, die naturgemäß selbst eine polare ist, als Widerspruch, also als Gegensatzpaar. Genau dies ist aber unser Irrtum. Wir vergessen dabei den Ursprung des Geschehens, die Eindeutigkeit als Vater aller Dinge, die ständig wächst und ihren erweiterten Ausdruck in der Vielheit findet. Dieser Erstgeborene geht uns viel zu leicht in unserem Bewußtsein verloren, und so fühlen wir uns durch die Vielheit im Gewande der Zwiespältigkeit bedroht. Deshalb benötigt der Mensch Religiosität. Religio im Ursprung ihrer Bedeutung ist deshalb die Rückverbindung zum Anfang. Der Anfang ist die Einheit oder, wie man es auch oft nennt: Gott.

Wir bewegen uns in sehr logischen, aber abstrakten Bereichen. Ein Beispiel soll uns das hierarchische Verhältnis näherbringen. Sein Gleichnis wird uns das Begreifen erleichtern. Der Kosmos als Großgleichnis eignet sich für unser Thema in besonderer Weise. So sind alle Himmelskörper in ständiger Bewegung. Der nichtwissende Beobachter sieht von seinem erdhaften Standpunkt die Planeten sehr interessante und vielfältige Bewegungen ausführen. Dabei ändern sie oft ihre Verlaufsform, und man kann sogar echte Rückläufigkeit registrieren. Plötzlich überlegt sich ein Planet, ohne erkennbaren Grund, stehenzubleiben und sogar einige Strecken wieder zurückzulaufen, um zu einem anderen Zeitpunkt seine Bahn wieder in der gewohnten Weise fortzusetzen. So registriert es zumindest der Mensch. Der beobachtende einfache Mensch sieht, wie die Eindeutigkeit der Planetenbewegungen aufgehoben wird bzw. verlorengeht. Der Faktengläubige verläßt sich auf das, was er wirklich sieht. Der Astronom, in seinem Wissen reifer, erkennt ohne Probleme die Eindeutigkeit einer Planetenbahn. Ein Planet bewegt sich eindeutig und immer in die gleiche Richtung. Er ist auf einer Einbahnstraße! Alle faktisch zu erfassenden Abweichungen sind für ihn auf Interaktionen wieder anderer polarer Fakten zurückzuführen. Die unterschiedliche Entfernung der Planeten und ihre relative Geschwindigkeit zueinander lassen in uns ein Bild der Rückläufigkeit entstehen. Man kann es Täuschung nennen. Nur sollten wir uns im Laufe der Zeit darüber klarwerden, daß jedes Faktum von einer anderen oder späteren Position als Täuschung aufgefaßt und entlarvt werden kann und hinter jeder sichtbaren Erscheinung eine andere, höhere Wirklichkeit steht. So wie sich der einfache

Erdbewohner auf das verläßt, was er wirklich sehen kann, so verläßt sich der Physiker auf das, was er wirklich messen kann. Die Welt der Fakten ist die Welt des Umfanges und der Polarität. Ihr wichtigstes Gebot ist die Bewußtwerdung des Ursprungs, der religio, um nicht in der Dualität unterzugehen und sich selbst zu vernichten.

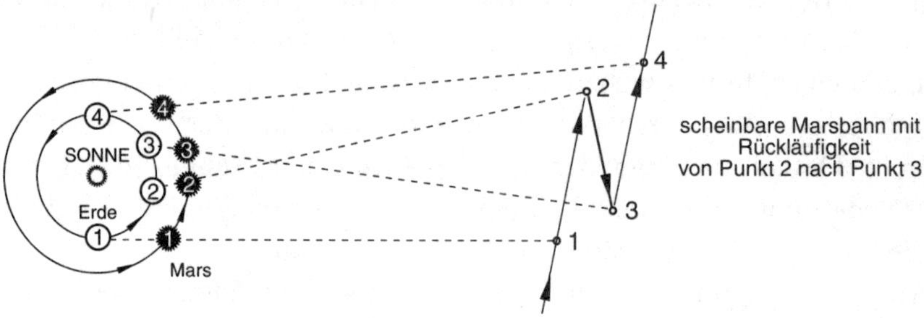

Abb. 76: Die eindeutigen und einsinnigen Bewegungen der Planeten erscheinen durch die unterschiedlichen Entfernungen und Geschwindigkeiten manchmal rückläufig. Von der Erde aus scheint der Mars hier von Punkt 2 nach Punkt 3 rückwärts zu laufen. Die Welt der Fakten gaukelt uns das Vorherrschen der Zweiheit (Umkehrung/Wechsel) vor. Die Religio verbindet wieder mit der Eindeutigkeit.

Wir finden uns im Kreisgleichnis als Umfangswesen wieder, das mit den Werkzeugen und Hilfsmitteln der Polarität und Dimensionalität seine eigene Welt betrachtet. Aus dem Zentrum heraus wurde die Linearität geboren. Sie ist die Welt der Fakten und lebt vom Boden der Zweiheit. Das Große bedingt das Kleine, Oben das Unten usw. Eines ist der Dünger des anderen. Ohne den Begriff Dunkel wäre das Helle nicht erlebbar. In der Spannung zwischen beiden spielt sich unser Leben ab. Bevor sich daraus Verzweiflung entwickelt, sollte man sich des Kreiswunders bewußt werden. Obwohl im Umfang Vielheit herrscht, ist in jeder Vielheit der Punkt, die Eindeutigkeit, ebenfalls vorhanden. Mit diesem Rüstzeug der Gesetzlichkeit von Addition und Hierarchie wird Polarität zum glücklichen Spiel, und Dunkelheit wird als Lichtträger erkannt, so wie der Name Luzifer es sagen will.

Im Kreisgleichnis hat eine Entwicklung vom Zentrum zur Peripherie stattgefunden. Auch diese Entwicklung muß eindeutig sein, wenn wir Eindeutigkeit als Immanentes erkennen. Damit kann es kein wirkliches Zurück mehr geben, ebenso wie die Planeten in unserem Kosmos nie rückwärtsfliegen. Unter religio kann man deshalb nur die Rückverbindung eines sich auf dem Umfang befindenden Individuellen zu seinem eigenen, innersten Kern verstehen, der inhaltlich identisch ist mit dem Kreismittelpunkt. Das Kreiszentrum ist in jedem Umfangspunkt enthalten, und zu *diesem* muß sich das Individuum rückverbinden. Ein wirkliches Rückwärts im Physischen kann es nicht geben. Die Eindeutigkeit des Kosmos schließt es aus. Im Christentum ist dies gemeint mit der Aussage: *„Werdet wie die Kinder"*. Die Erwachsengewordenen erschließen sich ihr Kindsein auf neuer Ebene, ohne im realen Sinne zu regredieren. Das Wunder ist vollbracht, wenn beide Welten so miteinander verbunden sind.

Die Eindeutigkeit und ihre Vertreter, die Linearität und Gerichtetheit, haben ihren festen Platz in der Welt der Dimensionen. Wir erfahren sie in der Einsinnigkeit der Zeit und im Gesetz der Entropievermehrung. Darunter versteht man die Gerichtetheit allen Geschehens, die wir u. a. als Zunahme des Maßes der Unordnung erfahren und im 2. Hauptsatz unserer Thermodynamik definiert haben. Ein Beispiel ist das Erleben des Zerbrechens einer Tasse in zufällige Stücke. Nie erleben wir den umgekehrten Vorgang, bei dem sich die Bruchstücke plötzlich und zufällig wieder in die Tasse verwandeln. Die Ordnung eines Hauses nimmt mit der Zeit der Benutzung ab, bis wir bewußt die Ordnung wieder herstellen. Die automatische, unbewußte Herstellung der Ordnung kommt nicht vor. Wir empfinden es zumindest so. Unabhängig vom Stand der Intelligenz erfährt der Mensch die Eindeutigkeit und Gerichtetheit, und das ist das Entscheidende. Das zur Schau fähige Wesen (5) muß die *Leistung zur rechten Schau* erbringen und verbindlich werden. Das ist das richtige Einordnen der ihm begegnenden Formen und die Klärung der Hierarchien von Inhalt und Form. Der Forscher, der eine ständige Zunahme der Unordnung erfährt, muß zwischen der Erfahrung der Formenauflösung und der mit ihr einhergehenden Eindeutigkeit hierarchisch unterscheiden. Er muß an dem Ort seiner Erfahrung ordnend handeln.

Das lineare Umfangswesen hat seine eigenen Gesetze, so z. B. die Gesetze der Physik und Mathematik. Ihr Symbol ist das Quadrat oder die Zahl 4. Die Gesetze erlauben es, immer tiefer in die Vielheit einzudringen, zu berechnen und zu manipulieren. Man kann in dieser Welt alles erreichen, nicht aber die Welt des Punktes berechnen oder beschreiben. In seiner Welt gelten die Grundlagen der Wissenschaft nicht. Wo weder Raum noch Zeit existieren, ist der Wissenschaft jeder Boden entzogen. So bleiben zwei

Welten existent, und das Linearwesen kann mit Hilfe seiner Kriterien, der Rationalität, deren Vertreter die rationalen Zahlen sind, die Welt des Punktes nicht erfassen. Dennoch ist es unsere Aufgabe und Dringlichkeit, ein Verhältnis zu ihm zu definieren. Nur mit unserem Vermögen können wir uns vorwärts entwickeln, und unser Vermögen ist unsere Unterscheidungsfähigkeit (2). Also werden wir definieren, worin wir Umfangswesen uns vom Zentrum unterscheiden und was wir Umfangswesen alle gemeinsam haben. Sehr schnell liegt im Bild des Kreises die Lösung beider Fragen vor uns. Alle Umfangswesen unterscheiden sich durch einen Abstand. Gemeinsam ist der Abstand zum Mittelpunkt. Der Radius ist der Geburtshelfer des Kreises und das erste Maß, das entstanden ist. Der Radius ist allen Punkten auf der Peripherie gemeinsam. Er ist das Urmaß, das erste Wißbare. Von ihm müssen alle Berechnungen ausgehen. Obwohl wir den Radius ebenfalls nur mit den Mitteln unserer Polarität und Linearität definieren können, ist er dem Kreismittelpunkt am nächsten und beschreibt im wahrsten Sinne des Wortes den Unterschied der zwei Welten. Der Radius ist also das Urmaß aller Erscheinungen. An ihm muß man den Umfang messen.

Der Kreis ist die erste mögliche Form in der Zweidimensionalität, der Flächenhaftigkeit. Die abstrakten Zahlen sind unserer Definition nach die erste Dimension. Dem Additionsgesetz zufolge findet man im Höherentwickelten die Elemente des Vorangehenden. Die Elemente des Kreises lassen sich dementsprechend den numerischen Archetypen (1,2,3..) zuordnen. Die beschreibbaren Elemente des Kreises sind der Radius (1), der Umfang (2) und die Kreisfläche (3). In unserem Kreisgleichnis ordnen wir dem Radius die 1 zu. Er ist das erste Wißbare und Konkrete. Die andere Welt, das Gegenüberstehende, ist der Umfang, die Welt der Zweiheit. Aus beiden ergibt sich ein Drittes, die Fläche des Kreises.

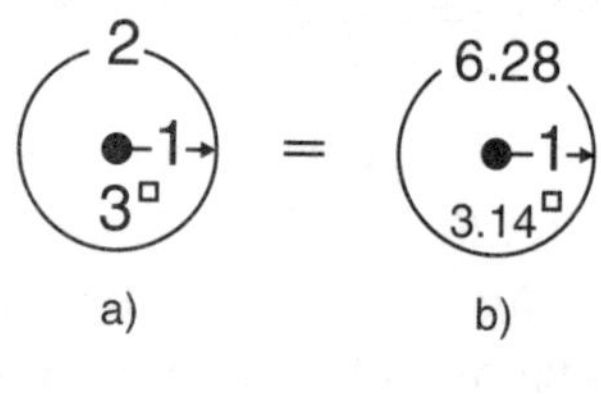

Abb. 77: Die 3 Elemente des Kreises – Radius, Umfang und Fläche. In a) wird die Vielheit der Elemente auf die lineare Zahlenordnung bezogen, und in b) beziehen sie sich auf die erste Größe, den Radius. Beide Sichtweisen sind für ein umfassenderes Verständnis notwendig und müssen miteinander verbunden werden.

Die Abb. 77a) zeigt die numerische Zuordnung der Kreiselemente. Sie entstand, indem wir die Zahlenqualitäten auf die neue Erscheinungsform, den Kreis, übertragen haben. Das ist eine Konsequenz des Additionsgesetzes. Nur besagt das 1- 4 Gesetz auch, daß das Ursprüngliche in *anderer* und *vielfältiger* Weise auftreten wird. Das Weiterbestehen des Vorhergehenden ist nur ein Teil des Gesetzes. Im Charakter der 2 (= Umfang) liegt auch das sich *Unterscheidende*. Die Parameter sind hier andere als in der Welt vorher. Betrachten wir den Kreis unter den Parametern der Zweiheit, so ergibt sich das Bild der Abb. 77b). Der Umfang ist darin 6,28.. (2π) und der Flächeninhalt 3,14.. (π). Beide Kreisdarstellungen sind richtig. Sie entsprechen einander. b) ist aus a) hervorgegangen durch einen Paradigmenwechsel. Zwischen beiden besteht ein hierarchischer Unterschied. Im Zweitgeborenen ist der Erstgeborene enthalten. Die Tatsache, daß der Umfang der 2 zugeordnet ist, d.h. dem *Anderen* zugeordnet ist, besagt, daß dort auch andere Maßstäbe gelten. Die neuen Maßstäbe sind irrational, sie müssen aber die alten erfüllen und enthalten. Das ist auch der Fall. In den neu entstehenden irrationalen Zahlen sind nach wie vor die rationalen Zahlen enthalten. Aber das Andere (2) macht aus der linearen Kontinuität (1,2,3,etc.) die Diskontinuität, die sich im irrationalen neuen Maßstab des Umfanges **2**π = 6,28..) niederschlägt. Im Andersartigen wird nur das überflüssige Hilfsmittel, die alte Form, aufgelöst, nicht aber das Wesen des Ursprünglichen. Aus dem rationalen Geradlinigen wird das irrationale Krummlinige. Das *Wesen*, die Gerichtetheit, die Eins-Orientierung bleibt. Die konkreten Parameter sind die Formen, die Hilfsmittel der Gerichtetheit. Sie wechseln.

Der Umfang ist die neue Welt, die wie alle Elemente des Seins ebenfalls auf das Zentrum gerichtet ist. Die Aufgabe des Umfanges ist es, das Eine in einer neuen Form der Vielheit zu offenbaren. Im Ergebnis kommt es dadurch zur Bildung der Kreisfläche. Die Kreisfläche als drittes der Reihe muß die Rückverbindung zur Eins herstellen und sie erhöhen. Die Kreisfläche ist ein erhöhter Ausdruck der Einheit oder, konkreter gesagt, der in der Fläche erfüllte Radius (s. Abb. 78).

Die Kreisfläche π ist der erfüllte Radius (1) über die Vermittlung der Zweiheit, des Umfangs. Die sich unterscheidenden Parameter des Umfangs (2; 6,28..) sind nur Ausdruck der unterschiedlichen, subjektiven Anfangsbedingungen des Betrachters. Sie gehören der Subjektivität (2) an, und diese ist nur ein Hilfsmittel. Die Zweiheit wird zur Dreiheit durch Erfüllung

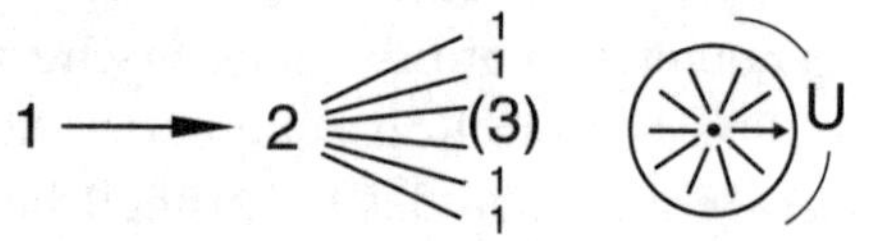

Abb. 78: Der Übergang des Kreisradius in die Kreisfläche nach der Formel Einheit→Vielheit (1→4). Das Polare (2), der Umfang, ist ein Hilfsmittel, die Einheit (Radius) zu offenbaren. Die Fläche ist der in die höhere Dimension gegangene Radius.

ihrer Aufgabe. Der Radius kann sich nur zum Inhalt (A) erfüllen über den Weg der 2. Die *Aufgabe* der 2, des Abgrenzens, bedeutet gleichzeitig das *Aufgeben* der konkreten Form, um das Wesen der Einheit auf höherer Ebene neu zu erstellen. Wird der Umfang nicht symbolisch, sondern nur konkret genommen, so bleiben wir bei 6,28.. hängen und verstehen die 3 nicht mehr richtig. Die Umwelt (Umfang) hat demnach nur symbolische Hilfsfunktion, um zum erfüllten Inhalt, zur 3, zu gelangen.

Wir haben das Prinzip der Erlösung, den Weg der Aufgabenerfüllung, kennengelernt unter dem Begriff der Wahrhaftigkeit. Wenden wir sie hier an, dann müßte dem zweiten, dem Umfang, auch tatsächlich die 2 zugeordnet sein. Sehen wir uns einmal an, was herauskommt, wenn wir den Umfang des Kreises gleich 2 setzen. Dabei entsteht eine Gleichheit von Radius und Fläche!

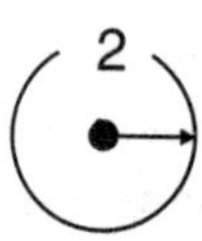

$$r = A$$
$$= 0{,}3181\ (1:\pi)$$

Abb. 79: Der konkrete Wert 2 anstelle des 2. Parameters (U) in der Zweidimensionalität (Fläche) ist ein geometrischer Ausdruck von Wahrhaftigkeit und bewirkt Gleichheit von innen und außen.

Wir sehen, wie die 2 ihre Aufgabe erfüllt, die 1 zu offenbaren. Das ist ihr Charakter. Die Erstellung eines Kreises mit dem tatsächlichen Umfang 2 ist der Vollzug des Wahrhaftigkeitsprinzips, da der Umfang dem Archetyp 2 (in der Zweidimensionalität) entspricht. Im Ergebnis sind Radius und die von ihm gebildete Fläche gleich, d.h. sie sind eines. Das Gesetz 1- 4 wurde erfüllt über die Polarität. Die Polarität verhalf, die Einheit wieder bzw. neu zu erstellen. Einheit und Vielheit sind letztlich eines.

Mit dem bis hierher Erlernten können wir nun den Wert π verstehen. Sehen wir uns ihn nochmals genau an. Die Kreisfläche π ist primär der 3 zugeordnet, und das ist archetypisch das Symbol einer Funktion mit der immer gleichen Aufgabe, die 1 auf höherer Ebene zu repräsentieren. 3 ist die Funktion der 1 oder, anders ausgedrückt, das erfüllte Handlungsprinzip der Einheit. Anfangsbedingung unserer Betrachtung war die Rationalität der 1 (die Ration 1; r=1). Das Neue, Andersartige muß irrational sein und muß in Erfüllung des Additionsgesetzes die Rationalität einschließen. Das ist nur möglich, wenn der Betrachter selbst einen Entwicklungsprozeß durchmacht und sich zum scheinbar paradoxen Schritt befähigt. Dazu darf er nicht am Konkreten hängen bleiben und muß im Sinne der Abstraktion das Symbolische extrahieren können. Tut er das, dann versteht er den Wert π. Er besteht aus rationalen Zahlen, die zusammen einen irrationalen Wert bilden. Das Vorhergehende ist im Jetzigen enthalten und vereint sich zum Höheren. Die Interpretation muß sich am Erstgeborenen, hier dem numerischen Wert 3 orientieren, um die Rückverbindung zu bewahren. Dabei erhalten wir die Information, daß die Fläche eindeutig eine Funktion (3) ihres Ursprungs (r=1) bzw. Inhaltes ist. Die weitere Information von π betrifft ihren Unterschied zur 3, der in den untergeordneten Ebenen, den Kommastellen, zu finden ist. Hier erhalten wir die Zahlenfolge 1 4 1.., deren Symbolik wir kennen. Die Funktion erstellt auf untergeordneten Ebenen das 1- 4 Gesetz, die Erstellung einer fortlaufenden Vielheit. Wohin diese für unser Verständnis führt, haben wir bei der Primzahlenfolge erörtert, in der das Spiegelprinzip in sich fortlaufend und logisch unser Fassungsvermögen im Konkreten übersteigt und sich als Irrationalität dem sonst vernichtenden Zugriff entzieht.

Subjektivität will akzeptiert sein. Erst dann erkennt man ihren Sinn. Subjektivität ist die Einschränkung bzw. Beschränkung des Ganzen, die gewollte Widersprüchlichkeit zum Zwecke der Anschauung und Erkenntnis, was zur Erhöhung der 1 führt. Am Einheitskreis ist es der Umfang, dem die 2 und auch der Wert 6,28.. zugeordnet sind. Im streng mathematischen, rationalen Sinne ist der Umfang vom Wert 6,28.. nicht faßbar. Das Verhältnis 1 : 6,28.. (r:U) gibt dem Wissenden aber eine symbolische Auskunft. Es verrät die großen Zusammenhänge über die der Rationalität nächste Lösung (1 : 6 anstatt 1 : 6,28..). Das Akzeptieren und die Anwendung der Subjektivität, der Beschränkung auf das Wesentliche, führen ihn weiter.

Die Zahlensymbolik hat in der Hierarchie der Symbole einen so hohen Stellenwert, daß sie in ihrem Wahrheitsgehalt eine Aussagekraft besitzt, die viele Welten übersteigt und uns das wesentliche Gemeinsame erzählt. Wenn der Umfang 6 bzw. etwas mehr als 6 ist, so kann man den entsprechenden Schluß ziehen. 6 ist das Wesen unserer Umfangswelt. Wir sind das Produkt von 6. 6 macht das Wesen der Polarität aus. Sinn und Zweck der Entstehung von Polarität ist letztlich das Verschmelzen der Pole durch das Prinzip 6. Dabei entsteht im Moment der Findung des Gemeinsamen, Eindeutigen, ein höherer Bewußtseinzustand, in den die beiden Pole bzw. Individuen hinein „sterben". Sie geben ihre Individualität in der Vielheit auf und verschmelzen zu einer neuen Einheit. So wie der Punkt letztlich im physischen Sinne nicht gestorben ist und sich in jedem Peripheriepunkt wiederfindet, so stirbt der Pol in der Verschmelzung, ohne wirklich zu sterben.

Der Mechanismus des Fortganges ist 6. Das Prinzip 6 steht in zentraler Stelle dieser Welt. Man findet es als 6-Ring, im Benzolring als chemischen Grundbaustein des Lebens, als Erotik und Genuß. 6 geschieht in der Sexualität ebenso wie in der geistigen Beschäftigung. Das Prinzip bleibt das gleiche, nur die Vielheit gibt uns eine Fülle von Befriedigungs- und Erfüllungsmöglichkeiten.

Auch die Bibel baut auf diesem Prinzip 6 bzw. 6,28... auf. Sie berichtet von einer Schöpfung in 6 Tagen. Genau betrachtet wurde der Mensch am 6. Tag geschöpft. Dem aufmerksamen Leser fällt auf, daß die Basis zwar die 6-Tage-Schöpfung ist, es aber etwas mehr als 6 Tage gibt. Obwohl die 6 der Punkt der Schöpfung ist, gibt es einen angefangenen 7. Tag. Alle Tage waren abgeschlossen, nur der 7. hat erst angefangen. Die Mathematiker sagen dazu einfach 6,28... . Es ist der Tag des Herrn, der eben für das rationale, lineare Umfangswesen Mensch nicht greifbar ist, ausgedrückt durch eine irrationale Zahl, die nicht endet, sondern ewig ist wie Gott, die Einheit bzw. Eindeutigkeit des Punktes.

Geradlinigkeit und Krummlinigkeit als Abbild 1 - 4

Die Geometrie übersteigt die Eindimensionalität und macht durch die dazugewonnene Dimension die Dinge anschaulich. Sie ist eine weitere Ausformung der Eindimensionalität und muß wie diese dem 1- 4 Gesetz, der Weltformel, gehorchen. In diesem Kapitel wollen wir ihr von ihrem ersten Zeichen an bis zu den Körpern folgen. Ein Weltgesetz wäre kein solches, wenn es nicht schon in den Anfängen einer solchen fundamentalen Disziplin findbar wäre.

Zu einem Gesetz kommt man durch Abstraktion. Die Abstraktion führt von den konkreten Dingen weg, hin zu den Symbolen. Abstrahieren wir auch noch die Vielzahl der Symbole, so kommen wir zum Punkt. In ihm ist der Inhalt aller Symbole im sprichwörtlichen Sinn „auf den Punkt gebracht". Er ist das letzte und erste Symbol und befindet sich sozusagen im Niemandsland zwischen dem diesseitigen Konkreten und dem jenseitigen Unbenennbaren. Er ist das Symbol schlechthin. Symbol ist in der ursprünglichen Bedeutung das Verbindende zwischen zwei Seinsebenen (grch. symbolon = zusammenwerfen).

Mit dem Punkt verbindet sich die Makellosigkeit und Eindeutigkeit. Jede Evolution und jede Transformation von einer Qualität in eine andere geht von ihm aus. Dem Gesetz 1- 4 folgend muß alles im Nachfolgenden durch Addition[1] entstehen, und er muß in allem enthalten sein. Die folgenden Ausführungen sollen das 1- 4 Gesetz in den ersten denkbaren geometrischen Schritten verstehbar und anschaulich machen. Zu diesem Zwecke folgen wir den vier Schritten der Abb. 80.

Der erste Schritt der Wandlung (1 ↓) geschieht durch Projektion des Originals. Aus dem einen Originalpunkt entstehen viele Punkte. Das Besondere der Vervielfältigung (1→4) besteht nun darin, daß eine Projektion und

---

[1] Addition = ad = 1- 4

Vervielfältigung zwar stattfindet, aber dennoch wird die Vielheit auf das Eine, die Einheit gerichtet und konzentriert. Im Ergebnis bilden die vielen Punkte *eine* Linie, und diese ist *gerad*linig und *ein*deutig auf einfache Weise. Sie steht im direkten Kontakt mit dem Ursprung. Die Vielheit ist nicht etwa wahllos und verlassen, sondern eindeutig gerichtet.

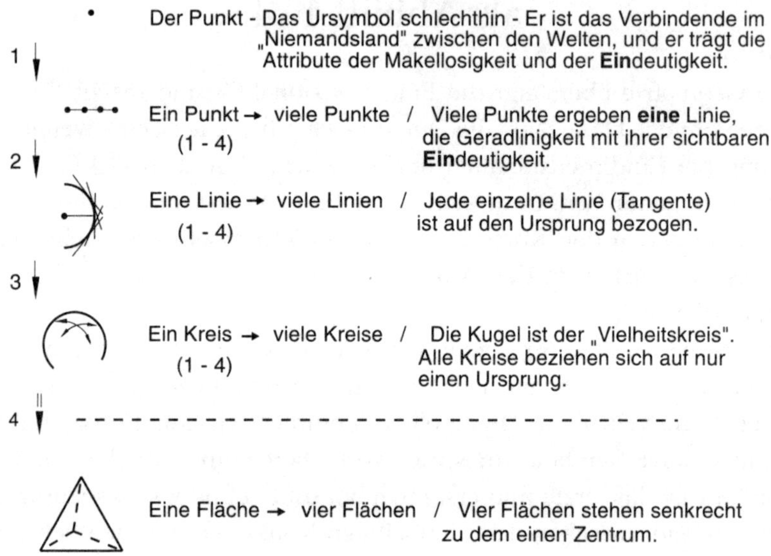

Abb. 80: Einheit – Vielheit, das Weltprinzip der Bildung der Formen. Das 1-4 Gesetz bewirkt jeweils Aufspaltung der Einheit in die Vielheit. Die entstehenden Vielheiten sind immer auf Einheit bezogen. Das Additionsgesetz faßt das Viele jeweils wieder zu einer neuen, offenbareren Einheit zusammen.

Hat man das Wesen der Linienhaftigkeit (•–•–•–•) über ihren Urtyp, die Geradlinigkeit, begriffen, wird sich folgerichtig auch das wahre Wesen der Krummlinigkeit erschließen. Das Entscheidende im Linienhaften eröffnet sich, wenn man erkennt, daß das Punktuelle, die Eindeutigkeit, in dem Linienhaften enthalten und offenbart ist und nicht getötet wird. Die Geradlinigkeit ist ein Hilfsmittel, um das Wesen des Punktes, die Eindeutigkeit, zu offenbaren. Wenn die gerade Linie ihrem Ursprung gegenüber ihre Aufgabe erfüllt hat, dann erst kann die gekrümmte Linie erscheinen, denn die gerade Linie ist Voraussetzung zur Krummlinigkeit. Die gekrümmte oder Umfangslinie gehorcht den gleichen Gesetzen, die besagen, daß der Ursprung erhöht und weiter offenbart werden muß.

Der 2. Schritt (2 ↓) ist wieder die Verwirklichung von 1- 4. *Eine* gerade Linie geht in die *Viel*heit von geraden Linien über, die in ihrer Gesamtheit das Krummlinige erstellen. Der Geometer weiß, daß der Kreisbogen die Summe unendlich vieler Tangenten ist. Eine polare, parallele und gleichwertige Betrachtung wäre die im vorhergehenden Kapitel benutzte Analogie der Vielzahl von Radien, die in ihrer Summe die Fläche ergeben.

Die Eindeutigkeit, die im Punkt das erstemal aufleuchtete, wird durch immer neue Ebenen der Vielheit transportiert. Dabei entstehen Hierarchien. Sowohl das einzelne Element im Ganzen, als auch die einzelnen Elemente untereinander sind orientiert. Erst aufgrund der Geradlinigkeit wird Krummlinigkeit möglich. Das Neue ist das Gekrümmte, welches die Geradlinigkeit (Radius) und den Ursprung (Mittelpunkt) umkreist, d.h. beachtet, ehrt, anerkennt und offenbart. Nichts geht verloren. Es herrscht keine Negativität.

Der nächste Entwicklungsschritt (3 ↓) bringt die doppelte Krummlinigkeit (Umfang) hervor. Das ist die Kugel, der „Vielheitskreis". Die doppelte Krummlinigkeit bringt den Raum in Form seines einfachsten Körpers, der Kugel, hervor. Seine doppelte Krummlinigkeit kommt gut in der arabischen Zahlensymbolik zum Ausdruck (٣ = 3).

Bis hierher kann man eine gewisse Kontinuität in der Entwicklung beobachten. Obwohl immer wieder Qualitätssprünge nötig waren, um den nächsten Archetyp entstehen zu lassen, ist die Logik in der Folgerichtigkeit augenfällig. Der 4. Schritt, der Schritt nach der Kugel, bringt dagegen, der Qualität Vier entsprechend, einen deutlichen Bruch in der Kontinuität. Zumindest äußerlich und empfindungsmäßig macht es diesen Eindruck. Die 4 ist im Gegensatz zu den 3 vorangegangenen Schritten etwas anderes. Die runde, fließende Form geht über in ein Eckiges und Kantiges. Hier fängt etwas Neues an. Neuanfang heißt aber, wieder die Nummer 1 sein. Die 1 wird in anderer Weise in der 4 wiedergeboren.

Das Eine und Eindeutige wurde auf immer neue Weise durch den Wechsel bereichert und offenbart. Das Wechselnde stört jetzt nicht nur nicht, sondern ist geradezu Bedingung und Erfüllung des Einen. Im Sinne der Einheit und Eindeutigkeit ist der Wechsel zum Anderen gefordert. Der Wechsel ist der Garant des Einen. Jeder weitere Entwicklungsschritt muß deshalb unbedingt den Wechsel zum Anderen vollziehen. Bliebe die Gegenteilbildung des Einen in der Vielheit. In ihr tritt das völlig Andersartige als das dennoch Eine *konkret* hervor.

Wie sieht der Neubeginn nun im Konkreten aus? Es ist die Geburt und Existenz des Kantigen. Es ist der Anfang einer neuen Welt, der Welt des Konkreten, unserer materiellen Welt. Wie konsequent und sichtbar der Wechsel im 4. Schritt vollzogen wird, ist an der Verschiedenheit der Formen von Kugel und den Platonischen Körpern ersichtlich. Daß mit ihnen die Einheit neu erstellt wird, sieht man an ihrer erneuten offensichtlichen Geradlinigkeit und allseitigen (harmonischen) Symmetrie. So manifestiert sich das 1- 4 Gesetz erneut.

Der Kreis des Radius 2, der Wahrhaftigkeitskreis

Das Ursymbol der Zweidimensionalität, der Fläche, ist der Kreis. Unter ihm ist es wiederum der mit dem Radius 1 (Einheitskreis genannt), der allen anderen seiner Art vorsteht. In der praktischen Ausführung einer linearen Folge könnte man nun unendlich viele Kreise entwickeln, deren Radien die natürlichen Zahlen durchlaufen. Wir erkannten am Kreisgleichnis aber, daß die Linearität nur ein Hilfsmittel ist, welches dazu dient, durch Addition und Erhöhung über das 1- 4 Gesetz eine neue Qualitätsstufe zu erreichen. Aus der Geradlinigkeit des Radius ensteht die Krummlinigkeit des Umfangs und letztlich sogar die Kreisfläche. Die Parameter wechseln, die Orientierung am zentralen Punkt bleibt. Die nächtsmögliche Qualitätsstufe, welche den Kreis überwächst, ist die Dreidimensionalität, deren einfachste Vertreterin die Kugel ist. Das Ziel ist ein *Qualitäts*sprung, die Kugel und nicht der unendlichfache Kreis. Dieser wäre nur eine *quantitativ* neue Stufe. Der Fortgang in der Welt des Kreises mit dem x-fachen Kreisdurchmesser wäre symbolisch das Hängenbleiben am Konkreten, der Linearität, auf der Suche nach der höheren Qualität.

Das Erlösungsprinzip war das Prinzip der Wahrhaftigkeit, die Anwendung der eigenen Qualität auf sich selbst. In der Zweidimensionalität ist die herrschende Qualität die 2. Ihre einfachste Form ist der Kreis. Der Kreis des Radius 2 ist demnach der wahrhaftige unter den Kreisen[2]. Wir nennen ihn den Wahrhaftigkeitskreis. Sehen wir uns den Wahrhaftigkeitskreis an und hören auf seine Botschaft.

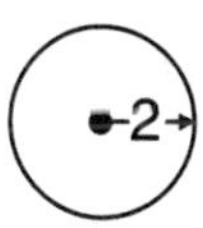

$$U = A$$
$$= 12{,}56..\ (4\ \pi)$$

Abb. 81: Der Kreis des Radius 2, der Wahrhaftigkeitskreis. Der Bezugsparameter 2 in der Zweidimensionalität bewirkt Gleichheit von Umfang und Fläche (Innen und Außen).

[2] Der Leser erinnere sich an die Primzahl 5, die zweite Zahl im zweiten Zyklus!

Im Wahrhaftigkeitskreis begegnet uns das Symbol der Wahrhaftigkeit in direkter Form. Unter Wahrhaftigkeit versteht man die Echtheit eines Menschen oder einer Sache, in der der Inhalt und das Äußere identisch sind. Sie ist übersetzt die Abwesenheit von Täuschung oder Falschheit. Sie muß das Tor, der Übergang, zur höheren Qualität der Kugel sein.

Bevor wir aber zur Kugel kommen, wollen wir uns der Anwesenheit des immer wirkenden 1-4 Gesetzes vergewissern. Wir haben festgestellt, daß der Übergang des Archetypen 1 in den Archetypen 2 grundsätzlich vom Additionsgesetz 1-4, dem Spiegel- und Symmetrieprinzip, bewirkt wird. Auch hier, beim Übergang des Einheitskreises in den Wahrhaftigkeitskreis, ist das der Fall. Die neue Qualität im Entstehen der Zweidimensionalität, im speziellen des Kreises, ist die Fläche. Sie ist der neue, typische Parameter, der neue Wert, auf den wir unsere Aufmerksamkeit richten. Die Fläche vervierfacht sich im Übergang vom Einheitskreis in den Wahrhaftigkeitskreis und folgt so dem 1-4 Gesetz ($r_1 \rightarrow r_2 = A \rightarrow 4A$). Die andererseits neue Qualität nach dem Kreis, die über dem Wahrhaftigkeitskreis geboren werden muß, ist die Dreidimensionalität, die Kugel mit ihrem Volumen.

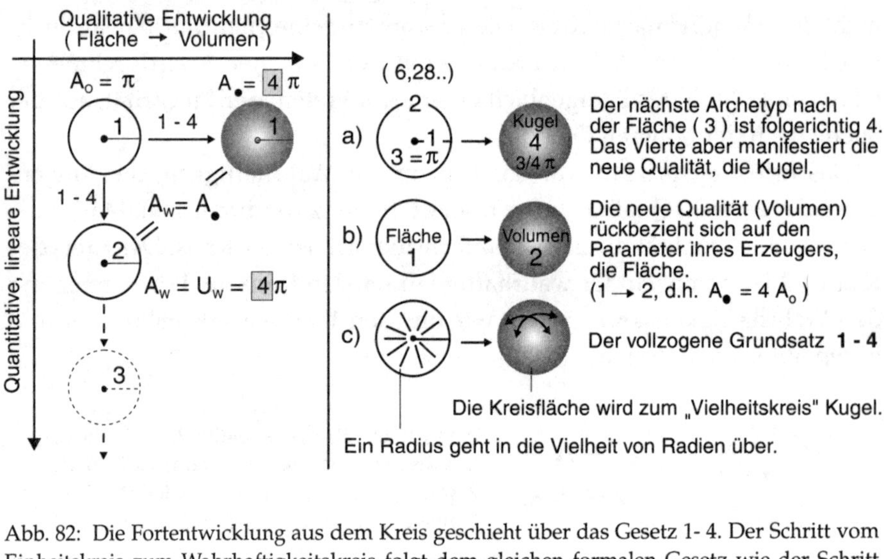

Abb. 82: Die Fortentwicklung aus dem Kreis geschieht über das Gesetz 1-4. Der Schritt vom Einheitskreis zum Wahrhaftigkeitskreis folgt dem gleichen formalen Gesetz wie der Schritt vom Kreis zur Kugel.

Im Wahrhaftigkeitskreis entsteht nicht nur die Gleichheit von Innen und Außen ($U_W = A_W$), sondern das Außen ist auch identisch mit dem Außen der neuen Qualität, d.h. die Fläche des Wahrhaftigkeitskreises ist gleich der Oberfläche der Einheitskugel ($A_W = A_\bullet$).

Der Qualitätssprung vom Einheitskreis zur Einheitskugel trägt wiederum das Signum 1-4 ($A_\bullet = 4 \times A_O$). Eine Kugel hat immer die 4fache Oberfläche des Kreises, aus dem sie hervorging. Die Abb. 82 zeigt deutlich das Prinzip jedes Archetypenwandels. Jede Verwandlung in eine höhere Qualität ist die Wiederholung des grundsätzlichsten aller Qualitätssprünge, des Archetypenwandels von der Eins zur Zwei ($1 \rightarrow 2$). Die Formen sind jeweils verschieden, das abstrakte Geschehen aber grundsätzlich das gleiche. Der wissende, differenzierende Blick entdeckt in ihm jeweils die Verwirklichung des 1-4 Gesetzes. Am Beispiel der Verwandlung des Einheitskreises in sein Höheres ist das ersichtlich. In der Abb. 82 sind das Höhere der Wahrhaftigkeitskreis und die Kugel. Sie vertreten beide das gleiche Ding. Der Wahrhaftigkeitskreis repräsentiert die Kugel in der niedereren Ebene der Zweidimensionalität.[3]

Die Frage, weshalb der 2. Schritt ($r_2 \rightarrow r_3$) sich nicht ebenfalls offensichtlich durch das Signum 1-4 auszeichnet, wollen wir kurz umreißen, um später darauf zurückkommen zu können: Nur die Verwandlung von 1 nach 2 ist ein primärer (prim = originär) Schritt. Mit der 2 entsteht das Andersartige, das Besondere. Das ist der Begriff der Qualität. Die 2 ist insofern noch prim und noch nicht der Linearität verfallen. Die 3 ist aus dieser Sicht nichts Andersartiges mehr, sondern eine Folge, die Präsentation von Linearität.

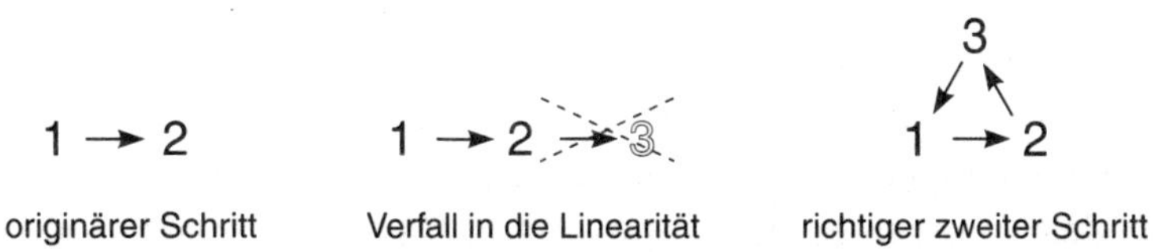

Abb. 83: Der zweite Schritt einer Entwicklung, bzw. die Dreizahl muß die vorherige Formebene verlassen, um nicht der Linearität zu verfallen. Deshalb finden wir das Urgesetz 1-4 nur in der originären Form, dem ersten Schritt.

[3] Die Möglichkeit der Entstehung von Vielecken ist der Übersicht wegen weggelassen und soll später ausführlich behandelt werden.

Die Verwandlung von der 2 zur 3 ist nicht mehr ein originärer Schritt, so wie er von der 1 zur 2 vorliegt. Das ist der Grund, weshalb alle Zahlen, die an der Spitze der Primzahldreiecke stehen und jeweils Vertreter des Dritten sind (mit Ausnahme der ersten 3), nie Primzahlen sind. Hier in der Formenentwicklung zeigt sich das Phänomen dadurch, daß die Folgekörper des Zweiten (r > 2) in ihrer Entstehung sich offensichtlich nicht nach dem 1-4 Gesetz verhalten. Die Entwicklungen aus dem *Einheits*kreis und aus der *Einheits*kugel heraus tragen dagegen alle das Signum 1-4. Der Wahrhaftigkeitskreis besteht aus der vervierfachten Kreisfläche, wie auch die Kugel. Ebenso trägt das Quadrat durch seine 4 einheitlichen Seiten das gleiche Signum.

Die Transformation vom Kreis zur Kugel ist auf der rechten Seite der Abb. 82 auf dreierlei Weise wiedergegeben, um das 1-4 Gesetz als das Gesetz des Archetypenwandels zu erkennen.

- Die Zeile b) stellt die hierarchischen Qualitäten Fläche (Niederes) und Volumen (Höheres) gegenüber, die einem einfachen Übergang (1→2) gleichen und im Maß der Fläche (die nächste, höhere Qualität) ein Vierfaches bilden.
- Unter a) kann man die Archetypenentwicklung 1 bis 4 vom ersten Wißbaren, dem Radius, bis zur greifbaren Manifestation der Kugel ersehen. Der Leser sollte nicht übersehen, wie alle Parameter (1-2-3) im Neuen (4) enthalten sind.
- Im Falle c) geht die eine Krummlinigkeit in viele Krummlinigkeiten über, die den „Vielheitskreis“, die Kugel, ausmachen. Auch der Kreis entstand vorher aus der Vervielfältigung des Radius.

Vom Radius (1) bis hin zum Volumen (4) der Kugel hat sich das 1-4 Gesetz praktisch umgesetzt. Das Volumen repräsentiert den Radius in einer anderen, vielfältigen Welt. Der sich in der Welt der Körper Befindende findet für das Volumen zwei Parameter vor. Das ist zum ersten für uns die mathematisch nachrechenbare Größe $4/3\,\pi = 4{,}188$... Sie begründet sich in der strengen mathematischen Berechnung unter Beibehaltung des konkreten Parameters $r = 1$. Zum zweiten wird der in der Analogie Kundige die Linearität der Zahlen zur Grundlage machen und die Qualitäten beschauen. Beide Vorgehensweisen sind begründet. Beide fordern ihre Anerkennung und Verwendung. Aber in beiden verbirgt sich auch die gleiche

Gefahr, nämlich ihren Parameter, mit dessen Hilfe die Erkenntnisfähigkeit gewonnen wird, für das Wichtigste zu halten. Er ist und bleibt ein Hilfsmittel, das wieder zur Seite gelegt bzw. relativiert werden muß, wenn man das Höhere begreifen will. Am Höheren angekommen, spielt es dann keine Rolle mehr, welchen Weg man gegangen ist. Der vorher scheinbare Widerspruch des Parameterpaares wird von einem Dritten, über den Dingen Stehenden, gelöst werden. Numerisch ist dieser sich erhebende Punkt die Nummer 5. Das ist das schauende Wesen, der Mensch, der der dreidimensionalen Welt gegenübersteht und als Individuum die Synthese schafft. In ihm wird Subjektivität zur Individualität, dem Ganzen, welches sich mit Hilfe von Teilen seiner Ungeteiltheit bewußt wird.

Die Weisheit des Weges der Einweihung, das Erreichen der Fünfheit, wurde in den ägyptischen Pyramiden fixiert. Ihrer Symbolik werden wir uns später widmen, nachdem wir hier ihr Alphabet erlernt haben. Hier soll der Hinweis reichen, daß die Pyramidenspitze für die Fünfheit steht und die Pyramidengänge, die Wege der Einweihung, d. h. die Wege der Polarität, 2 Königsellen = 1,047 m breit sind. Der Einzuweihende benutzt die beiden sich gegenüberstehenden Parameter der Polarität (1↔2), um das Werk zu vollbringen. Die Pyramidengangbreite von 2 Königsellen ist die Verhältniszahl der beiden vorher erwähnten Parameter 4 und 4,188.., die die beiden Sichtweisen der Weltbetrachtung sind:

$$4 : 4{,}188.. = 1 : 1{,}047...$$

Das ist ein Umrechnungsmaß zweier Einheiten, des Metamaßes (unserem Meter entsprechend) und der Elle. Beide Werte der Subjektivität werden vereint, um die Individualität (5), das Bewußtsein des Ungeteilten, zu erreichen.

Die 4 ist das Symbol der Kugel, des Konkreten und Greifbaren, der dreidimensionalen Materie. Das Wort der Materie erwähnten wir schon bei der Besprechung der Vierheit und verwiesen auf den Zusammenhang zum M, dem vierteiligen Buchstaben. Über die Vielheit und Materie gelangt man zur Bewußtheit der Individualität. Sie ist die Tür dorthin. Die 4 trägt im biblischen, hebräischen Alphabet das Symbol der Tür. Sie wird zur Pforte durch die Verbindungsmöglichkeit zweier Parameter oder Elemente, einem feststehenden und einem beweglichen Teil, die in rechter Weise miteinander verbunden werden. Sie ist die verbindende Funktion zweier Welten oder Ebenen, ohne von sich aus wertend zu sein. Sie ist Ausgang und Eingang in einem. Die Wertung liegt im Benutzer. Im Gleichnis der Einheitskugel verbindet sie die Dreiheit mit der Vielheit. Wir sprechen von der *drei*dimensionalen Materie (4).[4] Die Dreiheit der Fläche (Abb. 77) geht in die Vierheit des Volumens über. Das Volumen-Flächenverhältnis der Einheitskugel ist deshalb 3:4 (V:A = 3:4). Die vierte Qualität, das Volumen, ist die neue, vielfältige Einheit. Die erste wißbare Einheit war der Radius, der seine Erhöhung und Offenbarung in der 3, der Fläche, fand, um im nächsten Schritt, dem Volumen (4), greifbar im Sinne des Begreifens zu werden. Zum Verstehen und Begreifen der Symbolik der 4, der Materie, ist das Wissen um den 13. hebräischen (biblischen) Buchstaben (theosophisch ist 13 = 4), das Mem (M), hilfreich. Er bedeutet soviel wie „Wasser" und trägt den Zahlenwert 40. 40 ist die nächste Stufe der 4, in ihr verbindet sich die materielle Vierheit mit dem Göttlichen, Numinosen (4+0). Sie wird nicht etwa vernichtet oder bekämpft, sondern empfangsbereit durchlebt, weil sie als der Repräsentant der Einheit (1→4) erkannt wird. Daher gehört das Wasser (Mem), das Symbol des Aufnehmenden und Empfangsbereiten, zur 40. Im Namen des Menschen (1-4-40) steht die 40 an dritter und damit funktioneller Stelle. Ein solch gemeinter Mensch ist das Individuum bzw. hat sich als solches erkannt. Er weiß um seine beiden Teile (Einheit und Vielheit) und ist sich seiner letztlichen Ungeteilheit bewußt. Er verkörpert den funktionellen Übergang von der Vierheit zur Fünfheit (1-4-40 = theosophisch 45, also 4→5). Die 40 ist die theosophisch fünfte, also die individuelle Stufe der 4

(4 — 13 — 22 — 31 — 40)
1.— 2 .— 3 .— 4 .— 5.

Die Bedeutung der 13 beim Weg des Eingeweihten haben wir schon besprochen und Christus, Osiris und Odysseus erwähnt. Ergänzend sollen hier noch einige Namen und Begriffe der hebräischen Überlieferung genannt sein, die das Bewußtsein der 13 transportieren. Sie sind alle Faktoren der 13:

[4] d. h. für das Türgleichnis: Die Tür (4) und die Funktion (3) gehören zusammen.

Vater	=	13	=	1 x 13
JHVH	=	26	=	2 x 13
Sinai	=	130	=	10 x 13
Josef	=	156	=	12 x 13
Jakob	=	182	=	14 x 13
Isaak	=	208	=	16 x 13
Mose	=	351	=	27 x 13
Israel	=	546	=	42 x 13
Thora	=	611	=	47 x 13

Die Liste ließe sich fortsetzen. Wer den Inhalt jedoch kennt, wird die zahlreichen Formen durchschauen. So sprechen z.B. die 13 Mondumläufe des Jahres, die 13 Kostbarkeiten der walisischen Romanze, die 13 königlichen Juwelen, die 13 Buddhafiguren u.v.a.m. von ihrem Geheimnis, welches der Mensch entschlüsseln muß. Unser Umweg über den Menschen und seine Zahl 5 war nötig, um die Entwicklung der 4 und ihre Bestimmung in der 40 zu verstehen. Dazu ist der Mensch nötig, damit er durch Abstand, ihr gegenüberstehend, Bewußtheit über sie erlangen kann. Gleichzeitig erkennt er sich selbst mit der Erkenntnis der Materie, ist er doch aus ihr hervorgegangen (Maria = Materia).

Wir wollen das begonnene geometrische Gleichnis noch ein Stück weiterverfolgen. Der Qualitätssprung von der 3 zur 4 (Fläche →Volumen) wird durch die Wahrhaftigkeit möglich, indem als Grundparameter (r) der konkrete Wert der 2. Dimension, die 2, zur Anwendung kam und so eine neue Erscheinung (Oberfläche) mit einer neuen Dimension (Volumen, 4, Materie, Dreidimensionalität etc.) geboren wurde. Übersetzen wir nun das Prinzip auf die neue Ebene der Dreidimensionalität, so muß die Kugel mit ihrem wesenhaften Wert 3 die Wahrhaftigkeitskugel sein. Die Abb. 84 bestätigt das. Inhalt und Form (Volumen und Oberfläche) sind in der Wahrhaftigkeitskugel identisch.

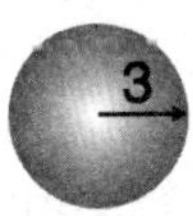

$A = V$ bei $r = 3$

(= 113,09..)

Abb. 84: Die Kugel des Radius 3, die Wahrhaftigkeitskugel. Der Bezugsparameter 3 in der Dreidimensionalität bewirkt Gleichheit von Volumen und Oberfläche (Innen und Außen).

Wir dürfen schlußfolgern, daß es auch das Prinzip ist, die 4. Dimension zu erreichen. Das Vierte ist unserem Wissen folgend aber das Wunder, das unerwartete Vielfältige der Einheit, die sich in der Vierheit offenbart. Dieser Übergang betrifft auch den Menschen. Er muß ihn gehen, um das Wunder zu erfahren, und kann ihn nicht nur mit Abstand von oben her sehen. Die wahrhaftige Handlung, die Erfüllung von 1- 4, schafft Transformation. Das ist mehr als reine Theorie und bedeutet das Sich-Lösen von den Hilfsmitteln der Linearität und der ausschließlichen Identifikation mit ihnen. In verschiedenen religiösen Überlieferungen wird oft von dem 4. Zeitalter gesprochen, in dem die Menschheit heute lebt. Diese Symbolik und ihre Aufgabe sollte erkannt werden, denn sie ist der Schlüssel zur Entstehung einer neuen Art, deren Bewußtseinsgrad sich von dem des Homo sapiens mindestens so sehr unterscheidet wie der des Homo sapiens von dem der Primaten.

Der Schlüssel bzw. die Tür ist das wirkliche und damit gleichzeitig wirkende Begreifen der Vierheit, in der die Einheit und Zweiheit vereint sind.

Wir spüren unsere unwiderrufliche Bindung an die Zweiheit, die Krücken. Ihnen entkommen wir zum Glück nicht. Wir brauchen sie zur Transformation. Der falsche Umgang mit ihnen erzeugt Leid. Wir müssen sie erkennen und durchschauen. Wir erfahren die Polarität als das Negative, Verneinende und Spannungserzeugende. Durch die Zwei wird die Spannung aufgebaut. Das führte in der Beurteilung u. a. zu den großen Mißverständnissen der Schuldprojektion und zum Kampf gegen das Andersartige. Die Zwei ist die Hilfe zur Entwicklung. Ihre archetypische Qualität kann sich durch das Additionsprinzip aber nur auf die Qualität der Eins aufsetzen. Sie kann sich nur im Sinne der Einheit auswirken. Der Begriff der Spaltung und Trennung, welcher mit der 2 ins Spiel kommt, stört die aus der Tiefe kommende Einheit nicht, sondern objektiviert sie und offenbart sie durch ihre hinzugewonnene Vielfältigkeit. Gleichheit und Einheit von Inhalt und Form (A = U) sind mit der 2 mitgeboren. Die Zwei bleibt Offenbarungshilfe zur Eins. Das ist eine höchst bedeutende Aussage und bringt das Verstehen der Formel 1-4 (Einheit in der Vielheit). In einer solchen Gleichheit liegt die Aussage, daß die Welt, die sich auf der grundsätzlichen Polarität aufbaut und entwickelt, in ihrer Oberfläche ihrem wirklichen Inhalt entspricht. Damit sprechen unsere persönlichen und sehr unterschiedlichen Krücken zu ihrem jeweiligen Träger eine deutliche Sprache.

Die Einheit bleibt immer gewahrt. „Wie innen, so auch außen“ ist die ewige Wahrheit. Aus dieser hohen Sicht gibt es keine Täuschung oder Verstellung. Das Subjekt (2) hat innerhalb seiner Welt aufgrund der ihm innewohnenden Freiheit aber die Möglichkeit, sich für seine persönliche Täuschung zu entscheiden. Der Entschluß führt in Wahrung der Gesetzlichkeit 1- 4, der Wahrhaftigkeit und der Gleichheit von „innen wie außen“ zur Rückwirkung auf den Verursacher. Der Täuscher wird getäuscht werden. Er hat sich in Ausübung seiner Freiheit für die Täuschung entschieden. Die Folge ist die Enttäuschung. Von der höchsten Ebene aus gesehen, war Täuschung nicht wirklich möglich. Der Entschluß des Subjektes für die Täuschung brachte ihm Täuschung und Enttäuschung gleichzeitig. „Innen wie außen“ bleibt gewahrt. Das ist die Aussage des Wahrhaftigkeitskreises, der die Gleichheit von U und A preisgibt.

Abb. 85: Begrenzung ist Zweiheit. Der Mensch, das Polare, muß seine Position erkennen und annehmen. So kommt er zur Schau des „Wie innen, so auch außen“. Erst dann stellt sich Transformation ein. Er wird zum bewußt Handelnden.

Die polare Betrachtung zum Wahrhaftigkeitskreis (r=2) ist der vorher erwähnte Kreis des Umfanges 2. Er führt zur gleichen Aussage. Der Parameter 2 in der Zweidimensionalität führt zur Einheit, der Gleichheit in der Verschiedenheit.

Der Umfang entspricht im Kreisgleichnis dem Archetyp 2. Er steht zwischen den beiden, hierarchisch unterschiedenen Welten und Erscheinungsformen des Göttlichen, dem Radius und der Fläche. Der Umfang ist das Zweifache, das Doppelte, das einerseits das Begrenzende ist und dadurch die Fläche hervorbringt und andererseits das Nichtendende, das Unendliche, darstellt. Gibt man ihm auch numerisch den Parameter 2, dann erhält man die mathematische Gleichheit von Radius und Fläche, von „innen und außen“.

Das Umfangwesen entspricht dem Subjekt, das durch Schaffung von Abstand sich zur Schau befähigt. Es ist das um Bewußtheit *ringende*[5] Wesen

[5] ringen = einen Punkt umkreisen – einkreisen, um ihn zu erkennen und zu erhöhen.

zwischen Radius und Fläche, den beiden Repräsentanten des Einen. Aus dieser wahrhaftigen Sicht erlebt es „innen wie außen" (r = A), was hier heißt: Der einfache Parameter (Radius, r) ist mit dem zweifachen (Flächigen, A) identisch, aber transformiert zu einem Höheren, eben der Fläche.

Das Verstehen der Folge der Zweiheit ist so bedeutsam, weil sie uns die Polarität in ihrer göttlichen Vollkommenheit und Unbestechlichkeit zeigt. Das dem Subjekt Begegnende steht im Dienste der Erstellung der Ganzheit und kann nicht wirklich getötet werden. Die Verteufelung des Polaren ist ein eklatanter Fehlschluß. Man denke an die unzähligen religiösen Bestrebungen, die in ihren institutionellen Einrichtungen nach einer bestimmten Entwicklungszeit in der Regel im Kampf gegen das vermeintlich Satanische enden. Man vernichtete die „Bösen", aber „das Böse" blieb. Beispiele sind Ablehnung der wissenschaftlichen Erkenntnise von seiten der Religionen. Gleichermaßen gilt das in umgekehrter Richtung. Die Naturwissenschaften haben oft und lang genug die Geisteswissenschaften abgelehnt. Die Wissenden dagegen entwickeln einen anderen Blick. Der richtige Blick und das Verstehen der Aufgabe führt zur Offenbarung der Einheit auch in der Mathematik und Wissenschaft, so wie wir es hier versuchen.

Die Geburt des Zweiten sieht äußerlich oft erst einmal anders aus und macht Angst, es könne sich etwas wirklich Negatives und Gefährliches für die Einheit entwickeln. Erst der zweite Blick auf die Zwei bringt wieder die Einheit. Genau das haben wir bei dem Vollzug des 1-4 Schrittes vom Einheitskreis zum Kreis 2 beschrieben. Dieser erste Entwicklungsschritt ist sichtbar mit dem 1-4 Gesetz verbunden. Der zweite Entwicklungsschritt zur Drei (r = 3) läßt mit dem erstem Blick die Flächenentwicklung nicht mit 1-4 in Verbindung bringen. Das täuscht. Wir werden im Kommenden nochmals nachweisen, daß letztlich auch hier das 1-4 Prinzip wirkt. Uns kommt es jetzt darauf an, beide Seiten der Polarität als eins-orientiert zu erkennen. Die erste Seite ist die Eins, das Ja. Die zweite Seite findet zum Ja durch doppelte Verneinung. Beide stehen im Dienste der Einheit. Die Polarität dient immer nur der Einheit. Die Mathematiker bringen das bei der Lösung einer Aufgabe im Begriff der „Ein-Eindeutigkeit" zum Ausdruck.

Geometrische Entwicklung im Überblick

Die Entwicklung oder Evolution ist ein Auswickeln, Offenbarwerden von etwas vorher noch Verborgenem. Der Baum entwickelt sich aus seinem Samenkorn und war vorher im Samenkorn verborgen. Geometrisch ist das erste Sichtbare der Punkt. Der Punkt entwickelt sich durch die 3 Dimensionen unseres Raumes hindurch bis zur Existenz, des In-Erscheinung-Tretens der Individualität des Menschen. Diesen Weg wollen wir graphisch in der Abb. 86 nachzeichnen.

Die erste Dimension ist die Linie. Das Wesen des Linienhaften vermittelt uns den Sinn für Folgerichtigkeit und Ordnung. Das Gerichtetsein oder eben Linienhafte haftet jeder Geburt an. Die Existenz der 1. Dimension setzt Ordnung voraus. Die Frage, ob es eine Ordnung gibt, ist eigentlich überflüssig. Wir setzen sie voraus und bestätigen sie durch unser Sein. Selbst der geschickteste Denker, der das Primat des Chaos beweisen will, bedient sich der Ordnung und bestätigt sie durch sein Tun.

Mit dem Linienhaften und seiner Gerichtetheit wird uns schon ein abstraktes Wissen über diese Ordnung zuteil. Das Wissen um die Archetypen der Zahlen gehört hierher. Zahlen sind ein Ausdruck von Linearität und Gerichtetheit.

Die erste definierbare gerade Linie, oder besser Strecke, auf dem Weg durch die Dimensionen ist der Radius. Er ist das definierte Geradlinige. Aus ihm geht die 2. Dimension, der Kreis, hervor. Aus dem Geradlinigen wird das Krummlinige. Die gekrümmte Linie widerspricht nur scheinbar dem Geradlinigen. In der gekrümmten Linie ist die Geradlinigkeit aufgegangen. Gestorben ist nur die äußere spezielle Erscheinung. Das Wesen der Geradlinigkeit besteht in seiner Ausrichtung auf den Punkt, den Mittelpunkt des Kreises. Hatte der Radius als Geradliniges noch direkten Kontakt mit dem Ursprung, so bewegt sich die Umfangslinie auf einem konstanten Abstand zu ihm im Kreise. Die Orientierung bleibt. Das Zentrum bleibt Zentrum, und das neue Wesen ist auf es ausgerichtet, wie es schon sein Vorgänger war. Die neue gekrümmte Linie beinhaltet unendlich viele Geradlinigkeiten

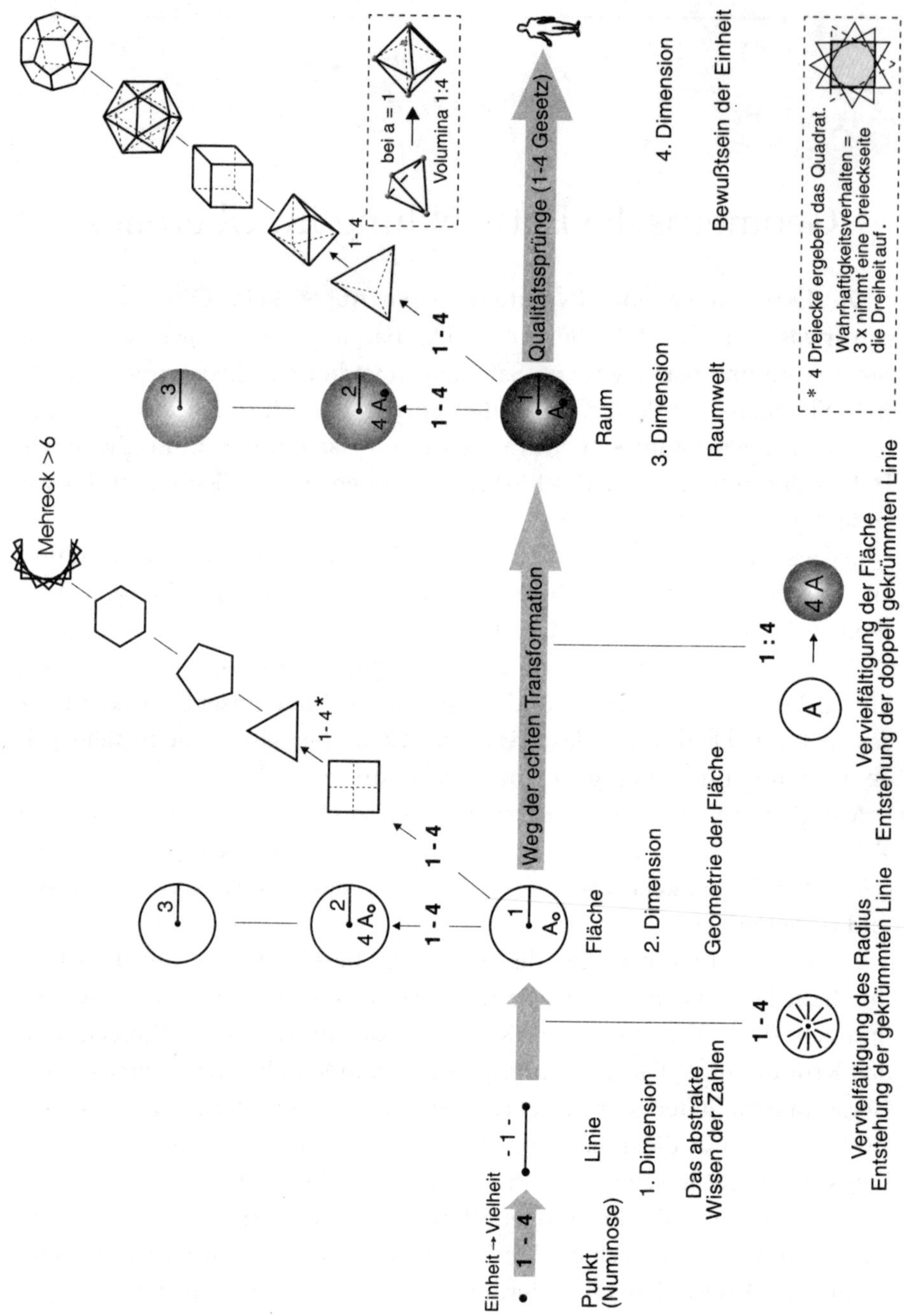

Abb. 86: Die Entwicklung des Punktes in den Raum hinein. Der eindeutige, richtige Weg ist der der Qualitätssprünge. Auf ihm ist die Gesetzlichkeit 1- 4 immer erkennbar.

in Form von imaginären Tangenten. Der rechte Winkel spielt als Konstruktions- und Verbindungselement zwischen den Ebenen eine herausragende Rolle. Ihm ist ein besonderes Kapitel gewidmet.

Die Ordnung des Linienhaften, die mit der 1. Dimension, den Zahlenarchetypen, entstand, besitzt zwei hierarchische Seiten, ähnlich dem Anfang und dem Ende einer Strecke. Es sind die Qualität und die Quantität. Sie werden in den darauffolgenden Dimensionen übernommen und erfahren durch das Additionsgesetz (1 - 4) eine ständige Erhöhung, indem sie in der Vielfalt wiederentstehen. Jede neue Dimension fächert sich auf in erneute Vielheiten. Das Entstehen der 2. Dimension führt zum Einheitskreis, der eine Art Ur- oder Kristallisationspunkt für weitere Potentialitäten ist. Aus ihm kann sich die 3. Dimension, der Raum des Körperhaften, herausentwickeln, oder es können in linearer Fortführung weitere, vielfältige Zweidimensionalitäten entstehen, zu denen Kreise der unterschiedlichsten Größen oder die regelmäßigen Vielecke gehören. Der qualitative und direkte Weg ins Große ist in Abb. 86 durch die Horizontale angezeigt. Aus dem Kreis, der zweiten Dimension und einfachen Krummlinigkeit, wird die 3. Dimension, die Kugel. Die Kugel ist der vervielfältigte Kreis. Aus der einfachen Krummlinigkeit entsteht die vielfältige Krummlinigkeit, die im Ergebnis ihrer Summe die Kugel bildet.

Die Kugel ist der Ur- oder Kristallisationspunkt der Dreidimensionalität, so wie es der Kreis in der zweiten Dimension ist. Aus ihr entstehen die Kugeln anderer Radien oder auch regelmäßige Körper, die uns als Platonische Körper bekannt sind.

Der jeweils erste Schritt (1→2) einer Veränderung, der zur Entstehung eines neuen Typs führt, wiederholt den archetypischen Urschritt 1 - 4, d.h. in allen ersten Schritten ist das Urprinzip augenfällig enthalten. Anders scheint es in den ihm folgenden Schritten zu sein. Es wirft sich in der Betrachtung der Abb. 82 und 86 und beim Verfolgen des 1 - 4 Gesetzes und seiner Entfaltung auch die Frage auf, weshalb vor allem die Fläche (A) als Bezug auftritt. Die Antwort liegt im Wesen der Fläche. Es ist keineswegs immer die konkrete Fläche. Sie ist es in der Zweidimensionalität, und dort muß sie es sein, weil sie das Wesen der Zweidimensionalität im Konkreten vertritt. Anfangs geht der Punkt in die punktuelle Vielheit der Linie über (• → •••••), danach transformiert sich das Geradlinige nach den gleichen Gesetzen zum Krummlinigen. Immer wird die Eindeutigkeit in die Vielheit transportiert. Im Übergang von der 1. Dimension (Linie) in die 2. Dimension ist es die Linie, die in die Vielheit geht. Das Geradlinige, welches zum Krummlinigen wird, bringt gleichzeitig die höhere Qualität der Fläche hervor. Blicken wir in der Abb. 86 auf die 3. Dimension, wo sich die Einheitskugel in die Kugel des Radius 2 verwandelt oder in der alternativen Entwicklung zum Tetraeder wird, bezieht sich das 1- 4 Wachstum auch auf die Fläche. Nur ist im Falle der Kugelradiusvergrößerung noch die genaue Vervierfachung der Fläche beobachtbar, und im Falle der Tetraederentwicklung wird aus dem Einflächner der Vielflächner. Das Prinzip bleibt 1 - 4, ist aber nicht mehr an den konkreten Wert der Fläche gebunden. Das Flächenverhältnis von Kugel und dem umgebenden Tetraeder ist konkret 1 : 3,30... Das Signum 1- 4 ist nun in der *Anzahl der Flächen* sichtbar oder am Vergleich der aktuellen Parameter, also:

Kugelparameter : Tetraederparameter = 1 : 4 (s. Abb. 99 auf Seite 277)
(Radius) (Höhe)

Das besondere Hervortreten der Fläche vor allem im mittleren Bereich unserer Abbildung liegt in ihrer Wesenheit, der Verkörperung der Polarität. Man mache sich doch einmal klar, wie fundamental die Polarität durch alle Seinsebenen hindurch wirkt. Dem Additionsgesetz zufolge ist sie in jeder ihr folgenden Manifestationsstufe anwesend. Der Mensch ist ein polares Wesen und erkennt sich im Außen. Was er bei allen seinen Betrachtungen wirklich wahrnimmt, ist immer das Zweidimensionale. Wir reden und denken oft im Dreidimensionalen und stellen uns Inhalte vor. Letztlich sehen wir aber immer nur Oberflächen. Selbst wenn wir einen Körper durchschneiden und uns vergewissern wollen, daß im Inneren das Vorgestellte wirklich ist, dann bezieht sich unser Blick auf die Schnitt*fläche* und diese ist wieder der Vertreter der Zweidimensionalität. Unsere Gebundenheit an die Zweiheit bleibt bestehen. Das verlangt das Additionsprinzip. Was wir als dritte Dimension bezeichnen, ist eine gekrümmte Zweidimensionalität. Das Erschließen der 3 erstellt die Funktion. 3 ist die Funktion/Handlung, und diese wird erreicht, indem die gekrümmte Polarität/Zweiheit zur Einheit „zurückgetragen", d.h. mit ihr verbunden wird. Das ist eine Erhöhung der Einheit, die als Dreiheit in Erscheinung tritt (2+1 ⇒ 3).

Wir begründeten, weshalb im Flächenhaften das 1- 4 Gesetz nicht nur qualitativ (z.B. 1 Radius→viele Radien), sondern auch quantitativ numerisch (z.B. 1A→4A) augenfällig ist. Im Umkehrschluß ergibt sich eine erhöhte Kaschierung in den anderen Ebenen, und es scheint dort das Gesetz zu versagen. Unsere subjektiven Sinne, in diesem Falle unsere Art der linearen Logik, mit der wir unberechtigt höherdifferenzierte Daseinsebenen beurteilen, täuschen uns! Unsere lineare Logik ist wissenschaftliche Spießigkeit. Wir reihen alle uns begegnenden Erscheinungen auf den gleichen Spieß unserer Postulate und versuchen Linearität festzuschreiben. In Wirklichkeit sind wir in einer Formebene verfangen. Ein Subjekt hat seine subjektiven Anfangsbedingungen (Postulate + Axiome), die sich von Subjekt zu Subjekt, von Formebene (Standpunkt) zu Formebene unterscheiden. Das heißt aber doch, jede Bedingung ist auch eine Anfangsbedingung, bezogen auf den spezifischen Rahmen. Im Kleinen oder im Abstrakten leuchtet uns das ein, im Falle der wissenschaftlichen Parameter verstoßen wir dagegen und werden zu Spießern. Der Urschritt (1→2) ist in jedem Schritt enthalten und nicht mehr nur in dem *für uns* offensichtlich ersten. Der Begriff des Ersten ist schon auf unsere Subjektivität bezogen. Tatsächlich täuschen uns deshalb unsere Sinne, wenn wir das 1 - 4 Gesetz nicht auch im von uns aus gesehenen Zweiten und Folgenden entdecken. Unsere Subjektivität und deren Bedingung verhindern die Sicht für die Einheit, die Einsicht, über mehrere Ebenen hinweg. Bedingt durch unsere Subjektivität, haben wir das 1 - 4 Gesetz an der Quantität (1A→4A) festgemacht und vergessen die Ganzheit des Gesetzes, die vor allem auch die Qualität, das Höhere, umfaßt. Der qualitative Aspekt ist abstrakter und meint den Übergang des Einen in die Vielheit und nicht nur die spezielle Form des Überganges der Flächen mit dem Multiplikationsfaktor 4. Er ist nur eine quantitative Erscheinungsform des Prinzips. Die strenge Logik und Ganzheit der Universalformel erzwingt ihre Anwesenheit in jedem Schritt, auch im Übergang von der 2 zur 3[6] (s. Abb. 87).

Die Entstehung der ersten Vierheit ist nachvollziebar. Der zweite Schritt ist bezüglich der Form 1- 4 undurchsichtig. Aus der Vielheit entsteht eine neue Vielheit, die Vielheit der Vielheit. Das verwirrt. Dennoch wissen wir,

[6] Dieser Schritt ist bedeutsam für den Menschen, denn er bezieht sich auf die Erlösung des Materiellen. Bei den Primzahlen haben wir die 24gliedrige Welt und die Zweiseitigkeit, die jeder Materie und damit auch den Menschen anhaftet, beschrieben. Sie erscheint ihm als ein Hin und Zurück in der Bewegung.

daß das Gesetz allgegenwärtig ist und auch überall erkannt werden will. Es fordert den Betrachter zum Ebenenwechsel auf. Die Abb. 83 zeigt das notwendige Prinzip. Die in ihrer Größe sich unterscheidenden Vierheiten der Abb. 87 sollen das steigende Niveau der Existenzebenen symbolisieren.

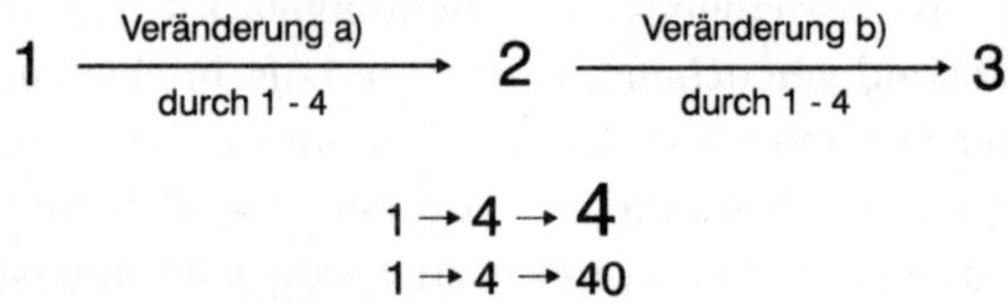

Abb. 87: Die zweifache Veränderung erfordert einen Ebenen(Bewußtseins)wechsel. Die Materie will mit dem Göttlichen, dem Numinosen verbunden werden. Das ist die biblische Formel des Menschen (1-4-40).

Vollzieht das betrachtende Individuum den Niveauwechsel nicht, dann bleibt es in der Linearität hängen und wird mit der undurchsichtigen Vielheit konfrontiert. Die unterschiedlichen Wege der Entwicklung sind in der Abb. 86 ersichtlich. Der horizontal gezeichnete Weg ist dort der Weg der Qualitätssprünge. Alle Schritte sind originäre. In jedem ist das 1- 4 Prinzip erkennbar. Geht es in seiner Offensichtlichkeit verloren, dann steht man vor einem zweiten Schritt in die falsche Richtung.

Die Zahlen 144 und 1-4-40, die das Thema des Ebenenwechsels beschreiben, spielen in den verschiedensten religiösen Traditionen eine wichtige Rolle. 1-4-40 ist die Zahlenfolge des Menschen. Der Mensch, selbst ein aus Materie bestehendes Wesen, muß mit der Materie den richtigen Umgang pflegen. Sie will durchschaut und verwandelt werden.

Die zwei Schritte (Abb. 87) von der 1 zur 3 haben wir vorher schon auf verschiedenste Weise beschrieben. So z. B. bei der Symmetrie- und Spiegelbeziehung. Der Schritt a ist uns bekannt als die Gegenteilerstellung eines bereits definierten Ersten. Vielheitenentstehung geschieht immer durch Spiegelung. Das Erste und das nun entstandene Zweite bilden eine Symmetrie, also Bild und Spiegelbild. Sie sind z. B. seitenverkehrt, und im Konkreten gelten für sie unterschiedliche Parameter. Beide sind aber die sich unterscheidenden, vielfältigen Ausdrücke eines im Hintergrund stehenden gemeinsamen Einen. Die nochmalige Spiegelung ergibt wieder das Bild des Originals. Im Kreisgleichnis geht der Radius (1) durch eine erste Veränderung in den Umfang über. Eine zweite Veränderung, die Spiegelung des Gespiegelten, macht aus ihm wieder die Einheit. Diese Einheit ist aber selbst eine veränderte. Sie ist die Kreisfläche, der in die höhere Dimension gegangene Radius.

1- 4 ist das Gesetz der Gesetze, und mit ihm ist das Gesetz der Symmetrie erklärbar, mit welchem es letztendlich identisch ist. Es meint keine Formen, aber es bedient sich ihrer. In religiöser Sprache heißt das:

– Gott ist nicht in der Linearität verfangen, aber er bedient sich ihrer. –

Die Mythologien sprechen vom Auszug aus der Heimat, dem Gang in die Existenz des Lebens, der als Zwischenschritt inverse, diabolische Qualitäten hervorbringt. Mit dem zweiten Schritt erfolgt die Heimkehr. Die Zweiheit (dia) wird durch die Zweiheit eine neue Einheit (2x2). Der Zweifel wird bezweifelt. Das Negative negiert sich. Der Skeptiker wird seiner Skepsis gegenüber skeptisch. Im Ergebnis steht Bewußtheit, Selbstverständnis und Gewißheit, der Gegenstand aller Sehnsucht. In der Grafik des Punktes ist das die Seinsstufe wahren Menschentums, die Individualität (5).

Die Ordnung der Flächen

Der Kreis steht symbolisch für alle Flächen, für die gesamte Zweidimensionalität. In ihm sind alle anderen Flächen noch unoffenbart vorhanden. Unter den Flächnern kommt ihm seinerseits das Symbol der 1 zu. Als Einheit geht er nach der Universalformel 1- 4 in die Vielheit über. Die Vielheit kann einerseits wiederum als Kreisfläche dargestellt werden, indem man, vom Einheitskreis ausgehend, in vielfältige Kreise unterschiedlicher Radien unterscheidet (s. Abb. 88a). Anderseits kann man die Vielheit auch als Flächen anderer Formen sehen. Der Kreis als allseitig symmetrisch begrenztes Gebilde beinhaltet gleichermaßen die Vielheiten der Polygone. Er ist ein Spezialfall unter ihnen, das „Eineck" (s. Abb. 88b).

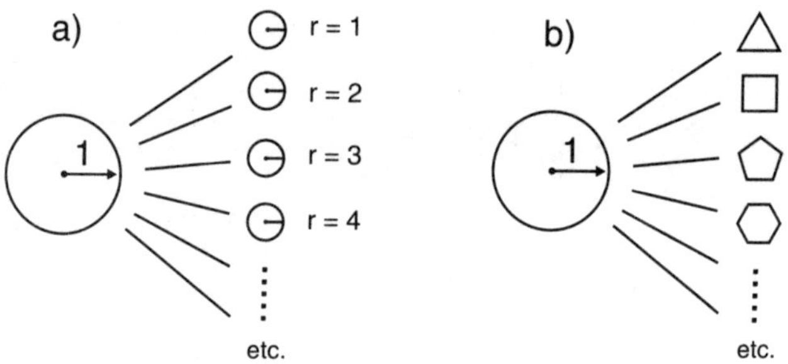

Abb. 88: Die Vielheit des Kreishaften aus zweierlei Sicht.

Rückschließend können wir behaupten, daß der Kreis als „Eineck" in jedem Vieleck enthalten ist, analog der Zahl 1, die ebenso in jeder ihr folgenden Zahl enthalten ist. Alle Vielecke bauen auf den Kreis auf und sind im übertragenem Sinne Vielfache des Kreises, so wie in der 3 die 1 enthalten und sie deren Dreifaches ist. In der Konsequenz unserer Feststellung, der Rückbeziehung der Vielecke auf den Kreis, stellen sie sich als „Mehrkreiser" dar (s. Abb. 89).

Um die Archetypenentwicklung und ihre Grundmechanismen in der 2. Dimension, der Flächenhaftigkeit, zu durchschauen, so wie wir es in der

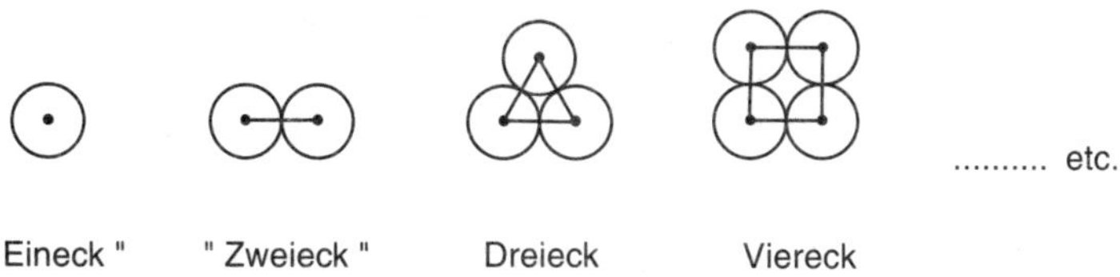

Abb. 89: Die Vielecke sind ihrem Ursprung nach „Mehrkreiser“

Eindimensionalität, der Zahlenbeschreibung, bereits taten, werden wir uns ansehen, wie aus einem Kreis der Doppelkreis und aus ihm der Dreifachkreis usw. entstehen (Abb. 90). Aus der 1 entsteht die 2 durch Projektion. Das ist der Beginn einer Vielheit. Die Eindeutigkeit ist schon hier in der einfachsten Vielheit erkennbar. Der projizierte Kreis hat mit dem originalen unmittelbar Kontakt.

Dem Doppelkreis folgt der zweite Wandlungsprozeß, der zur drei führt. Er besteht aus zwei Teilen, der Projektion und der Vereinigung. In diesem

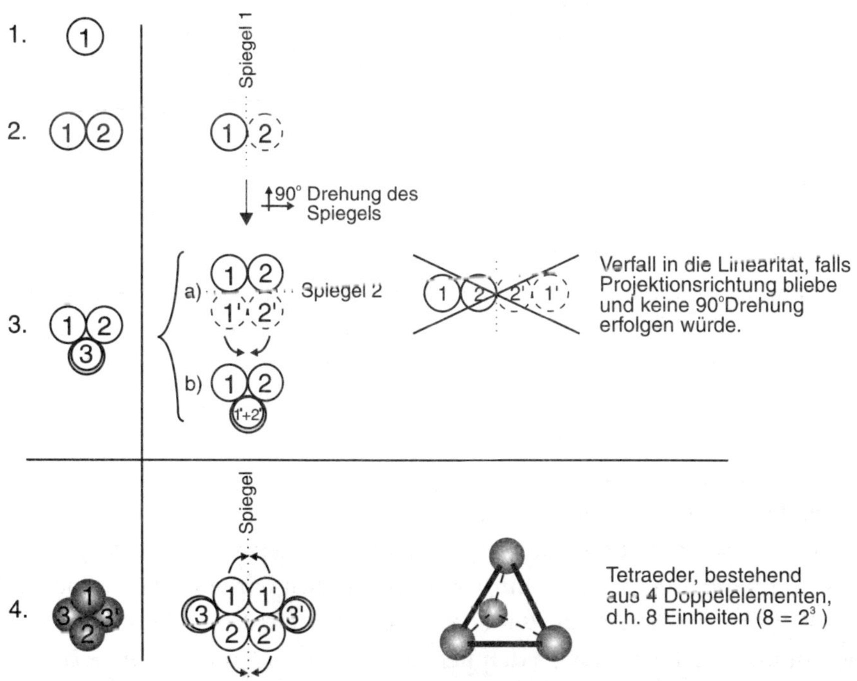

Abb. 90: Projektion und Einheitsbildung, das Vervielfältigungsprinzip, aus dem immer neue, vollkommenere Gebilde entstehen.

Prozeß muß die vorangehende Qualität aufgenommen und erhöht werden. Sehen wir uns die Details daraufhin an.

Die Entstehung des Doppelkreises führt zur Entstehung einer Urspannung 1-2. Der zweite Projektionsschritt übernimmt diese Spannung, indem er senkrecht zum ersten erfolgt. Es entsteht ein rechter Winkel. So werden die beiden Projektionsschritte gleichzeitig hierarchisch geordnet. Rechtwinkligkeit ist, wie wir noch sehen werden, Ausdruck einer zielgerichteten, fruchtbaren, auf Addition gerichteten Spannung. Würde der zweite Projektionsschritt (Spiegelung) nicht die Drehung um 90° tun, dann wäre das ein Verfall in die Linearität, die nicht im Sinne der Schöpfung (1- 4) stehen würde, die das Andersartige durch Offenbarung des Einen beabsichtigt. Der Spannungsaufbau von 90° durch den zweiten Schritt hat das Ziel der *Spiegelung und Vereinigung*. Die zweite Spiegelung, die bei der Entstehung der drei geschieht, führt zur Erstellung einer neuen Einheit. Jeder weiß, daß das Spiegelbild des Spiegelbildes das Bild des Originals ist. Es ist die Erstellung eines neuen, anderen Originalbildes. In der Abb. 90 ist es das Verschmelzen der Kreise 1′ und 2′ zum Kreis 3.

Sehen wir uns die Entstehung der 3 in ihren Details genauer an, dann wird uns nicht nur klar, wieso jedes dritte zwei Bestandteile in sich trägt und sich u.a. Zwilling nennt, sondern wir sehen auch, daß vor der Entstehung der fertigen Dreiheit für einen Bruchteil kurzzeitig eine doppelte Zweiheit, eine Vierheit, aufblitzt. Obwohl im fertigen Ergebnis eine Dreiheit vorliegt, wird diese nur machbar durch das vorherige Erscheinen der Vier. Die Trinität als theoretische Grundlage aller Dinge haben wir ausführlich besprochen. Sehen wir nun mit Lupenblick in ihre Entstehung, so gelangen wir zur Qualität der Vierheit, und das in zweifacher Weise. Erstens ist es das kurzzeitige Aufblitzen der Vierheit vor der Verschmelzung. Zweitens sind es 4 Elemente (Bestandteile), wenn wir im Lupenblick die Schritte bis zur Entstehung des Dreikreisers durchzählen (s. Abb. 91). Auch die grundsätzliche Dreiheit bedient sich des 1- 4 Gesetzes. Der blitzartig erscheinende Vierkreiser steht an der dritten Stelle und die endgültige Drei an der Stelle eines vierten. 3 und 4 sind untrennbar verbunden. Ihr Verhältnis müssen wir verstehen lernen, um die Welt zu verstehen. Sie widersprechen sich nicht, sondern bauen eine Beziehung auf, die das Leben definiert. Zwischen beiden wird eine Spannung gehalten, die wir später nochmals unter dem Thema „Das Umkehrprinzip“ beschreiben. Hier genügt vorerst die Feststellung der Vertauschbarkeit von 3 und 4, d.h. ihre nicht endgültige Festlegbarkeit auf Linearität. Die Nichtlinearität ist das weiter entwickelte Prinzip, dem die Linearität als Hilfsmittel dient. Übersetzt auf die Zahlen bedeutet es, daß die Linearität der Zahlen (Quantität) der Qualität (Inhalt) dient. Qualität ist das Höhere, welches sich der Quantität bedient.

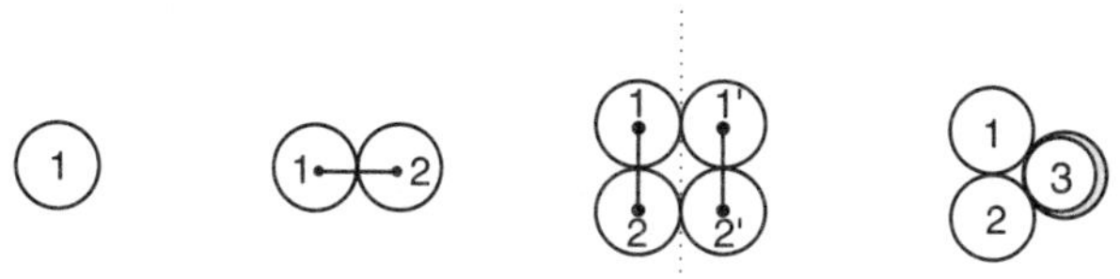

1. 2. 3. 4.

1. Bestandteil 2. Bestandteil Das Ergebnis: „Der Zwilling"

Abb. 91: Die 4 Elemente der Dreiheit

Benutzen wir die Quantität und die Linearität, dann sollten wir uns bewußt sein, daß wir ein Hilfsmittel verwenden, und so der Gefahr, in ihm hängenzubleiben, widerstehen. Dennoch benötigen wir die Linearität, um die Qualitäten erfahren und erleben zu können. Wenn wir z.B. dem Kreis sein Geheimnis entlocken wollen, dann untersuchen wir die verschiedensten Kreise mit den sich unterscheidenden Parametern, deren lineare Logik wir nutzen. Auf diese Weise finden wir die Sonderrolle des Wahrhaftigkeitskreises. Die Linearität, auf die wir uns eine Zeitlang festlegen, bestimmen wir selbst. Wenn wir im folgenden die Flächen zum Erkennen eines Höheren anschauen, so können wir uns ruhigen Gewissens vorübergehend auf die Reihenfolge und Linearität der Kreise oder der Vielecke beschränken. Wichtig ist nur, die Hierarchie und den Sinn der Linearität als Hilfsmittel zu durchschauen. Im Falle der Abb. 88a beschränkten wir uns auf das Kreishafte. Nun wollen wir das Gleiche mit den regelmäßigen Vielecken tun. Ordnen wir den Vielecken die Folge der Zahlen zu, so erhalten wir die Abbildung 92 als differenziertere Darstellung von 88b. Bei beiden Wegen in die Vielheit (Kreise; Vielecke) bleibt der Einheitskreis die Ausgangsbasis, die Anfangsbedingung. Im Falle 88a ist das offensichtlich. Im Falle der Polygone ist das über die Abstraktion zur einfachsten aller Flächen verständlich (s. Abb. 92). Der Einheitskreis verbirgt das 1- 4 Gesetz. Was im umfassenden Symbol des Kreises im Kern angelegt ist, findet in den Ausformungen der verschiedenen Vielecke seine Offenbarung. Auch hier muß ein Parameter in einen anderen, höherdimensionalen übergehen. Die Umwandlung des Kreisradius in die Kreisfläche muß sich im Weg vom Dreieck zum Sechseck nachvollziehen. Das geschieht, wie wir sehen werden, indem mit jedem Vieleck neue Parameter entstehen, die im vierten dieser Reihe wieder die Einheit auf höherer Ebene erstellen. Das vierte ist das Sechseck. Es muß zur Kugel, der höheren Qualität des Kreises, eine besondere Beziehung haben.

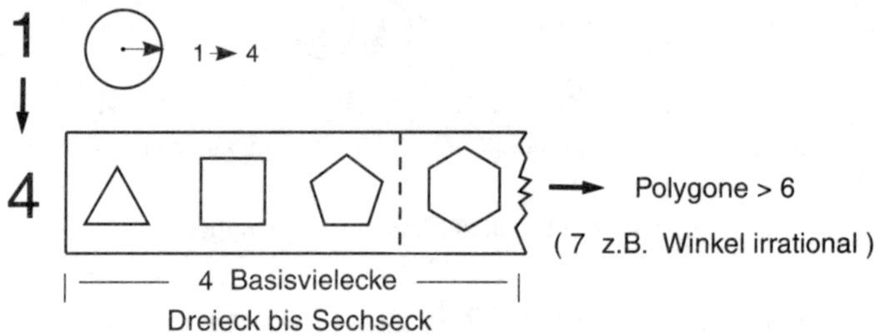

Abb. 92: Der Kreis, der einfachste Flächner, ist Einheit und Ursprung aller Flächen

Vorerst noch ein Wort zu den Vielecken, welche in der Abb. 92 nur bis einschließlich des Sechsecks zu sehen sind. Die 4 Vielecke bilden eine Einheit. Ihr gemeinsames Merkmal liegt in der für uns überschaubaren Kontinuität der Linearität. An anderer Stelle haben wir erörtert, weshalb in der 7 eine für den Menschen nicht rational erscheinende Qualität auftritt. Der Bereich des subjektiven Erlebens endet bei der 6. Der Bereich der 7 ist die Spiegelfunktion der diesseitigen Welt. Die Polygone, welche größer als 6 sind, stehen den ersten 4 inhaltlich wieder gegenüber wie 1:4.

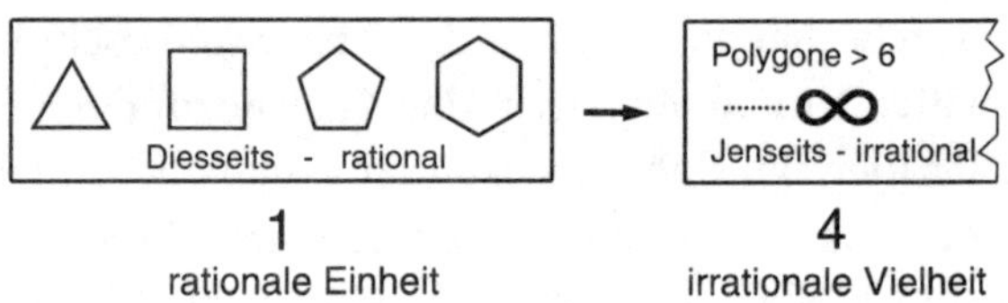

Abb. 93: Die Welt der Rationalität ist die Basis (neue Einheit) einer noch unbekannten Vielheit

An den Winkeln der Polygone ist der Beginn der Jenseitigkeit, der Irrationalität, ablesbar. Das Siebeneck bringt den Bruch in der Erfaßbarkeit. Der Winkel des Siebeneckes ist 51,42..°, also irrational, d.h. weniger wißbar.

Von der Rationalität des folgenden Achtecks lasse man sich nicht täuschen. Im Irrationalen finden sich immer Inseln der Rationalität, die den Rückschluß zum schon Bekannten ermöglichen. Doch erfolgt der deutliche Bruch nach der 6. Die vier „Basisvielecke", Dreieck bis Sechseck, übernehmen die Offenbarungs- und Vergrößerungsfunktion des im Kreis Verborgenen. Die Basisvielecke werden vom Dreieck angeführt. Es ist unter ihnen die Nr. 1. Sowohl das Dreieck als auch der Kreis vertreten jeweils die Nr. 1, nur beide aus verschiedenen Perspektiven. Der Kreis verhält sich zum Dreieck wie die Einheit zur Einzelheit. Die Einzelheit ist der Vertreter der Einheit in der Vielheit. Die Vielheit beginnt bei der ersten Einzelheit, hier dem Dreieck. Es existiert kein Zweieck. Konstruktiv kann es das nicht geben. Das „Eineck" ist identisch mit dem Kreis. So wie der Kreis, das *Ein*eck, durch *eine* Linie begrenzt wird, werden die folgende Vielecke ihrer Zahl entsprechend von ebenso vielen Linien begrenzt. Das Fehlen des Zweiecks wird später nochmals erläutert und ist auf den eingeschränkten Wirklichkeitscharakter der Zwei zurückzuführen.

Wie sich aus dem Kreis der „Dreikreiser", das Dreieck, entwickelt, haben wir gezeigt. Das „blitzartige" Zwischenprodukt eines Vierkreisers anstelle des fehlenden Zweikreisers (es gibt kein Zweieck!) verweist auf die Nichtlinearität der Evolution. Sie stellt sich uns vor als ein Einwirken des Zukünftigen auf das Werdende. Als Umkehrprinzip lernen wir sie als Hypothek an die Zukunft später etwas genauer kennen.

Der Dreikreiser (Dreieck) führt die Reihe der Mehrflächner an. Aus ihm entstehen die ihm folgenden Vielecke. Die Entstehungsprinzipien sind Projektion und Einheitenbildung (Verschmelzung). Nach der universalen Gesetzlichkeit der Addition müssen sie auch bei der Entstehung des nächsten Gebildes, des Vierkreisers (Quadrat), wirken. Das scheint auf den ersten Blick nicht so zu sein. Ein sich projizierender Dreikreiser ergibt ein Gebilde mit 6 Kreisen und nicht den dem Quadrat entsprechenden Vierkreiser. Warum versagen hier scheinbar die als universell erkannten Gesetzmäßigkeiten? Sie versagen in Wirklichkeit nicht. Unsere Art der Betrachtung ist in der Linearität hängengeblieben. Hängenbleiben heißt festschreiben. Festgeschrieben haben wir die Zweidimensionalität, die Flächenhaftigkeit. Sie ist die von uns gesetzte Anfangsbedingung. Die 4 wird durch die Zweidimensionalität nicht mehr umfassend verwirklicht. Die Entsprechungen der 4, wie das Quadrat, sind eine Reduktion auf die Zweidimensionalität, obwohl die 4 das Raumprinzip ist. Im Kreisgleichnis und seiner Fortführung bis zur Entstehung der Kugel, deren Volumen der 4 zugeordnet ist, begegnen wir schon dem Wesen der Vierheit. Die Vierheit verbindet sich zwangsläufig mit dem Schritt in den Raum. Nehmen wir unseren Dreikreiser unter dem neuen und erweiterten Aspekt wieder auf und projizieren ihn, entsteht ein „blitzartiges" Zwischenprodukt aus 6 Kreisen, das sich durch das Offenbarwerden einer weiteren Dimension, der dritten, der Raumdimension, zum Tetraeder wandelt (s. Abb. 90). Das Tetraeder ist die Form der Vierheit. Das Quadrat ist nur ein Symbol der Vierheit im Zweidimensionalen. Es stellt den Kontakt zu einem höheren, dem Tetraeder her. Sind Kreis und Dreieck noch mit den Mitteln der Zweidimensionalität erfaßbar, so stoßen die größeren Polygone schon an eine natürliche Grenze. Sie sind nur noch Vertreter höherer Qualitäten auf einer niederen Ebene. Wenn wir uns mit ihnen und ihren Beziehungen zueinander auseinandersetzen, müssen wir uns jener Beschränkungen bewußt sein. Wir benutzen die Linearität, hier die Zahl der Seiten, um eine Ordnung zu erstellen. Über die Qualität der einzelnen Gebilde, ihren Inhalt, erfahren wir auf diese Weise nur beschränkt etwas. Im Falle des Quadrates und seines dreidimensionalen Gegenstücks, des Tetraeders, gelingt uns eine qualitative Beurteilung gerade noch, wissen wir doch vom Qualitätsunterschied zwischen der Zwei- und Dreidimensionalität. Das Fünfeck, welches für die Individualität steht und seine Entsprechung im Oktaeder findet, wird dagegen schnell unverständlich, weil wir vom Qualitätsunterschied zwischen der Drei- und Vierdimensionalität naturgemäß nichts wissen. Die 4. Dimension ist uns vorerst unbekannt. Erst mit dem Wissen der Zahlenqualitäten können wir sie erschließen.

Das Entscheidende im Verfolgen der Evolution, wie wir es hier tun, ist, daß wir die Folgen einer Beschränkung in der Linearität erfassen. Es bleibt uns nichts anderes übrig als die Linearität, eine Festschreibung, zu benutzen. Indem wir sie *bewußt* benutzen, kennen wir ihre Gefahr und haben eine Chance, ihr zu widerstehen. Wir müssen lernen, mit der Linearität als Hilfsmittel umzugehen, ohne sie zum Primat zu erheben. Die Reihe der Vielecke täuscht aufgrund der kontinuierlichen Zunahme der Seitenzahl eine Vollkommenheit vor, deren Vertreter sie lediglich ist. Ähnlich ist es mit dem quantitativen, mathematischen Umgang mit Zahlen. Allzuleicht glaubt man an die oberflächliche Vordergründigkeit ihrer Werte. Ausge-

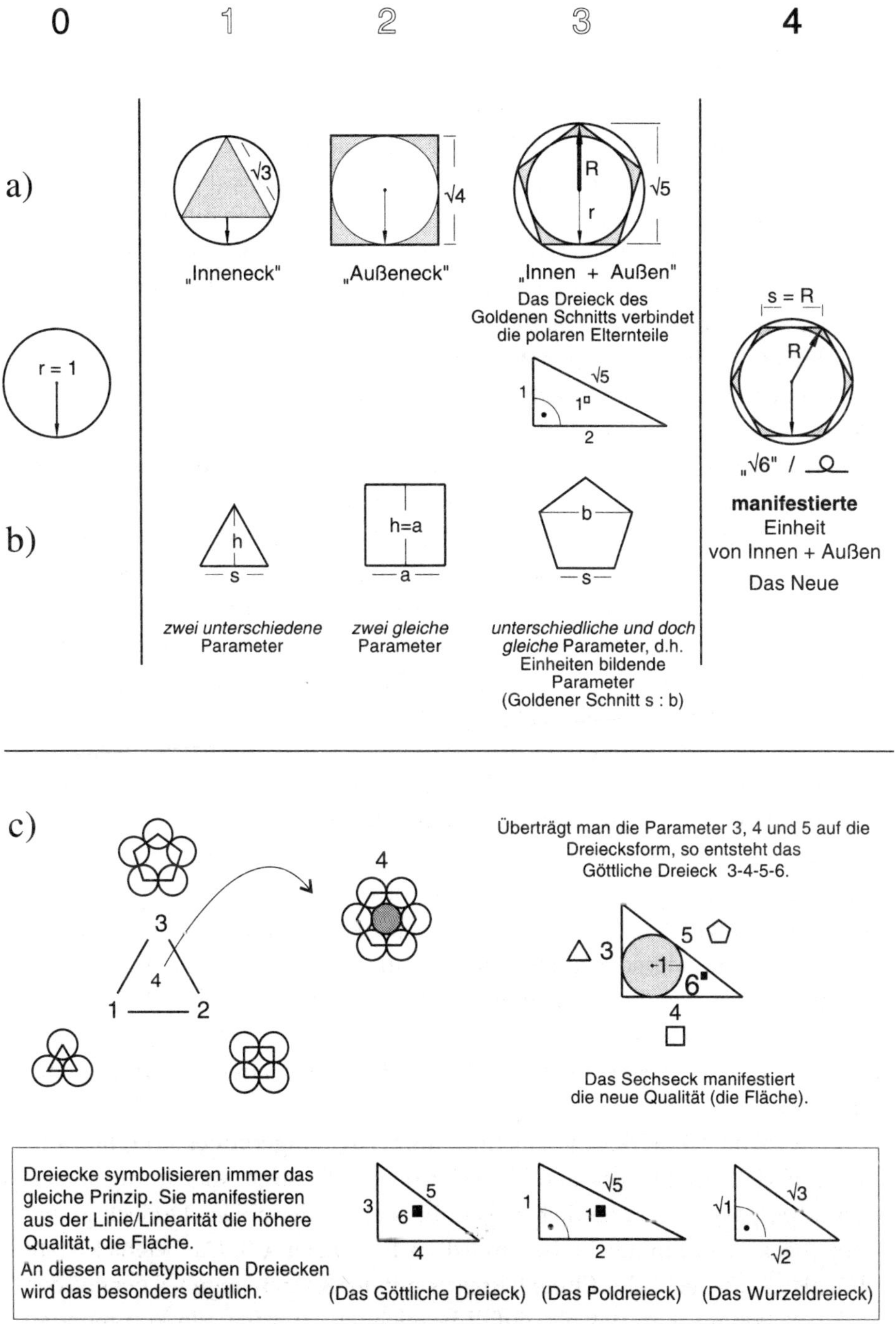

Abb. 94: Die Symbolik der Polygone und ihre eindeutige Ordnung nach dem 1- 4 Gesetz.

rüstet mit mehr Wissen, wagen wir uns an die Polygone. Die Berechnung im strengen und ausschließlichen Sinne soll uns nicht hindern, sondern helfen, des Höheren und Umfassenderen, der Qualität, gewahr zu werden.

Jede Form deutet auf einen Inhalt, an den wir über die Symbole, die mit ihr verbunden sind, herankommen. Symbole muß man aber erst einmal erkennen. So ist es für einen Anfänger nicht erkennbar, daß der Wurzelbegriff nach dem 1- 4 Gesetz ein auf das Wahrhaftigkeitsprinzip hinweisender und notwendiger Parameter der Zweidimensionalität ist (s. Abb. 94a und 106 auf Seite 295). Die Gewohnheit, die einfache Zahlenfolge als Parameter der Unterscheidung zu benutzen, lenkt uns von wichtigen Symbolen ab. In der Zweidimensionalität tritt der Wurzelbegriff als ein zusätzlicher, zweiter Parameter auf. Warum wird der Wurzelbegriff in der Zweidimensionalität notwendig? Eine Manifestation benötigt immer die Qualität der Vierheit. Vierheit ist die Wirkung einer Polarität auf sich selbst ($2 \cdot 2 = 4$). In der 2. Dimension muß also, um etwas Konkretes entstehen zu lassen, eine Polarität auf sich wirken. Das Endergebnis soll die zwei aber selbst sein. Also muß der Faktor, der zu ihr führt, etwas sein, das in ihr liegt. Es ist ihre Wurzel ($\sqrt{2} \cdot \sqrt{2} = 2$). Durch sie wird der Ursprungscharakter, das Original, offenbar. In der Welt der Zweidimensionalität und ihrer Flächen werden wir bei der Suche nach einer Ordnung unser Augenmerk deshalb nicht nur auf die einfache numerische Zahlenfolge, sondern auch auf deren Wurzelbegriffe lenken.

Ordnen wir die Polygone („Mehrkreiser"), beginnend mit ihrem ersten, dem Dreieck, in der bekannten Dreiecksform an (Abb. 94c) bzw. ordnen sie nach der Folge der Würfelbegriffe (Abb. 94a), dann offenbart sich ein inhaltsreicher und bedeutungsvoller Zusammenhang. Dreieck und Viereck vertreten zwei sich unterscheidende Pole eines Gemeinsamen. Das Fünfeck verbindet ihre beiden sich scheinbar widersprechenden Eigenschaften. Durch die Vermittlung des Fünfecks entsteht ein Neues, ein Viertes, das Sechseck.

In der Abb. 94, in der die Flächner numerisch angeordnet sind, fällt uns nun auf, daß sich Dreieck und Viereck trotz der linearen Anordnung als das Grundpolpaar 1- 2 inhaltlich gegenüberstehen, denn: Das Dreieck ist ein „Inneneck" des Einheitskreises mit dem Parameter $\sqrt{3}$. Das Viereck steht ihm als „Außeneck" des Einheitskreises mit der Kantenlänge $\sqrt{4}$ gegenüber.

Noch könnte man das als Zufall bezeichnen, würden alle kommenden Fakten das Bild nicht abrunden. Das Fünfeck hat einen Parameter von $\sqrt{5}$, der wiederum die Summe von Innen- und Außenparameter ist ($R + r = \sqrt{5}$). Auch aus dieser Sicht ist das Fünfeck das Verbindende zwischen Dreieck und Viereck. Die Spannung zwischen den zwei Grundpolen 1↔2 wird, wie gewohnt, durch ein drittes vereinend und fruchtbringend gelöst. Die nutzbringende Spannung ist inhaltlich und symbolisch eine rechtwinklige. Rechtwinkligkeit ist am Fünfeck nicht direkt sichtbar. Jetzt, nachdem wir das Kriterium bewußt suchen, finden wir es als doppelte Rechtwinkligkeit (180°) zwischen den beiden Parametern „innen" und „außen", als r und R. Nun ergänzt auch das Poldreieck (1-2-$\sqrt{5}$) das Bild zur sinnvollen Vollkommenheit. Das Poldreieck ist das Dreieck des Goldenen Schnitts (s. Abb. 94c und Abb. 112 auf Seite 307); es ist das Charakteristikum des Fünfecks. Das Poldreieck entsteht durch die rechte Verbindung der Qualitäten 1 und 2.

Die Abb. 94b) greift einen anderen Blickwinkel auf und übermittelt die gleiche Botschaft. Das Dreieck beschreibt sich durch zwei sich unterscheidende Parameter (h und s), seine Höhe und seine Länge der Außenkanten. Auch das Viereck hat die zwei Parameter Höhe und Außenkante. Was beim Dreieck noch unterschieden war, ist beim Quadrat gleich. Die Pole heißen hier „unterschieden ↔ gleich". Das Fünfeck verbindet wieder die scheinbaren Antagonisten. Gleich und Unterschieden werden im Fünfeck zu einer neuen Einheit. Großes und kleines Breitenmaß (s und b) sind unterschiedlich und dennoch gleich, d. h. eine Einheit, weil sie im Goldenen Schnitt zueinander stehen.

Der Goldene Schnitt spricht von der Gleichheit zweier unterschiedener Maße (Formen bzw. Parameter). Er ist bekanntlich die Ausrichtung zweier unterschiedener Maße an einem Gemeinsamen, in dem sich Minor zu Major verhält wie Major zum Ganzen. Das Fünfeck und sein Poldreieck zeigten uns das Zusammenwirken der Grundpole 1 und 2 als Dreieck und Viereck, die ersten beiden Vertreter der Vielecke. Das Fünfeck stellt das *syn*thetische Wirkprinzip der Verschmelzung bereit. Es schafft das Wunder der Einheitsbildung zweier Antagonisten, die Manifestation des Paradoxons. In der Symbolik der einfachen Zahlen war das der Mensch (5), der ausgespannt zwischen Geist (3) und Materie (4), Himmel und Erde, zum Schöpfer der Einheit wird.

Das rechte Verbinden von Dreiheit und Vierheit ist in der zweidimensionalen Analogie auch im Göttlichen Dreieck (3-4-5) sichtbar. Die Fünfheit verbindet die Pole 1 und 2, repräsentiert durch Dreieck und Viereck. Die schon oft beschriebene Spannung (rechter Winkel) zwischen Dreiheit und Vierheit bedarf der erlösenden Fünfheit, um ein Nächstes, Höheres, die Sechsheit, zu manifestieren.

Das, was wir bisher mit Linien (Kantenlängen, Höhen, Radien) beschrieben haben, entläßt ein Neues, Viertes komplexerer Art, die Fläche. Die Fläche, die vom Göttlichen Dreieck gebildet wird, ist $6^{\square}$-Quadrat. Diese aber ist nach dem 1-4 Gesetz die Wiedergeburt der Einheit, die sie als Vielheit einschließt. So muß es nicht mehr verwundern, daß der Einheitskreis, von dem alle Flächen ausgehen, im Göttlichen Dreieck eingeschlossen ist. Sowohl Poldreieck als auch Göttliches Dreieck sprechen auf unterschiedliche Weise vom gleichen Zusammenhang, der rechten Handlung, der Fünfheit bzw. dem die Fünfheit Ausmachenden ($\sqrt{5}$). Sie sind das bewußte Ideal der Funktion (des Menschen). Die Pyramidengänge der ägyptischen Pyramiden als Wege der Einweihung sind danach ausgerichtet. Ihre Neigung ist konstant 26,5°, und das ist der Winkel des Poldreiecks, mit dem der Goldene Schnitt konstruiert wird.

Hat man das Zusammenspiel von Dreieck, Viereck und Fünfeck erfaßt, ist es möglich, das Besondere und die Botschaft des Sechsecks zu empfangen, da es sich zwangsläufig aus seinen Vorgängern aufbaut und als Viertes das Neue ins Leben bringt. Was ist das Neue? Es ist die 3. Dimension, die Kugel. Doch nähern wir uns diesem Schluß schrittweise.

Das Neue ist erst einmal allgemein das Manifestieren der elterlichen Bestandteile, der Dreiheit und der Vierheit. Das ist gleichzusetzen mit dem Manifestieren der charakterlich verschiedenen elterlichen Parameter. Schauen wir uns das Sechseck daraufhin an, dann fällt uns die Gleichheit des inneren Parameters, des Radius, mit dem Äußeren, Individuellen, der Sechseckkante, auf (s = R). Die Formel „wie innen, so auch außen“ als Wesensmerkmal der Welt (4) ist uns geläufig (Einheit in der Vielheit der Erscheinungen) und findet hier im vierten Vieleck eine sichtbare Offenbarung.[7]

Vor allem werden die Eltern, das Dreieck und das Viereck, in rechter Weise miteinander verbunden! Das Ergebnis ist die Sechsheit. Das Göttliche Dreieck

---

[7] Mit der Welt ist nicht nur diese Vierheit gemeint, sondern sie umfaßt alle Vierheiten der verschiedensten Ebenen (Zweidimensionalität, Flächner, etc.). Schon beim Quadrat, dem Zweiten der Reihe, sehen wir die Gleichheit der Parameter h und a. Im Sechsflächner ist das gleiche Prinzip deutlicher ausgeformt.

symbolisiert das eindrücklich. Die eingeschlossene Fläche ist 6□. Im Inneren des Göttlichen Dreiecks befindet sich der Einheitskreis. Er macht uns auf den wichtigsten Aspekt aufmerksam, die besondere Beziehung des Sechsecks zum Kreis und zu dessen höherdimensionalem Bruder, der Kugel. Das vierte Vieleck muß dem Gesetz nach etwas völlig Neues bringen. Es muß das Höhere in Erscheinung treten lassen. Der Begriff der Sechs drückt das aus[8]. Sex ist bekanntlich eine Form, in der das Höhere durchscheint und mit Erfüllung in Kontakt bringt. Inwiefern Erfüllung und Füllung auch dem Sechsquadrat entsprechen, ergibt sich aus der Abb. 94c, wo im „Sechskreiser" ersichtlich ist, daß der in der Mitte entstandene Hohlraum zwischen den Kreisen exakt einen Außenkreis aufnimmt. In der Eindimensionalität nennen wir das: „Wie innen, so auch außen". Inhalt und Form sind identisch.

Die Symbolik ● = ○ entspricht der Formel 1 = 4, die alles Sein durchwaltet.[9]

Noch deutlicher wird die Aufnahme des Höheren in die ursprüngliche Erlebensebene, wenn wir die Verhältnisse anstatt durch Kreise durch Kugeln beschreiben. Dadurch können wir die höhere Dimension in Form einer vertikalen Komponente, eines Höhenmaßes, beobachten.

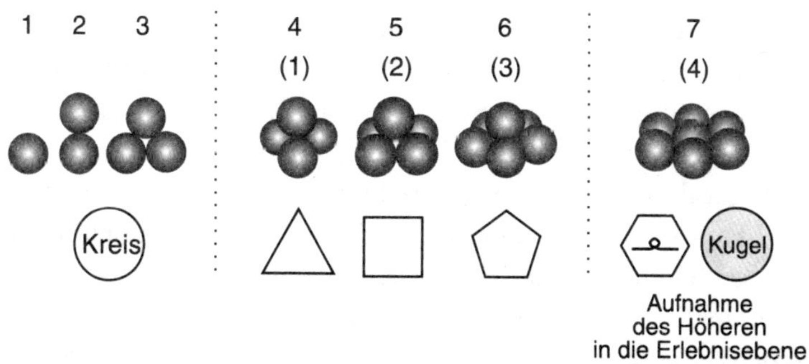

Abb. 95: Die Aufnahme des Höheren in die Erlebnisebene der Welt. Nur über die Sechsheit (z. B. Sex) bekommt das Göttliche genügend Raum, um sich in der Welt zu manifestieren.

---

[8] Das In-Erscheinung-Treten eines Höheren spiegelt sich im Begriff der Sechsheit. Nun wird verständlich, warum unter dem Sechseck der Abb. 91a) der Begriff „$\sqrt{6}$" steht, obwohl doch die $\sqrt{6}$ nicht direkt meßbar ist. $\sqrt{6}$ meint: Das, was Sex zugrunde liegt (Einheit; Liebe).

[9] s. auch die Beziehung 6⇒7, in der sogar die Handlung der Gottheit der menschlichen Handlung entspricht.

Das Neue des vierten Vielecks, welches die ursprüngliche Einheit auf höherer Ebene neu erstellt, können wir auch über einen anderen Gedankengang finden:

Die ursprüngliche Einheit ist der Kreis. Seine höhere Einheit ist die dreidimensionale Kugel. Das Wunder des Kreises ist die Geburt der Fläche aus der Vielzahl der Radien oder auch die Geburt der Kugel aus der Vielzahl der Kreisflächen. Immer aber geschieht das nach dem 1- 4 Prinzip. Dieses Prinzip nimmt das Sechseck wieder auf. Wir sollten uns also die Flächen des Sechsecks und der Kugel in Bezug auf das 1- 4 Gesetz ansehen. Die Kugel ist eindeutig das zu offenbarende Höhere. Sie gehört aber einer höheren Dimension an als die Flächen. Was uns das Sechseck zeigen muß, ist das Gesetz. Es selbst ist allerdings in seiner Dimension verfangen und spiegelt nur das Größere in der unteren Ebene wieder. Wir dürfen nicht vergessen, daß die Reihe der Mehrflächner nur ein Seitenzweig in der qualitativen Entwicklung ist (s. Abb. 86). Die Mehrflächner sind nur die vielgestaltigen, facettenreichen Vertreter einer anderen, höheren Daseinsart, der Dreidimensionalität, die mit den nur zwei Dimensionen der Flächner nicht vollständig und umfassend ausgedrückt werden kann.

Wenden wir uns nun der Flächenbetrachtung im besonderen zu. Wir wissen um ihre Sonderfunktion im Sechseck über das 1 - 4 Gesetz. Die Dreiheit beschreibt den Kreis.[10] Wir haben in der Abb. 77 die drei ersten Archetypen dem Radius, dem Umfang und der Fläche zugeordnet. Das Zahlensymbol der Kugel ist die Vierzahl. Sie liegt mit ihrer neuen Raumdimension außerhalb der Erfaßbarkeit des Flächigen. Das Sechseck bringt in eine niedere, weniger differenzierte Welt eine höhere Vollkommenheit. Aus der niederen Sicht erscheint die Manifestation des Jenseitigen und Höheren wie ein Wunder. So stellen wir zum einen die Merkwürdigkeit des Sechsecks, die Gleichheit der Seitenlänge (s) mit dem Radius (R), fest. Zum anderen bringt die Flächenbetrachtung, und in der Zweidimensionalität ist die Fläche das Charakteristische, den sichtbaren Übergang von der Dreizahl zur Vierzahl. Er wird sichtbar in der Abb. 96 im Vergleich der Fläche des im Sechseck eingeschlossenen Kreises (mit den Archetypen 1,2,3) mit der Fläche des das Sechseck umgebenden Kreises. Die Fläche des umgebenden Kreises ist um

[10] Der Mathematiker weiß das durch seine Erfahrung bei der geometrischen Konstruktion, indem ein Kreis durch 3 Punkte eindeutig beschrieben ist.

1/3 größer als die des eingeschlossenen Kreises. Der umgebende Kreis ist gewissermaßen in 4 Teile gegliedert, von denen 3 Teile zum Innenkreis (hier Kreisfläche π) gehören. Anders ausgedrückt, ist die Einheit der Fläche (π), die der 3 zugeodnet ist, über die Vermittlung des Sechsecks zur Größe 4/3 geworden. Der Archetyp 3 geht durch das Sechseck in den Archetyp 4 über, d. h. π (3/3 · π) wird zu 4/3 · π dem Volumen der Einheitskugel. Das ist der Übergang der Wesenheit der Fläche in die Wesenheit des Raumes – allerdings vermittelt und erläutert in der Sprache der Fläche, denn mehr wird in der Zweidimensionalität noch nicht verstanden. Wir sehen aber, daß der absolute Wert der Fläche (4/3 · π) identisch ist mit dem Volumen der Einheitskugel. Das Sechseck bringt in Kontakt mit dem Höheren, und das Niedere geht durch das Sechseck den Weg der Transformation.

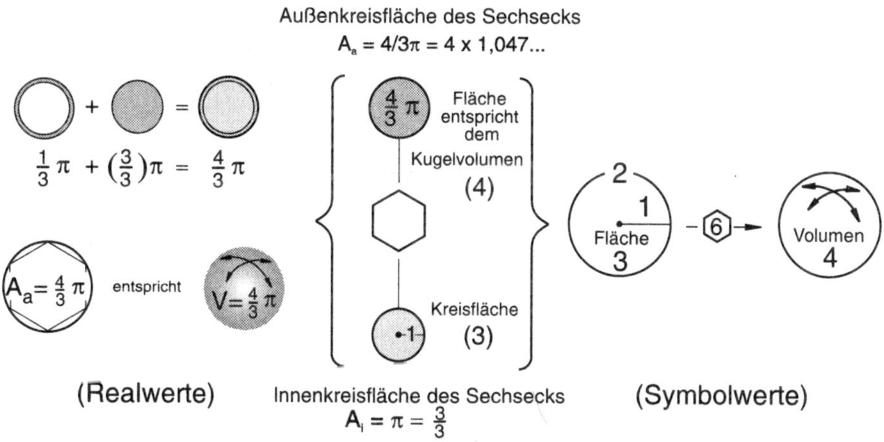

Abb. 96: Das Sechseck als Transformator; es vermittelt den Übergang von der Fläche des Kreises (3 | π) zum Volumen der Kugel (4 | 4,188) über die zweidimensionale Sprache, die Sprache der Fläche. Die Außenkreisfläche A_4 ist vierteilig (4/3 · π = 1,047...) und mit dem Volumen der Einheitskugel identisch.

Sechsheit ist ein transformatorisches Wirkprinzip. Was in der 3 noch als allgemeine Funktion vorliegt, ist in der 6 die Funktion des Lebendigen, das formenschaffende Prinzip, welches die höhere Vollkommenheit (Kugel, Dreidimensionalität) erstellt. Das zugrundeliegende Gesetz ist 1-4, und seine Forderung ist „wie innen, so auch außen".

Das Wissen um jene Mysterien ist sehr alt, und ich will das abermals durch die Pyramiden belegen. Die praktische Erstellung von Wegen der Einweihung, der Pyramidenbau, erfordert konkrete Maße. Der Weg der Transformation führte durch die Pyramidengänge. Ihre Maße wurden auf den Millimeter peinlichst genau eingehalten. Sie betragen 1,209 m (H) x 1,047 (B). Das sind exakt die beiden möglichen Verhältniszahlen vom Sechseck zu seinem umgebenden Kreis. Der Umfang des Sechsecks verhält sich zum Umfang des umgebenden Kreises wie 1:1,047. Die Fläche des Sechsecks verhält sich zur Fläche des umgebenden Kreises wie 1:1,209... Die Pyramidengangbreite entspricht also dem Umfangsverhältnis (Längenmaß) und die Ganghöhe dem Flächenverhältnis (Flächenmaß). Zwischen Gangbreite und Ganghöhe besteht neben dem Bezug zur Sechszahl gleichzeitig eine deutliche Hierarchie. Die Höhe ist das Höhere. Sie bezieht sich auf das Flächenmaß. Sie ist das Höhere durch den Selbstbezug der Linearität, ihre Quadrierung. Das führt zum Flächenmaß, dem Parameter der neuen Dimension. Die Verhältnisse werden in der Abb. 97 nochmals veranschaulicht.

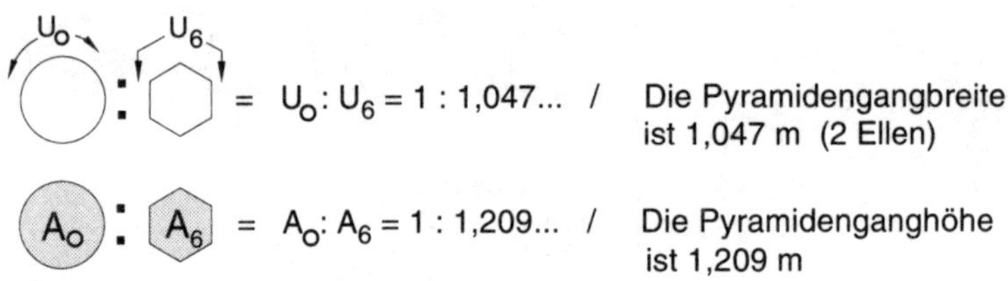

Abb. 97: Die Pyramidengangmaße sind rituelle Wege der Transformation über das Sechseck. Die Pyramidengänge haben ein Höhen-Breiten-Verhältnis von 1,209 : 1,047, was exakt dem Transformationsverhältnis des Sechsecks entspricht.[11]

[11] Man beachte auch, daß das transformierende Sechseck das Verhältnis von 1m : 2 Ellen wiedergibt, denn 1m : 2 E = 1,047! Durch das Sechseck werden zwei verschiedene Maßsysteme in ein hierarchisches Verhältnis gesetzt (1:2). Unser modernes Metermaß ist nicht willkürlich, denn wir ermittelten es aus dem Erdumfang.

Das Umkehrprinzip
Die Hypothek an der Zukunft
Das Abend-Morgen-Prinzip der Schöpfung
– als lebenschöpfende Spannung

In Schöpfungsmythen wird oft von einer kleinen, meist unauffälligen Urspannung am Beginn der Zeiten berichtet. Oft ist sie ein Zögern der erschaffenden Gottheit oder, wie in der jüdisch-christlich Tradition, die Umkehrung der üblichen Zeitvorstellung in den Abschlußworten nach jedem der 6 Schöpfungstage *„...und es wurde Abend und es wurde Morgen, der ..x.te Tag"*. Der Abend kommt in der Wirkung vor dem Morgen, obwohl unser Ordnungssinn uns die umgekehrte Richtung weist. Der Abend ist die Voraussetzung dafür, einen Morgen zu erleben. Dahinter verbirgt sich eine alte Weisheit. Die Gegenwart nimmt immer eine Hypothek an der Zukunft. Insofern wirkt das Zukünftige auch in die Gegenwart hinein.

Der Mensch muß, um in der Gegenwart zu leben, d. h. zu sein, Anteil an der Halbheit (Unvollkommenheit) haben. Erleben wird erst möglich, indem etwas auf ihn zukommt, was er noch nicht kennt. Daraus schöpft er sein Erleben. Gott muß im Menschen also *bewußt* auf die Vollkommenheit verzichten und *bewußt* in die Halbheit gehen, damit er erlebnisfähig wird. Gott will also die Halbheit. Sie ist sein Wille, ein bewußtes Werk und nicht etwa eine Entgleisung. Die Zukunft völlig zu beherrschen, würde die Erlebnisfähigkeit töten und damit das töten, was wir Leben nennen. Es muß uns also versagt bleiben, die Zukunft völlig zu kennen. Dieser bewußte Verzicht ist Weisheit. So hat der Meister in Schillers Gedicht „Das verschleierte Bild zu Sais" auf die Lüftung des Schleiers verzichtet. Wer es trotzdem tut, würde nicht einfach nur das Leben vernichten, sondern würde den Entschluß Gottes, die Zukunft nicht kennen zu können, mißachten. Leben ist aber etwas Universelles, ein unwiderruflicher Entschluß, und er kann auch nicht durch die Lüftung des Schleiers rückgängig gemacht werden. Deshalb bleibt das Leben auch bestehen, wenn der Sucher den Schleier scheinbar lüftet. Sein Verstoß gegen das Gesetz führt aber zum negativen Erleben anstatt zum positiven.

Die Hypothek an die Zukunft ist ein Gesetz. Es findet in der Gegenwart das nicht Berechenbare, Plötzliche statt. In der Gegenwart spielt sich etwas Andersartiges, Fremdes ab. Das Fremde ist das, was das Erleben ermöglicht. Fremdes und Andersartiges ist immer auf das Ich, das Gegenwärtige, bezogen. Das, was einem begegnet, ist das der Zweiheit Zugehörige (2), und indem es dem Ich begegnet, führt es zur Handlung (3). Das Begegnende, *Gegen*ständliche, repräsentiert das, was durch meine Existenz in den Hintergrund (7) treten muß. Aus dem auf Ausgleich zielenden Hintergrund (7) heraus macht es Begegnung möglich, die zur Verschmelzung, zur ursprünglichen oder nun neuen Einheit führt. Das Andersartige, uns Begegnende (2), hat Wirklichkeitscharakter und ist vorhanden, insofern es uns zur Handlung zwingt und Folgen hat, also wirkt. Es ist aber insofern nicht tatsächlich, da es nur ein Hilfsmittel ist, seine Erscheinung wechselt und nicht konstant ist. Was wir hier als etwas mit eingeschränktem Wirklichkeitscharakter beschreiben, ist die Zweiheit, die existiert und uns begegnet zum Zwecke der Neuerstellung und Offenbarung der Einheit. In der Handlung (3) mit der Zweiheit entsteht etwas Neues (4), Vielfältiges, welches von vornherein in der Absicht des uns gegenständlich Begegnenden (2) lag. Das Ergebnis (4) ist die wiedergeborene, manifeste Einheit (1→4) und damit ein Vollkommenes. Ob wir es als Vollkommenes wahrnehmen, ist eine andere Sache. Der Mensch nimmt die ihm begegnende Vollkommenheit erlösend wahr, wenn er die Ordnung erkennt und sich über sie selbst in Ordnung bringt, indem er das Gesetz erfüllt. Garanten der Freiheit sind die notwendige, lebenserhaltende Spannung, die kleine Differenz und das, was wir als Umkehrprinzip beschreiben. Das ihm Begegnende ist in jedem Falle ein Ausdruck von Ordnung und Vollkommenheit.

Suchen wir die Analogie des Gegenständlichen, der materiellen, uns begegnenden Welt in der Zahlensymbolik, der eindimensionalen Ebene, so finden wir sie bei den Zahlen 2 und 4. Sehen wir in der zweiten Dimension, der Dimension der Flächen, auf die 2 und 4, dann bemerken wir, daß es zwar eine einfach begrenzte Fläche, den Kreis, gibt, sowie die dreifach begrenzte Fläche des Dreiecks, nicht aber die zweifach Begrenzte! (s. Abb. 98) Das ist ein Ausdruck des beschriebenen eingeschränkten Wirklichkeitscharakters der 2. Was uns (bzw. dem Kreis) begegnet, ist die zurückwirkende Vierheit. Unsere Erfahrung ist geometrisch dargestellt, deshalb in der Reihenfolge Kreis→Quadrat→Dreieck zu finden (s. Abb. 99). In ihnen begegnen uns die Archetypen 1, 2 und 3. Das uns Begegnende (2) mit seinem zwiespältigen Wirklichkeitscharakter trägt das Gewand der Vierheit, das Ergebnis, das zurückwirkt in die Gegenwart. Zwei ist die uns unvollkommen erscheinende Vierheit, der wir begegnen. Das Hereinwirken des Zukünftigen in die Gegenwart, wie wir sie in der Eindimensionalität beschrieben haben, findet sich also in der Zweidimensionalität der Flächen wieder. Die durch sie gehaltene Spannung finden wir auch in der dritten Dimension. Ihre Beschreibung erfolgt bei den Platonischen Körpern und ihrer Entstehung. Hier soll der Hinweis genügen, daß es keinen zwei- oder dreiflächigen, allseitig harmonischen Körper gibt. Neben dem Einflächner Kugel existiert als nächster nur noch der Vierflächner, das Tetraeder (1- 4). Analog der fehlenden Wirklichkeit der 2 in der Fläche fehlen im Raum die „Zwei- und Dreiflächner".

Jene Spannung ermöglicht Leben. Die Wechselwirkung gibt den Menschen Macht und Freiheit. Sie nimmt mit der Evolution, dem Offenbarungsgrad, zu. In der Zweidimensionalität ist es das fehlende „Zweieck", das diesen Raum beschreibt, und in der Dreidimensionalität sind es schon 2 Körper, der „Zwei- und Dreiflächner", die fehlen. In der Vierdimensionalität, der Dimension der Bewußtheit und Schau, ist es die Dreieinigkeit[12] , die wirkt, aber nicht dingfest gemacht werden kann.

Mit zunehmender Differenzierung wächst die in ihr liegende Forderung an das an Bewußtheit zunehmende Subjekt. Die Ansprache der Einheit an die Einzelheit verlangt immer deutlichere Antworten, bis hin zur Ver*antwort*ung des Individuums. Die Auswirkungen der zunehmenden Differenzierungen können wir in allen Lebensschichten beobachten. Je differenzierter eine Lebensart ist, um so größer wird ihr Freiheitsgrad. Gleichzeitig nimmt aber auch der Grad der Begrenzung (Definition) zu. Ein Bakterium hat im Gegensatz zum Menschen einen geringen Freiheitsgrad. Es kann jedoch riesige Zeiträume und große Schwankungen in den Umweltbedingungen (Temperatur etc.) überstehen. Das menschliche

[12] Gemeint ist das göttliche Dreieck, die wirkende Trinität, die die Basis all unserer Untersuchungen ist.

Gehirn, mit dessen Hilfe der hohe Freiheitsgrad realisiert werden kann, hat dagegen nur einen engen Rahmen, innerhalb dessen es lebensfähig ist. Temperatur, Sauerstoff und andere Umweltbedingungen dürfen einen ganz schmalen Bereich nicht verlassen. Das zeigt den wahren Charakter der Zweiheit und ihrer Aufgabe als Hilfsmittel der Offenbarung. Die Zweiheit hat einen Wirklichkeitscharakter und gleichzeitig eine Scheinexistenz. Das ist die Qualität der Zahl 2. Sie fordert uns auf, sie zu durchschauen und unser Verhalten auf die 1 auszurichten. Die 2 ermöglicht die Form und die Linearität. Diese aber will bewußt orientiert sein. Ihren leicht zur Verwirrung führenden Widerspruch finden wir in allen Dimensionen.

In der eindimensionalen, abstrakten Ebene haben wir den Charakter der 2 verbal beschrieben. In der Zweidimensionalität der Flächen und der Dreidimensionalität des Raumes konkretisiert sich das in der Ordnung der geometrischen Figuren und Körper. Im Körperhaften fallen als Ausdruck der Polarität zwei Tatsachen sofort ins Auge. Die eine ist das schon erwähnte Fehlen des zwei- und dreiflächigen regelmäßigen Körpers und die zweite ist die Dualität jeweils zweier Körper. Die Dualität zweier Körper wird im Kapitel der Dreidimensionalität erläutert und beinhaltet die Vertauschbarkeit bzw. Umwandlungsfähigkeit der beiden ineinander. Sie verhalten sich zueinander wie die beiden Seiten einer Münze. Die räumliche Dualität hat in der Zweidimensionalität ihren Vorläufer bzw. ihre Analogie.

Um die Zweiheit bzw. ihre Repräsentanten Form und Linearität zu durchschauen, sollen die Abb. 98 und Abb. 99 gegenübergestellt werden. Aus ihnen ersieht man die zwei unterschiedlichen Möglichkeiten in der Anwendung der Linearität. Benutzt man die Linearität der Zahlen in ihrer starren Weise, d.h. ordnend nach der Zahl der Außenkanten, wie in Abb. 98, dann wird man den Widerspruch in den Formen nicht lösen und zum Vorteil anwenden können. Das Dreieck erhält so trotz dreier Seiten den zweiten Platz und das Quadrat den dritten.

Die Natur der Geometrie macht uns aber ihre rechte Verwendung vor (Abb. 99). Die fortlaufenden Zahlenarchetypen *verbinden sich mit immer neuen Ebenen*. Ihr Sinn liegt nicht in der ausschließlichen Linearität, sondern in ihrer Anwendung durch das Gesetz 1 - 4, den ständigen Qualitätsänderungen. Das widerspricht nicht der Linearität, sondern beinhaltet sie und benötigt sie sogar. Das ist das Additionsgesetz, in dem nichts verlorengeht.

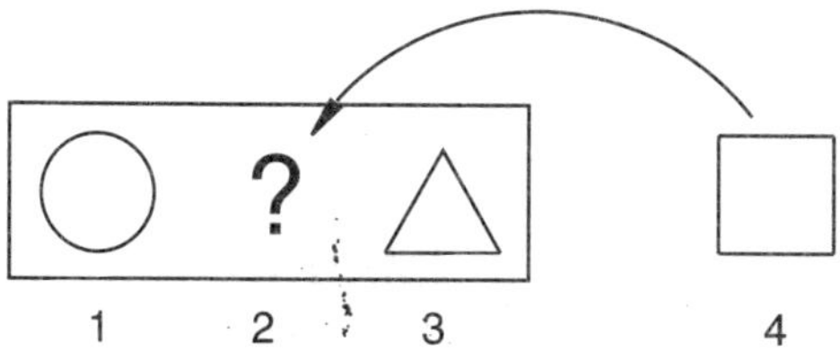

Abb. 98: Die Zweiheit mit ihrem eingeschränkten Wirklichkeitscharakter ist eine zurückwirkende Vielheit. Nach der Zahl der Seiten folgt das Quadrat dem Dreieck. Den Abbildungen 90 und 91 entnahmen wir, daß das Dreieck ohne die Vierheit nicht entstehen kann.

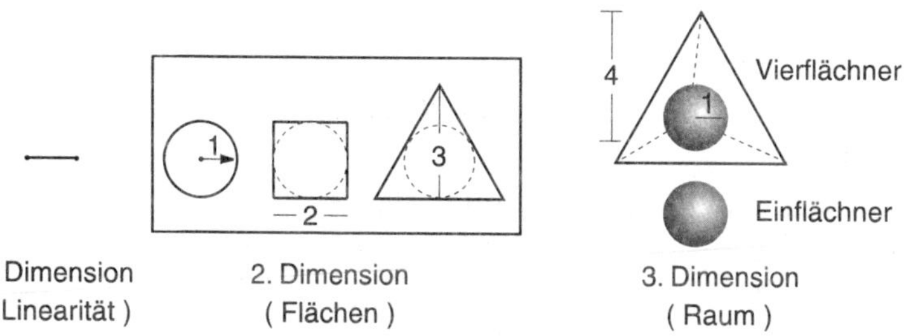

Abb. 99: Die erlebte Linearität – Hier zeigt die Linearität ihre richtige Anwendung. Die Zahlenfolge verbindet sich mit immer neuen Ebenen, im Gegensatz zur verhärteten Linearität der Abb. 98. Linearität folgt also dem 1- 4 Gesetz, den ständigen Qualitätssprüngen.

Das Quadrat, der Träger des Weltgesetzes 1 - 4

Symbolisch steht das Quadrat für die Welt im Sinne des Materiehaften. Die zwiespältige Einordnungsmöglichkeit des Quadrats unter den Flächnern spiegelt sich im Umgang des Menschen mit der Welt, seinem Weltverständnis, wider. Als das geflügelte Wort der „Quadratur des Kreises" ist sie jedem bekannt, und man versteht darunter die Unmöglichkeit einer eineindeutigen Erstellung einer mathematischen Beziehung zwischen Kreis und Quadrat. Es gibt also kein Quadrat, dessen Fläche mit irgendeiner Kreisfläche identisch wäre. Die Parameter des Ganzen (Kreis) unterscheiden sich vom Konkreten und Materiellen (Quadrat) sehr, und es gelingt niemandem, die geistige Welt mit dem Zollstock zu vermessen. Die Beziehung beider zueinander wirklich zu begreifen, ist aber gerade unser Anliegen. Ohne die Lösung der Aufgabe wäre religio, die Rückverbindung zum Ursprung, nicht möglich. Die Mathematiker können die Aufgabe nicht befriedigend lösen, weil sie sich zwar strengen Regeln unterwerfen, aber gerade deshalb im Linearen steckenbleiben müssen. Die Weltformel muß das Nichtlineare und Nichtrationale mit einbeziehen. Dadurch wird sie zur Definition der Beziehung von Kreis und Quadrat. Der Kreis ist die umfassende Einheit (1). Ihm „gegenüber" steht der weltliche Gegenpol, das Quadrat (4). Das durch *eine* Linie begrenzte („Eineck") geht über in die Vierheit der Welt. Das Quadrat verhält sich zum Kreis wie die Materie zum Ganzen.

Der Kreis beschreibt die ersten drei Archetypen, die grundsätzliche Trinität, mit den Elementen Radius, Umfang und Fläche. Der ihnen folgende 4. Archetyp übersteigt die Flächenhaftigkeit. Er eröffnet das Raumprinzip. Das Quadrat ist deshalb lediglich ein Abbild des Räumlichen in der niederen Ebene der Fläche. Der Raum kann in der 2. Dimension nur unvollständig wiedergegeben werden. Das Quadrat ist also nur das Gleichnis eines Höheren (s. a. Abb. 104). Über seine Symbolik erfährt man jedoch Genaueres aus seiner Welt. Es bildet einen Gegenpol zum Kreis. Kreis und Quadrat stehen sich als Rationalität und Irrationalität gegenüber. Wie entsteht nun das Quadratische und welche *In-Form*ation liegt im Kreis-Quadrat-Verhältnis?

Das 1-4 Gesetz und das Prinzip der Wahrhaftigkeit entstehen durch die Wirkung einer Sache auf sich selbst (Quadrierung). Aus dem ersten Linienhaften, dem Radius 1, dem ersten Wißbaren, entsteht durch seine Quadrierung das erste Quadrat, das $1^{\square}$Quadrat. Auf der Ebene der Vierheit, der Ebene des Konkreten, erreicht die Analogie des 1-4 Gesetzes auch eine konkrete und materielle Form. Das $1^{\square}$Quadrat vervierfacht sich. Die Formel Einheit→**Viel**heit wird zur konkreten Formel Einheit→**Vier**heit. Sie wird als ablesbare Größe sichtbar.

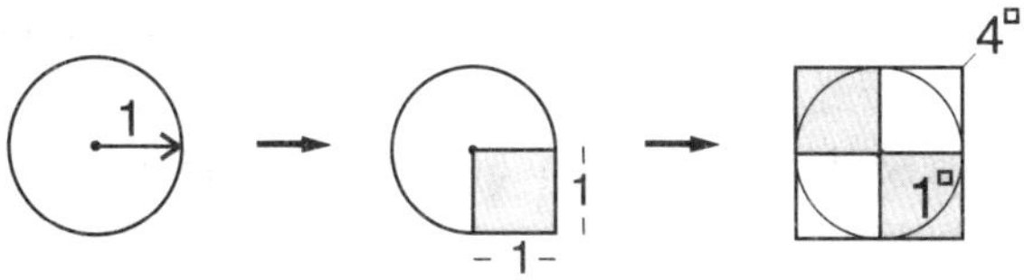

Abb. 100: Die Entstehung des $4^{\square}$Quadrates durch die Wirkung des ersten Wißbaren, des Radius, auf sich selbst (Quadrierung). Die Formel Einheit→**Viel**heit wird zur konkreten Formel Einheit →**Vier**heit.

Die Vierheit ist eine verwandelte und erhöhte Einheit, die Konstanz und Veränderung gleichzeitig offenbart. Das ist das verwirklichte Paradoxon, die Quadratur des Kreises. Das Paradoxon ist das größere Verständnis von Einheit. Es ist nur durch Ein*sicht* in die Symbolik und nicht durch lineare Berechnung zu erfahren. Das $4^{\square}$Quadrat wird erst zu einem solchen durch den Einschluß der Ganzheit (Kreis). Die Manifestation des 1-4 Gesetzes ist die Offenbarung der Ganzheit durch einen Qualitätssprung.

Bisher verifizierten wir den Einschluß der Einheit in der Welt der Vierheit (Kreis im $4^{\square}$Quadrat). Umgekehrt muß auch die Einheit die Vielheit und Polarität einschließen, ansonsten wäre es keine Vollständigkeit und Einheit. Das aber ist nach linearen Vorstellungen paradox.

Abb. 101: Das Kreis-Quadrat-Verhältnis macht eine paradoxe Aussage:
a) In der polaren Welt der Vierheit ist die Einheit eingeschlossen.
b) Die Einheit schließt die konkrete Polarität ein.

Tatsächlich ist das im Einheitskreis eingeschlossene Quadrat das Quadrat der Polarität, das 2□Quadrat. Inhaltlich bedeutet das die Geborgenheit der Polarität in der Einheit.

Das geometrische Gleichnis der Abb. 101 macht das Verstehen des Paradoxons, die echte Einsicht, möglich. Sie wird erst möglich, wenn wir nicht der Linearität verfallen, sondern uns auch der Analogie öffnen. Wenn wir die rein mathematisch-lineare Betrachtung zur einzig möglichen erklären und ausschließlich sie nutzen, verweigert sich Einsicht. Wir verweigern unser Wachstum und unsere Transformation, indem wir die 2, das Spaltende, Lineare und Haftende zum Herrscher über die Einheit erheben. Das ist der Sündenfall. Sünde heißt in der wörtlichen Übersetzung „den Punkt nicht treffen". Man trifft ihn nicht, wenn man nicht auf ihn zielt. In das Problem von Kreis und Quadrat bekommt man Einsicht, wenn man das Eine, das Gemeinsame beider Welten (Linearität und Analogie) sucht.

Die Botschaft der Welt und der Polarität liegt im Kreis-Quadrat-Verhältnis, in der zum Sprichwort gewordenen „Quadratur des Kreises". Sie ist einfach zu benennen und doch schwer zu verstehen: Alles Polare, die Welt der Vierheit, ist immer auf Einheit bezogen. Nichts kann da herausfallen.

Naturgemäß gibt es in der Polarität zwei Wege. In der Geometrie stellen sie sich, vom Kreis ausgehend, als ein innerer und ein äußerer dar (Kreis im

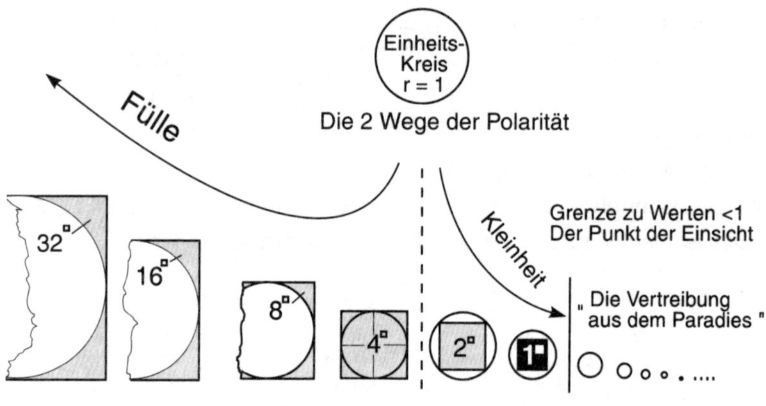

Abb. 102: Die zwei Wege der Polarität. Der eine führt ins Große und zur Fülle des Unbegrenzten, der andere findet eine natürliche Begrenzung und symbolisiert den Weg des Spaltens. Vierheit symbolisiert Vielheit, Ganzheit und Fülle. Zweiheit symbolisiert Zweifel, Zwiespalt und Verzweiflung.

Quadrat; Quadrat im Kreis). Der innere vermittelt die Geborgenheit der Polarität, d.h. die Vielheit in der Einheit durch den Einschluß des 2□Quadrates im Kreis. Der äußere Weg ist der Weg der Materialisation auf der eindeutigen Basis der Ganzheit. Beide Wege sind ein Paar und zeigen, wie alle Paare, Geschlechtlichkeit, d.h. eine Gerichtetheit. Sie wird in der Abb. 102 sichtbar. Die Abbildung entsteht, indem man zu dem Einheitskreis die zugehörigen Quadrate einzeichnet, welche ihrerseits neue Kreise entstehen lassen.

Die zwei Wege des Polaren (2) spiegeln die zwei in ihm vorhandenen, kontrastierenden Anlagen. Zum einen die spaltende, widersprechende Anlage, die ihren verhärteten Anwender in die Verzweiflung führt, und zum anderen die Unterscheidungsfähigkeit, die Wachstum und Einsicht zeitigt, indem sie der 1, dem Größeren und der Ganzheit dient. Der innere ist der Weg der Vielheit (im Sinne von Spaltung) in die zunehmende Kleinheit, ins Detail, und der äußere ist der Weg der Vielheit ins Große. Der Weg nach unten findet, wie wir sehen werden, eine natürliche Begrenzung von entscheidendem Wert. Dazu verfolgen wir die Manifestation ins Kleine. Das 2□Quadrat ist das Erstgeborene seiner Reihe und schließt wieder einen Kreis ein, der seinerseits ein Quadrat hervorbringt. Es ist das zweite Quadrat des inneren Weges. Das Zweite im Zweidimensionalen muß seinem Wesen nach das Eine offenbaren (2x2 = 4). Deshalb hat das zweite Quadrat des inneren Weges sowohl die Kantenlänge als auch die Fläche 1 (= 1□Quadrat). Das Zweitgeborene manifestiert förmlich die 1. Vor uns liegt das Basisquadrat, das Einheitsquadrat, aus dem sich alle anderen Quadrate aufbauen. Wir haben mit dem 1□Quadrat das Wesentliche erreicht und sind an eine natürliche Grenze gestoßen. Es ist das kleinstmögliche eingeschlossene Quadrat, dessen Fläche oder Seitenlänge ≥1 ist. Jener Punkt ist der Punkt der „Einsicht". An ihm sollte man seinen Blick umkehren.[13]

[13] Natürlich sind negative Zahlen erlaubt, aber sie erfordern einen hohen Bewußtseinsgrad, der fehlt, wenn man nur technisch verfährt. Mathematisch ist selbstverständlich die Konstruktion unendlich vieler kleinerer Quadrate möglich. Dabei müßten wir die natürliche Grenze 1 unterschreiten. Dies würde den Erkenntnisweg, um den wir ringen, zerstören zugunsten des reinen Funktionsprinzips und dem Sinn der Betrachtung widersprechen. Die Technik hat alle solche Möglichkeiten. Nur liegt es uns hier am Sinn und der Deutung der Phänomene, dem Benutzen der Unterscheidungsfähigkeit in Hinblick auf das Ganze.

Wer dem Entwicklungsweg ins Kleine folgt, landet beim 1□Quadrat, dargestellt durch die 2, das zweite Quadrat in der Entwicklungsfolge. Was für eine Deutung ergibt sich daraus? Wenn man den Weg der Spaltung, den Weg ins Detail geht, gelangt man automatisch an einen Endpunkt, der die Einheit zeigt. Auch wir gehen in unseren Erörterungen den Weg der Analyse, des Spaltens. Der Weg ins Kleine gleicht dem modernen wissenschaftlichen Weg der Analyse. Ihn geht der Sucher mit dem Mikroskop. Er gelangt über die 2 (Polarität) zur Einheit selbst. Erkennt er sie nicht in ihrer Bedeutung und verzichtet auf Deutung an jenem Punkt, so überschreitet er die Grenze in Richtung Nichts, sucht weitere Polaritäten und endet in der Ver*zwei*flung. Mit seinem Blick ins Nichts erkennt er ständig seine eigene Bedeutungslosigkeit. Erkennt er jedoch die Bedeutung des letzten Quadrates, der Einheit in der Polarität, dann wird er seinen Blick wenden und den gegenpolaren Weg zum anfänglichen Trip ins Nichts wählen. Der Punkt der möglichen Umkehr ist das Entscheidende für den Erkennenden. An ihm ist die Verbindung der Zweiheit mit der Eindeutigkeit gefordert. Hier muß der freie Wille des Menschen hinzutreten. Niemand kann ihn zwingen, wenn er wirklich frei ist. Nach einer anfänglichen Abwärtsentwicklung erfolgt die Umkehr durch *Ein*sicht.

Die Zahlenfolge 273 – Ein Maß der Befangenheit im Quadratischen

Der Mensch befindet sich in einem konkreten Raum. Er bewegt sich in den Parametern der Vierheit, des Quadratischen. Von dort aus orientiert er sich, und er versucht seine Basis und Herkunft zu begreifen. Vergißt er dabei das Wissen der Analogie und die Zahlenqualitäten, dann beurteilt er seine „Vorwelt", das Kreishafte, unvollkommen. Er überträgt seine Parameter auf eine andere Welt.

Wir wollen uns nun die Grenze zur Einheit, den Übergang vom Kreis zum Quadrat, unter dem Aspekt eines konkreten Maßstabes ansehen. Damit ist das konkrete Maßverhältnis des Quadrates zu seinem eingeschlossenen Kreis gemeint.

Das Quadrat der Kantenlänge 2, das $4^{\square}$Quadrat, schließt den Kreis des Radius 1 ein. Ihr Maßverhältnis entspricht dem Verhältnis zweier Welten, den Archetypen 1 und 2. In der Mystik entsprechen sie dem großen und dem kleinen Licht, der Sonne und dem Mond, die die beiden wichtigsten und meßbaren Rhythmen auf der Erde verursachen.

Abb. 103: Das Maßverhältnis Quadrat zum eingeschlossenen Kreis. Jedes Quadrat ist bezüglich Fläche und Umfang um den Faktor 1,273.. größer als der eingeschlossene Kreis. Die Differenz ist auf die Einheit, den Kreis, bezogen 0,273..

Es werden 2 Größen in Beziehung gesetzt, die die jeweiligen Parameter verschiedener Welten sind (Kreis bzw. Quadrat). Ein Kreisradius wird zu einer Kantenlänge ins Verhältnis gesetzt. Es werden Äpfel mit Birnen verglichen. Beide bilden ein Paar, das archetypische Urpaar 1- 2. Der Kreis und sein Grundmaß sind das Eine und Erste, das Quadrat mit seinem Grundmaß sind das Andere und Zweite. Setzt man den Apfel gleich eins, macht ihn also zum Grundparameter, so ist der Beurteilende dennoch die Birne. Aus der Welt der Birne ist es nicht möglich, die Birnenhaftigkeit zu vergessen, obwohl sie dem erstgeborenem Apfel einen archetypischen Wert zukommen läßt. Der Apfel wird zum Grundparameter, aber unter dem Blickwinkel der Birnenhaftigkeit. Die Kreisbeurteilung geschieht von seiten der Polarität und Zweiheit (mit ihren Quadraten als Fläche und Umfänge als Form etc.) Daraus folgt das Verhältnis 1 : 1,273.. . Noch einmal: Jede Wesenheit kann sich nur durch ihren ihr spezifischen Charakter definieren. Das Wesen der Polarität ist Unterscheidung. Ein Quadratwesen wird sich definieren durch einen Flächenunterschied. Die Welt (Vierheit, Quadrat) definiert sich folgerichtig im meßbaren Flächen*unterschied* zu ihrem Vorgänger und Erzeuger, der Einheit, dem Kreis:

Das Verhältnis führt zu einer konkreten *Differenz* ⇒ 1,273 – 1 = **0,273**..., das ist das Existenzempfinden im Zweidimensionalen, dem Quadratischen, gegenüber der Einheit, ihrem Erzeuger.

Das ist es, was von ihr aus, neben der selbstverständlichen Einheit, wahrgenommen wird. Der Mensch kann nur durch Unterscheidung empfinden. Die Unterscheidung ist der Grundcharakter der Schöpfung und damit der Charakter des Menschen. Der erste Unterschied, der sich zwischen der Welt des Kreises und der Welt des Quadrates ergibt, ist 0,273... Es ist eine Art existentielles Grundquantum, ein Primärrhythmus, die „Schrittlänge" der geschöpften, materiellen Welt. Das geht schlicht aus der Tatsache hervor, daß jedes Quadrat um den Faktor 1,273... größer als die Fläche seines eingeschlossenen Kreises ist und deshalb die Differenz auf 1 bezogen 0,273... ist.

Machen wir uns klar, worin die Transformation des Kreises besteht. Sie besteht im Erscheinen der Kugel, dem Offenbarwerden der dritten Dimension. Das Quadrat ist dafür nur eine Metapher, die aus der Sicht der alten Parameter (Flächenhaftigkeit) entsteht (s. Abb. 104). Die Kugel vertritt die 4, im Gegensatz zur Dreizahl des Kreises (s. a. Abb. 82a und 86). Hat der Betrachter aber noch kein Bewußtsein bezüglich der Raumqualität, weil er eben noch in der Fläche verhaftet ist, dann kann er sich der Vierzahl nur über das Quadrat nähern. Dort mißt er Flächenunterschiede. Ist er ein Kundiger bezüglich der Zahlenqualitäten, so registriert er zusätzlich auch noch die Besonderheit der Vierzahl (4 Seiten, 4□) gegenüber dem Selbstverständlichen, der Eins.

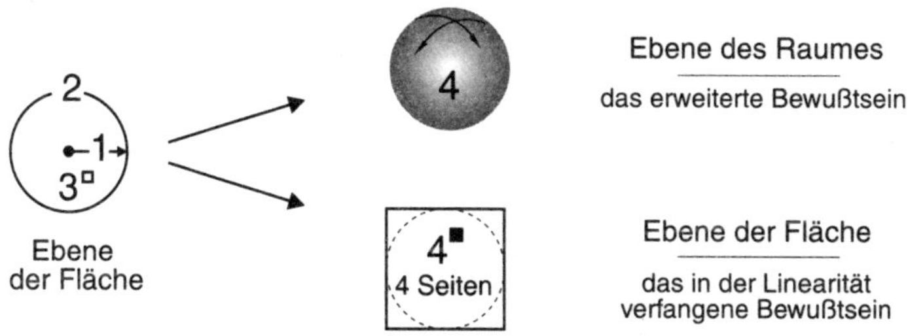

Abb. 104: Der Kreis transformiert zur Kugel (3→4). Das Quadrat (4) ist eine Metapher für die höhere Qualitätsebene der Kugel. Das Quadrat deutet auf die Verfangenheit in den alten Parametern der Flächenhaftigkeit. Die Qualität der Vierheit bringt aber in Kontakt mit dem Höheren.

Suchen wir in der Natur nach der Zahlenfolge 273, werden wir tatsächlich im fundamentalsten Sonnen-Erdmaß, der Zahl der Tage innerhalb eines Jahres, fündig. Wenn sich der Sonnenplanet Erde einmal um die Einheit, die Sonne, dreht, dann hat sich die Erde ca. 365,25 mal um sich selbst gedreht. Der Umfang oder Streckenabschnitt, den die Erde täglich im Schnitt zurücklegt, ist $^1/_{365,25}$ = 0,00273!

Spannend wird nun der Blick auf den Mond, denn er bildet mit der Erde zusammen einen Doppelplaneten. Der siderische Mondmonat beträgt 27,3 Tage! Der Mondradius beträgt dazu noch 0,273 Erdradien!

Die Sonne verhält sich zur Erde und ihrem Mond wie die Eins zur Zwei, wie Ganzheit zur Halbheit oder Einheit zum Wechsel. Erde und Mond sind aus der Einheit der Sonne (1) hervorgehende, fundamental konkrete, materielle Schöpfungen, die dem Quadrat entsprechen und ihr Signum tragen. Natürlich ist auch die Sonne eine materielle Schöpfung. Sie hat aber gegenüber der Erde einen schöpfenden Ganzheitscharakter wie der im Quadrat eingeschlossene Kreis, den wir mit den Erdkriterien, den Kriterien des Quadratischen, beurteilen. Die Sonne ist die entlassende, schöpfende Einheit. Außerhalb von ihr finden wir durch Messung die genannte Zahlenfolge, und wir sollten ihren Inhalt und unseren Anteil daran verstehen lernen. Mond und Erde sind ein Zwillingspaar mit all den beschriebenen Beziehungen von Gleichheit/Ungleichheit *und* Hierarchie.

Auch in der Physik begegnen wir der mysteriösen Zahlenfolge. Erinnern wir uns dazu an den absoluten Nullpunkt der Temperaturskala. Er liegt bei 273,2° C. Nach dem Gay-Lussacschen Gesetz ändern die Gase ihr Volumen um $1/273{,}2$ per Grad Celsius.

Auch in der Atomphysik sind die Werte nicht unbekannt. Unter den Elementarteilchen befinden sich D-Mesonen, die bezogen auf die Elektronenmasse eine relative Masse von 273,3 haben.

All die Beispiele haben nicht die von der Mathematik geforderte Eineindeutigkeit eines wissenschaftlichen Beweises. Das ändert jedoch nichts an ihrer Bedeutung. Der von ihnen ausgehende Ruf an die Forscher unserer Zeit ist unüberhörbar. Er deutet auf Verfangenheit in der Linearität.

Die Linearität findet nur dann ihre richtige Anwendung, wenn der mit ihr Umgehende das Ganze mit einschließt. Das ist das fruchtbare Zusammenwirken von Konstanz *und* Veränderung, das wir im nächsten Kapitel genauer anschauen.

Zahlen als Paradoxa und die Einheit von Konstanz und Veränderung am Beispiel der Flächen

Die beiden Pole Konstanz und Veränderung sind Gegenspieler. Ihrer herkömmlichen Definition nach schließen sie einander aus. Das, was sich verändert, kann nicht konstant sein, denn Veränderung ist das Gegenteil der Konstanz, und umgekehrt. Die numerische Folge der Zahlen aber ist das Urbeispiel eines Paradoxons. In der Folge der Zahlen wird uns gezeigt, wie man einen Widerspruch erlöst und einander widersprechende, paradoxe Fakten im Paradoxon vereinigt. Beide Bestandteile können darin ihre Eigenart verwirklichen, ohne daß ein Teil getötet wird. Konstanz und Veränderung verbinden sich zur Kontinuität der Zahlenfolge. Das fortschreitende Zählen ist Veränderung. Aus 1 wird 3 usw., der Übergang von einem Archetyp in den anderen ist die Veränderung. Die Veränderung selbst ist aber konstant, nämlich stets 1. Die Einheit ist die Konstanz und bildet die Grundlage der Veränderung, denn zwischen zwei aufeinanderfolgenden Archetypen ist der immer gleiche, konstante Unterschied, die Einheit. Die Zweiheit, der Unterschied, ist ohne die Einheit nicht denkbar. Wo die Zweiheit ist, war schon vorher die Einheit, aus der sie hervortrat. Das gilt für alle Zahlen. Jede Zahl ist ohne die vorhergehenden, aus denen sie entlassen wird, nicht denkbar. Das ist das schon besprochene Gesetz der Kontinuität mit seiner zwangsläufig entstehenden Weltformel 1 – 4 = Vielheit in der Einheit.

Die drei Grundfiguren Kreis, Quadrat und Dreieck erzählen uns das (s. Abb. 105). Der Kreis mit dem Radius r = 1 symbolisiert den Archetyp 1. Das ihn umschließende Quadrat steht für die 2, weil sein Urmaß, eine Seitenlänge, exakt 2 ist. Das Dreieck, welches den Einheitskreis umgibt, präsentiert die 3. Seine Höhe ist 3.

In den einfachen geometrischen Figuren offenbaren die Zahlen ihren Charakter, ihre typischen Qualitäten. Die 1 als Kreisradius stellt ein Inneres

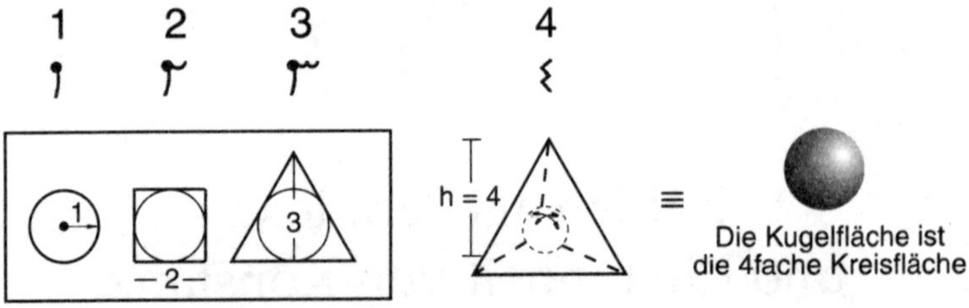

Abb. 105: Linearität (Konstanz) und Veränderung der Archetypen am Beispiel der geometrischen Symbole. Linearität kommt durch den *konstanten* Unterschied von 1 zustande. Dennoch entstehen *immer neue Qualitäten.*

dar. Die 2 übernimmt die Rolle des Andersartigen, des Äußeren. War der Archetyp 1 innenliegend, muß das fortschreitende Gegenteil außenliegend sein. Die 3 muß ihrem Charakter nach beide verbinden sowie die Urqualität, das Innere, erhöhen. Die numerische Folge bildet eine Kontinuität. Alle drei Werte sind Grundwerte ihrer Formen. Was beim Kreis der Radius ist, ist beim Quadrat die Seitenlänge und beim Dreieck die Höhe. Die rationale, kontinuierliche Zahlenfolge hat auf diese Weise einen qualitativen und quantitativen Aspekt. Der quantitative Aspekt beschreibt die Kontinuität der Folge. Die sich unterscheidenden Qualitäten kommen durch die geometrischen Formen zum Ausdruck. Von ihrem Standpunkt aus gesehen, bestehen erhebliche Unterschiede, vergleichbar mit Äpfeln und Birnen. Ein Radius ist keine Seitenlänge und eine Seitenlänge keine Höhe. Durch die aufbauende Folge, die Kontinuität, entsteht gleichzeitig ein neuer Wert, der im vorangegangenen Typ noch nicht vorhanden ist bzw. der sich von dem alten Grundwert noch nicht herausgelöst hat und noch unbemerkt in ihm enthalten ist. Die Höhe des Dreiecks wird erst im Dreieck manifest. Dennoch ist sie schon im Quadrat enthalten. Dort besteht aber keine Notwendigkeit der Definition einer Höhe, weil beide Seiten gleichlang sind. Theoretisch könnte man die senkrechte Seite als Höhe bezeichnen. Die fehlende Notwendigkeit ihrer Definition läßt sie noch im Verborgenen. Mit jeder neuen geometrischen Form entsteht ein neuer Wert, der sowohl Qualitäts- als auch Quantitätszuwachs bedeutet. Vom Standpunkt des vorhergehenden Archetyps ist die Veränderung nach oben dramatisch. Er besitzt nicht die Fähigkeit und die Mittel des Zugriffs nach oben. Der Rückblick auf einen früheren Typ dagegen ist beruhigender. Das Vergangene wird als noch wenig entwickelter Same des Vorhandenen gesehen. Die eigene Existenz wird als logische und geradezu zwingende Konsequenz des Vorangegangenen erkannt.

Gehen wir in der geometrischen Archetypenentwicklung einen Schritt über die 3 hinaus, so erwarten wir in der 4 wie bei jedem Übergang einen Qualitätssprung. Dem Charakter der 4 entsprechend muß jener aber besonders auffällig und groß sein, weil 4 unsere Welt ist und uns somit direkt anspricht. Die Vier ist der Beginn einer neuen Ebene jenseits der ursprünglichen Dreiheit. Das gleiche Phänomen erwartet uns in der geometrischen Welt. In der 4 materialisiert sich konkret das, was in der ihr vorangehenden Dreiheit angelegt ist. Die 4 schafft das Raumprinzip, die greifbare Form. Die Geburt der Dreidimensionalität, des Raumes, ist ihre spezifische Leistung, wodurch sie sich augenscheinlich von ihren Vorgängern abhebt. Ihre Grundfigur ist ein Körper, das Tetraeder. Sein Grundmaß ist die Höhe 4. An dem Einheitstetraeder mit seinem Grundmaß 4 ($h=4$; $r=1$) ist sehr gut seine in ihm liegende Quelle, die Dreiheit, erkennbar. Das Grundelement, das Dreieck, wird in vierfacher Weise zu dem neuen Raumprinzip verknüpft.

Das Tetraeder beschreiben wir im Zusammenhang mit den Raumprinzipien genauer. Hier kommt es uns auf das Thema der Kontinuität und der Übergänge der Archetypen an. Wenden wir uns deshalb gleich dem nächsten zu, der Fünfheit. Die Fünfheit ist die Zahl des Individuums, der Subjektivität und des Menschen. Sie bildet den Gegenpol zur Vierheit, dem konkret Materialisierten der Erde. Die 5 ist das Bewußtsein, mit dessen Hilfe die Erde erkannt wird. Mit ihr wird die vorangehende Rationalität überwachsen, und wir befinden uns in einem überrationalen Raum. In ihm finden wir nicht mehr einen Grundparameter mit der Länge 5, so wie es noch die Höhe 4 des Tetraeders war. Wohl aber begegnen wir der 5 in ihrer Wesenheit. Aus einem rationalen Längenmaß wird ein Symbol, das die 5 anzeigt.[14] Die Subjektivität ist ein Teil aus der Vielheit und repräsentiert gleichzeitig auch immer Halbheit. Das Überschauen des Ganzen auf so einfache Weise wie bisher ist nicht mehr möglich. Hier befindet sich der Mensch in seiner eigenen Problematik und Verstrickung. Was er bis ein-

---

[14] Das Symbol der Fünfheit beginnt mit dem Oktaeder. Doch ist es ebenfalls nur ein Symbol, ein Gleichnis in der niederen Dreidimensionalität. Die Fünfheit gehört in Wirklichkeit zur vierten Dimension. Das Oktaeder wird später beschrieben.

schließlich der 4 theoretisch begreifen konnte, muß er nun in seinem Symbol selbst praktizieren. Er ist es selbst, der sich nun in der Spannung der Polaritäten befindet. Er findet sich als Form wieder und ist in der Vielheit gezwungen zu handeln. In seiner eigenen Verstrickung muß er nun unter Beweis stellen, ob er das Eine offenbaren kann und zum *In-dividuum*, dem Ungeteilten, wird bzw. sich als solches erkennt.

Die Einheit – Das Nichtding und der Wurzelbegriff

Am Anfang steht die Eins. Weiter kann der Mensch nicht abstrahieren. Die Archetypen der Zahlen kann er nicht verlassen. Versucht er es trotzdem, so landet er bei der Null, die er nicht mehr begreift. Also sieht er sich genauer die letzte Einheit, die Eins und ihre Entwicklung an. Deshalb haben wir den Kreis, das Ursymbol, als Einheitskreis mit einem vorgegebenen Radius vom Wert 1 analysiert. Der Radius vermittelt zwischen der Welt der Dimension (Kreisumfang) und der Null, dem Punkt.

Die Definition der 1 ist die Anfangsbedingung. Eine Definition ist aber vom Menschen und seiner Voraussetzung, der Polarität, abhängig. Obwohl er sich durch Abstraktion dem einen Urpunkt aufs äußerste nähert und über die 2 (Polarität) hinweg abstrahiert, darf er nicht vergessen, daß alle seine Erkenntnisse und Aussagen mit Hilfe der Polarität gemacht werden müssen. Er versucht, sich einerseits dem Punkt, dem Zentrum allen Seins, zu nähern und ist andererseits durch seine eigene Existenzbedingung an die Zweiheit gebunden. Wirklich die Zwei hinter sich zu lassen, ist wegen seiner Erbanlage nicht möglich. Er muß sich mit seiner ihm eigenen Polarität abfinden.

Als Folge der Polarität hat jedes benannte Ding automatisch Anteil an der polaren Welt. Beim Radius ist das offensichtlich. Die Strecke hat einen Anfang und ein Ende bzw. eine Herkunft und ein Ziel. Bei der abstrakten Zahl 1 ist es schwieriger, die innewohnende Polarität zu sehen. Wir haben dafür kein einleuchtendes Bild, außer der trivialen Feststellung, daß ohne den Begriff des Unterschiedenen auch das Eine nicht definierbar ist. Wir haben aber eine wichtige Erfahrung, und das ist das immer gleiche Ergebnis bei unserer Suche nach dem Einen, die ewige Zweiheit. So sehr wir unseren Betrachterblick auch schärfen, wir erreichen nie das Eine, sondern immer das Polare. Das schärfste Mikroskop findet nie den endgültigen Endpunkt, sondern immer eine erneute Aufspaltung und Polarität. Tatsächlich entlarvt eine kritische Überprüfung die Einheit immer als subtile *Zwei*heit. Einen endgültigen Endpunkt zu finden ist nach rational wissenschaftlichen Überlegungen nicht möglich. Das endgültige Finden eines solchen Punktes hat also immer etwas mit einem Entschluß, der Ausübung des freien Willens des Menschen zu tun.

Machen wir der Erkenntnis und Einsicht wegen hier deshalb einen Punkt! In der Entwicklung der Quadrate habe ich diesen Punkt der möglichen Umkehr beschrieben. Bis zu einem solchen Entschluß muß sich aber eine gewisse Abwärtsentwicklung vollzogen haben. Der notwendige Entschluß, das Setzen des Punktes, ist nichts anderes, als die vorhandenen Tatsachen anzuerkennen. Sie sind die unwiderrufliche Existenz von Einheit **und** Zweiheit. Es geht um die Rehabilitierung des jeweils zur Seite geschobenen Poles. Für die Naturwissenschaften ist es die Rehabilitierung der Einheit, und für die Religionen ist es die Rehabilitierung der Zweiheit.

Die in der Tiefe der Einheit noch findbare, unoffenbarte Polarität ist der Grund, weshalb das Buch des Einen bzw. der Einheit, die Bibel, mit dem zweiten, polaren Buchstaben, dem „B" beginnt und im Namen diesen zweiten Buchstaben zweimal enthält (**B**I**B**EL). Die Genesis, das Buch der Schöpfung, enthält *zwei* Schöpfungsberichte, die sich unter anderem vor allem in der Bezeichnung Gottes[15], des Einen, unterscheiden. Die Bibel, das eine Buch, besteht aus dem *Alten und Neuen* Testament.

Wenn man jener in der Einheit liegenden und anfänglich noch verborgenen Zweiheit nachgeht, gelangt man auf diesem Wege zu einer anderen Art Einheit. Sie schließt den Suchenden ein, fußt auf der polaren Welt und ist untrennbar mit dem freien Willen der Entscheidungsfähigkeit verbunden. Die gefundene Einheit ist nicht mehr mit wissenschaftlichen, polaren Instrumenten faßbar und vorführbar. Das ist kein Mangel an ihr, sondern es zeugt von wirklicher Freiheit. Die Einheit und Freiheit, die dingfest gemacht werden kann, kann nicht die Umfassende sein. Was im Äußeren so erscheint, kann dem Punkt sehr nahe sein, nicht aber der Punkt selbst sein, sondern immer nur ein Symbol, Synonym oder eine anders zu bezeichnende Erscheinungsform. Für diese Einheit gibt es überzeugende Gleichnisse in religiösen Überlieferungen sowie auch geometrische Gleichnisse.

---

[15] Der erste Schöpfungsbericht spricht von >*Elohim*< *(Gott)*. Der zweite Schöpfungsbericht spricht von >*Jehova*< *(Gott der Herr)*. Jehova ist der Gott des Sündenfalles.

Der erste Buchstabe des biblischen hebräischen Alphabetes, das Alef (א), besteht aus zwei sich spiegelnden Teilen und wird als Hauchlaut nicht ausgesprochen. Es ist das in der Welt nicht Benennbare. Der erste Buchstabe findet in der Geometrie seine analoge Entsprechung im Radius des Einheitskreises. So wie das Alef aus zwei Teilen besteht, die „Einheit ausmachen"[16], so besteht auch die 1 des Radius aus zwei Teilen. Auch sie werden unmerklich zur Einheit durch das „Machen" ihrer Teile. Machen, Tun, und Wirken sind, archetypisch betrachtet, immer wahrhaftige Handlungen, d. h. ein Wirken auf sich selbst. In der Sprache der Zahlen ist das die Quadrierung. Der Radius 1 ist, genaugenommen, deshalb nicht der Wert 1, um den es sich handelt, sondern der Wert, der sich durch Multiplikation mit sich selbst ergibt, und das ist $\sqrt{1}$ ($\sqrt{1} \cdot \sqrt{1} = 1$). Da beide vom Wert her identisch sind, ist die polare Aufspaltung des Ureinen nicht einfach zu erkennen (s. Alef). Deshalb wird die 1 als Radius oder Ursache der Welt in Mythologien als Doppeleins ($1 = 1 \cdot 1$, entspricht symbolisch 11), angegeben. Die Sprachverwandtschaft von 11 und Alef zeugt davon.

Der Radius 1 in unserem Kreisgleichnis ist demnach ebenfalls ein Produkt, ein Zusammengesetztes. Strenggenommen ist er nicht die Einheit, sondern eine noch nicht offenbarte Polarität. Wir können auch hier die Einheit nicht greifen. Sie zeigt sich immer als das Im-Hintergrund-Stehende. Der Betrachter ist eben unwiderruflich in der Polarität verwurzelt. Der Abstand zur Einheit ist durch technische Hilfen nicht zu überwinden. Was bleibt, ist die Nutzung des scheinbaren Nachteils, die Möglichkeit zur Schau, denn Abstand (Polarität) ermöglicht die Schau des Gegenüberstehenden. Das Wissen um die Herkunft der Polarität aus der Einheit und ihre Aufgabe, die Offenbarung der Einheit, geben uns die Möglichkeit, uns innerlich zu ihr rückzuverbinden. Polarität muß dem Beispiel der Einheit folgen und durch Selbstbegegnung (Selbstbezug, Quadrierung) ihre Existenz beschreiben.

Die Einheit war nach den vorhergehenden Überlegungen $\sqrt{1} \cdot \sqrt{1}$. Die Welt der Polarität muß folglich auch selbst aus einem polaren Wert bestehen, der durch die Begegnung mit sich selbst erst die 2 ergibt. Das ist der

---

[16] Alef (א) ist das Bild des Stierkopfes. Stier bedeutet *tun, bearbeiten*. Die zwei Hörner bewirken nach unten Einheit. – Auch der Urgott Elohim, der Erste, verwandelt sich (**1**-30-5-10-**40**). Er wird zum Jehova (**10**-5-6-5).

Ausdruck $\sqrt{2} \cdot \sqrt{2}$. Er repräsentiert einen imaginären, also wissenschaftlich nicht eineindeutig faßbaren Wert, der durch seine Wirkung auf sich selbst die Polarität aus der Taufe hebt ($\sqrt{2} \cdot \sqrt{2} = 2$).

Wir haben mit dem Begriff $\sqrt{2}$ einen Ausdruck und Wert gefunden, der die Forderung nach letzter Unfaßbarkeit (Irrationalität) erfüllt und gleichzeitig die Ursache der Polarität ist, also im übertragenen Sinne der 1, dem Vorgänger der 2, entspricht.

Die Zahl 1 und die Wurzel der 2 ($\sqrt{2}$) sind zwei Ausdrücke und Erscheinungsformen des unaussprechbaren Höheren, Gemeinsamen. Es ist die Einheit, die der Welt ungreifbar gegenüber steht.[17] Der Wurzelbegriff ist also ein Synonym für Einheit und trägt ihrer Ungreifbarkeit Rechnung. Die Einheit ist die *Wurzel* aller Existenzen und Vielheiten.

Wie finden wir den Wurzelbegriff nun in der konkreten Welt der Vielheit (4)? Welt, Materialisation und Vierheit ist das Wirken der Polarität auf sich selbst, die Quadrierung ($2 \cdot 2 = 4$). Über die Negation des Negativen wird das uneingeschränkte Positive, die Einheit, sichtlich neu erstellt. Die Polarität (2) selbst ist aber auch durch dieses Prinzip entstanden, indem sich der Begriff $\sqrt{2}$ quadrierte. Die Rechnung $2 \cdot 2$ ist in ihre Teile zerlegt demnach $\sqrt{2} \cdot \sqrt{2} \cdot \sqrt{2} \cdot \sqrt{2} = 4$. Das ist ein anderer Ausdruck der Formel 4 = 1.

Versteht man das 1-4 Gesetz richtig, dann verbindet es alle Erscheinungsformen der Welt miteinander, auch die Begrifflichkeiten Irrationalität und Rationalität. Das wird besonders deutlich am Wert $\sqrt{2}$ (1,414..). Hier können wir einen Wert verstehen lernen, den wir als irrational bezeichnen, der seine *Irrationalität* aber über *rationale Teile* (Zahlenarchetypen) gewinnt, so wie die Welt aus Einzelheiten besteht, die ihre Existenzen der *Einheit* verdanken. Ihr verbindendes Gesetz ist das Additionsgesetz 1-4. Die Addition der Rationalitäten (Zahlenarchetypen) ergibt das uns irrational Erscheinende. Scheinbar zufällig kommt die Zahlenfolge 14 im originalen Wurzelbegriff, der $\sqrt{2}$, zweimal vor. Das, was hier wie Zufall erscheint, ist die polare (zweimalige) Spiegelung der Polarität in sich selbst.

Weshalb gerade eine zweimalige Wiederholung des Signums 1-4 erfolgt und sich nicht ewig 14 in Periode bildet, liegt am Charakter der 2 und seiner weiteren Ableitung, der Asymmetrie. Die Polarität und ihre sich aus ihr

---

[17] Das Symbol dieser ungreifbaren Einheit ist der Kreis. Aus unserer Sicht ist er deshalb irrational.

ergebende Asymmetrie ist die Voraussetzung für Leben. In Erfüllung ihrer eigenen Forderung bringt sie an der 4. Kommastelle das Neue, vom Ursprünglichen Verschiedene und Vielfältige hervor. Das Neue ist die Geburt der 2. Die Ziffernfolge 1,41421...ist keine „zufällige", sondern transportiert eine Botschaft. Das Polare zeigt in ihr seinen wahren und vollkommenen Charakter. Über die „Bestandteile" des Polaren, den Wurzelbegriff, erfahren wir den Sinn der Zweiheit, ihre Geborgenheit[18] in der Einheit und die Art und Weise, wie sie mit den ihr eigenen Mitteln die Einheit offenbart.

Die 1 ist selbst nur ein Begriff und ein Bild für die Einheit. Ein anderes ist das Wurzelelement. Ihr deutlichster Vertrcter ist wiederum die $\sqrt{2}$. Die Einheit, die der Polarität zugrunde liegt, kann man hilfsweise auch als ein Element bezeichnen, das durch konsequente Wirkung auf sich selbst (Quadrat) erst die Polarität hervorbringt. 1 und $\sqrt{2}$, Rationalität und Irrationalität sind die zwei Seiten unserer Welt und unseres Raumes.

In der Abb. 106 ist ersichtlich, daß der Wurzelbegriff tatsächlich, seinem Namen entsprechend, ein Basisbegriff ist. Über ihn entsteht eine erste Linearität.

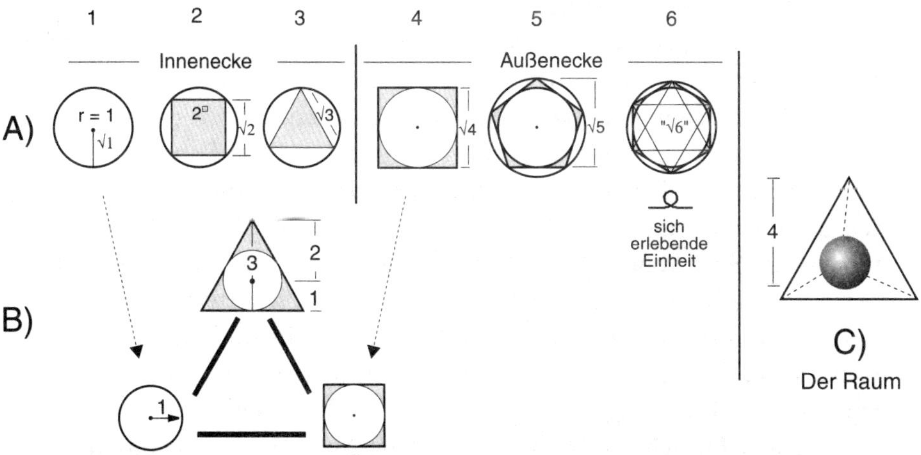

Abb. 106: Über den Wurzelbegriff läßt sich eine erste Linearität der Formen erstellen. Dabei tritt deutlich das 1- 4 Gesetz hervor. Kreis und Quadrat sind beide die ersten einer Trinität. Sie bilden wiederum ein Polpaar (1-2), das eine andere Linearität (Teil B) hervorbringt. Der Raum C) ist sowohl die Folge von A) als auch B).

---

[18] s. Abb. 101: Die Einheit (Einheitskreis) schließt die konkrete Polarität (2, bzw. Quadrat) mit ihren Parameter $\sqrt{2}$ ein.

Der Kreis und das Quadrat bilden die erste und vierte Form. Beide sind die ersten einer Trinität. Sie werden durch das Gesetz 1- 4 als die Pole Einheit-Vielheit miteinander verbunden. Unter dem Aspekt (Parameter) der ganzen, rationalen Zahlen bilden sie das Grundpolpaar 1-2. Zwei Pole verlangen immer nach der Existenz eines vereinigenden Dritten. Das ist das den Einheitskreis einschließende Dreieck mit dem Parameter 3 im unteren Teil der Abbildung. Im Parameter 3 sind die Anteile 1 und 2 additiv vereinigt. Das neue Funktionsdreieck (1-2-3) im unteren Teil B) erstellt eine neue Linearität, einen neuen Aspekt in der Ebene der Zweiflächner. Der Aspekt B) geht aus dem Aspekt A) über das 1- 4 Gesetz hervor. Aus A) und B) entsteht C), der Raum.

Die Abb. 106 zeigt vor allem auch die Entstehung von Linearitäten und ihre Abhängigkeit von den Unterscheidungskriterien, den Parametern. Die verschiedenen Linearitäten haben keinen Selbstwert, sie vermitteln ein Prinzip. Sowohl die obere als auch die untere der Linearitäten der Abb. 106 sind uns schon bekannt. Die obere ist lediglich eine um das Innenquadrat und das Innendreieck erweiterte Abb. 94a. Die untere wird in der Abb. 99 beschrieben. Hier ist sie lediglich in die Dreiecksform übertragen.

Dem Außendreieck, das aus den Größen 1 und 2 besteht, folgt ein Viertes, das manifestierende Neue, der Raum. Die Entstehung des Raumes haben wir gleichfalls schon über das Sechseck besprochen.

Die Einheit, „das Nichtding", bedarf eines anderen, der Polarität. Polarität und Einheit sind über das 1- 4 Gesetz miteinander verknüpft. In ihm zeigt sich, daß die Polarität der Einheit nicht widerspricht. Die Unterscheidung, die durch sie ins Spiel kommt, hat eine eindeutige Richtung, eine innere Gerichtetheit. Sie will erkannt und durch den Menschen bewußt verwirklicht werden.

Der sich in der Polarität Befindende muß mit ihr und sich selbst ernst machen und ihre Eigenschaft, die Unterscheidung, nutzen. Wer unterscheiden lernt, in Beachtung und Würdigung der Hierarchie, der kommt zur Einsicht. Jene Einsicht ist der Verzicht auf den Versuch der Versklavung und Unterwerfung der Einheit durch die Polarität. Sie bleibt unaussprechbar, ist aber überall wirksam. Der Begriff $\sqrt{2}$ ist für sie einer der vielfältigen Vertreter. Wie er im rechten Spannungsverhältnis zur Eins immer wieder das eine Ungreifbare und Ewige offenbart, werden wir nach der Besprechung des rechten Winkels am Beispiel des uns bekannten DIN A-Formates etwas später erfahren.

Der rechte Winkel

Der rechte Winkel ist ein Bestandteil des Quadrates. Er ist der 4 zugeordnet, weil er sichtbar das Ganze, den Vollkreis, in 4 gleiche Teile gliedert (360:4=90). Er entsteht aber schon bei der Entstehung der ersten Fläche, dem Kreis, und liegt zwischen der Umfangslinie und dem Kreismittelpunkt.

Abb. 107: Den ersten rechten Winkel findet man schon im Kreis beim Übergang des Kreisradius in den Kreisumfang.

Das Wesen der Rechtwinkligkeit gehört zur Transformation. Der erste Übergang, die Verwandlung des Archetypen 1 in den Archetypen 2, bedient sich des Wesens der Rechtwinkligkeit, so wie alle ihr folgenden Übergänge das zwangsläufig tun. Evolution geschieht nach dem Prinzip der Gegenteilerstellung und seiner anschließenden Integration im Größeren. Der Integration geht die Spannungsbildung zwischen dem Alten und dem Neuen voraus. Der rechte Winkel verbindet die Pole fruchtbringend miteinander. Er ist die Interaktion, die Funktion zweier solcher sich folgenden Elemente, und er löst das Problem durch die Kunst des Handelns, des Funktionierens. Ergebnis ist die paradoxe Verbindung. Sein Geheimnis ist die Orientierung an der Einheit, dem Zentrum allen Seins.

Das Beispiel Radius/Umfang zeigt das sehr deutlich. Die einander folgenden Existenzen zeichnen sich durch viele Gegensätzlichkeiten aus. Der Radius ist das Geradlinige und Begrenzte, der Umfang das Krummlinige und Unbegrenzte. Der rechte Winkel verbindet beide miteinander. Er nutzt die Gemeinsamkeiten zur Synthese. Das Gemeinsame ist immer die Orientierung an der Einheit, so unterschiedlich die äußeren Gegensätzlichkeiten auch erscheinen mögen. Der Radius ist zentrumsorientiert, und man erkennt seine Verbindung am direkten Kontakt mit dem Zentrum. Der Kreisumfang ist auch zentrumsorientiert und ist mindestens so streng darauf ausgerichtet wie der Radius. Seine Krummlinigkeit ist eine Vielzahl von

Geradlinigkeiten, den Tangenten. Der rechte Winkel unterscheidet beide voneinander, indem er das Spannungsverhältnis und damit den Unterschied hervorhebt, und er verbindet beide miteinander, indem er jeden Pol, zwar auf unterschiedliche Art, aber dennoch auf den Ursprung, die Einheit, ausrichtet. Trennendes und Gemeinsames fügen sich durch ihn zusammen zu einer hierarchischen Ordnung. Innerhalb der Ordnung hat jeder Pol seinen Platz.

Der rechte Winkel ist das Element, welches über die Vielheit (4 = Vierheit) die Einheit erstellt und offenbart. Er ist der Teil der Vielheit, der den Bezug zum Einmaligen (1-4) herstellt. Der rechte Winkel, der vierte Teil des Vollwinkels, ist das Spannungselement, welche die religio ermöglicht. Daß der rechte Winkel eine Entscheidung des Individuums erfordert, beleuchten wir anderenorts. Hier wollen wir unmißverständlich festhalten, daß mit seiner Hilfe die grundsätzliche Lebensspannung aufrechterhalten wird, indem er Einheit und Zweiheit verbindet bzw. sie, je nach Sichtweise, auf Distanz hält, ohne daß beide unfruchtbar zusammenstürzen. Durch ihn ist aber auch die religio, die Rückverbindung von der Welt der 2 zur Welt der 1, möglich. Über den rechten Winkel findet man vom Umfang zum Zentrum, da er durch seinen Charakter als Repräsentant der Einheit in der Welt der Polarität die Orientierung Richtung Ursprung anzeigt.

Seiner Symbolik entnimmt man seine Herkunft aus der 3 und aus der 4. Drei ist für ihn typisch durch die Begriffe Handlung, Verbindung und Funktion. Die Vier ist sein konkreter, weltlicher Anteil, die Vierteilung des Ganzen. Zusammenfassend ist er das Funktionsprinzip der konkreten Welt. Mystisch ergänzt, könnte man ihn den handelnden Gott (3) in der Welt (4) nennen. Allgemein ist er die Verbindung zweier aufeinander folgender Gegensätzlichkeiten eines Kontinuums, die Verknüpfung von 1 und 2. Dieses erste Archetypenpaar steht für alle möglichen Paare. Im Falle des rechten Winkels wird das Paar 3-4 besonders angesprochen. Seine Symbolik ist die des Göttlichen Dreiecks (3-4-5) und des Poldreiecks (1-2-$\sqrt{5}$, s. Abb. 94). Was in ihm abstrakt symbolisch sichtbar ist, wollen wir als Rechtwinkligkeit in der Welt, als rechtes Verhalten im Konkreten, versuchen zu verstehen, indem wir nochmals die Kreiselemente lebendig werden lassen. Der Mensch, das Subjekt, entspricht der 2 des Kreises, dem Umfang. Vor ihm steht die göttliche Einheit, der Radius, durch dessen Existenz das Umgrenzende, der Umfang als Symbol des Zweitgeborenen, ermöglicht wird. Der Kreisumfang ist das Begrenzende. Durch seinen Charakter des Abgrenzens führt er zur Unterscheidung zwischen dem Innenliegenden und dem Außenliegenden. In seiner Funktion umschreibt er im wahrsten Sinne des Wortes das in ihm Liegende, eben das, was ihm seine Existenz gibt. Damit ist er ständig auf das Zentrum, den Ursprung, gerichtet und nicht auf das Äußere. Seine trennende und unterscheidende Wirkung hat eine klare Richtung, den rechten Blick. In ihm liegt der rechte Winkel, welcher in seiner Vierteilung des Vollwinkels immer auf das Ganze bezogen ist. Vor uns liegt der Urtyp des Teilenden, dessen Aufgabe es ist, durch Entstehung von Vielheit (Vierheit) die Einheit stets neu zu offenbaren.

Das Entscheidende am Zweitgeborenen, dem Umfang, ist es, daß er seine Blick- und Wirkrichtung nicht nach außen oder auf sich selbst richtet, sondern einfach ist, um den Erstgeborenen, den Radius, zu offenbaren und neu zu erschaffen. Durch seine Funktion wird das Ursprüngliche in anderer Form neu erschaffen und bereichert. Das ist gemeint, wenn wir feststellen, daß der Umfang mit dem Wert 2 einen Radius erschafft, der identisch, d.h. mit der Kreisfläche einheitlich ist. Die Kreisfläche ist der Radius in der unbeschränkten Vielzahl. Der Radius wird erhöht, erweitert, bereichert durch die Vielheit. Das Ergebnis ist nicht eine In-Frage-Stellung des Radius, sondern sein Wachsen bzw. seine Offenbarung. Das Neue und „Größere" ist identisch mit dem Radius. Radius und Fläche sind eines (s. Abb. 79 und 85).

Vergegenwärtigen wir uns nochmals, was in unserer Ableitung geschehen ist: Neben der Einheit (Radius) entstand ein Zweites (Umfang), welches durch seine völlige Selbstlosigkeit und sein rechtes Verhalten für das Wachstum der Einheit, d. h. das Entstehen eines neuen umfassenderen Bildes der Einheit (r→Fläche) sorgt. Nicht die 2 (Umfang) selbst hat sich in ihrer Funktion herausgeputzt, sondern sie dient der Neuerschaffung des Einen, des Ursprungs. Die Spannung zwischen dem Polpaar 1-2 bzw. Radius und Umfang wird automatisch von seiten der 2, des Umfanges, gesehen. Nur das Polare, das polar angelegte Wesen, hat die Fähigkeit des Unterscheidens und Erkennens. Die 2 fühlt sich in der linearen Folge als das Höherentwickelte und Größere. Andererseits steht sie in Spannung zur 1, ihrem Vorfahren. Durch Nutzung ihrer Zentrumsbezogenheit, Selbstlosigkeit und Empfängnisbereitschaft (alles Urqualitäten der 2) kommt es nicht zu einer primären Erhebung der 2 über die 1 bzw. einer

Bevorzugung des „höheren Poles", des Umfangs, durch Unterwerfung der 1, sondern ihre totale Selbstlosigkeit befähigt sie zur Gebärung einer neuen Einheit, der Fläche. In Zahlen ausgedrückt bedeutet das, daß die ursprüngliche 1 zwar eine 2 entläßt, aber jene wiederum nur dafür sorgt, daß unendlich viele neue Einsen entstehen (s. Abb. 78).

Was heißt das nun für unser praktisches Leben? Nehmen wir als Beispiel ein übliches Spannungspaar. Das können ein Ehepaar oder andere Partner irgendeines Konfliktes sein. Der Partnerteil, der sich über den Spannungskonflikt Gedanken macht, befindet sich grundsätzlich auf der Position der 2, des Umfanges, der eine bestimmte Sache einkreist, umschreibt. Das typische Fehlverhalten besteht nun darin, den anderen Pol, die 1, als die unterentwickelte und in der Entwicklung zurückgebliebene (denn 2 ist ja logisch weiterentwickelt) zu überzeugen oder anderweitig in ihrer Existenz zu schwächen, um selber an Wert zu gewinnen. Eine echte Einheit und Konfliktlösung ist so nie erreichbar, egal wie scheinbar harmonisch das Ergebnis für einige Zeit auch aussehen mag. Der weise Weg in der Auseinandersetzung zielt nicht auf eine primäre Selbstwerterhöhung, sondern zielt auf das von ihm umkreiste Eine, mit dem er in Spannung ist, und sucht nach den unzähligen Eigenschaften und Qualitäten des Einen (des Partners), die er bis dahin nur einseitig sah. Dann erst kann er die Vorzüge seiner Anlage und deren Ausbaufähigkeit erkennen. Was ihm bis dahin als negativ erschien, ist eine grundsätzliche Anlage, die viele Aspekte hat und gefördert werden muß in Hinblick auf das Eine und Gemeinsame. Indem der Partner, die 1, der Radius, wächst, stabilisiert sich in gleichem Maße der Umfang, die 2, das eigene Selbst, der betrachtende Mensch.

Der rechte Winkel stellt die Verbindung her zum Ursprung. Er ist die Funktion (3), die aus der Zweiheit und dem richtigen/rechten Verhalten entsteht, die wahre Funktion. Das rechtwinklige Dreieck ist ihr Symbol. An anderer Stelle haben wir die 3 in ihrer religiösen Bedeutung beschrieben. Die religio ist die Treue zum Ursprung. Drei und treu beziehen sich auch sprachlich auf die gleiche Wurzel. Sehen wir uns das rechtwinklige Dreieck genauer an (Abb. 108), dann verstehen wir, wieso das Symbol der Drei Treue und religio symbolisiert und rechte Teilung bzw. Abgrenzung das innewohnende Eine immer neu entstehen läßt. Trennt man ein rechtwinkliges Dreieck im rechten Winkel auf seine Hypotenuse (gegenüberliegende

Seite), so entstehen zwei neue Dreiecke, die einander ähnlich sind. Die Neuentstandenen und das Ausgangsdreieck sind sich untereinander immer ähnlich.

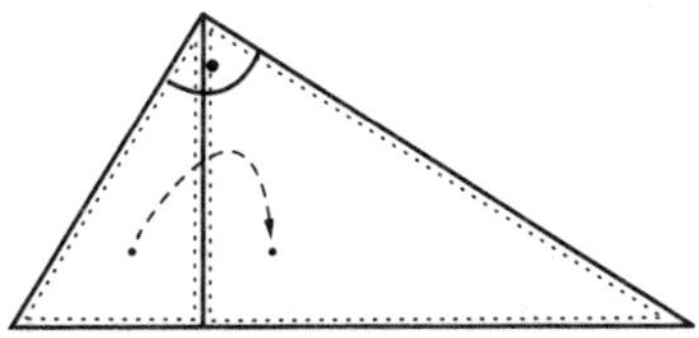

Abb. 108: Die „Treue" des Dreiecks, die rechte Funktion, das Phänomen des Gnomons[19]. Teilt man ein rechtwinkliges Dreieck im rechten Winkel auf seine größte Seite (Hypotenuse), so entstehen zwei neue Dreiecke, die einander ähnlich, d.h. in der Figur eines sind.

Jedes Teil ist die vergrößerte oder verkleinerte Ausgabe des anderen. Wie oft man das auch tut, das Eine des Ursprungs, der Charakter des Einen, geht nie verloren. Das Gegenteil der Vernichtung tritt ein. Das Eine, der Charakter des Ganzen, bleibt vorhanden. Er wird ergänzt durch Vielheit und immer aufs neue bestätigt. Das ist die Grundeigenschaft des rechtwinkligen Dreiecks.

Zusammenfassend ist der rechte Winkel das verbindende Prinzip zwischen einem Pol- oder Zwillingspaar. Er verkörpert den Archetyp 3, die Zahl, welche aus einer erhobenen Situation die Beziehungen zwischen Archetyp 1 und Archetyp 2 erkennt und im Vollzug der hierarchischen Ordnung für die Offenbarung der Einheit sorgt. Er ist in der Lage, zwei scheinbar widersprechende Dinge, Einheit und Spannung, zu vereinigen. Die beiden Pole kommen über ihn zum Ausdruck, zur rechten Anwendung. Durch seine Wirkung erfährt man, daß Spannung und Polarität grundsätzlich positiv sind, weil die Rückverbindung gewahrt ist.

Der verbindende Charakter kommt sehr gut in der folgenden geometrischen Abbildung zum Ausdruck, in der die Kreise des Radius 1 und Radius 2 durch das Dreieck miteinander verbunden werden. Die symbolische Perfektion besticht zusätzlich, wenn man sieht, daß die Dreieckshöhe der 3 entspricht und sein Linienhaftes der Seitenlänge $\sqrt{12}$[20].

[19] Das Gnomon ist eine Figur, die bei Angliederung an die Anfangsfigur immer wieder Formengleichheit erzielt

[20] $\sqrt{12}$ = „Das, was die Wurzel der Ordnung und Hierarchie (12) ist".

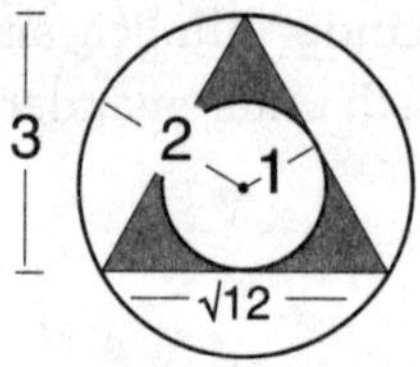

Abb. 109: Das Dreieck verbindet die Archetypen 1 und 2 miteinander. Die Dreizahl manifestiert Einheit durch Ordnung und Hierarchie.

Wir erwähnten das Göttliche Dreieck bei der Ordnung der Flächen. Dort haben wir seine *entscheidende* Mitwirkung bei der Entstehung der Sechsheit, der gewachsenen Einheit, ersehen. Sein praktischer Nutzen ist geschichtlich weit zurückzuverfolgen. Im Bauhandwerk und dessen Anfängen, den Bauhütten, bediente man sich seiner, um den rechten Winkel zu konstruieren. Dabei ordnete man die Längen 3, 4 und 5 im Dreieck an. Zwischen den Längen 3 und 4 entsteht ein rechter Winkel. Er liegt der 5 gegenüber. Das Göttlichen Dreieck liegt der Chefren-Pyramide zugrunde, und Näheres kann man dort nachlesen. Hier soll es genügen, die in ihm liegende Forderung zu erwähnen. Sie besteht in der Verpflichtung des Individuellen, sich bewußt religiös zu entscheiden. Indem über das Individuelle (5) und die rechte Spannung Funktion (3) und Materie (4) verbunden werden, kann das Höhere, die Fläche (6), entstehen.[21]

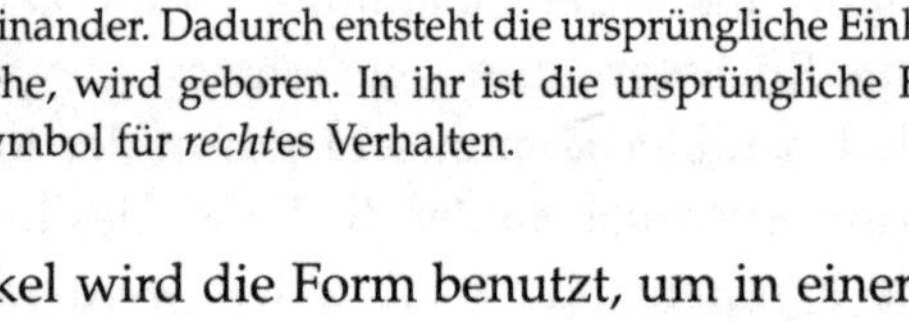

Abb. 110: Das Göttliche Dreieck verbindet die Dreiheit und Vierheit, Geist und Materie im rechten Verhältnis miteinander. Dadurch entsteht die ursprüngliche Einheit neu und die höhere Dimension, die Fläche, wird geboren. In ihr ist die ursprüngliche Einheit enthalten. Das Göttliche Dreieck ist Symbol für *recht*es Verhalten.

Im rechten Winkel wird die Form benutzt, um in einer klaren Nacktheit das Eine, das Ideal zu erstellen. Handlung, Funktion und Demonstration stehen im nackten Dienst der einen Schönheit. Im rechten Winkel liegt die klare und reine Hinwendung zum Ideal, die funktionierende Orientierung. Der rechte Winkel ist die Tat der Einheit und Zweiheit. In der unbewußten

[21] s. a. die religio der Pyramidentrilogie zu Gizeh.

Materie (4) ist sie als permanente, innewohnende Gerichtetheit (Entelechie) anwesend. Als polares und *bewußtes* Wesen müssen wir bewußt unterscheidend sagen: Der rechte Winkel ist die *rechte* Tat der Zweiheit.

Die Gnomone:
Rechter Winkel, Länge $\sqrt{2}$:1 und der Goldene Schnitt

Wir haben den rechten Winkel als Tat der Polarität besprochen. Sein Wesen ist Polarität, und er wird ihr gerecht, indem er unterscheidet, „richtig funktioniert". Unterscheidung und Einheit, das Grundpolpaar, werden durch das rechte Spannungsverhältnis (90°) vereint. In ihm wird das Paradoxon des „Sowohl-Als-auch" verwirklicht, ohne eine der Qualitäten zu mißachten. Am rechtwinkligen Dreieck und seiner Teilung in Gnomone sahen wir, wie sich die Vielheit der Teile zu immer größeren zusammenschließen lassen, ohne das Wesentliche, die Grundform, die die Ähnlichkeit der Dreiecke garantiert, zu zerstören. Was wir hier in der Fläche mit Dreiecken erleben, findet in der darunterliegenden Ebene der Linie, im Begriff der $\sqrt{2}$, eine Entsprechung. Den Begriff der Einheit und den Ausdruck $\sqrt{2}$ haben wir als ein und dasselbe erkannt. Beide vertreten das Numinose, das göttliche Eine, welches hinter der Welt der Erscheinung steht und nur mit den polaren Hilfsmitteln zum Ausdruck gebracht werden kann. Beide Begriffe sind in dem, wofür sie stehen, vereint. Für das Gemeinsame sind beide nur ein verschiedener Ausdruck. Die Unterscheidung wird im mathematischen Größenverhältnis ($1 : \sqrt{2}$) deutlich. Auch hier liegt ein Urpaar vor, in welchem, wie im rechten Winkel, Gleichheit und Ungleichheit miteinander vereint sind. Der rechte Winkel und die $1 : \sqrt{2}$-Beziehung verdeutlichen das Gleiche auf verschiedenen Ebenen. Ihr Unterschied liegt nur in der Entfaltungsebene, der Dimensionalität. Der rechte Winkel bringt sein Wesen in der Ebene und die Längenmaße bringen ihr Wesen in der Linie zum Ausdruck. Beide Beispiele bilden deshalb ihrerseits zueinander ebenfalls ein solches polares Urpaar. Es ist ein drittes, zusammenfassendes.

- I. Polpaar : Längenbeziehung 1 : $\sqrt{2}$ (Linie)
- II. Polpaar : rechtwinklige Beziehung zweier Strecken (Fläche)

- III. Polpaar : Beziehung I : II (Linie : Fläche)
  (übergeordnet, verbindend)

Das letzte Polpaar (III), Linie : Fläche, setzt sich aus den schon vorhandenen 4 Polen (2 x 2, d. h. 1-$\sqrt{2}$ und 1$\perp$2) zusammen. Versuchen wir, uns das dritte und übergeordnete Paar graphisch vorzustellen, dann müssen wir den rechten Winkel mit den Größen 1 und $\sqrt{2}$ kombinieren. Beide müssen sich zu einem Neuen ergänzen. Es entsteht das abgebildete Dreieck, welches die Zahlen 1, 2 und 3 im rechten Winkel verbindet. Es ist höchster Ausdruck der nach Einigung strebenden Gegenspannung, offenbart durch die grundsätzliche Trinität.

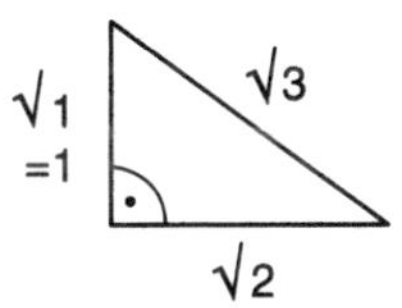

Abb. 111: Im Wurzeldreieck werden die Größen 1 und $\sqrt{2}$, die beide nur verschiedene Ausdrücke der numinosen Einheit sind, im rechten Winkel miteinander verbunden. Die Kombination des Paares 1-$\sqrt{2}$ und der Rechtwinkligkeit zeigen das DIN A-Format, das faltbar bleibt, ohne seine wesentliche Form zu verlieren.

Um die Wirkung und Bedeutung der Kombination leichter zu erfassen, denke man nur an das täglich verwendete Format des Schreibpapiers. Die sogenannten DIN A-Formate zeichnen sich alle durch das rechtwinklige Verhältnis der Größen 1 und $\sqrt{2}$ aus. Ein solches Blatt hat die Eigenschaft, beim Zusammenfalten über die große Seite immer das Urverhältnis 1:$\sqrt{2}$ beizubehalten. Kein anderes Format erfüllt diese Bedingung. Das Eine, im Hintergrund stehende Wesentliche, wird auf diese Art nicht zerstört, sondern immer aufs neue offenbart.

Was hier am Beispiel des Rechtwinkligen, dem der Vierheit Zugeordneten, wegen seiner Offensichtlichkeit gut zu verstehen ist, finden wir schon in einer weniger offenbaren Weise in der Abb. 109. In beiden Fällen dreht es sich um den Begriff der Funktion und des Handelns. In der Abb. 109 handelt es sich um die Dreiheit (Dreieck) als Verbindendes. Das Prinzip liegt noch in geistiger, theoretischer Art vor. Die Pole 1 und 2 werden zu einer sich ergänzenden größeren Ganzheit hierarchisch miteinander verbunden. Was vordergründig in den beiden Beispielen wegen der unterschiedlichen Zuordnungen zur Drei- bzw. Vierheit (gleichseitiges *Dreieck* – *rechtwinkliges* Dreieck) als Widerspruch erscheint, ist in Wirklichkeit ein- und dasselbe in verschiedenen Graden der Offenbarung. In der Abb. 109 entging uns der Wachstumsfaktor der Kreisfläche $r_1 \rightarrow r_2$ = 1:4. Im zweiten Beispiel, der Rechtwinkligkeit, präsentiert sich dasselbe in der Ebene der konkreten Manifestation (4). Das nun Geschöpfte ist wirklich im Sinne der Begreifbarkeit, also Anfaßbarkeit, und auch wirklich im ursprünglichen Sinne der Wirkung. Das Geschöpfte, Konkrete wirkt. Es wirkt immer so, daß es Einheit erstellt.

Diese Aussage will wirklich verstanden sein! Uns ist sie in den Begegnungen mit unseren Wirklichkeiten meist wenig klar, und wir scheuen uns, die Dinge zu erkennen, weil sie uns oft grausam erscheinen. Haben wir ihr Prinzip aber begriffen, dann können wir auch die Notwendigkeit in ihrer Existenz einsehen und sie als Erstellung der uns verlorengegangenen Ganzheit begreifen.

Das wirkende Erdhafte, dessen Richtungsweisung man gewahr wird, erinnert an den Begriff des Gnomons. Wir kennen ihn als das älteste Meßgerät der Menschen, den Schattenstab, einen senkrecht stehenden Stab, aus dessen Schatten man den Sonnenstand ablesen kann. Sein deutlicher, rechter Bezug zum größeren Einen, der Sonne, half bei der Eingliederung in den kosmischen Rhythmus (1 – 2 = 12). In der Geometrie ist die Parallele das Gnomon, eine Figur, die bei der Angliederung an die Anfangsfigur Formgleichheit zwischen Anfangs- und Endfigur enstehen läßt, wie das die Abb. 108 zeigt. Die feststellbare Gleichheit bezieht sich dort auf die sichtbare Form. Das Wesen des Ausgangsproduktes wurde über die Form definiert, und auch die Form vermittelt die Einheit des Wesens, des Endprodukts. Ein Gnomon bezieht sich also vordergründig auf die sichtbare Form und damit auf etwas konkret Erdhaftes. Obwohl über die Form der Begriff des Wesentlichen vermittelt wird, ist die Form als solche nicht das Wesen, sondern ihr Symbol. Das Symbol verbindet zum dahinterstehenden Wesenhaften. Das Gnomon verwirklicht auf der konkreten Ebene ein göttliches Prinzip, und das ist der Bezug zu dem immer vorhandenen Wesentlichen. Als Gnomon werden auch kurze Sinnsprüche und Regeln bezeichnet, die im Urtheater das Wesentliche zeigten.

Sowohl Gnomen (Erdgeister) als auch der Schattenstab weisen auf den Erdbezug hin. Ihnen ist ihre Erdhaftung inne, und der Ausspruch wie auch der Schatten sind ortsbezogen und haben *auf die reine Form bezogen(!)* keine allgemeine und überzeitliche oder uneingeschränkte Gültigkeit. Ihr Ausdruck ist lediglich ein Versuch, das Wesentliche zu offenbaren. Der konkreten Form haftet aber der Kontext an, durch dessen Beziehung das Eine durchscheint, welches *ein*deutiges, rechtes Verhalten verlangt.

Eine andere Art, das Wesentliche zu erhalten, ist der Goldene Schnitt. Hier beziehen sich alle Größen auf ein Verhältnis. Das Wesentliche ist nicht unmittelbar sichtbar, und doch richten sich alle Werte an ihm aus. Die Formel dafür

$$a = 0{,}618.. = \frac{\sqrt{5} - 1}{2}$$

beinhaltet die Symbole Mensch (5), Ganzheit (1) und Polarität (2). In der Abb. 112 ist das Spannungspaar Ganzheit/Geteiltheit (1-2) im rechten Verhältnis zueinander aufgestellt. Es ergibt sich ein Höheres ($1^{\square}$), welches das Erste und Eine „geoffenbart" verwirklicht und in erweiterter Dimension wiedererstellt. Die Fläche eines solchen Poldreiecks ist $1^{\square}$Quadrat, die Wiedergeburt der Längeneinheit 1 in der zweiten Dimension. Das linke, größere Dreieck zeigt die übliche Art, den Goldenen Schnitt zu konstruieren. Das Konstruktionsdreieck links ist identisch mit dem soeben erwähnten Poldreieck rechts.

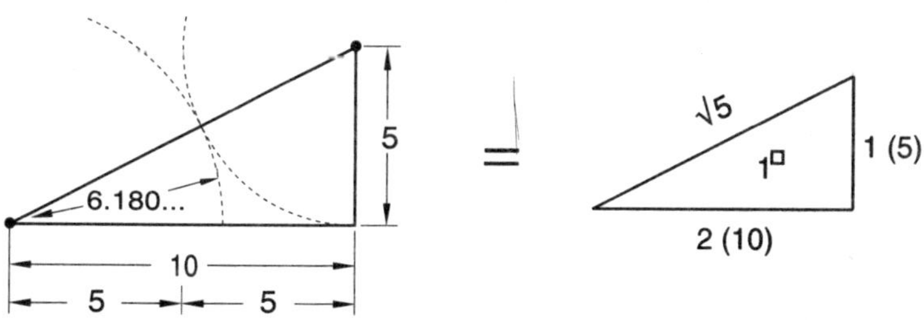

Abb. 112: Das Poldreieck und der Goldene Schnitt – Das Kleine verhält sich zum Großen wie das Große zum Ganzen. Das Wesentliche ist weder greifbar noch direkt sichtbar. Es bezieht sich auf ein Verhältnis.

Das Poldreieck vermittelt deutlich den Wandlungsprozeß der Einheit (1) in die höhere, offenbarte Einheit ($1^{\square}$) einschließlich ihrer Bedingungen. Die Bedingungen sind das Wirken der Formen, die aber alle einzeln auf das Wesentliche, die Ganzheit ausgerichtet sind. Die Rollen des Individuellen

(5) und des Ganzen werden in der Abb. 112 überdeutlich. Das Ganze bedarf des Veränderlichen und Flexiblen, um zu wachsen. Die Welt ist das Ganze im Kleide des Veränderlichen. Der Mensch, der sich darüber bewußt wird, ist aufgefordert, am Hilfsmittel, dem Konkreten, nicht für ewig festzuhalten, sondern es zu benutzen. Individuum und Ganzheit sind zusammen eine Funktion, um die Transformation im Goldenen Schnitt zu bewerkstelligen. Die Folge schreitet fort, das Wesen bleibt und wird erhöht. Das gilt auch für die letzten großen Archetypen der Ordnung, die Zahlen. Schon das Zählen in ihrer Folge bringt die Gefahr mit sich, in Ewigkeit zu zählen und die Folge wichtiger zu nehmen als das, was sie erzählen, die Botschaft der Einheit, die Herkunft und die Zukunft des Menschen. Der Goldene Schnitt ist ein Beispiel dafür, und er wird in der Kunst oft verwendet.[22]

In der Dreidimensionalität ist die Symbolik noch ausgeprägter. Mit dem hier Gesagten wird man in den nächsten Kapiteln den beiden letzten Körper Ikosaeder und Dodekaeder mit ihren scheinbar irrationalen Verhältnissen ein letztes großes Geheimnis abringen können. Das Gnomon, $\sqrt{2}:1$, der rechte Winkel und der Goldene Schnitt sind nur verschiedene Arten, das Wesentliche, den Kern, zu erhalten und zu offenbaren, indem das Neue wie seine Vorgänger auf ihn hinweist. Alles ist Ringen! Ringen ist der Ring um den Kern. Die Polaritäten werden so aufeinander bezogen, daß das Wesentliche, der Kreismittelpunkt, bewußt im Zentrum des Tuns bleibt.

---

[22] Der rechte Kunstbegriff ist die Hinwendung zum *Über*natürlichen, dem Bewußtwerden der Natur!

Die dritte Dimension – Die Körper

Die Platonischen Körper

Auf der Suche nach den letzten Gesetzen der Welt tauchen immer wieder die Platonischen Körper auf. Im Timaios benutzte Plato die später nach ihm benannten Körper zur Interpretation der Elemente. Seitdem treten sie am Ende philosophischer Erörterungen großer Geister immer wieder als die vermeintlichen Geheimnisträger des Kosmos auf. Von Plato über Kepler[1] bis zu unseren modernen naturwissenschaftlichen Denkern wie Heisenberg[2] erkannte man ihre besondere Stellung in der Welt. Nie gelang jedoch eine umfassende und eindeutige Zuordnung zu den Naturphänomenen, die Bestand gehabt hätte.

Platonische Körper sind die fünf regulären Körper, die aus kongruenten regelmäßigen Vielecken bestehen und in deren Ecken immer gleich viele Flächen gleichartig zusammentreffen. Von ihnen gibt es nur fünf, was bereits Euklid schlüssig bewiesen hat.

Abb. 113: Die Platonischen Körper

Auch unsere moderne Naturwissenschaft hat über das Symmetrieprinzip, das sie als letzte große Ordnung fand, zu der Annahme zurückgefunden, daß grundsätzliche geometrische Strukturen die Bausteine des Kosmos

---

[1] Johannes Kepler, s. Literaturverzeichnis.

[2] Heisenberg stellt in einer Studie *„Was ist ein Elementarteilchen?"* fest: *„...Die Teilchen der heutigen Physik sind Darstellungen von Symmetriegruppen, so lehrt es die Quantentheorie, und sie gleichen insofern den symmetrischen Körpern der platonischen Lehre."* zit. n. W. Hahn.

sind. Einerseits bieten sich die Platonischen Körper aufgrund ihrer Regelmäßigkeit dazu an, andererseits gelangt man bei Zuordnungsversuchen sehr schnell in Widersprüche. Obwohl man mit ihnen noch wenig anfangen konnte, verspürt man ihre grundlegende Bedeutung. Warum sind es gerade fünf, und wie hängen sie zusammen?

Zur Beantwortung dieser Fragen besinnen wir uns auf die bisher gefundenen Gesetze und die Wurzel der Körperhaftigkeit an sich. Die Platonischen Körper vertreten die Zahlenarchetypen im konkreten Materiellen, dem Körperhaften. Insofern sind sie die Grundkörper. Körperhaftigkeit ist der Drei und der Vier zugeordnet, weil im Übergang von der 3 zur 4 der Raum geboren wird. Der Rückbezug zur Wesenheit der Dreiheit und Vierheit erschließt uns den Zugang zu ihrem Geheimnis.

Drei ist Funktion und verlangt archetypisch den Rückbezug zum Einfachen. Der einfachste aller Körper ist jedoch die Kugel. Sie ist der Einflächner und der Urkörper überhaupt. Es gibt keinen einfacheren Körper als den Einflächner. Wir müssen also unsere Grundkörper der Welt, die Platonischen Körper, um einen, den wesentlichsten unter ihnen, erweitern. Bei der Einteilung und Benennung der Körper macht man leicht einen grundsätzlichen Fehler, den man schon bei der Definition der Primzahlen gemacht hat. Man fing bei der Zwei anstatt beim ersten ihrer Reihe an zu zählen. Die übliche Definition machte das nötig, und ihretwegen ging man am Wesentlichen vorbei. Im Gefolge der zum Primat erhobenen Polarität verfiel man der Funktionalität und konnte nun das Eine nicht mehr finden. Zählen wir die Eins zu den Primzahlen und die Kugel zu den Grundkörpern, üben wir religio. Die Sechszahl der Körperwelt als Keimzahl ist uns vertrauter. Wir begegnen ihr von den 6 Schöpfungstagen der Genesis bis zu den 6 Quarks der Quantenmechanik.

Plötzlich tut sich eine Parallele zu der der Dreidimensionalität vorangehenden Zweidimensionalität der Fläche auf. Das Sechseck erfüllte die Fläche[3] , und die Sechs ist der Inhalt des Göttlichen Dreiecks. Sechs als erfüllende Funktion in der Fläche findet eine Parallele auch im Körperhaften (z.B. Sex). Die Sechsteilung des Kreises spiegelt sich in den sechs regelmäßigen Körpern (Abb. 114). Es scheint sich um ein ähnliches Prinzip

[3] Sechsecke lassen sich in der Fläche anordnen, ohne daß eine Überlappung wie z.B. beim Fünfeck auftritt.

zu handeln. Was wir am Kreis, der Fläche, erfahren, wiederholt sich in den Körpern. In beiden Fällen scheinen sich drei Zweiheiten bzw. zwei Dreiheiten zu ergeben:

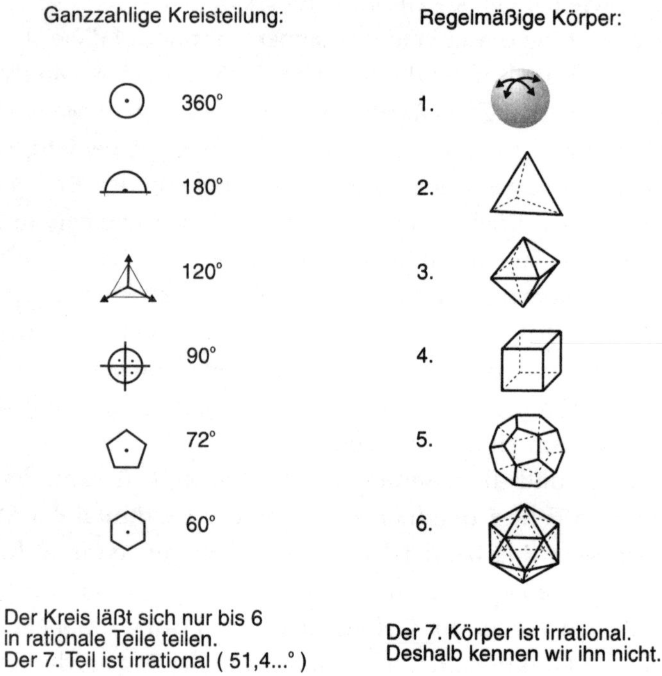

Abb. 114: Die Sechszahl der Formen

Die erste Möglichkeit eines hierarchischen Rückbezuges hat uns über das Wesen der Drei zur Kugel geführt, um die wir unsere regelmäßigen Körper erweitern müssen. Ohne den Einbezug der Kugel geht eine inhaltliche Analyse am Sinn und an der Botschaft der Platonischen Körper vorbei, denn die Kugel erschließt das Körperhafte.

Die dreidimensionale Körperhaftigkeit ist die dritte Generation der Zahlenentfaltung. Die Zahlen, die *abstrakten* Archetypen sind die erste Generation. Die zweite Generation ist die der Geometrie der Flächen, die dem Charakter der Zahl 2 folgend, eine *gegenständliche* Schau der Dinge ist. Die dritte Generation ist die der dreidimensionalen Körper. Drei ist Funktion, und dementsprechend wird die Körperwelt von den *funktionellen* Zusammenhängen sprechen.

Die Dreizahl ist das Wirk- und Funktionsprinzip, und wir werden sehen, daß die jeweils neue Manifestation (4), der jeweils nächste Körper der Ordnung, immer durch ein wechselndes, aber archetypisches Verbindungsprinzip zustande kommt. Im Vordergrund steht nicht die Gegenständlichkeit, sondern das Wirken. Nicht das Gesicht des jeweils nächsten Körpers ist das Wesentliche, sondern die jeweils archetypische Funktion, die sein Entstehen bewirkt. Die Ursubstanz, die für die unterschiedlichen Verschmelzungsprozesse verwendet wird, ist das Tetraeder, der Vierflächner. Er ist der körperhafte Vertreter des 1- 4 Gesetzes.

Dreiheit und Vierheit, Kugel und Tetraeder sind also der Schlüssel zum Verständnis unserer Körperwelt. Über die sinnträchtige Verquickung von Dreiheit und Vierheit haben wir schon einiges gesagt. Drei, die Funktion, und vier, die Materie, wirken nach ehernen Gesetzen zusammen, und sie werden uns den rechten Umgang mit der Materie und unserem materiellen Anteil lehren.

Dreiheit und Vierheit am Urbeispiel Kugel – Tetraeder

Dreiheit und Vierheit sind die beiden miteinander agierenden Pole unserer dreidimensionalen Körperwelt. Die Dreiheit entspricht dem Kreis und die Vierheit dem Tetraeder (Kugel) (s. Abb. 105). Kreis und Tetraeder entstammen zwei verschiedenen Seinsebenen und beide sind Beginner. Der Raumwelt (Kugel/Tetraeder) geht die Trinität (Kreis, Quadrat und Dreieck) voran. In der Abb. 105 ist das durch das umrandete Feld hervorgehoben. Die Kugel vertritt in der neuen dreidimensionalen Welt die vorangehende Trinität der Flächner. In einem nächsten Akt verschmelzen die beiden neuen Pole, Kugel und Tetraeder, miteinander.

Trotz der polaren Situation ist der innewohnende und vielfach besprochene Additionsmechanismus (1- 4) und die Hierarchie beider Körper eindeutig. Die Drei ist das vorausgesetzte Prinzip, um zur manifesten Vierheit zu gelangen. Das Tetraeder offenbart es durch die Dreiecksform seiner Grundfläche, mit deren Hilfe der Körper entsteht. Der zugrundeliegenden funktionellen Dreiheit begegnen wir u. a. bei den Primzahlen, und bei der Beschreibung des Kreises sind wir auf sie eingegangen, indem wir die Zahl π ($3 \rightarrow 3{,}14...$) beschrieben haben. Hier liegt sie im Urkörper, der Einheitskugel, als ein neues Grundverhältnis von Inhalt (Volumen) und Form (Oberfläche) vor:

$$V_\bullet : A_\bullet = 1 : 3$$

Der Inhalt (Volumen) ist das neue Maß, und die Oberfläche wird zu seiner Funktion. Auch das Tetraeder, der andere Pol der Körperwelt, symbolisiert eine nach außen gestellte Dreiheit. Ihre Botschaft liegt im deutlichen Hinweis auf die im Vordergrund stehende Funktion anstatt Gegenständlichkeit, obwohl beide durch die Verfangenheit der Betrachter meist als Gegenstände gesehen werden.

Obwohl mit dem Erscheinen der Vier die Körper entstehen, sind diese nicht das Entscheidende. Sie transportieren nur eine Information und offenbaren auf eine neue Weise das Gesetz 1-4. Vom Einheitskreis bis zur Kugel (bzw. Tetraeder) wirkte dieses Gesetz, und es entfaltet nun eine Ebene, an deren Anfang nicht nur die allgegenwärtige Trinität steht. Mit ihr tritt nun gleichzeitig das 1-4 Gesetz ins Offensichtliche. Die Dualität von Kugel und Tetraeder lassen es zur Erscheinung kommen.

Beide sind zeitlich nicht zu trennen. Als das Tetraeder geboren wurde, wurde der ursprüngliche Einheitskreis gleichzeitig auf neuer Ebene als Kugel wiedergeboren. Mit dem Tetraeder erfolgte die Erhöhung des einen und ersten. Das genau meint das 1-4 Gesetz inhaltlich. Zwei und drei sind Zwischenschritte, um das neue Urpaar Tetraeder – Kugel hervorzubringen.

Kugel und Tetraeder repräsentieren das räumliche Urpaar. Sie sind das Weltgesetz 1-4 in greifbarer Form, die Urvertreter der Raumwelt. Sie sind mit der Vier ($h = 4$; $A_\bullet = 4A_o$) geboren. Als der Raum entstand, entstanden Kugel und Tetraeder. Der Einflächner und der Vierflächner sind untrennbar.

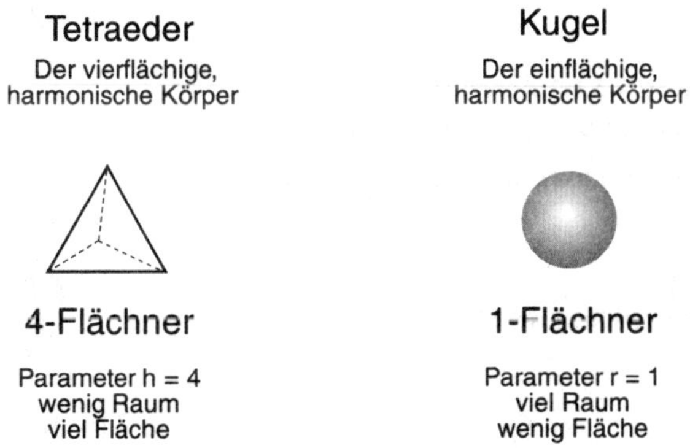

Abb. 115: 1-4, das Raumpaar Kugel und Tetraeder (Zwei- und Dreiflächner sind nicht existent)

Die Hierarchie der Platonischen Körper und ihr logischer Aufbau

Untersuchen wir die sechs Grundkörper nun nach ihren gegenseitigen Beziehungen und ihrer hierarchischen Struktur, dann treten die schon erwähnten Schwierigkeiten auf. Unbestritten steht das Grundpaar Kugel/Tetraeder am Anfang. Welcher Körper dem Tetraeder folgt, ist schon nicht mehr ganz eindeutig. Wenden wir die verschiedensten Methoden der Differenzierung an, so scheint lediglich eine dreigliedrige Paarbildung eindeutig zu sein:

1. Paar = Kugel / Tetraeder
2. Paar = Würfel / Oktaeder
3. Paar = Dodekaeder / Ikosaeder

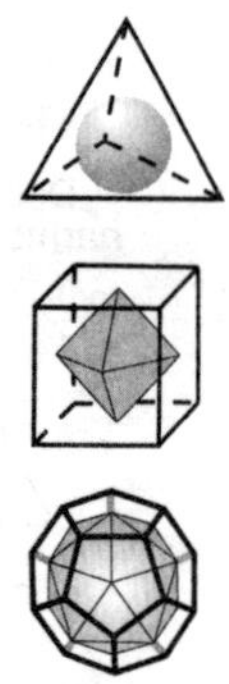

Abb. 116:
Die Paarbildung der Platonischen Körper

Leicht ist man geneigt, die Körper nach ihrer Flächenzahl zu ordnen. Danach ergibt sich die Reihenfolge A) der Abb. 121. Die gleiche Reihenfolge ergibt sich bei der Ordnung nach Oberflächen und Volumina der die Einheitskugel umschließenden Körper. Ebenso kann man auch nach der Anzahl der Ecken, Kanten, Kantenlängen oder der Größe ihrer umgebenden Kugeln ordnen. Dabei vertauschen Würfel und Oktaeder sowie Dodekaeder und Ikosaeder ihre Plätze. Beide Ordnungssysteme haben ihre Berechtigung durch die verschiedenen Kriterien der Unterscheidung. Der Positionswechsel jeweils zweier Körper wird später beim Begriff der Dualität beschrieben.

Wir wollen für unsere Betrachtung einen dritten Weg beschreiten, welcher in Rechnung stellt, daß die Vielflächner der Körperwelt alle aus der

Kugel, dem Einflächner, hervorgehen. Aus diesem Grunde beginnen wir mit der einfachen Kugel und bauen durch ein Additionsprinzip von Kugeln gebildete Körper auf (s. Abb. 117). Auf diese Weise entsteht ein neues Bild mit der Reihenfolge, die der letzteren der beiden vorhergenannten entspricht. Wir geben den Ecken bzw. Punkten die Priorität gegenüber der Zahl der Flächen. Das trägt der Tatsache Rechnung, daß der Punkt gegenüber der Fläche der Erstgeborene ist. Erinnern wir uns dabei an die Kugel oder den Kreis, dessen Ursprung ebenfalls der Punkt ist.

Vor uns liegen acht Entwicklungsstadien. Um Verwechslungen auszuschließen, sollte man der Einfachheit halber besser vom Vierkugler (Tetraeder), Zwanzigkugler (Dodekaeder) usw. sprechen, denn die Kugelzahl entspricht (ausgenommen 1- und 4-Kugler) nicht der Flächenzahl. Das Oktaeder (Achtflächner) entpuppt sich als 6-Kugler, der Würfel als 8-Kugler usw.

Die Kugel ist der Startpunkt unserer Untersuchungen über die Gesetzmäßigkeiten der Wandlungen des Körperhaften. Sie ist das Wesen des Körperhaften, weil ein Körper nicht einfacher sein kann. Als ein Dreifaches (Ein-, Zwei- und Dreikugler) bildet sie die Grundlage der Mehrflächner, die unsere Körperwelt vertreten. Aus ihrer Dreifaltigkeit geht die andersartige, neue und konkrete Körperwelt hervor, die uns in der Form der Platonischen Körper bekannt ist.

Die ersten drei Elemente gehören zusammen (Abb. 117) und bilden wie die ersten drei Zahlen bei den Primzahlen die funktionelle Basis. An ihnen können wir nochmals das Urprinzip der Dreiheit und ihre Entstehung nachvollziehen, wie wir es schon im Falle der Zweidimensionalität bei den Kreisen in der Abb. 90 getan haben. Das gleiche gilt hier in der Dreidimensionalität, dem Räumlichen. Wir ersetzen die Kreise der Abb. 90 lediglich durch Kugeln und erhalten die Abb. 118. Die dort dargestellten 4 Phasen der Entwicklung entstehen in 3 Schritten.

1. Schritt:

Nach der alles umfassenden Einheit (1-Kugler) folgt die Zweiheit (2-Kugler) durch Spiegelung des Ursprünglichen. Durch Spiegelung kommt das Unterscheidungsprinzip und damit die Hierarchie in die Welt. Unterscheidung und Hierarchie bewahren die Einheit. Sie dienen ihr und sind im umfassenden Sinne des Wortes *ein*deutig. Hier sieht man es u. a. am wirklichen Kontakt.

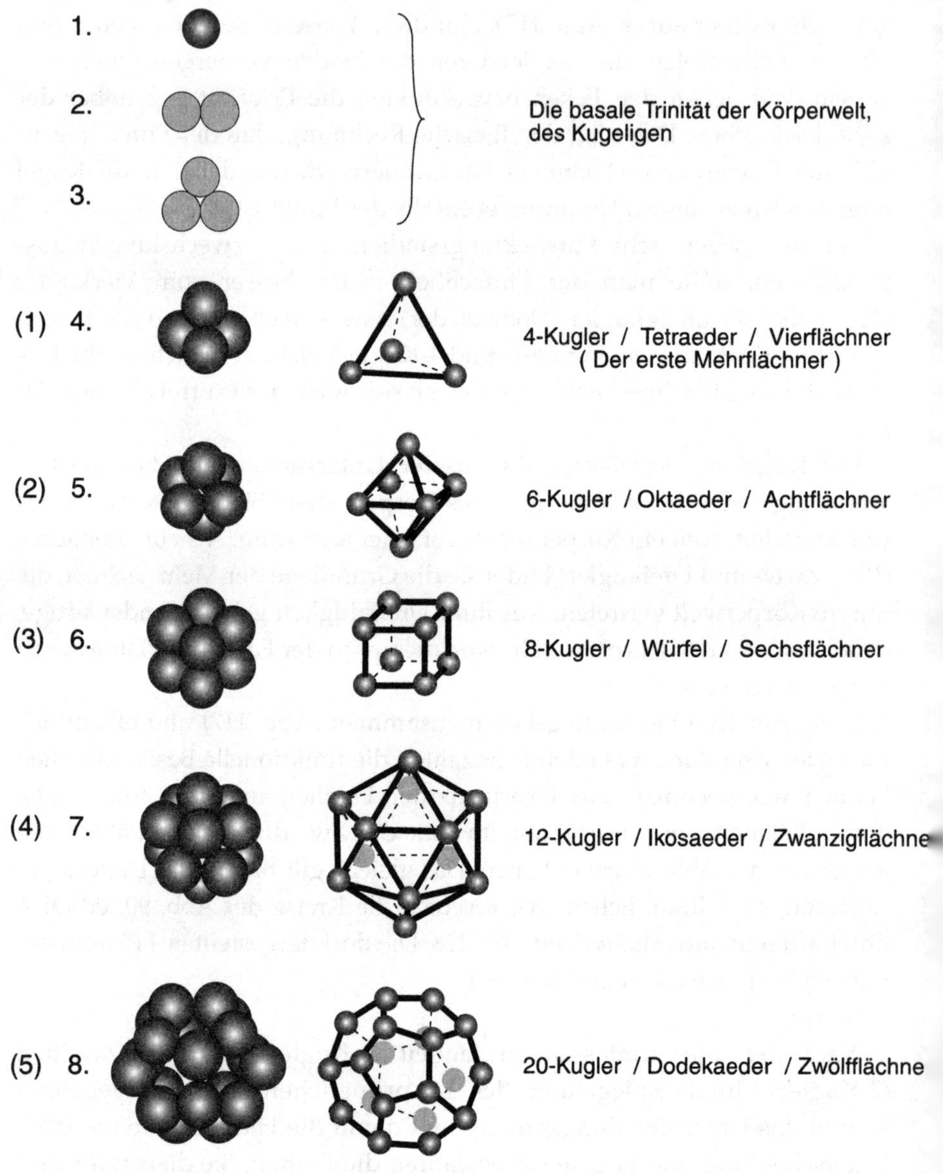

Abb. 117: Kugelmodell der Platonischen Körper und ihrer vorangehenden Trinität, geordnet nach Zahl der Ecken bzw. Kugeln.

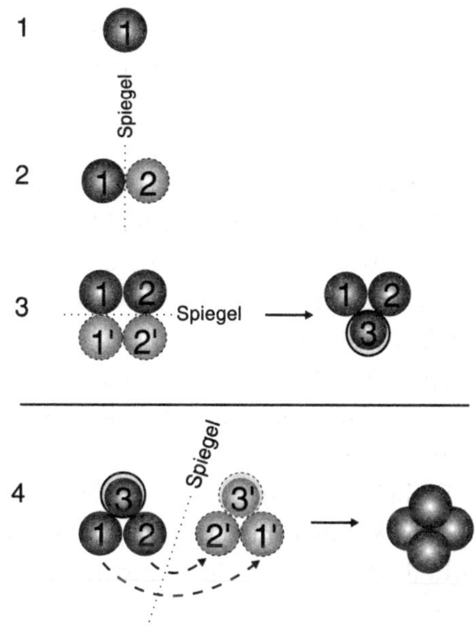

Abb. 118: Die Entstehungsprinzipien der Mehrkugler

2. Schritt:

Die Verdoppelung durch Spiegelung, die schon bei der Zwei stattgefunden hat und deutlich auf Einheit gerichtet war, wiederholt sich nun bei der Entstehung des 3-Kuglers. Es spielt sich das gleiche wie im vorhergehenden Schritt ab, indem wiederum durch Spiegelung eine Zweiheit entsteht. Nur ist jetzt eine größere Differenzierung im Hinblick auf die Erstellung, Würdigung und Offenbarung der Einheit ersichtlich, indem gemäß der Charakteristik der Dreiheit die Verschmelzung bzw. Verbindung hervorgehoben wird. Im Schritt 1 war die durch Spiegelung entstandene 2, wie schon erklärt, auch eindeutig. Doch jetzt wird die Eindeutigkeit durch die Funktion der Verschmelzung zu einer Einheit offensichtlicher. Die Eindeutigkeit wird mit der Entstehung des 3-Kuglers durch die Handlung des Zusammenführens *wirksam*. Die jeweiligen Zweiten eines Teiles (1′ und 2′) verschmelzen zu einem Dritten. Auf diese Weise entsteht die neue Qualität immer durch Addition der in den vorhergehenden Schritten schon vorhandenen Qualitäten. Nichts geht verloren oder wird getötet.

Das schon einmal Gespiegelte spiegelt sich als Ganzes nochmals. Im Ergebnis entsteht die Drei, indem sich ein einmal Gespiegeltes (1') mit einem zweimal Gespiegelten (2') verbindet. Das ist der rückverbindende Charakter der Dreiheit. Auf den Zusammenhang von Drei und Treue wiesen wir an anderer Stelle schon hin.

3. Schritt:

Der dritte Schritt, der vierte Teil, bringt das qualitativ Neue. In ihm wird die Einheit in der Vielfältigkeit wiedergeboren. Dennoch entsteht er ebenso wie seine Vorgänger aus Addition. Wieder wird das Letzte (3-Kugler) verdoppelt durch Spiegelung, und anschließend tritt eine Verschmelzung ein.

Sehen wir uns den Vorgang im Detail an, dann fallen die entscheidenden Dinge auf, die die neue Qualität (4) ausmachen. Die beiden schon durch Spiegelung bzw. Verdoppelung entstandenen Kugeln 3 und 3' bleiben in ihrer Qualität vorhanden. Sie sind vom Charakter her wegen ihrer Funktion schon die von der Einheit Zeugenden (3 der Zeuge und Zeugende). Sie brauchen sich in diesem Rahmen nicht zu verändern, sondern werden, so wie sie sind, Bestandteile des Neuen. Die anderen 4 verbinden sich , wie im vorhergehenden 2. Schritt schon vorgemacht. Das alles ist nur Wiederholung der schon vorher entstandenen Qualitäten. Der Unterschied liegt zum ersten in der doppelten/zweifachen Verschmelzung, d. h. es verschmelzen hier 2 x 2 Kugeln. Zum zweiten fällt aber auf, daß die 1 an der Verschmelzung unmittelbar teilnimmt. Das ist neu. Vorher brachte sie immer nur Spiegelungen (2) hervor. Nun verschmilzt sie mit ihrem Spiegel selbst (1 und 1'). Im Tetraeder, dem 4-Kugler, verschmilzt das Original mit seinem Spiegel direkt. Machen wir uns klar, was das bedeutet! Damit ist im Tetraeder die Einheit (Original, Gott etc.) nur noch als „Verbindung" findbar.

Im Tetraeder sind die Schritte 1 bis 3 verborgen. Das Wesentliche der Materie verrät das Tetraeder. Das Geheimnis der materiellen Welt liegt darin, daß die 1 im Original nicht mehr *direkt* vorhanden ist, sondern seine Teile eine vierfache Verbindung sind. Jeder der vier Bestandteile des Tetraeders ist ein zusammengesetztes, ein drittes (Zwillinghaftes), welches durch Verschmelzung zweier Spiegelbilder entstanden ist. Der Baustein des Materiellen (Tetraeders) ist Dreiheit, d. h. Funktion, die in vierfacher Weise auftritt. Die Materie hat als Konstanz in sich die Funktion. Jede Materie „funktioniert", d. h. wirkt deshalb. So erklärt sich der im Materiellen *wirkende* „Geist (3)" als sich offenbarender Inhalt. Wir registrieren das als die Qualität eines Stoffes.

Die Materie ist Vierheit. Ihre Grundlage ist die Dreiheit. Beide sind die Vertreter unterschiedlicher Manifestationsebenen. Doch beide sind unter Würdigung der Hierarchie vereint. Hier liegt das Geheimnis der materiellen und kosmischen Ordnung, der Zwölf. In ihr sind beide verbunden. Die Verbindung der Einheit mit der Zweiheit ist sichtbar in der Verbindung der Dreiheit mit der Vierheit (Funktion und Materie). Mit anderen Worten ist die uns begegnende Materie Ausdruck einer vollkommenen, höchsten Funktion. In der 12 wird uns die strenge Hierarchie und Logik deutlich, die in ihr liegt. Jede Materie ist mit der 12 verbunden und so folgerichtig streng gegliedert. Das Materielle, der Vierkugler, ist die viel- und viergestaltige Einheit, die Einheit auf höhere Weise.

Der 4-Kugler ist nun nicht mehr nur theoretischer Art. Er ist nach dem 1-4 Gesetz konkret manifest. Er ist das wirkliche, d.h. wirkende Neue. Er ist der neue Baustein, auf den alle folgenden Körper aufbauen. Alle Platonischen Körper setzen sich aus Vierflächnern zusammen. Die Kugel steht als irrationales Zusammenfassendes hinter den Vielflächnern, so wie die 1 hinter allen Zahlen steht. Das Tetraeder ist die neue konkrete Basiseinheit und die Kugel ist gewissermaßen ihr „jenseitiger Schatten".

Dem Tetraeder kommt in unserer systematischen Erforschung des Körperhaften deshalb auch die Nummer 1 zu, weil er der erste greifbare, manifeste Mehrkugler bzw. Mehrflächner ist. Er gehört im Gegensatz zu den „Zwei- und Dreiflächnern" (Zwei- und Dreikugler) der konkreten Welt an. Nach Wiederherstellung der Rückverbindung zur Kugel und die dadurch erfahrene Bewußtseinserweiterung ist es uns nun möglich und erlaubt, ihn wieder numerisch an seinen ursprünglichen ersten Platz zu stellen. Nur hat sich unsere Beziehung zu ihm und das Wissen über ihn durch die geübte religio gewandelt und erweitert. Mit dem Tetraeder beginnt ein Weg zu einer noch vollkommeneren Ganzheit, deren Symbol die „jenseitige Kugel" ist (Abb. 147). Rein äußerlich ist das ein Weg in die Vielheit.

Die neue Entwicklungsreihe der Mehrflächner vollzieht sich nach den gleichen Gesetzen, die wir schon vom Einkugler bis zum Vierkugler beschrieben haben. Jeder Schritt ist ein additiver, so daß das jeweils Neue alle vorhergehenden Qualitäten in sich trägt. Mit dem Vierten, der manifesten Offenbarung, ist das 1- 4 Gesetz und das Göttliche in die Erscheinung getreten. Auch dieses wird in den ihm jeweils nachfolgenden Phasen enthalten sein müssen, und die neuen Qualitäten werden sichtbare und greifbare Phänomene, nämlich echte Körper, sein.

Ehe wir auf die Charakteristika der einzelnen Körper näher eingehen, wollen wir sie nach der erkannten Gesetzlichkeit hierarchisch ordnen, um gedanklich immer wieder auf die Grundstrukturen zurückgreifen zu können. Die grundlegende Trinität unter Berücksichtigung der zunehmenden Kugeln (Ecken) führt zu folgender in der Abb. 119 dargestellten, paarweisen Dreigliederung.

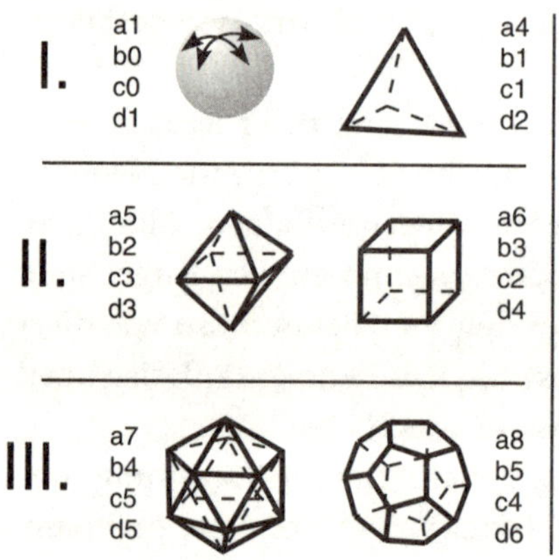

a - Zählung nach rein numerischem Kugelmodell, also einschließlich des Zwei- und Dreikuglers s.a. Abb.117 (Kugelmodell)

b - Zählung der klassischen Platonischen Körper nach dem Kugelmodell s.a. Abb.117 (Kugelmodell)

c - Zählung der klassischen Platonischen Körper, d. h. Zählung nach Mehrflächigkeit

d - Zählung der regelmäßigen Körper nach dem Kugelmodell unter dem Aspekt der Konkretheit/Wirklichkeit, d.h. Zwei- und Dreikugler (Flächner) sind wegen ihres eingeschränkten Wirklichkeitscharakters nicht berücksichtigt, jedoch einschließlich der Kugel.

Abb. 119: Die paarweise Dreigliederung der Körper mit ihren vier verschiedenen Zählweisen

Unsere konkrete Welt gehört der Gruppe II an[4]. Sie ist die *handfeste* Zweiheit bzw. basiert auf der *konkreten* Polarität. Das geht nicht nur aus deutlichen Überlieferungen alten religiösen Wissens hervor, sondern ist auch wissenschaftlich, rational greifbar. Der Würfel, das Symbol der materiellen Welt, ist der einzige Platonische Körper, der sich auf der Rationalität der Ganzzahligkeit aufbaut. Zudem ist er der zweite Körper der II. Gruppe, das Sinnbild eines wahrhaftigen Selbstbezuges der Polarität. Die zur

[4] Natürlich gehören alle 6 Körper zur materiellen Welt. Ihre Projektion auf die drei Ebenen des Seins führt aber im engeren Sinn zur direkten Zuordnung von Oktaeder und Würfel zur materiellen Welt.

Gruppe II gehörenden Oktaeder und Würfel sind nicht nur dual zueinander, sondern zeichnen sich durch ihre fundamentale Rechtwinkligkeit aus. Außerdem setzen sie sich beide aus jeweils zwei Tetraedern zusammen (s. Abb. 131/134). Sie repräsentieren die Zweiheit in ihrer Ausgespanntheit zwischen zwei Polen, indem sie die Mittler zwischen Gruppe I und III sind. Die Gruppe I ist das Basisprinzip, dessen Gesetz 1- 4 ist[5]. Die Gruppe III vertritt das kosmische und himmlische Prinzip, ein geistiges Ideal, dem die Individualität und Subjektivität unterstellt ist. Die Spannung zwischen beiden Polen wird durch Einsicht und rechtes Handeln (Rechtwinkligkeit) erfüllt und erlöst.

---

[5] Daß sowohl die Kugel als auch das Tetraeder der Eins zugeordnet werden müssen, haben wir besprochen.

Dualität und die Sonderstellung des Tetraeders

Die Platonischen Körper weisen eine besondere Eigenart von Dualität auf. Über diese Dualität ist viel spekuliert worden, und dennoch ist sie bisher im Dunkeln geblieben. Das war zwangsläufig der Fall, weil man die Entstehungsprinzipien der Platonischen Körper und ihre daraus hervorgehende Hierarchie nicht kannte bzw. nicht streng verfolgte. Dualität allgemein ist die polare Erscheinungsform einer Sache. Jeder kennt das. Die Welt zeugt davon. Das einfachste Beispiel ist die Münze mit ihren beiden Seiten. Körper, die zueinander dual sind, sind die beiden Erscheinungsformen eines Prinzips. So ist es auch bei den Platonischen Körpern. Jeweils zwei sind zueinander dual, womit sie ihre Zusammengehörigkeit zeigen. Sie vertreten damit beide etwas Gemeinsames. Sie sind ein Paar der gleichen Sache. Die Abb. 120 zeigt die entsprechende Zusammengehörigkeit bzw. Paarbildung.

Nach der mathematischen Definition kann man den einen Körper in seinen Partner wie folgt überführen:

Verbindet man die Schwerpunkte der Seiten eines Körpers durch Kanten miteinander, so entsteht ein neuer Platonischer Körper. Dabei kehren sich die Anzahl der Flächen und Ecken um, wobei aber die Anzahl der Kanten erhalten bleibt.

Würfel und Oktaeder sind dual zueinander, so wie Dodekaeder und Ikosaeder. Das Tetraeder ist sich selbst dual, d. h. aus

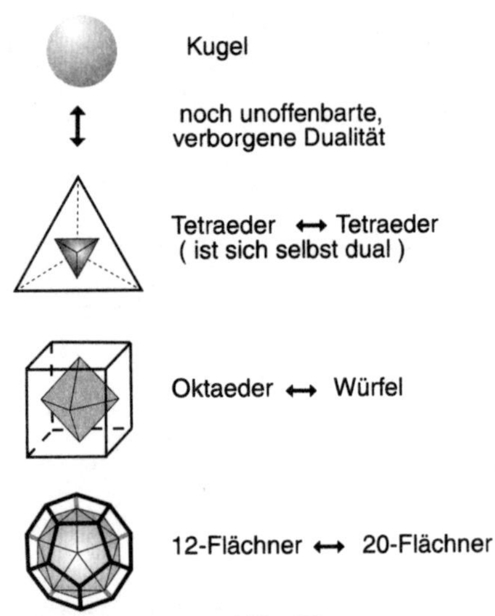

Abb. 120:
Die Dualitäten der Platonischen Körper

ihm entsteht aus dem gleichen Vorgang immer wieder ein Tetraeder. Die gegenseitige Umkehrbarkeit der dualen Körper ist der körperliche Ausdruck eines Prinzips, welches wir schon früher als Umkehrprinzip beschrieben. Je nach Bezugsrahmen wechselt die Reihenfolge innerhalb der gewählten Grenzen. Ein praktisches Beispiel aus dem Leben wäre die Ausrichtung der Lebenskraft auf der Erde Richtung Sonne. Obwohl Mensch, Tier und Pflanze dem Lichte entgegenstreben, machen wir in einem viel kleineren und kürzer gefaßten Bezugsrahmen die Erfahrung der Schwerkraft. Die Wirkrichtung scheint umgekehrt zu verlaufen. Beide Erfahrungen drücken das Gleiche, die Strebsamkeit zur Mitte und Einheit an. Nur ist die konkret meßbare Richtung, die Form, an der sich der Inhalt zeigt, äußerlich umgekehrt. Ein Beispiel aus der Psychologie wäre die oft beschriebene Ganovenehre, ein Handeln als Unterstellung unter ein höheres Gesetz. Ein hochaktuelles Beispiel finden wir in der Spannung von Materialismus und Idealismus unserer heutigen Zeit bzw. dem Kommerz und dem ethischen Ideal oder dem Thema des vorliegenden Buches, der Dualität von Religion und Wissenschaft. Jede Dualität verlangt nach Hierarchie. Wird sie gefunden, recht verstanden und freiheitlich handelnd umgesetzt, befruchten sich beide Teile gegenseitig.

Im Falle der Platonischen Körper haben wir das Phänomen der Dualität schon bei der Festlegung ihrer Reihenfolge beschrieben. An ihnen wollen wir es nochmals mit praktischen Zahlen belegen. Legen wir die Kugelzahl der Körper zugrunde, ergibt sich die Reihenfolge A) der Abb. 121, in der das Oktaeder vor dem Würfel und der 20-Flächner vor dem 12-Flächner kommt. Sie wird bestätigt durch die Reihenfolge der Werte der Seitenlängen (s) und der Werte der Oberflächen und der Volumina, wenn man die Körper zugrunde legt, die von der Einheitskugel eingeschlossen werden. Legt man jedoch die Werte der Oberflächen und Volumina von den die Einheitskugel umschließenden Körpern zugrunde, ergibt sich die duale Reihenfolge B) der Abb. 121, in der die Flächenzahl das Unterscheidungskriterium (steigende Werte) ist. Die Seitenlängen (s) sind unabhängig von einer Innen- oder Außenkörperbetrachtung. Sie entsprechen immer der Reihenfolge des Kugelmodells.

Wir entscheiden uns für unser weiteres analytisches Vorgehen für die Reihenfolge A). Sie ist die Erstgeborene und Rückverbindende aufgrund des Kugelbezuges. Bei den Polygonen haben wir umgekehrt entschieden, indem wir die dem Einheitskreis umschriebenen Formen als die „positiven" erkannten. Das ist kein Widerspruch. Zweidimensionalität und Dreidimensionalität haben sich unterscheidende Kriterien. Allein ihr polarer Bezug zueinander bewirkt diese Umkehrung. Die eindeutige Reihenfolge der Seitenlängen bestätigt das.

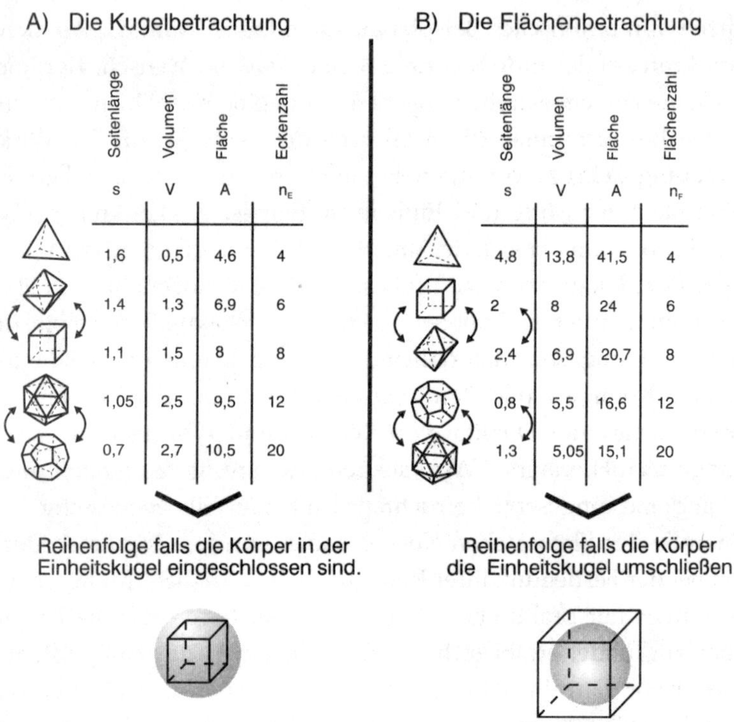

A) Die Kugelbetrachtung

Körper	Seitenlänge s	Volumen V	Fläche A	Eckenzahl n_E
Tetraeder	1,6	0,5	4,6	4
Oktaeder	1,4	1,3	6,9	6
Würfel	1,1	1,5	8	8
Ikosaeder	1,05	2,5	9,5	12
Dodekaeder	0,7	2,7	10,5	20

B) Die Flächenbetrachtung

Körper	Seitenlänge s	Volumen V	Fläche A	Flächenzahl n_F
Tetraeder	4,8	13,8	41,5	4
Würfel	2	8	24	6
Oktaeder	2,4	6,9	20,7	8
Dodekaeder	0,8	5,5	16,6	12
Ikosaeder	1,3	5,05	15,1	20

Abb. 121:
Die Ordnung der Platonischen Körper aufgrund der Kugel- und der Flächenbetrachtung.

Die duale Umkehr hat ihre Berechtigung und Notwendigkeit[6]. Sie tritt aber, und das sollte man aufmerksam registrieren, nur innerhalb eines Paares, also im Kleinen, auf. Das große Ganze und die Einordnung des Paares als solches bleiben unberührt und sind eindeutig.

[6] Hier wird der Sinn jeder Ordnungssuche berührt. Der Mensch schaut auf die Natur, auf die Vierheit, und versucht, in ihr eine Ordnung zu finden. Er weiß bereits, daß in der 4 eine allumfassende Ordnung vorhanden ist. Sie ist seine Anfangsbedingung. Logischerweise kann die Beschäftigung des Menschen mit der Natur deshalb nur den einen Sinn haben, durch seine Erkenntnis sich selbst in Ordnung zu bringen, seine eigene Ordnung zu erkennen. Dabei stößt er nach dem anfänglichen Finden von Ordnung auf Abweichungen,

Dualität ist wie das eben geschilderte Beispiel immer eine auf Einheit gerichtete Spannung. Die erste sichtbare Dualität ist die des Tetraeders. Der mathematischen Definition nach ist Dualität der gegenseitige Wechsel bzw. Austausch von Ecken und Flächen zweier Körper bei konstanter Kantenzahl. Dualität ist aber mehr, als diese förmliche Definition verrät. Sie ist im umfassenden Sinn ein Ausdruck von Symmetrie, die ja nichts anderes meint als Unterscheidung unter Berücksichtigung von Einheit.

Evolution und Wachstum geschehen grundsätzlich über die gleiche Gesetzlichkeit. Ihre Bezeichnungen sind Dualität, Symmetrie, Spiegelung u. ä., alles verschiedene Spielweisen des 1 - 4 Gesetzes. Ein Zustand oder Körper läßt über dieses auf seinen Vorgänger oder seinen Nachfolger in der Evolutionskette schließen. Der Rückschluß auf den Vorgänger ist oft leichter nachvollziehbar, da er über die Abstraktion hin zum Allgemeinen erfolgt. In die Zukunft hinein ist das schwieriger oder im Konkreten gar unmöglich, weil das Wesen der Vielheit Veränderung ist. An den Platonischen Körpern können wir die Evolutionsschritte stellvertretend für die gesamte Raumwelt nachvollziehen. Das endet in der uns eigenen Begrenzung in unserer Raumwelt beim Zwanzigflächner.

Im Tetraeder, dem ersten Mehrflächner, tritt die Dualität das erste Mal sichtbar hervor. Einerseits sind alle Facetten der Dualität in ihm enthalten, was andererseits wegen der Komplexitität schnell zum Übersehen des Wesentlichen führt. Versuchen wir die Doppelgesichtigkeit und Vollständigkeit seiner Dualität zu erfassen.

Das Tetraeder steht für 1- 4 = Einheit in der Vielheit. Mit seinen vier Flächen ist es ein anderer, polarer, viel- und vierfältiger Teil *der Einheit*. Der duale Körper zum Tetraeder ist demnach in erster Linie die Kugel! (Abb. 122) Einheit und Vielheit sind ineinander überführbar bzw. das Gleiche. Das ist der Inhalt des Weltgesetzes, welches das Tetraeder „handfest" (konkret) offenbart.

Differenzen und Spannungen, denen er ausgesetzt wird. Auch wenn er anfangs daran zeitweise verzweifelt, so hat diese Spannung nur den Sinn, zu einer noch umfassenderen Ordnung, einer Überordnung, zu finden. Wenn er von einer allumfassenden Ordnung in der Natur ausgeht, dann muß er in dem Moment, wo er der scheinbaren Unordnung gegenübersteht, sich und seinen Ordnungsbegriff korrigieren und erweitern. Das ist die Leistung, die der Forscher zu erbringen hat. Auch sie ist in der Vollkommenheit eingeschlossen und wird dem Menschen abgefordert. Die Überordnung übersteigt die Linearität, aber sie benutzt sie zur Erkenntnis und zum Wachstum.

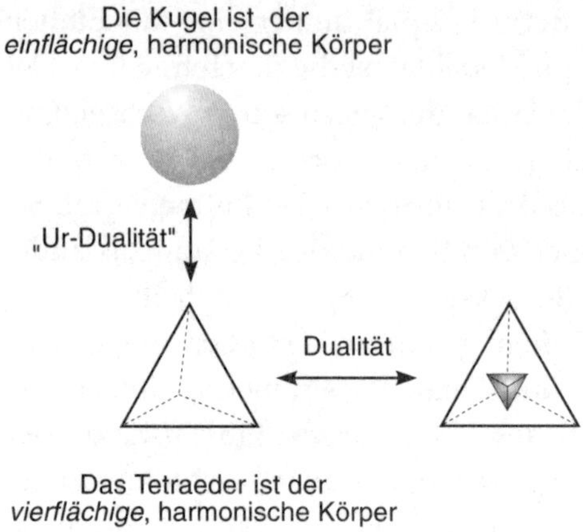

Abb. 122: Die doppelte Dualität des Tetraeders. Im inhaltlichen Sinne sind auch Kugel und Tetraeder dual zueinander. Die förmliche, mathematische Dualität beginnt erst beim Tetraeder.

Der Selbstdualität des Tetraeders geht die Ur-Dualität zur Kugel voraus und ist in ihr präsent. Die beiden sich selbst dualen Tetraeder werden durch die Kugel miteinander verbunden (Abb. 123). Sie gehen gewissermaßen aus ihr hervor. Inneres und äußeres Tetraeder unterscheiden sich durch den Faktor 3 ($T_1 : T_2 = 1 : 3$) so, wie sich Volumen (Inhalt) und Oberfläche der Einheitskugel unterscheiden ($V_\bullet : A_\bullet = 1 : 3$). In dem neuen Element, dem Tetraeder, das der Vierheit zugeordnet ist, ist ebenso die vorangehende Dreiheit enthalten. Durch die Dreiecksflächen wird das im Äußeren ebenfalls deutlich. Hier wird die Additionscharakteristik der Entwicklung sichtbar.

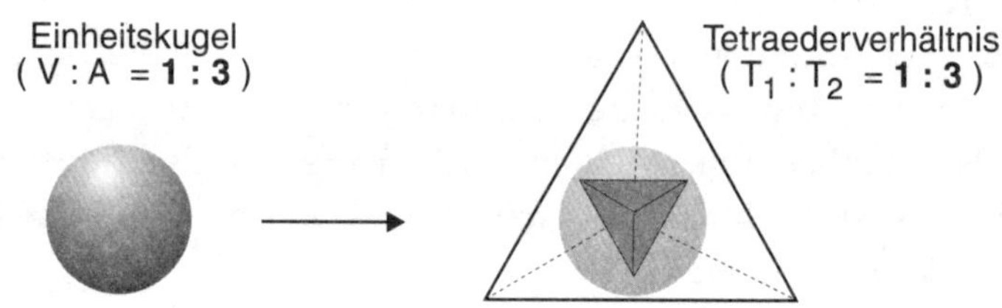

Abb. 123: Der Vierzahl geht immer die Dreizahl voraus, und die Kugel ist in der Dualität des Tetraeders enthalten.

Kugel und Tetraeder sind eine Einheit. Ihre Beziehung ist die der Einheit zur Einzelheit bzw. die der Null zur Eins oder die des Jenseitigen zum Diesseitigen. Man kann sie nicht trennen, und doch sind sie verschieden.

Das Tetraeder ist das „Einzelne", die Nummer Eins, das Neue und Konkrete. Mit ihm beginnt die Reihe der Mehrflächner. Ihr steht, ihrem eigenen Gesetz der Dualität folgend, eine erneute Vielheit gegenüber. Die Vierheit des Tetraeders ergibt in der Weiterentwicklung eine andere Vielheit (Vielheit der Vielheit, s. a. Symbol der Zahl 144). Daraus ergibt sich konsequenterweise das Bild der Abb. 124. Darin ist ableitbar, daß die vier folgenden Körper wiederum nur Sonderformen des Vierflächners sind. Die Vielheit aller anderen denkbaren Körper wird durch die vier Sonderformen repräsentiert.

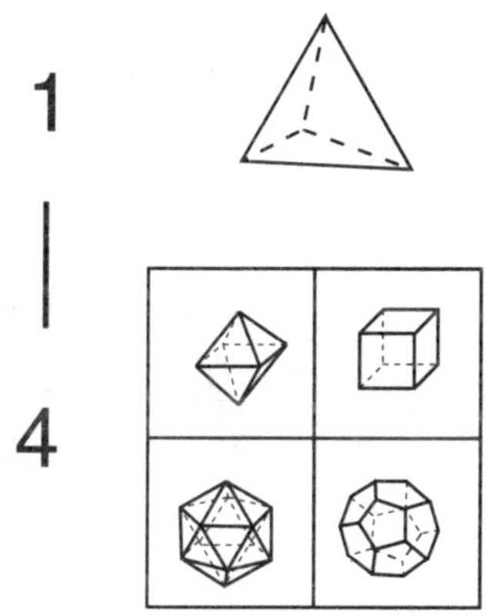

Die 4 Sonderformen des Vierflächners

Abb. 124: Die 1- 4 Ordnung der Platonischen Körper

Vor einer erweiterten Detailbeschreibung des Tetraeders soll das Erarbeitete und Wesentliche zusammengefaßt werden: Das Tetraeder ist Symbol der perfekten Vielheit und Vierheit. Es ist in Erweiterung der göttlichen Dreiheit das Manifestationsprinzip, das erste Konkrete der materiellen Welt und damit ihr Baustein.

Die Vollständigkeit des Urmateriellen ist nur darstellbar durch eine paradoxe Aussage. Das ist im Falle des Tetraeders die im weiteren Sinn bezeichnete doppelte Dualität. Die erste Dualität des Tetraeders ist die zur Einheit und Einflächigkeit der Kugel. Die zweite Dualität der Vielheit ist wiederum eine andere Vielheit. Letztere ist vertreten durch das sich selbstduale Tetraeder im Größenunterschied 1:3 und weiter durch die anderen 4 Platonischen Körper. Im folgenden werden wir sehen, daß sich alle

Platonischen Körper aus der Vierheit zusammensetzen. In der erweiterten Schlußfolgerung setzt sich demnach jedes Element der Erde aus Vierheiten zusammen.

Der Grundbaustein der stofflichen Welt (4), der anorganischen Materie, ist das Tetraeder. Es ist die erste Vierheit der Welt, d. h. die grundsätzlichste Manifestationsstufe der Polarität (2).

Ausgehend von aus Einheitskugeln bestehenden Kugelmodellen ist das Symbol der Unterscheidung, der geringste Abstand zweier Kugeln (von Mittelpunkt zu Mittelpunkt), die 2 (S_1 der Abb. 125). Im Tetraeder stehen zwei Achsen („Polstäbe"), die jeweils den Abstand (S_1) zweier Einheitskugeln bilden, senkrecht zueinander. Ihr Abstand beträgt $\sqrt{2}$ (S_2).

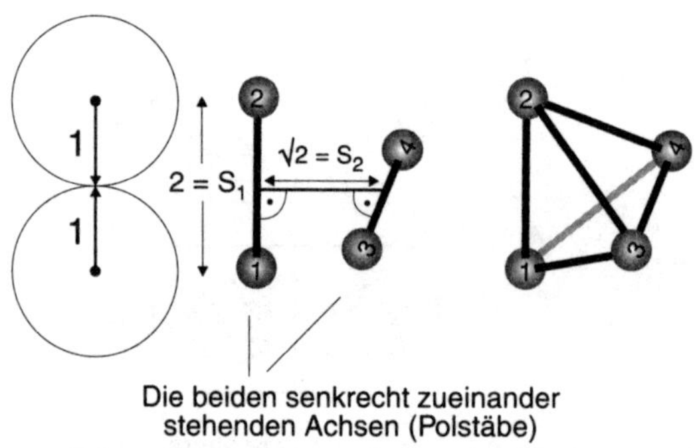

Abb. 125: Das Tetraeder – die doppelte, zueinander senkrecht stehende Polarität ist der Grundbaustein aller Materie.

Wenn das Tetraeder der Grundbaustein der anorganischen Welt ist und in diesem die Unterscheidungsgröße 2 und $\sqrt{2}$ ist, dann muß in aller Materie das gleiche grundsätzliche Verhältnis zu finden sein. Die Suche nach der Bestätigung dessen muß auf den atomaren Aufbau zielen. Dort ist sie auch zu finden:

Kugelradius	$r=1$	$s_1=2$	$s_2=\sqrt{2}$	$\Rightarrow 2\cdot 1^2 = 2$	K-Elektronenschale enthält max.	**1** e^--Paar
	$r=2$	$s_1=4$	$s_2=\sqrt{8}$	$\Rightarrow 2\cdot 2^2 = 8$	L-Elektronenschale enthält max.	**4** e^--Paare
	$r=3$	$s_1=6$	$s_2=\sqrt{18}$	$\Rightarrow 2\cdot 3^2 = 18$	M-Elektronenschale enthält max.	9 e^--Paare
	$r=4$	$s_1=8$	$s_2=\sqrt{32}$	$\Rightarrow 2\cdot 4^2 = 32$	N-Elektronenschale enthält max.	16 e^--Paare

Auch hier trägt die Urdifferenz das Signum $1 \rightarrow 4$ ($1e^-$-Paar $\rightarrow 4e^-$-Paare).

Suchen wir das Urpaar der Elemente, so kommen wir auf das Wasserstoffatom und das Heliumatom. Beide sind bei der Betrachtung des Periodensystems der Elemente schon äußerlich als die Eltern der Chemie auffällig und bilden allein die erste Periode des herkömmlichen Systems. Ihre Massezahl verhält sich wie 1:4.

H : He = 1 : 4
(1) (2)

Die Logik der Chemie ließe sich auf diese Weise weiter verfolgen, was zu einer anderen, ergänzenden Ordnung führen würde. Die Eigenschaft der Elemente könnte so über ihre Zahlensymbolik erschlossen werden.

In unserer Spiegelung der Kugelmodelle finden wir einen Zugang zur Entstehung des Tetraeders. Nun wollen wir die Tetraederentwicklung über einen davon leicht unterschiedenen Ansatz nochmals beleuchten. Unser erneuter Ansatz geht von der vorangehenden Abbildung aus, indem wir unser Augenmerk auf den Abstand der Punkte lenken. Das Urpaar 1-2 (Polstab) bringt einen dritten, verbindenden Punkt hervor. Über ihn geschieht die Verbindung der Elternteile. So haben wir den dritten Punkt bisher beschrieben. Das war eine grobe Vereinfachung, denn vor der Drei war schon die Polarität, die Unterscheidung in zwei Teile, und nach dem Additionsgesetz muß jeder weitere Schritt bzw. Punkt die vorhergehenden Qualitäten enthalten. Der 3. Punkt kann demnach nicht einfach ein Punkt sein, sondern muß seine Qualität auf polare Weise erfüllen. Die verbindende Funktion ist mit einer Erhebung der Drei aus der vorhergehenden Zweidimensionalität verbunden. Mit der Setzung des 3. Punktes entsteht gleichzeitig ein zu ihm in der neuen 3. Dimension polarer Punkt. Er ist in der Abb. 126 mit 3′ bezeichnet.

Hätte man die 3. Dimension nicht zur Verfügung, d. h. müßte der komplexe Vorgang in der Zweidimensionalität eingefangen werden, dann käme es zur Bildung des *recht*winkligen Dreiecks. In ihm ist die Unterscheidung gewürdigt. Hier in der dreidimensionalen Darstellung ergibt sich die Möglichkeit einer zweiten Dreiheit (3′).

Das neue zweite Paar, die zweite Achse, besteht aus 3 - 3′. Das erste Paar besteht aus den gegenständlichen Punkten 1 und 2. Ihnen tritt eine Funktion (3) gegenüber, die zweifacher Natur ist. So einfach das hier klingt, so schwer verstehen wir es im täglichen Leben und in der naturwissenschaftlichen Forschung. Beispiele dafür sind in allen praktischen Dingen zu finden, wie die Tatsache, daß eine Bewegung gleichzeitig die Gegenbewegung hervorruft oder sie zumindestens potentiell erwachsen läßt.

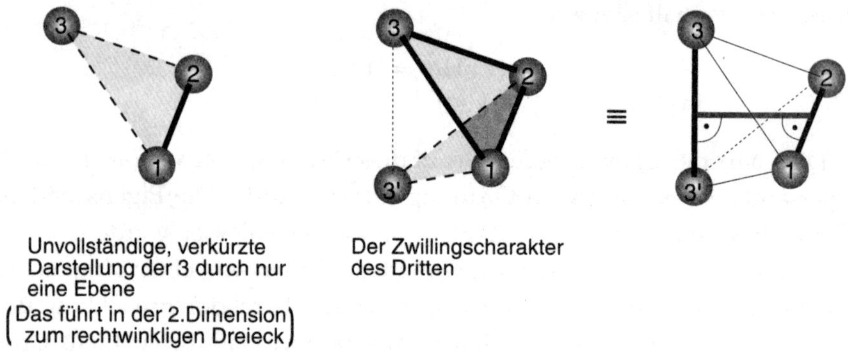

Abb. 126: Jeder Polarität folgt eine zweifache Funktion (3 + 3′). Im Tetraeder ist sie dreidimensional verwirklicht. Müßte man den Sachverhalt in der Zweidimensionalität darstellen, könnte man das nur durch das rechtwinklige Dreieck (rechte Funktion) tun.
Die zweifache Funktion entspricht demnach der„rechten Funktion".

In der Mechanik ist das als actio = reactio bekannt. Übersetzt man das Prinzip in eine andere Welt, einen anderen Rahmen, dann stehen wir oft verständnislos davor. Ein solches Beispiel ist der Spin 1/2 der Elementarteilchen in der Quantenmechanik. Das Materieteilchen des Spin 1/2 muß sich 2 x um sich selbst drehen, um wieder gleich auszusehen. Aufgrund des Ebenenwechsels in die Elementarteilchenebene hinein begegnet uns das Prinzip nur differenzierter. Das schon macht uns Schwierigkeiten, das Grundprinzip, das bereits im Tetraederaufbau enthalten ist, wiederzuerkennen. Wiedererkennen kann man aber nur das, was man schon kennt. Zu erkennen gilt es deshalb vor allem das Grundsätzliche, weil es in der Vielheit sich unendlich oft wiederholt. Der umgekehrte Weg, das stetige Finden von Neuem, kennt kein Ende. Doch es führt zu dem schon beschriebenen Umkehrungspunkt. Dieser verlangt dann nach dem Wesentlichen, dem rechten, eindeutigen Blick. Das Thema der Eindeutigkeit und Rechtwinkligkeit ist das Thema von Oktaeder und Würfel.

Oktaeder

In unserem Kugelmodell (Abb. 117) steht das Oktaeder an 5. Stelle. In der Reihe der Platonischen Vielflächner nimmt es den 2. Platz ein. Der Zusammenhang von 2 und 5 ist der von Polarität und Individualität. Die Individualität ist die Polarität auf einer höheren Ebene, der Ebene des Erlebens. Wie sich Pol und Gegenpol auf abstrakter Ebene gegenüberstehen, so stehen sich Individualität (5) und Gegenindividualität (5') im Bereich des *Lebendigen* gegenüber. Beide bedingen sich. Der Zusammenhang von 2 und 5 wurde früher schon beschrieben und soll hier nur die beiden Zählweisen bestätigen.

Mit dem Oktaeder begeben wir uns in die Gruppe II der Platonischen Körper (s. Abb. 119), zu der auch der Würfel zählt. Beide setzen sich, wie wir sehen werden, naturgemäß aus 2 Tetraedern zusammen und sind, der Definition des Lebens entsprechend, ausgespannt zwischen den zwei Polen Himmel und Erde, vertreten durch die Gruppen I und III der Abb. 119. Das Charakteristikum der Gruppe II ist ihr Entstehen aus 2 Tetraedern (Nachweis folgt) und ihre Rechtwinkligkeit, die im Oktaeder 12mal und im Würfel 24mal auftritt.

Ist dem Tetraeder noch die objektive, materielle Welt zugeordnet, so wird sie mit dem Oktaeder zur subjektiven Existenz. Fünf ist die Zahl des sich bewußt werdenden Individuums und damit die Zahl des Menschen, der zwei Anteile in sich konkretisieren kann, die Halbheit, d.h. die Subjektivität mit ihrer Vergänglichkeit, und die Ungeteiltheit und Ganzheit als Ewigkeit. Das funktionelle Mittel der Verbindung ist die Rechtwinkligkeit.

Sehen wir uns zunächst das Oktaeder in seiner bildlichen Bedeutung an. Es wird als Doppelpyramide dargestellt. Die Pyramide ist ein halbes Oktaeder. Halbheit bedeutet hier Subjektivität. Der Pyramide steht eine gleichartige, spiegelbildliche unsichtbar gegenüber. Der 5. Punkt, das Individuum, erhebt sich über das Materielle (4), besteht selbst aus ihm und ermöglicht durch Abstandschaffung die Betrachtung und Erkenntnismöglichkeit der Einheit. Um zu erkennen, ist Abstand nötig. Abstand ermöglicht das Erfassen und Begreifen des Vorhandenen. Der Mensch ist die sich bewußtwerdende Schöpfung. Er ist der aus der Materie bestehende Teil, der die Materie betrachtet und sich so seiner Ganzheit bewußt werden kann.

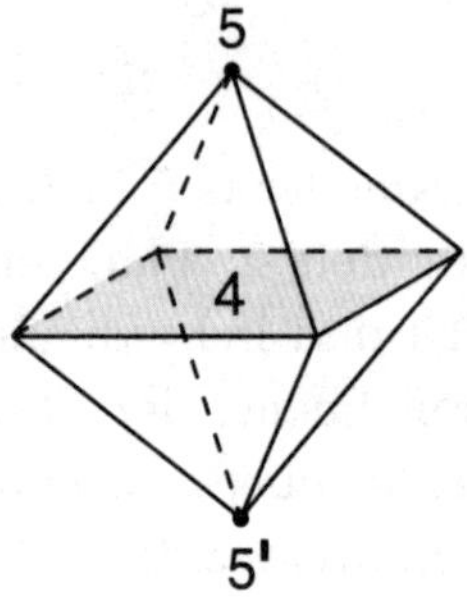

Abb. 127: Das Oktaeder, die Doppelpyramide symbolisiert das der Materie (4) gegenüberstehende Individuum (5) einschließlich seiner Gegenindividualität (5′).

Eine Fünfheit (5) setzt aufgrund ihres formellen Anteils eine Gegenfünf (5′), eine Gegenindividualität mit entsprechender Gegenperspektive voraus. Zwangsläufig entsteht dabei ein verbindender Weg mit einer Rechtwinkligkeit. Sie ist anderenorts beschrieben worden. Im Pyramidenmodell wird stets das Thema vom Individuum, dem Menschen, bearbeitet. Dem logischen und vor allem naturwissenschaftlichen Nachvollzug stellen sich hier gefährliche Fallen. Bei der Ableitung des Tetraeders bewegen wir uns noch im Bereich I, der konkreten materiellen Basis und dem am ehesten Nachmeßbaren. In der 5 wird alles umfassender und symbolischer und nicht mehr in allen Details durch Messen verifizierbar. Das Verstehen der Individualität erfordert mehr als Nachmeßbarkeit. Individualität ist Subjektivität. Ihr kann man nur mit ihren eigenen Gesetzen folgen, und das sind die Gesetze der Religion. Die Wissenschaft ist oft in die hier liegende Falle gestolpert, indem sie die Gesetze der Mechanik auf das Leben anwendete, ohne ihre Symbolik zu erfassen. Die Gesetze als solche verlieren nicht ihren Wert. Ihr Inhalt bleibt bestehen, aber die Form ihrer Verwirklichung wechselt mit der Ebene der Betrachtung. Die Gesetze der Mechanik warten heute auf ihr Erkennen durch die Symbolik in bezug auf die Religion, die Übergesetzlichkeit.

Das Oktaeder ist unter den Platonischen Körpern der 5 zugeordnet und bringt die Individualität, Subjektivität und Halbheit ins Spiel. Die Aufgabe jeder Individualität ist es, die Ganzheit auf allen Seinsebenen wiederherzustellen und das Ungeteilte mit Hilfe der Geteiltheit zur Anschauung zu bringen. Im Körperlichen geschieht das über die äußere Erscheinungsart 6 (Sex). Das Ergebnis ist dann das Ungeteilte. Im Pyramidenbau ist das Thema bearbeitet worden. Ziel war es, über die rituelle Handlung (rechtes Handeln) die beiden Fünfheiten in Verbindung zu bringen. Die Subjektivität ist die unbedingte Voraussetzung dafür, weil über sie erst Handlungsfähigkeit erreicht wird. Das Handeln ist eine Funktion (3). Das rechte Handeln im Sinne der Ganzheitserstellung ist nicht nur eine allgemeine Funktion, sondern eine sich reflektierende, bewußte. Die sich reflektierende, d.h. spiegelnde Funktion ist damit eine orientierte, leitbildhafte Handlung. Jene ist der Acht zugeordnet. Erinnern wir uns daran, daß die 8 die 3. Potenz der Polarität war, d.h. die Polarität (2), die zur Funktion (3) erhoben wird ($8 = 2^3$).

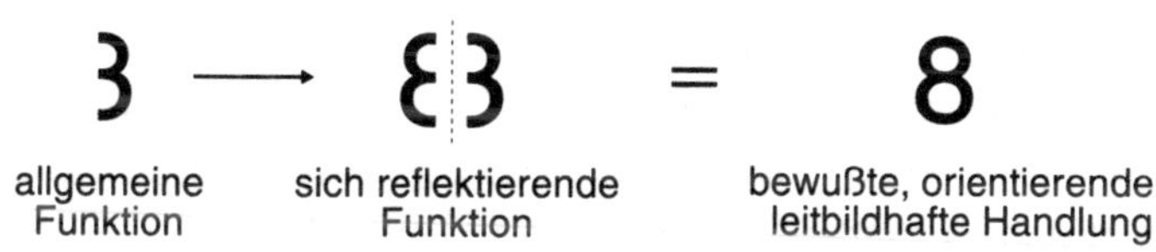

Abb. 128: Acht, die sich reflektierende Funktion, die Handlung

Die Bearbeitung des Themas der Individualität (5) ist gebunden an die rechte, orientierte, leitbildhafte Handlung, das Wesen der Acht. Das Zusammenführen der Gegensätze von Individualität und Gegenindividualität, die leitbildhafte Funktion, ist der Acht und damit dem 3. Funktionskreis (geistig, jenseitig, s. Abb. 34) zugeordnet. Es hat eine diesseitige, ergänzende Seite als äußere Erscheinungsart, und das ist das Verbindungsprinzip des Körperlichen, die Sechs bzw. der Sex. Das ist die duale Seite zum Oktaeder, der Sechsflächner, der Würfel. Auch wenn man allein beim Bild des Oktaeders bleibt, verbindet sich mit der Individualität (5) automatisch die Rechtwinkligkeit, die 6 und die 8 mit ihm. Er ist uns als Achtflächner bekannt, obwohl er treffender als Sechskugler bezeichnet werden müßte.

Funktion (3) und Polarität (2) erhalten im Oktaeder eine tiefe und weiterreichende Bedeutung. Die profane Zweiheit wird zur Individualität, der sich bewußten Eigenart bzw. Subjektivität, und die allgemeine Funktion wird durch Bewußtheit und Reflexion zur *orientierten* Funktion. Die Verbindung beider im rechten Sinne (rechter Winkel) führt zur Entstehung des Oktaederbildes. Untersuchen wir die Geometrie der Oktaederpyramide, treten uns die eben genannten Werte symbolisch entgegen.

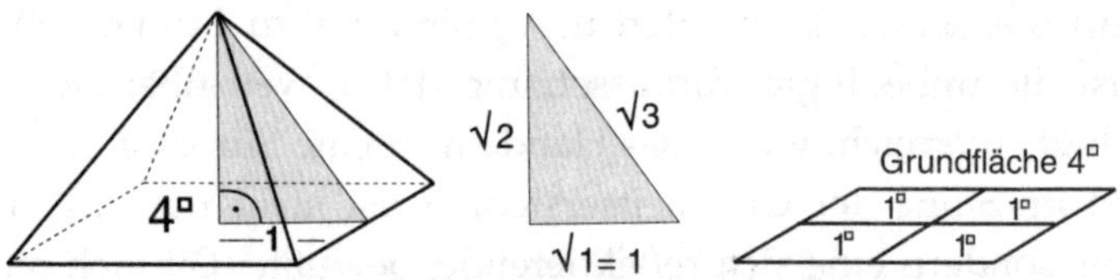

Abb. 129: Das Oktaeder als die rechte, bewußt orientierte Funktion der konkreten und polaren Schöpfung. Sie erschließt durch Abstandschaffung die Möglichkeit der Betrachtung und verbindet zwei Dimensionen (1, $\sqrt{2}$) miteinander.

Das Grunddreieck der Oktaederpyramide enthält eine grundsätzliche Trinität. Basis ist die 1 (Einheit). Über den irrationalen Ausdruck $\sqrt{2}$ wird durch Abstandgewinnung der Punkt des Individuellen erreicht (Pyramidenspitze)[7]. Von ihm sieht und erkennt man Einheit. Basis ist die Vierheit (Erdebene) und Rechtwinkligkeit, denn die 1 als Basis ergibt die 4 als Ebene.

Die irrationalen Werte $\sqrt{2}$ und $\sqrt{3}$ sind übersetzt das, was jeweils der 2 (Polarität) bzw. der 3 (Funktion) *zugrunde liegt* durch wahrhaftige Wirkung auf sich selbst (Quadrierung ist Symbol der Wahrhaftigkeit). Im Oktaeder handelt es sich eben nicht nur um Polarität und Funktion, sondern um sich reflektierende Polarität und sich reflektierende Funktion. Deshalb handelt es sich hier um die Wurzelbegriffe.

Der Neigungswinkel der Oktaederpyramide spricht ebenfalls eine deutliche Sprache. Er ist fast 55° (54,7..°). In der 55 liegt die Begegnung zweier Fünfheiten, der Individualität und der Gegenindividualität. Zwischen beiden muß unterschieden werden, da der Individualität das Primat zukommt. Ist doch bei aller Anerkennung der Gegenindividualität deren Einbeziehung nur von seiten der subjektiven Individualität möglich. Die Unterscheidung beider führt bei diesbezüglichen religiösen Überlieferungen anstelle der irrationalen Zahl 54,7.. zur unterschiedenen Größendarstellung der Fünf (**5**5).[8]

---

[7] $\sqrt{2}$ heißt: Das, welches dem Gespaltenen, der Polarität, zugrunde liegt.

[8] Ein Beispiel wäre die Thora. Ihre Genesis (Schöpfungsgeschichte) besteht aus 2 Teilen, und an deren Übergang, dem letzten Wort der Genesis 1, ist der zweite Buchstabe eine 5, welcher sehr viel kleiner ist als alle anderen. Das Wort ist sechsgliedrig und bedeutet *„geschaffen worden"* (behibbaram = 2-5-2-200-1-40 = geschaffen worden). – Wir wissen, wie streng

Versuchen wir noch mehr über das Oktaeder zu erfahren, so sehen wir auf seine Stellung in der Ordnung. Als zweiter der Platonischen Körper muß er das 1- 4 Gesetz in offensichtlicher Weise zeigen, so wie jeder erste Übergang innerhalb eines Systems das tut (s. Abb 86.). Das kann man leicht überprüfen, wenn man die Werte des Tetraeders mit denen des Oktaeders bei gleicher Seitenlänge vergleicht. Das Oktaeder hat das vierfache Volumen des entsprechenden Tetraeders (V_T:V_O=1:4, bei gleicher Seitenlänge). Dieser Vergleich beschränkt sich allerdings auf eine Ebene und geht vom gewohnten, äußeren Parameter (Seitenlänge) aus. Unser vorwiegendes Anliegen ist es aber, den Übergang der Qualitäten unter Rückbezug zum Urgrund, und das ist die Kugel, zu erhellen.

Wollen wir mehr über das Potential der Fünf erfahren, legen wir die Einheitskugel zugrunde und umgeben diese mit dem Oktaeder und dem Tetraeder. Das Oktaeder befindet sich exakt im dazugehörigen Tetraeder (Abb. 130) und seine Werte (Seitenlänge. Oberfläche, Volumen) betragen die Hälfte der des Tetraeders. In diesem Bezug wird die Aufgabe und Stellung des Oktaeders als ein Zweites (Halbes und Subjektives) deutlich. Die Zweiheit ist der Einheit stets untergeordnet (*sub*-jektiv) und bereichert sie durch ihr Vermögen. Das Oktaeder befindet sich demnach *innerhalb* des Tetraeders und erschließt die Möglichkeit einer Betrachtung durch eine Art innerer Abstandschaffung. Der mittlere Teil der Abbildung zeigt das Materielle (Tetraeder) in seiner 1 - 4 Symbolik und gleichzeitig die potentielle Halbheit des innenliegenden Oktaeders. Nur die Hälfte seiner Außenflächen sind von den 4 kleineren Teiltetraedern besetzt. Es besitzt durch seine Subjektivität das Vermögen, weitere 4 kleine Tetraeder anzulagern, um Ganzheit zu erstellen. Hier wird die Stellung des Okteaders, der Fünfheit, zwischen der 4 und der 6 sichtbar. Durch die Anlagerung, die Vervollkommnung, entsteht das neue Gebilde im linken Teil der Abbildung.

---

alle Details der Heiligen Schrift ihrer Bedeutung wegen über alle Zeiträume hinweg überliefert wurden. In dem genannten Beispiel dreht es sich um die Rolle der Individualität.

In der erwähnten Pyramidentrilogie zu Gizé entspricht die 2. Pyramide (Chefren) exakt dem Oktaeder. Alle Gangsysteme sind streng doppelt angelegt, wobei *eines* von beiden sehr deutlich hervorgehoben wird.

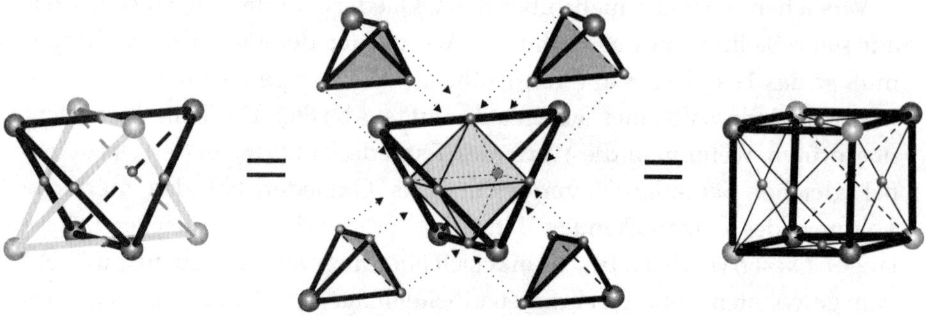

Abb. 130: Das Oktaeder ist ein innerer Bestandteil des Tetraeders und offenbart das 1- 4 Gesetz. Das Oktaeder gewinnt das Potential der Schöpfung durch Halbheit und Ganzheit. Es kann als Individuelles der Schöpfung ein Höheres, den Würfel, aufbauen.

Das Oktaeder hat gegenüber dem Tetraeder die Halbheit hinzugewonnen. Es ist nicht nur die Hälfte des Tetraeders. Wir wissen, daß die dazugewonnene Halbheit zur Handlung befähigt. Durch sie kann eine höhere Ganzheit über 6 erstellt werden. Das Ergänzungspotential der Fünfheit (Oktaeder) erstellt ein neues Gebilde, welches durch zwei sich durchdringende große Tetraeder am besten beschrieben ist. Das aber ist ein Achtkugler, der Würfel und Sechsflächner.

Die 5 steht vermittelnd zwischen beiden Vierflächnern. Das entspricht dem „Ausgespanntsein zwischen Himmel und Erde". Es hat mit der Halbheit das Vermögen des Wachstums erhalten, und das ist das Potential der Schöpfung.

Machen wir einen anderen Versuch der Ableitung des Oktaeders aus dem Tetraeder: Wie schon erwähnt, ist das Spiegel- und Projektionsprinzip das generelle Schöpfungsprinzip, welches wir bis zum Vierkugler verfolgten. Auch die Verdoppelung des Tetraeders zum Oktaeder und Würfel beruht auf dem Spiegelprinzip. Wie entsteht nun aus einem Tetraeder durch Spiegelung ein zweites, das mit dem ersten und originalen zum Oktaeder verschmilzt? Das ist eine Frage des Projektionspunktes. Suchen wir ihn, dann müssen wir das Wesen der Fünfheit berücksichtigen. Fünfheit bzw. Individualität hat etwas mit der Verbindung der beiden großen Archetypen 1 und 2 (Ganzheit und Halbheit) zu tun und bezieht sich gleichzeitig auf die Festlegung und die Bekenntnis eines, nämlich des subjektiven jeweils betroffenen Teiles. Der Entschluß zu einem unter mehreren möglichen ist im Begriff der Fünfheit eingeschlossen. Die Möglichkeit der Entscheidung und ihre bewußte Ausnutzung ist der Fünfheit immanent. Rechtwinkligkeit ist ein Ausdruck dieses Vermögens. Ein anderer alter Begriff ist das „Herausfünfen" aus einem verz*wic*kten (2) Zustand, was im ägyptischen Mythos Horus tat oder im Mysterium des Pentagramms verborgen ist. Die unterschiedlichen Gestaltungspunkte des Fünfecks verlangen das Bekennen zu einem von ihnen, um eine Gestaltung überhaupt zu ermöglichen (s. Pentagrammbeschreibung).

Suchen wir den erwähnten Projektionspunkt der 5 im Tetraeder, so treffen wir auf die Mitte *einer* Tetraederhöhe (Abb. 131). Es ist nicht der Schwerpunkt des Tetraeders, der in diesem Falle Ausgewogenheit bedeuten würde und der zum Mittelpunkt des neuen Tetraeders wird. Vielmehr ist es unter den 4 Tetraederhöhen *eine ausgewählte* (subjektive, individuelle), und diese ist mittig geteilt (1→2). Durch jenen subjektiven, individuellen Punkt kommt es zur Spiegelung aller 4 Tetraederkugeln (bzw. Ecken oder Punkte). Dadurch entsteht ein zweites, ein gespiegeltes Tetraeder, welches in Verbindung mit dem Original das Oktaeder ergibt. Wichtig ist hier zu begreifen, daß die Festlegung des Punktes nicht der Objektivität des Tetraeders entspricht und sich auf dessen Mitte und Schwerpunkt bezieht, sondern auf die eine subjektive Sicht, die Mitte einer Höhe zurückgeht. *Von ihrer Seite aus* wird Mittigkeit und Ausgewogenheit angestrebt. Ergebnis ist das Oktaeder, das handelnde Individuum. Erst im nächsten Schritt, vom Oktaeder zum Würfel, wird der Projektionspunkt mit dem Schwerpunkt des Tetraeders identisch sein, wie es Abb. 134 zeigt. Der Weg dorthin führt aber nur über das Oktaeder.

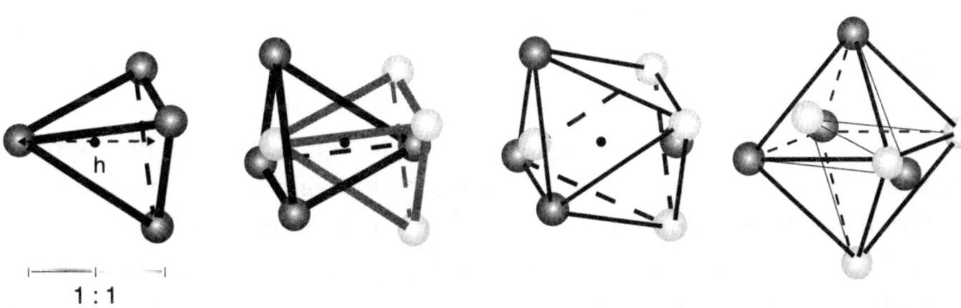

Abb. 131: Das Oktaeder besteht aus 2 Tetraedern (bzw. Vierkuglern). Das zweite Tetraeder entsteht durch Projektion aller Punkte über eine subjektive, individuelle Mitte (von 4 möglichen). Die zwei sich durchdringenden Tetraeder verschmelzen zu der neuen Form des Oktaeders.

Würfel

Würfel und Oktaeder gehören zusammen. Sie sind die zwei möglichen Seiten des II. Paares der Platonischen Körper (s. Abb. 119), das unsere konkrete Welt symbolisiert. Würfel und Oktaeder tauschen je nach Betrachtungsrahmen ihre Plätze. Wir haben ihre Dualität beschrieben.

Nach unserem Kugelmodell (Abb.117) steht der Würfel an der 6. Stelle, bzw. ist er der 3. der Platonischen Körper. Aus der Erfahrung wissen wir um die Korrespondenz der 3 und der 6. 6 ist die 3 in der nächsthöheren Ebene, das Zusammenführen im Bereich des Lebendigen. Ist die 3 das allgemeine Funktionsprinzip, so übernimmt das die 6 im konkreten Lebensbereich.

Als 2. Körper im II. Paar kommt dem Würfel nach der Wahrhaftigkeitsregel, dem Quadrierungsprinzip, eine besondere Stellung zu. Seine „wahrhaftige Position" kommt dem Grundsatz „innen wie außen" sehr nahe. Keinen der anderen Körper könnte man deshalb jedoch als unwahrhaftig bezeichnen. Jeder von ihnen vertritt das Wahrhaftigkeitsprinzip auf seine Weise. Die Stellung des Würfels spricht uns nur deshalb besonders an, weil sie die unsrige ist und unsere Welt symbolisiert. Seine Maße sind uns in einem „höherem Maße" als die der anderen verständlich. Sie sind rational. Gehen wir wie immer von der allem zugrundeliegenden Einheitskugel (r = 1) aus, dann zeigt der die Einheitskugel einschließende Würfel nur rationale, ganzzahlige Werte. Das ist bei keinem der anderen Körper der Fall (s. Abb. 132). Der Würfel spricht uns als einziger von ihnen in der uns vertrauten Sprache der Rationalität an. Der Mensch sieht seine Problematik im Würfel am deutlichsten gespiegelt. Durch ihn kann er erkennen.

Auf den einfachsten Nenner gebracht, besteht die Problematik des Menschen in der Existenz der Polarität und im Umgang mit ihr. Der Mensch will sehen, was Polarität ist, wie sie funktioniert und wie er sie durch sein Tun funktionieren lassen kann. Kurzum, die Archetypen 2 und 3, Polarität und Funktion, werden aus der Sicht des Menschen ihm in ihrer erlösten Form von dem Würfel entgegengebracht. Erlösung von Polarität und Funktion ist durch die religio zur 1 möglich. Der Würfel zeigt den

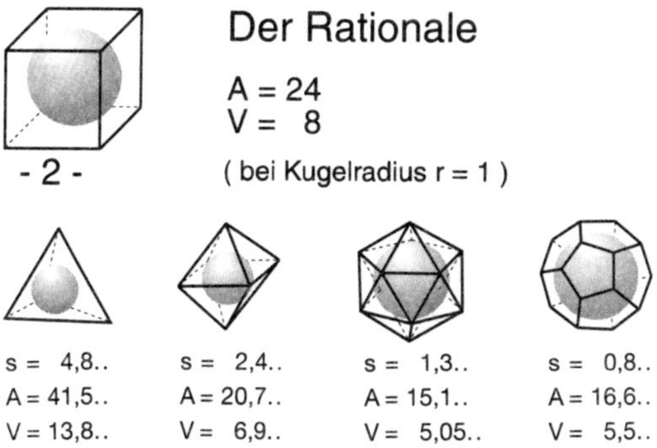

Abb. 132: Der Würfel ist der rationale unter den Platonischen Körpern. Er symbolisiert unsere Welt. Kein anderer zeichnet sich durch rationale Werte aus.

Menschen, wie zwei Teile zusammen funktionieren, indem alles auf ein inneres, gemeinsames objektives Zentrum gerichtet ist. Geometrisch ist das das Verschmelzen zweier Tetraeder über einen gemeinsamen objektiven Mittelpunkt, der gleichzeitig der Mittelpunkt jedes der beiden Einzelteile ist. Die Abb. 134 ist das dafür stehende Gleichnis. Das Zusammenwirken von Polarität und Funktion aus dem Zentrum der Einheit heraus führt zur Symbolik der 6 und der 8 (das Vereinigen). Der Würfel ist deshalb ein 8-Kugler bzw. ein 6-Flächner. Der Unterschied zwischen der Sechsheit und der Achtheit ist nur der Bewußtseinsgrad des Betrachters. 6 ist der von sich aus funktionierende Verschmelzungsmechanismus der Welt, und 8 ist das bewußte Zusammenführen zweier Pole unter Be*acht*ung und Zielrichtung der höheren Einheit. Mathematisch drückt sich das in der dreimaligen (funktionalen) Addition der Polarität (**2+2+2** = 6) oder in der Polarität in der Potenz der Funktion aus ($\mathbf{2}^3 = 8$).

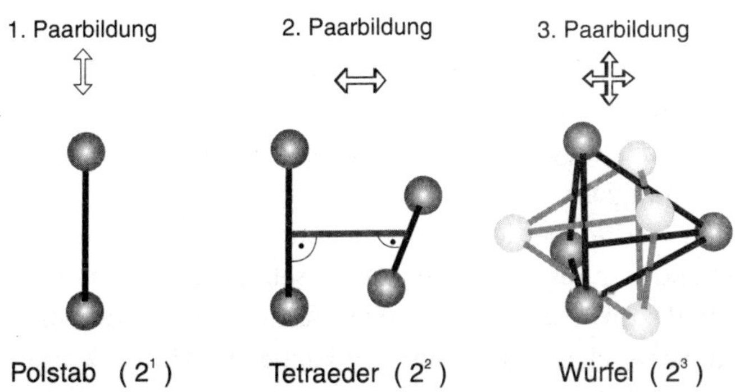

Abb. 133: Die dreifache Polarität führt zum Würfel. Dreifache Polarität spricht von der Funktion (3) der Polarität. 2+2+2 = 6 oder $2^3 = 8$ sind die polaren Ausdrucksweisen des Würfels. Er ist 6-Flächner und 8-Kugler.

Polarität und Funktion sind also die beiden Teile des Würfels. An ihm können wir sehen, wohin Polarität und Unterscheidungsfähigkeit führen und wozu sie gut sind. Genauer gesagt erfahren wir das Funktionsprinzip der Polarität, denn der Würfel ist die *drei*fache Polarität.

Lenken wir als erstes unser Augenmerk auf die erlöste Polarität. Erlöste Polarität ist eine *eindeutige* Polarität, d.h. Polarität im Sinne der Einheit. Wahrhaftigkeit ist in ihrem Sinne Unterscheidung von Zweiheiten im Hinblick auf Ganzheit. Praktisch ist das die Spannung im Leben, die Entwicklung ermöglicht und immer wieder die Ganzheit erstellt. Sie wird nicht mißverstanden als auschließlicher Zerstörer und allmächtiger Verwerfer. So interpretiert der Würfel auch die Rationalität. Rationalität ist das Unterteilen in Rationen, um die Ganzheit erkennen und erstellen zu können. Die Sprache der Rationalität ist die Sprache der Polarität (2). Der die Einheitskugel umschließende Würfel hat bezeichnenderweise die Kantenlänge 2. Sein äußeres Grundmaß ist die Polarität. Das letzte Meßbare, die Grundeinheit a = 2 dieses Würfels, ist die Polarität, so wie das letzte wissenschaftlich Nachweisbare in unserer Welt das Widersprechende, die Polarität, ist. Auch hier ist Widersprechendes nicht als Verzweiflung gemeint, sondern im Sinne der lebensschaffenden Spannung der Dualität. In christlicher Ausdrucksweise ist das Grundmaß Polarität das Beth des Bereschit, der erste Buchstabe des ersten Wortes der **B**ibel, oder der Ausdruck: Satan, der Widersacher (Zweimacher) und *Lichtträger* (Luzifer) ist der Herrscher der Welt.

Indem wir unser Augenmerk auf die erlöste Polarität richten, entwickelt sich ein fruchtbarer Prozeß, eine Funktion, die man als rechte Handlung bezeichnen kann. Das rechte Unterscheiden führt direkt zum zweiten Bestandteil des Würfels, zur Dreiheit, der Funktion. Im Würfel ist zur Polarität gleichzeitig und offensichtlich ihre richtige Anwendung enthalten, die Rechtwinkligkeit.

Über den Würfel werden wir in die Lage versetzt, ein etwaiges, über ihn hinausgehendes, allumfassendes Weltgesetz zu erkennen. Seine besondere Stellung fällt zum einen durch seine Sprache, die Rationalität, auf. Zum anderen hat er auch einen besonderen Bezug zur Mitte. Er nimmt z.B. innerhalb der Linearität der Vierflächner eine solche ein. Unter ihm befinden sich Tetraeder und Oktaeder und über ihm Dodekaeder und Ikosaeder. Der Mittel- und Schwerpunkt spielt bei ihm tatsächlich eine besondere Rolle, denn er besteht, wie auch der zu ihm duale Körper, das Oktaeder, aus 2 Tetraedern. Nur entsteht bei ihm das 2. Tetraeder aus dem ersten und originalen durch Projektion durch den *absoluten* Mittel- und Schwerpunkt, der überpersönlicher Art ist. Beim Oktaeder war das noch anders. Dort war der Projektionspunkt subjektiv und individuell.

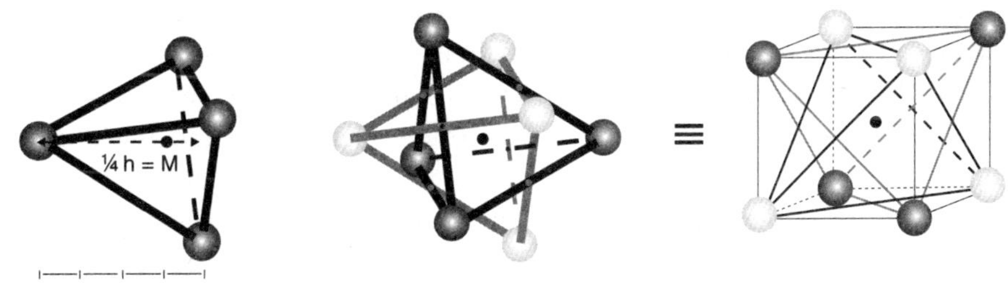

Die **Vier**teilung der Höhe ergibt den zentralen Mittel- und Schwerpunkt

Die Projektion

Die gleichen Kugeln - äußerlich verbunden -

Abb. 134: Der Achtkugler (Würfel) besteht aus 2 Tetraedern (bzw. Vierkuglern). Das zweite Tetraeder entsteht durch Projektion aller Punkte über den absoluten Schwer- und Mittelpunkt. Die zwei sich durchdringenden Tetraeder verschmelzen zu der neuen Form des Würfels.

Der Würfel geht aus der Leistung der 5 hervor und stellt ihr gegenüber ein höheres Ganzes dar, welches eine objektive Mitte erfahrbar macht. Aus dieser Mitte heraus wird nun das Lebendige angesprochen. Alles das läuft automatisch ab, und das Leben steuert sich selbst. Die Chance des Menschen besteht nun in der Bewußtwerdung der Vorgänge. Und die Chance ist in der Ebene des Würfels aus den genannten Gründen am größten. Im Blick nach oben hat er hier eine Aufstiegschance des Bewußtseins. Andererseits hat er sich bis zu diesem Punkt ohne Wissen hinentwickelt. Der Würfel ist demnach auch diesbezüglich ein Doppeltes. Er ist einerseits der Punkt, wo sich der Mensch am weitesten vom Wissen entfernt hat und am weitesten vom Bewußtsein der Einheit entfernt ist. Andererseits ist seine Sprache am deutlichsten. Hier wird er am deutlichsten angesprochen, um den Rückweg zu finden, der im strengen Sinne kein Rückweg, sondern ein Aufstieg des Bewußtseins ist. Das ist die Zweiseitigkeit des Würfels. Obwohl er der vom Bewußtsein entfernteste Punkt ist, ist seine Sprache am deutlichsten, weil am notwendigsten.

Suchen wir das Alphabet der Weltgesetzlichkeit, so müssen wir es demnach im Würfel bzw. in der Ebene des Würfels suchen. Hier können wir die fruchtbare Spannung der Polarität zur Erkenntnis nutzen. Erkannt werden will die Einheit mit ihren Grundgesetzen der Schöpfung. So ist ein solches Grundgesetz z.B. die Trinität. Sie gehört einer abstrakten oder vorkörperlichen „Form" an und ist nicht unmittelbar erkennbar. Erkennbarkeit ergibt sich erst in der Ebene des Lebens (Dreieck 4-5-6 der Abb. 21). Über die Sechs, die *zweite* Drei, wird die Trinität erfahrbar. Um ein praktisches Beispiel dafür zu nennen, erinnern wir uns an den dreieckigen Aufbau der Primzahlen, den Prototyp der Trinität. Ihrem Geheimnis sind wir auf die Spur gekommen, indem wir die Linearität der Zahlenreihe im Sechserrhythmus abgetragen haben. Ein anderes Beispiel des Lebens ist Sex, in dem die unbewußte Triebhaftigkeit zum konkreten Schöpfungspotential wird. Das ist auch der Grund, weshalb es in der Bibel heißt: „*Und Adam* ***erkannte*** *sein Weib Eva und sie ward schwanger und gebar ....*" (1. Mose 4).

Der Begriff des Erkennens wird umfassender, vollkommener. Erkennen ist hier *wirkliches* Erkennen. Es ist kein Selbstzweck, sondern zieht Handlung, Tun und damit die Wirkung nach sich. Die Befruchtung ist die zwingende Folge des Erkennens.

Es bedarf aber eines Weges durch Raum und Zeit, um konkret erkennen zu können. Unsere Suche nach den Gesetzen der Vollkommenheit bedient sich zwangsläufig der Formen, und jene gehören der Welt der Halbheit, Vielheit und Wandlung an. In ihnen wollen wir etwas Höheres erkennen. Dazu müssen wir uns ihrer bedienen, abstrahieren und die Form wieder verlassen. Wenn wir das eine höchste Gesetz anstreben, dürfen und müssen wir uns der Formen bedienen, ohne an ihnen zu haften. Sie sind das Vehikel zum Ziel. Übersetzt heißt das, daß der Mensch das Würfelige besitzen muß, aber nicht zum Besessenen werden darf. Es ist die Frage der Hierarchie, wer über wen Herrschaft besitzt. Wirkliches Erkennen führt zur Wirkung und geht über die Form hinaus.

Wer deshalb die Formen eines Tages über den Inhalt stellt, wird von ihnen besessen, anstatt Besitzer zu sein. Das wäre der hochintelligente Gauner, der Gesetzeslücken benutzt, um Reichtümer zu erlangen. Er hat schon lange den Inhalt von Gesetzen vergessen. Ihm ist der Sinn der Polarität nicht mehr bewußt und er weiß nichts mehr von deren Eindeutigkeit. Sie erfährt er erst wieder über ihre Schattenwirkung.

Die Gefahr im Würfligen entspringt der Polarität, die sich als gegenläufige Tendenz hervortut: je formenhafter und konkreter etwas wird, d. h. je weiter die Entwicklung vorangeschritten ist, um so subjektiver erscheint uns alles, und der Blick für das Ganze geht verloren. Obwohl wir zwecks Erkenntnis in den Würfel hinein müssen, lernen wir über ihn, der Gefahr, Besessene zu sein, zu widerstehen. Seine Lehre macht uns den Sinn von Polarität und Form wieder begreifbar. Die in ihm liegende Eindeutigkeit findet man auch in der ersten Schöpfungsgeschichte der Genesis. Sie enthält keine einzige Verneinung. Der 6. Tag wird aber als einziger mit *sehr gut* bezeichnet – welch bedeutsames Symbol!

Ist man in der Lage, die Stellung des Würfels im Gesamtsystem der Körper auszumachen, erkennt man ihn als den wahrhaften Vertreter der Welt. Seine Informationen lassen die Welt erkennen. Wir wollen, nachdem wir seine Entstehung klärten, nochmals seine offensichtliche Zahlensymbolik deuten:

Was als erstes am Würfel auffällt, ist sein äußeres Gesicht. Es weist durch die sechs Außenflächen auf die 6 hin. Demnach ist die äußere, offensichtliche Funktion der Welt die 6. Wer wollte das bestreiten. Durch Sex pflanzt sich die Welt fort. Der Aufmerksame erkennt die tausend Arten der Erotik, die die Triebfedern aller Beziehungen sind. Selbst die einfachsten Vorgänge beinhalten das 6-Prinzip, auch wenn es im ersten Moment damit nichts zu tun haben mag. Die Anziehung einer Nonne zu ihrem Schöpfer hat etwas gemeinsam mit der Biene und der Schönheit einer Blüte. Die 6 ist die konkrete Zusammenführung. Die 6 Außenflächen des Würfels weisen darauf genauso hin wie die Zahl, welche diese Fläche im Grundwürfel repräsentiert, die 24 (s. Abb.132). Die Oberfläche des Grundwürfels (a = 2) ist 24, eine theosophische Variante der 6 (24 = 2 + 4 = 6). Fragt man nach dem Inhalt des Würfels, also nach der inhaltlichen Funktion der Polarität, so erhält man die Antwort 8 (Volumen = 8). Acht, die Wandlung durch bewußte Handlung mit der Zielsetzung Einheit, ist der Inhalt der äußeren 6. 6 und 8 gehören deshalb zusammen und sind die beiden sich ergänzenden Parameter des gleichen Platonischen Körpers. Innen und Außen sind prinzipiell das gleiche, nur liegt zwischen ihnen ein Unterschied im Grade des Bewußtseins.

Zur Botschaft der Würfelmaße findet man auch über den Einheitswürfel, den Würfel der Kantenlänge a = 1. Er hat den Inhalt 1 und eine Oberfläche von 6. Mit anderen Worten: Der Inhalt der konkreten Welt (Einheit) tritt als

6 im Äußeren auf. Das ist identisch mit der Aussage des Polaritätswürfels (a = 2).

Neben dem Polaritäts- und Einheitswürfel sollte uns unter dem Aspekt der Wahrhaftigkeit noch eine dritte Variante interessieren, nämlich der Würfel, welcher das Prinzip „innen wie außen" auch numerisch offensichtlich vertritt. Der „Wahrhaftigkeitswürfel" hat demnach die Kantenlänge 6. Sein Volumen ist mit dem Inhalt identisch und beträgt 216. Der Würfel, der seinen Charakter zum äußeren Maß macht, bestätigt tatsächlich auch auf der inhaltlichen (Volumen) Ebene Gleichheit von Innen und Außen. Die Zahl 216 (Polarität- Einheit-Sex) spricht für sich. In ihr liegt die theosophische 9 (2 + 1 + 6 = 9). Das Bild des Würfels der Kantenlänge 6 spricht von „innen wie außen" über die Zahlenfolge 2→1→6, um als Ziel die 9, das formenauflösende Prinzip, zu erreichen. Die 9 ist gleichzeitig die Gebärmutter des Neuen. Die Wandlung wird so zum Zeugen des Ewigen, des Einen. Dem „Wahrhaftigkeitswürfel" kann man die Lösung der von ihm mitgebrachten Gefahr, dem Haften an der Linearität, entnehmen. Die Lösung ist ein Sich-Lösen, die Verwirklichung der 9, der Spiegelzahl der 6.

Die 24fache Rechtwinkligkeit des Würfels fällt auf. Schon bei den Primzahlen und dem Beispiel des Tropfens beschrieben wir die 24 als das Maß des Materiellen und des Zusammenwirkens des Ganzen und seiner Teile. Ihrer bedient man sich, um die konkreten Bestandteile der Welt zu ordnen. Zahlreiche Beispiele, vom 24-Stundenrhythmus bis zur Mythologie, finden sich bei der Beschreibung der Primzahlen. Der Leser sollte sich unter dem Aspekt des Würfels das Kapitel erneut durchlesen.

Rechtwinkligkeit ist die bewußte Unterscheidung. In der 24 liegt, gemäß dem 1- 4 Gesetz, die Aufforderung, die Polarität zu quadrieren ($2 \rightarrow 2^2 = 2 \times 2 = 4$, d.h. 2→4). Im Würfel wird die Qualität der Unterscheidung wahrhaftig genutzt, um die Einheit wieder an ihre hierarchisch erste Stelle zu setzen. Die Zweiheit wird dann eine Steigerung der Einheit. Der Schritt 1→ 2 (12) ist zweimal durchlaufen. Die Polarität wurde quadriert (2→4). Aus der Einheit wird Zweiheit (Polarität), und die Polarität der Polarität ist wieder die Einheit. Materie (4) schließt die doppelte Polarität (2) ein. Das ist das Wesen der materiellen Schöpfung. Die Quantenphysik stößt auf das ewige Wissen bei der Untersuchung der Elementarteilchen der Materie und deren Spin 1/2. Das Elementarteilchen, welches die eigentliche Materie stellt und den Spin 1/2 aufweist, muß sich um seine Achse zweimal vollständig drehen, um wieder gleich auszusehen. Hier klärt sich zahlensymbolisch ein bisheriges Rätsel in der Quantenphysik. Das ist die Analogie der Zahl 24. Sie ist eine theosophische 6, die äußere Form des Würfels und der Welt.

Am Anfang der Würfelanalyse haben wir uns bewußt auf den größeren der beiden Würfel beschränkt, welche aus der Kugel entstehen können. Das ist der die Kugel Umschließende anstatt der in der Kugel Eingeschlossene. Er ist der „Traditionsfortführende" mit dem Entwicklungspfeil nach außen. Wir nutzten unsere Unterscheidungsfähigkeit, deren Sinn, wie wir im nachhinein bewiesen haben, mit der Orientierung zum Größeren, dem Pfad des Wachstums. Das ist die praktische Konsequenz aus der Einsinnigkeit der Zeit bzw. der Tatsache, daß die Zahlenreihe nach oben unbeschränkt ist, nach unten aber natürliche Grenzen erfährt (man denke an Null). Die umgekehrte Richtung ist nicht etwa absolut falsch, sondern wir sind vorerst mit ihr überfordert. Zuerst sind wir dem grundsätzlichen „Ja" unserer Existenz gefolgt, um uns aus der Gespaltenheit herauszufünfen. Nach einem gewissen Erfahrungsweg wird uns die andere Richtung mit Hilfe weiterer Vielfältigkeiten und scheinbarer Widersprüche das Erkannte bestätigen und erweitern lassen. Vorher aber war ein eindeutiger Weg notwendig. Gedanklich gingen wir ihn über die die Einheitskugel umgebenden Körper. Nun ist es an der Zeit, den umgekehrten Weg dazu zu nehmen. Jetzt hören wir auf die Botschaft und Information des von der Einheitskugel eingeschlossenen Würfels, nachdem wir beide symbolisch unterscheiden gelernt haben. Danach verhält sich die Kugel zum umgebenden Würfel wie das Geistige zum konkret Vorhandenen und Lebendigen. Der Würfel ist das aus dem Geistigen heraus konkret Gewordene, das Manifeste.

Fragen wir nun nach dem Konkreten, das hinter dem Geist steht, also dem Würfel in der Kugel, so merken wir, daß die Frage paradox ist und einer gewissen Linearität verfällt. Im strengen Sinne ist diese Frage gar nicht zulässig, weil das Geistige immer dem Konkreten vorausgeht, wie der Plan eines Hauses vor dem Haus als Geistiges da ist. Hier ist es die paradoxe Frage nach dem Haus noch vor dem Plan. Das entspräche der Frage an den Architekten nach *konkreten* Details. Wir sehen, die Frage ist beschränkt zulässig, wenn wir sie in einem die Einheit bestätigenden, rechten Sinne stellen und uns ihrer Gefahr bewußt sind. Unter solchen Voraussetzungen projizieren wir nun unser Würfeliges in den Geist der Kugel hinein und fragen nach dem Konkreten hinter dem Geistigen. Es ist erwartungsgemäß konkret im Sinne des Verbindlichen, aber dennoch nichts Materialistisches, weil dieses erst später außerhalb der Kugel existieren kann. Was wir finden, ist das *Wort*. Im Wort liegt schon etwas Manifestes, Konkretes vor, wenn auch noch nicht in materiell greifbarer Form. Die greifbare Form wäre der umschließende Würfel. Der eingeschlossene dagegen ist das Wort, was als Konkretes wiederum dem Geistigen zugrunde liegt. Eigentlich ist die materielle Seite der Entwicklung, an der auch wir Menschen durch unseren Körper Anteil haben, das Äußere, der äußere Würfel. Unsere Handlungen und Denkweisen sind an diesen Würfel gebunden. Versuchen wir gedanklich die Welt nach innen, also Richtung Kreis/Kugel, zu durchschauen, so können wir es nur mit Hilfe unseres Würfelanteils (Gehirn) vom Äußeren tun. Wir projizieren damit die Vorstellung von einem Würfel nach innen. Das ist sehr unvollständig und beschränkt, denn wir wenden unsere Welt des Äußeren und ihre Handlungen auf Inneres an. Dennoch bekommen wir eine Antwort auf die Frage, welches Konkrete (Würfelige) der geistigen Welt (Kreis/Kugel) dem zugrunde liegt. Die Antwort besteht in den Maßen des eingeschlossenen Würfels. Im Gegensatz zum äußeren Würfel hat der eingeschlossene nur ein einziges rationales, ganzzahliges Maß, und das ist seine Oberfläche mit 8.

8 aber verweist wieder auf den Achtkugler und das Volumen des äußeren Würfels. Die Botschaft ist deutlich. Das der räumlichen Einheit (Einheitskugel) Zugrundeliegende und für uns rational Verständliche ist das Wort der *Wandlung* (∞) und *Orientierung* (⋀). Das Wort selbst ist aber ein Formelles (Symbol der Oberfläche).

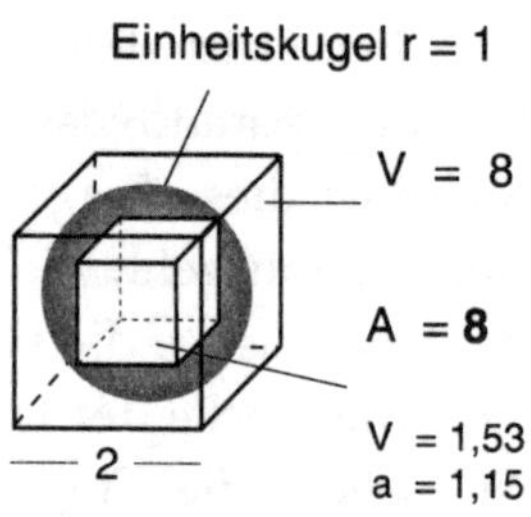

Abb. 135: Der in der Einheitskugel eingeschlossene Würfel ist das „Konkrete" hinter (in) dem Geistigen. Es ist das Wort. Das Wort spricht von Acht, Wandlung (∞) und geistiger Orientierung (⋀).

Das einzig wirklich Verstehbare (Rationale) für uns ist das Äußere (Oberfläche) „des allen zugrundeliegenden Konkreten" (innerer Würfel). Acht bedeutet M*acht* und Handlung zur Erreichung des Höheren, der

Einheit (s. Beschreibung der 8). 8 (2^3) als höchster Repräsentant der Zweiheit nutzt Polarität zur Erstellung von Einheit. Das kommt auch deutlich zum Ausdruck in dem Einheitswürfel (a = 1, A = 6), denn der dazugehörige Innenwürfel der gemeinsamen Kugel hat eine Oberfläche von zwei – also die Polarität selbst (Abb. 136). Das hinter allem stehende Konkrete ist Polarität. Das ist nicht falsch und widerspricht nicht der Einheit, wenn man die Polarität richtig versteht. Die Heilige Schrift, das Wort Gottes, beginnt eben aus diesem Grunde mit dem „B", der Polarität. Sie will verstanden und richtig (recht!) verwendet werden.

Abb. 136: Die verschiedensten Innenwürfel geben die Antwort auf das Wort (Gottes) hinter den Erscheinungen. Dem Einheitswürfel ($V_A=1$), d. h. der Welt, liegt das Wort der Polarität (2) zugrunde. Das Wahrhaftigkeitsprinzip ($V_A=6$; r=3) geht auf den „Namen 72" zurück, d. h. die im Hintergrund stehende Harmonie (7) wirkt in die polare Welt und sorgt für Ganzheit (7→2).

Der im Kreis eingeschlossene Würfel symbolisiert das Wort Gottes. Um noch mehr Informationen darüber zu erhalten, können wir uns die eingeschlossenen Würfel verschiedener Kugelgrößen ansehen und die sich ergebenden Würfelwerte auf das vorausgesetzte Kugelgrößenkriterium beziehen. Ein interessantes Beispiel wäre, anstatt wie bisher die Einheitskugel zugrunde zu legen, die Möglichkeit, die Kugel des Radius 3 als Basis heranzuziehen. Aus früheren Überlegungen wissen wir, daß die 3 als Basis schlechthin (Dreieinigkeit) das Funktionsprinzip ist und nichts als Wahrhaftigkeit schaffen kann. Das von den Religionen zu erreichende Ziel wird oft in der Kurzformel „wie innen, so auch außen" (s. Tabula smaragdina v. Hermes Trismegistos) angegeben, also Identität von Inhalt und Oberfläche. Alle Platonischen Körper, welche die Kugel mit dem Radius 3 umschließen, zeigen die Gleichheit von Inhalt und Oberfläche. Fragen wir nach dem in dieser Kugel eingeschlossenen Würfel, dann ist das die Frage nach dem Wort Gottes in bezug auf Wahrhaftigkeit bzw. Identität von innen und außen.

Der Innenwürfel hat die Kantenlänge $\sqrt{12}$ und eine Oberfläche von 72. Der wahrhaftigen Raumwelt liegt demnach deutungsmäßig ein Kern (Wort) zugrunde, dessen Multiplikation mit sich selbst zur 12, dem natürlichen Rhythmus unseres kosmischen Systems, führt. Die Oberfläche ist 72. Das ist die Zahl, die in vielen Mysterien für die Zahl des unaussprechlichen Namens Gottes steht. Unaussprechlichkeit ist deshalb gefordert, da das Sprechen bereits etwas Konkretes ist und einer wirklichen Manifestation bedarf. Diese ist aber erst ab dem äußeren Würfel, der die Kugel umfaßt und ihr Nachfolger ist, möglich. Die 72 ist die Verbindung der 7 zur 2, die Wirkung der im Hintergrund stehenden Harmonie (7) und Ganzheit auf die Polarität (2), die Welt. Das ist das „Sprechen Gottes" zu den Menschen (7→2).

Zum Schluß der Ausführungen über den Würfel möchte ich noch auf zwei miteinander zusammenhängende Konstanten hinweisen, die man bei den Pyramiden wiederfindet. Es sind die Umrechnungsfaktoren von der Kugel zum umgebenden Würfel und umgekehrt.

Um auf die Bedeutung des Würfels zu kommen, haben wir seine Zahlen und ihre Zusammenhänge gedeutet. Haben wir dazu auch verschiedene Würfel herangezogen, so sind wir dennoch beim gleichen Körper geblieben. Der Bezugsrahmen (Würfel) blieb gleich. Die Kugel war nur ein Vermittler zwischen Innen- und Außenwürfel. Das war nötig, um die Sprache des Würfels verstehen zu lernen. Ähnlich sind wir bei allen anderen Gebilden vorgegangen, vom Kreis angefangen über die Flächen hinaus zu den Körpern, bis wir hier beim Würfel, unserer Welt, angekommen sind. Unsere Welt ist, wie bisher beschrieben, im Würfeligen zentriert, und seine Sprache ist uns besonders verständlich durch seine Rationalität der Ganzzahligkeit und seiner Mittelstellung zwischen Tetraeder und Oktaeder einerseits und Ikosaeder und Dodekaeder andererseits. Die jeweils anderen Platonischen Körper bilden ebenfalls einen Teil unserer Welt bzw. ragen in sie hinein. Anders ist es mit dem Urkörper, der Kugel. Ihr kommt eine Sonderstellung insofern zu, da sie eine Art Vorwelt zu den Platonischen Körpern darstellt. Aus ihr gehen die Platonischen Körper alle hervor, bzw. alle sind in abstrakter Form in ihr enthalten. Wenn wir uns im Würfel wiederfinden, dann stellt die Kugel dazu die qualitativ zu ihr unterschiedene Vorwelt dar. Kugel und Würfel vertreten zwei Existenzarten. Ihr Unterschied ist für uns von besonderem Interesse. Der Mensch beschäftigte sich schon vor Jahrtausenden mit diesem Unterschied, weil er dem Unterschied von Gott und dem Menschen, der Einheit und unserer Existenz, nahekommt. Um sich dieser Beziehung zu nähern, muß man den Bezugsrahmen einer Körperwelt verlassen und ihn erweitern, indem man zwei Werte gegenüberstellt, die aus verschiedenen Hierarchien stammen. So kann man die Oberfläche oder das Volumen eines Würfels mit der Oberfläche oder dem Volumen seines Erzeugers, der eingeschlossenen Kugel, vergleichen. Ebenso ist es möglich, die Grundgröße der Kugel, den Radius mit der Grundgröße des aus ihm entstandenen Würfels in Beziehung zu setzen. Das ist ein Verhältnis von 1 : 2 (r→a). Vor uns liegt das schon besprochene Beispiel eines grundsätzlichen Überganges, einer Transformation, die Entstehung der 2 aus der 1. Aus dem Urkörper Kugel wird der zu ihm unterschiedene Würfel. Beträgt das Verhältnis der beiden Grundgrößen Radius und Kantenlänge 1 : 2, so ist das anders bei ihrem Inhalt oder der Oberfläche. Anstatt 1 : 2 verhalten sich Inhalt und Fläche wie 1 : 1,9098 bzw. 0,5236.. : 1 zueinander.

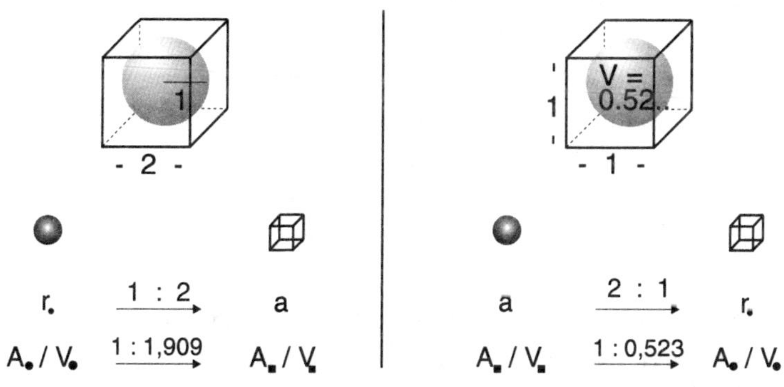

Abb. 137: Das Volumen des Würfels verhält sich zum Volumen der eingeschlossenen Kugel wie 1 : 0,5235. Das Meter verhält sich zur ägyptischen Königselle ebenfalls wie 1 : 0,5235. Das wird nur verständlich, wenn man berücksichtigt, daß unser modernes Metermaß am Erdumfang orientiert ist.

Es entsteht eine Differenz, die erst einmal rational nicht zu erfassen ist. Doch die Aufgabe des Menschen ist es, das gemeinsame Eine, welches beiden zugrunde liegt, zu erkennen, um sie positiv zu nutzen. Im unmittelbaren Volumen- oder Flächenvergleich ist die gemeinsame Wurzel nicht findbar. Für den Betrachter, der seine Ebene nicht verlassen will, scheint das Kontinuitätsgesetz nicht zu existieren. Ihm ist nicht einleuchtend, wie die Dinge zusammenhängen. Er müßte den Schritt von der Logik zur Analogie gehen, um der innewohnenden Harmonie und deren Gesetzlichkeit und innerer Gerichtetheit gewahr zu werden. Erst dann könnte er sich in die erkannte Ordnung eingliedern. Das widerspricht nicht einer rein formalen, mathematischen Definition, wie wir sie benutzen. Sie ist sogar Voraussetzung zur richtigen Deutung. Die klare Definition der Form geht der Deutung voraus und führt zum entscheidenden Qualitätssprung.

Das Volumen und die Oberfläche des aus der Kugel entwickelten und sie umschließenden Würfels sind um den Faktor 1,9098... größer als die der Kugel. Das ist exakt der Wert, um eine alte ägyptische Königselle (das Pyramidenmaß) in unser modernes Metermaß umzurechnen, was ja bekanntlich aus dem Erdumfang entwickelt wurde. 1 Meter beträgt 1,9098 Königsellen. Umgekehrt ist eine E = 0,5236.. m. Die Abb. 137 zeigt zum besseren Verständnis im rechten Teil auch den Umkehrwert. Dort wird der Einheitswürfel (a = 1, A = 6) zugrunde gelegt. Er symbolisiert unsere Welt des Kubus, die aus einer inneren Einheit hervorgeht und der ägyptischen Königselle (0,5236..) entspricht.

Der Transformationsfaktor sollte bei der Besprechung des Würfels nicht unerwähnt bleiben. Seine systematische Ableitung erfährt er von der Kreiszahl π über das Kreis-Quadratverhältnis, das in die Dreidimensionalität des Raumes übertragen wird. Im Kapitel „Die Zahlenfolge 273" haben wir den gleichen Transformationsprozeß im Zweidimensionalen beschrieben.

Wir sehen, dem Kreis bzw. der Kugel sind alle Qualitäten immanent. Für den Menschen, der in der Polarität verankert ist, sind sie aber erst erlebbar und durchschaubar, wenn sie in die Welt der Polarität hinübergetragen werden. Er erlebt sie daraufhin direkt mit seinen an die Polarität gebundenen Sinnen. Das in der Kugel Verborgene wird ihm zur Offenbarung. All das geschieht durch das Herübertragen der Qualitäten von der Kugel in den Würfel (aus r = 1 wird a = 2). In der Welt des Würfels begreift der Mensch die Dinge. Alles erscheint ihm rational. Die Zahlen haben eine rationale Größe, und er ist in der Lage, sie zu deuten. Seine Chance liegt in seiner Anlage, dem Unterscheidungsvermögen, einer Qualität, die aus der Polarität erwuchs. Der Würfel zeigt dem Menschen den rechten Umgang mit ihr, die geübte religio. Jene Haltung hat zum Bau der großen Pyramiden geführt.

Zwölfkugler (Ikosaeder) und Zwanzigkugler (Dodekaeder)

Oktaeder und Würfel sind die beiden ersten Körper, die sich jeweils aus zwei Tetraedern, den Grundkörpern, zusammensetzen. Oktaeder und Würfel spiegeln somit eine Funktion, das Zusammenwirken zweier Grundelemente. Das Oktaeder ist in dieser neuen Reihe der Funktionen die Nr. 1. Der Würfel ist der zweite Körper dieser Funktionsreihe. Was nach ihnen kommt, ist ein verbindendes Drittes. Es muß die Qualitäten des Oktaeders und des Würfels vereinigen. In ihm müssen beide Formen ihren Platz finden.

Die Funktion im Oktaeder war eine individuelle Funktion, eine Funktion, die entstehen konnte durch Abgrenzung aus einer Vielheit. Individualität benutzt immer die Abgrenzung zur Vielheit. Aus den 4 möglichen Höhen des Oktaeders ist es nur *eine*, die in Funktion tritt. Der Vorgang ist so auf eine von 4 gleichen Achsen/Höhen subjektiv fixiert. Über sie entsteht das Oktaeder. Anders ist es bei der Entstehung des Würfels. Die Funktionsweise, die zu seiner Entstehung führt, ist zentraler, mittiger Natur und vereinigt das Einzelne mit dem Ganzen (1 Mitte für alle 4 Seiten bzw. 1/4 h).

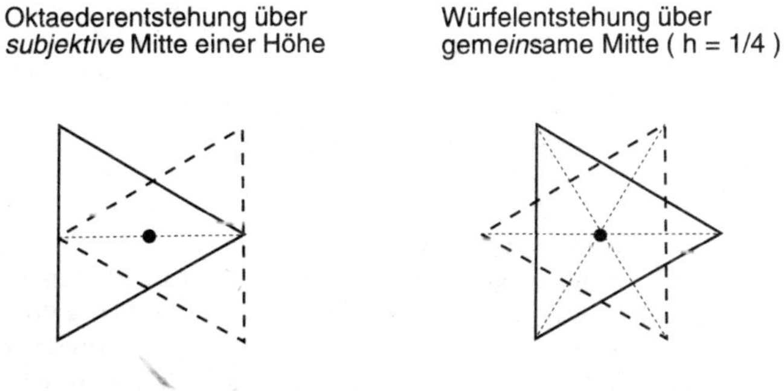

Abb. 138: Projektionsart bei Oktaeder- und Würfelentstehung

Ein dem Oktaeder und dem Würfel folgender Körper muß einerseits die begonnene Reihe fortsetzen und darf andererseits nicht der Linearität verfallen. Die Dreizahl löst das Problem immer ihrem Charakter entsprechend durch einen Ebenenwechsel. Der wird schon deshalb nötig, weil der Projektionspunkt, der Punkt der Mitte, eine Grenze setzt. Der Begriff der Mitte hat sich vom Oktaeder zum Würfel, vom Subjektiven zum Allgemeinen und Umfassenden, geändert und präzisiert. Der dem Würfel und Oktaeder folgende 3. Körper müßte im Sinne einer Linearität eigentlich einen noch mittigeren Projektionspunkt haben, um die deutliche Absicht weiter zu verfeinern. Nun ist keine deutlichere Mitte mehr findbar als die absolute. Es kommt zum Ebenenwechsel, den wir als Qualitätssprung und Paradigmenwechsel wahrnehmen.

Das verbindende Dritte vereinigt die Qualitäten beider Elternteile und ist, wie jeder Dritte, ein Zwilling. Das Zwillingspaar heißt 12-Kugler/20-Kugler.

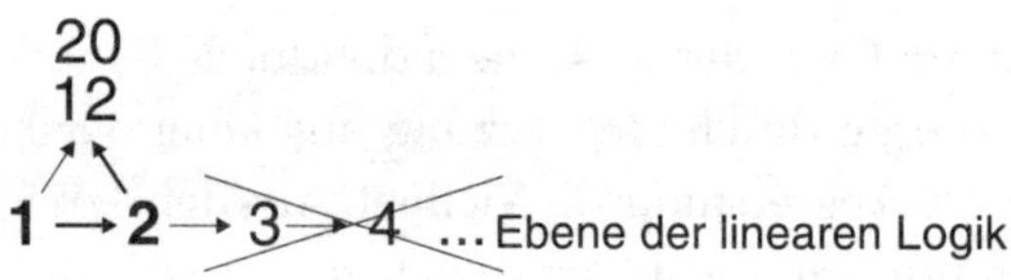

Abb. 139: Die beiden Grundpole Einheit/Ganzheit (1) und Polarität/Veränderung (2) ziehen einen dritten vereinigenden Punkt nach sich, der die alte Ebene der Rationalität verläßt. 12 und 20 sind zwei Formen, die diese neue Ebene mit den Mitteln und Zeichen der alten Ebene beschreiben.[9]

---

[9] Die Darstellungsweise dieses dritten Punktes, der höchsten Funktion, ist sehr vielfältig. Es ist der Beginn der höheren Ebene und kann von der 10, 20, 30 und der 12 dargestellt werden. Ikosaeder und Dodekaeder haben beide eine gemeinsame Kantenzahl von 30. Mißt man den Umfang eines Körpers, dann ergibt sich, egal in welche Richtung man zählt und egal ob man jeweils Kugeln oder Kanten zählt, immer 10.

Der Leser sollte hier den Kreis der Betrachtung der grundsätzlichen Trinität auf einer nun höheren Ebene schließen und sollte dazu nochmals das bei der Zwölfzahl Beschriebene lesen. Ihm kann klar werden, weshalb sich in der Bibel nie die direkte Zahlenfolge 1-2-3 findet, sondern immer nur die Folge 1-2-**30**. Indirekt, d. h. sekundär durch Quersummenbildung, ergibt sich dennoch die Zahl 123. Sie bedeutet Krieg (Schlachtordnung). Krieg ist auch Funktion, doch die falsche, die auf ein Festhalten in der niederen Ebene hindeutet. Dagegen hat die Zahlenfolge 1-2-30 die Bedeutung von „gewiß". Die 30 kommt erstmals im dritten Wort, in dem Begriff Gott (Elohim = 1-30-5-10-40) vor.

Die Verbindung der 3 mit der Null ist immer ein Ausdruck höchster und letzter Funktion,

Die zahlensymbolische Bedeutung ist bei diesem Paradigmenwechsel besonders wichtig. Auf anderem Wege wird man der Gesetzmäßigkeit der Entwicklung kaum gewahr. Die rein mathematische Betrachtung wäre hier ein Hängenbleiben in der Linearität. Das wird deutlich durch den bekannten Beweis Euklids im § 13 seiner ‚Elemente', in dem er nachweist, daß 12- und 20-Kugler weder zueinander noch zu ihren Vorgängern (Tetraeder bis Würfel) in einem rationalen Verhältnis stehen, so wie es vom Tetraeder bis zum Würfel noch der Fall ist.

Die Zahlensymbole 12 und die 20 verraten aber die wirklichen Zusammenhänge. 12 ist die Verbindung der ersten beiden Grundelemente 1 und 2 in einer eindeutigen Hierarchie. Sie ist eine „andere" 3 (theosophische 3), eine 3 auf höherer Ebene. Ähnlich verhält es sich auch mit der 20. Sie ist die Erhebung der Polarität in eine nächste Ebene, so wie die 10 die 1 durch die Verbindung mit der Null erhebt und ihr einen Stellenwert gibt, der mit den Mitteln der alten Archetypen 1 bis 9 nicht erfaßbar ist. 12- und 20-Kugler erscheinen uns deshalb irrational.

Über das Additionsgesetz wissen wir, daß die Qualitäten der Vorgänger in den ihn folgenden Körpern enthalten sind, auch wenn das auf den ersten Blick durch unsere Brille nicht so zu sein scheint. Beginnen wir nach der nun erweiterten, neuen Logik, den Entstehungsmechanismus der neuen Körper zu suchen. Die Prinzipien Mitte, Projektion und Vereinigung spielen bei der Entstehung von Oktaeder und Würfel eine Rolle. Außerdem entstehen sie aus dem Grundkörper des Materiellen, dem Tetraeder.

Sicher ist jetzt schon die Verwirklichung des 1-4 Gesetzes. Es ist jeder Entwicklung immanent und wird in jedem Falle verwirklicht, nur diesmal

---

die sich bewußt oder auch unbewußt im Materiellen und Formellen (4) ereignet (12. hebr. Buchstabe „Lamed = Ochsenstachel, das die Erdkräfte Antreibende). Man denke hier beispielsweise auch an das schon bei den Primzahlen Erwähnte:

- 1 x 2 x 3 x 4 = 24 in der Verbindung mit 1+2+3+4+ .....+24 =300,
- die Lichtgeschwindigkeit beträgt 300 000 kms^{-1},
- der dritte Punkt des Tetraeders 3'(Abb. 126), der in der Zweidimensionalität zum rechten Winkel führt, entspricht in der abstrakten Beschreibung (Eindimensionalität) der 30.
- 1931 zeigte der russische Mathematiker Schnirelmann, daß sich jede Zahl als Summe von nicht mehr als 300 000 Primzahlen schreiben läßt.

Wer sich einer durchgängigen Analogie öffnen konnte, dem erklärt sich nun auch, ähnlich der Deutung der Kreiszahl π, das Volumenverhältnis von Einheitskugel und umgebendem Tetraeder von 1: 3,**307**... .

in einem anderen Kleid, unter einem anderen Paradigma. Die alte Vorgabe Projektion wird zu der neuen Vorgabe, der unaufhörlichen, vielfachen Projektion, die eher einer Rotation gleicht und das dynamische Prinzip vertritt, anstatt das „nur statische". In der Rotation sind individuelle und mittige Projektionsart verbunden. Als Prinzip stelle man sich die Kreisbildung aus der ständigen Wiederholung des Radius vor. In der Rotation führt die ständige, wiederholte Individualisierung des Einzelmaßes zur neuen Erscheinungsform der Fläche bzw. des Rades oder Kreisumfanges.

Bei der Entstehung des dritten Funktionskörpers wiederholt sich dieser Vorgang in einer ausgeprägteren Weise. In beiden Fällen liegt eine Rotation vor, die unaufhörliche, regelmäßige funktionelle Außenmanifestation eines inneren Zentrums (12). Sie geschieht über die 1- 4 Gesetzlichkeit. Nur diesmal handelt es sich um eine höherdifferenzierte Ebene der Funktion, in der die Qualitäten 3 und 4 schon existieren. Im Kreis entstanden sie erst durch das Rotationsprinzip. Die einfache Dreiheit als Funktion ist nun eine Zwölfheit (12 = theosophisch 1+2 = 3). Sie ist die ständige Erstellung des Zentrums in der Vielheit, im Außen. Die Zahl der Vielheit ist unbeschränkt und dennoch durch das Zentrum eindeutig gehalten. Die Zahl 12 beschreibt sie. Durch Hierarchie (12) werden Freiheit und Gebundenheit widerspruchsfrei miteinander verbunden.[10]

Das sind die theoretischen Voraussetzungen für die Entstehung des neuen Körpers, der die Qualitäten des Oktaeders und des Würfels in sich vereinigt. Führen wir nun beide Funktionsarten praktisch aus und verfolgen die Schritte in der Abb. 140. Startpunkt ist, wie auch beim Würfel und Oktaeder, das Tetraeder als Grundkörper. Jede Kugel des Grundtetraeders projiziert sich wie bei der Würfelentstehung durch das Zentrum. Auf diese Weise entstehen 4 neue Kugeln. Sie sind in der Abbildung mit einem Strich

---

[10] Jede neue Evolutionsstufe ist die Erweiterung des Projektionsprinzips durch umfangreichere und abstraktere Anwendung. Man denke beispielsweise an den Begriff der Projektion auf der Ebene des menschlichen Geistes. Die Projektion eines Menschen ist nur noch vom Inhalt identisch mit seinem Ursprung aus der Mechanik der Geometrie und hat die konkrete physische Form überwachsen. Der Projektionsmechanismus von Würfel und Oktaeder vervielfältigt sich zur Rotation, was wir als Paradigmenwechsel wahrnehmen und was zur Qualität der 12, unserem kosmischen Rhythmus, führt.
Der Begriff der Rotation ist hier strenggenommen nur ein Gleichnis, das eine höhere Daseinsebene auf einer niederen abbildet, ähnlich dem Quadrat, das als Vierheit eigentlich das Raumprinzip vertritt.

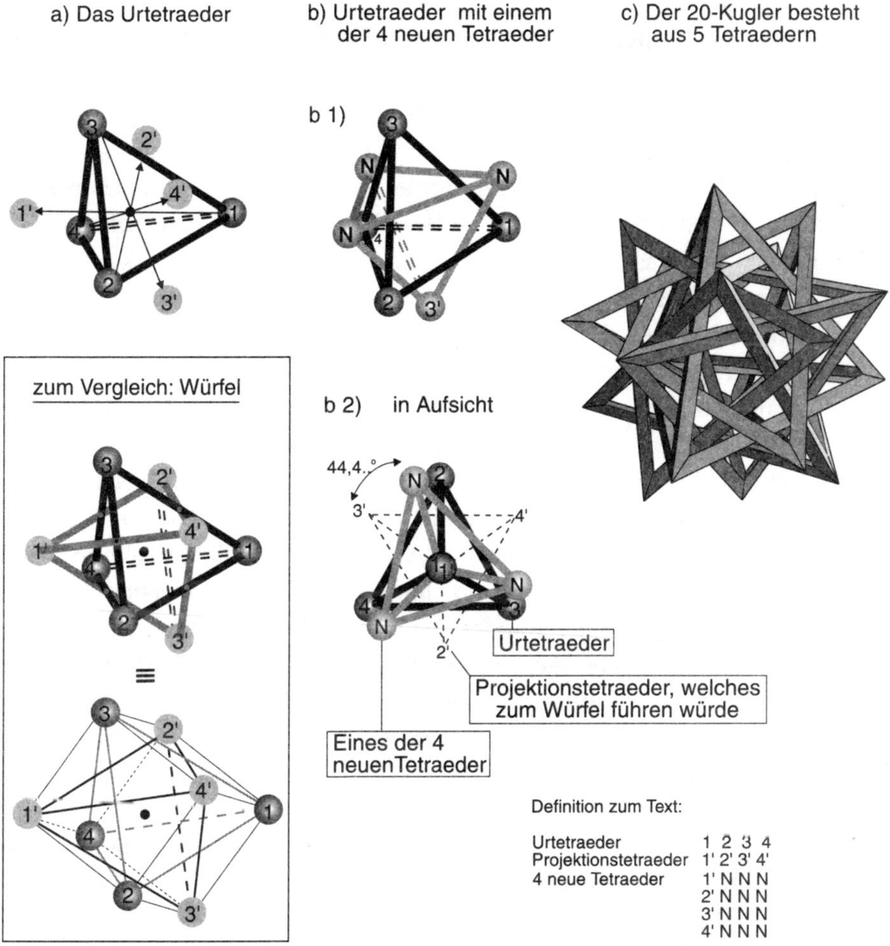

Abb. 140: Die Entstehung des Dodekaeders, des 20-Kuglers, durch individuelle und zentrale Projektion, die Qualitäten von Oktaeder und Würfel. Die neue Projektionsqualität ist eine Rotation, die vervielfältigte Projektion.

bezeichnet (1'2'3'4'). Die Gesamtheit der nun 8 Kugeln würde den Würfel ergeben, so wie er im linken Ausschnitt der Abbildung nochmals zum Vergleich (in gleicher Perspektive wie der obere Teil) sichtbar ist. Der Prozeß ist aber nicht, wie beim Würfel, nun durch die Verbindung der 8 Kugeln abgeschlossen, sondern entwickelt sich weiter durch das Wirken der Oktaederqualität, der Individualisierung. Die vier neuen Punkte sind selbst nur ein Zwischenprodukt. Sie sind vier Kristallisationspunkte von jeweils vier neuen, sich in ihrer Lage unterscheidenden, individuellen, subjektiven Tetraedern! Jeder Punkt gehört zu einem anderen Tetraeder.

Das Gesamtergebnis ist ein Körper, der aus 5 Tetraedern besteht, den originalen und den 4 dazugewonnenen. Das Besondere, Einmalige und Einheitliche an dem neuen Zwanzigkugler ist nun, daß jedes Einzeltetraeder zu jedem der anderen 4 die gleiche Beziehung aufweist. Die Offenbarung der Einheit ist das Ziel der Welt. Jedes der 5 Tetraeder könnte der Grundkörper sein, aus dem das neue und höhere Gebilde entstanden ist. Die Entstehung ist technisch sehr schwer ins Bild zu setzen. Sehr beeindruckend ist sie jedoch für denjenigen, der das Gebilde in all seinen Phasen in der Hand hält. Zum besseren Verständnis greifen wir eines der vier neuen Tetraeder (hier 3-3′) in der Abb. 140b) heraus und machen seine Stellung zum Urtetraeder und dem Projektionstetraeder (1′2′3′4′), welches zum Würfel führen würde, sichtbar. Dort ist die Verdrehung eines der 4 sekundären Tetraeder auf der gemeinsamen Achse (individuelle Projektionsachse in b2 ist 1-1′) von Urtetraeder und dem neuen Tetraeder ersichtlich. Die Drehung aller vier neuen Tetraeder gegeneinander umfaßt 44,4...° auf ihrer jeweiligen gemeinsamen Achse zum Grundtetraeder und führt zu dem neuen Gebilde des Zwanzigkuglers. Erstaunlicherweise hat jetzt jedes Tetraeder zu den jeweiligen 4 anderen exakt die gleiche Beziehung. Keines unterscheidet sich mehr von den anderen, das Urtetraeder eingeschlossen.

Was ist geschehen? Die abgelaufene Funktion stellt durch den Vollzug von 1 - 4 eine bisher noch nicht gekannte bzw. offenbarte geometrische Vollkommenheit her. Aus *einem* Tetraeder werden zusätzlich *vier* sich unterscheidende, die in ihrer Gesamtheit ihren Ursprung, das Urtetraeder, im Sinne der Addition mit einbeziehen. Geteiltheit und Ungeteiltheit werden zusammen ein völlig neues und äußerlich Harmonisches. Auch das Oktaeder und der Würfel trugen die Qualitäten schon in sich, nur wenig offensichtlich. Was bei ihnen noch als Gesetz 1→2 (aus einem werden zwei, die wieder ein Gemeinsames werden) in Erscheinung tritt, wird nun als 1→4 verwirklicht. Das Prinzip und der Charakter von Einheit bekommen für uns ein neues Gesicht. 1→2 war vorher einfach der Übergang des Einen in das Andere. Jetzt zeigt sich das Andere (2) als Vierheit und Einheit gleichzeitig. Das ursprüngliche Urtetraeder im Zentrum ist an sich schon eine Vierheit. Diese geht in eine neue, andersartige Vierheit über (4→4). Die

Vierheit, die konkrete Form, wechselt. Das Entscheidende, das Eine und Einende, aber wird offensichtlicher, obwohl es einen anderen, konkreten Parameter trägt. Das ist auch der Inhalt des Goldenen Schnittes, wo sich das Kleine zum Großen verhält wie das Große zum Ganzen. Der Parameter, das konkrete Maß, tritt in den Hintergrund zugunsten des Inhalts, des Gemeinsamen, Einen. Es wird immer offensichtlicher, aber dennoch immer weniger greifbar. Das Entscheidende ist das Nichtgreifbare, die Einheit, die in jeder Individualität deutlich wird. Insgesamt bilden 5 Tetraeder das Neue und Gemeinsame. Sie bilden das Dodekaeder, den Zwanzigkugler.

Hier sollten wir nicht erstaunt sein, daß es kein Zwölfkugler, sondern der Zwanzigkugler, das Dodekaeder ist. Das genaue Studium der Charakteristik des Zwölfkuglers verlangt das kurzzeitige „Aufblitzen" des 20-Kuglers als Zwischenprodukt. Wir sind dem gleichen Phänomen bei der Entstehung des Dreikuglers über das „Zwischenprodukt Vierheit" begegnet. Dort haben wir es als das Hereinwirken des Zukünftigen in die Gegenwart bezeichnet (s. Abb. 91).[11]

Das Wissen um den Entstehungsvorgang des Dreikuglers befähigt uns, das Gleiche auf der komplizierteren Ebene der Platonischen Körper, hier insbesondere der Entstehung des 12- und 20-Kuglers, zu verstehen. So wie aus dem Zweikugler durch Projektion kurzzeitig ein „linearer" (unechter) Vierkugler entsteht, der durch einen Verschmelzungsakt zum echten Dreikugler wird, so entsteht auf der höheren Ebene kurzzeitig der 20-Kugler (Dodekaeder), der ebenfalls durch einen Akt der Verschmelzung sich zum 12-Kugler reduziert. Verschmelzung bedeutet hier die Entstehung einer jeweils neuen, mittigen Kugel innerhalb einer Fünfheit (Abb. 141). Rein summarisch werden aus 20 Dodekaederkugeln 12 Ikosaederkugeln.[12]

---

[11] Der Zwölfkugler, das Ikosaeder, bildet sich mit Hilfe der Individualität (Fünfheit). Darin liegt eine tiefe philosophische Aussage! Die Zwölfheit, die wir als hohe kosmische und harmonische Funktion kennengelernt haben, benötigt die Individualität zu ihrer Bildung. Die Existenz des Kosmos setzt Individualität voraus! Das wiederum heißt, daß der Kosmos durch Individualität erzeugt wird. Das Gespaltene (2), das die Einheit in sich aufnimmt bzw. sich ihres Kernes bewußt wird, erschafft die 12. Das ist im biblischen Gleichnis der Gang übers Wasser. Hier, bei den Platonischen Körpern, stellen wir nur die der Deutung harrenden Fakten fest, daß das Ikosaeder das Dodekaeder zu seiner Bildung benötigt, so wie die Dreiheit die Vierheit benötigt und das Aufblitzen des Künftigen im Jetzigen ist.

[12] Symbolisch wird die 20 zur 12. Das erhöhte Individuelle (20) bildet den Kosmos (12). In der Erklärung der 20 werden wir später nochmals darauf eingehen.

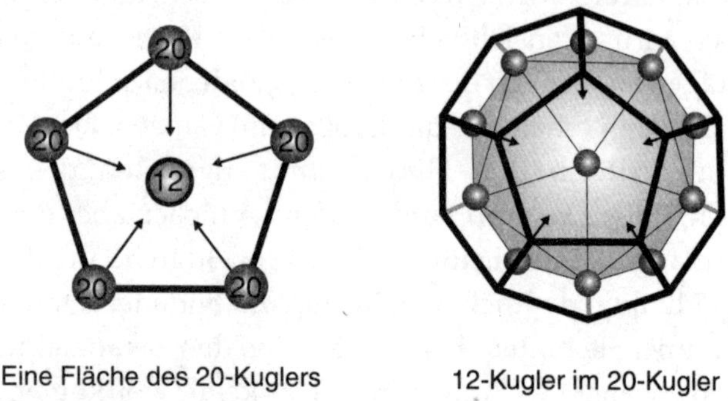

Abb. 141: Ein Ikosaeder (12-Kugler) entsteht, indem jeweils fünf Dodekaederkugeln (20-Kugler) durch Verschmelzung jeweils eine Ikosaederkugel bilden.

Vergleichen wir auch hier den Verschmelzungsvorgang mit seinem einfachen Vorgänger, der Entstehung des Dreikuglers, so wissen wir um den fiktiven Wert des Zwischenproduktes. Der „lineare Vierkugler" hat nur eine Vermittlerrolle zu übernehmen, die letztlich zum echten Vierkugler, dem Tetraeder, führt. Natürlich existiert in der Realität auch ein linearer Vierkugler (das Quadrat), aber er ist nur das vereinfachte Abbild des Tetraeders in der Zweidimensionalität. Übersetzen wir den Vorgang auf den 20-Kugler, so ist auch er nur ein Abbild eines Vollkommeneren auf unserer einfacheren dreidimensionalen Ebene. Was er wirklich ist, erahnen wir über seine noch weiter zu erörternde Symbolik.

Verbleiben wir vorerst noch beim 12-Kugler und knüpfen an den Vergleich, die Parallele zur Enstehung des Dreikuglers und Vierkuglers, an. Am Ende des Prozesses steht die Geburt eines neuen Parameters. Im Dreieck bzw. im Tetraeder ist es die Höhe. Im Falle des entstehenden Ikoseaders ist es der Radius r der Abb. 145. In ihm vereinigen sich die beiden Urelemente des Körperhaften, die Kugel und das Tetraeder. Er ist die Manifestation des 1- 4 Gesetzes, denn er zeigt greifbar die Einheit (Radius), die sich verändert. Er ist Einheit und Veränderung. Wie wir sehen werden, sind im Zentrum von 12- und 20-Kugler die Kugel und das Tetraeder im 1 - 4 Gesetz vereint.

Wenn die Vierheit der Grundbaustein ist, muß sie nicht nur, wie nachgewiesen, im 20-Kugler, sondern auch im 12-Kugler zu finden sein. Ein erster Blick gibt den 12-Kugler als ein aus 20 Vierflächnern Zusammengesetztes zu erkennen (Abb. 142). Eine zusätzliche Analyse unter dem 1-4 Aspekt gibt die Verbindung von 4 Vierflächnern preis, die jeweils mit ihrer zur Mitte zeigenden Kugel verschmolzen sind. 4 Körper verbinden sich zu einem, indem sich 4 Kugeln im Zentrum vereinigen (1-4).

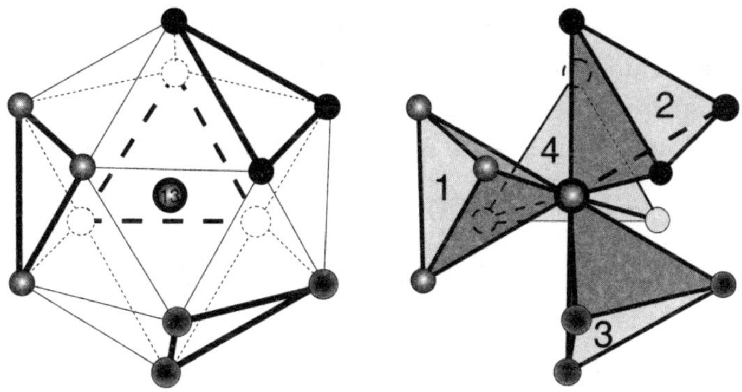

Abb. 142: Das Ikosaeder, der 20-Flächner und 12-Kugler, ist ein aus 4 Vierflächnern zusammengesetztes Gebilde durch Verschmelzen der je 4 mittigen Kugeln (die Oberflächendreiecke der 4 Vierflächner sind links fett hervorgehoben).

Der zwanzigsegmentige Körper besteht aus 4 Grundkörpern, zwischen denen sich nochmals weitere 16 (4 x 4) gleichartige bilden (im rechten Teil der Abb. ist nur das Gerüst sichtbar). Das Zentrum entläßt demnach eine Vierheit, die durch ihr Gerüst weitere 4 x 4 Teile entstehen läßt (s. Analogie 1→4→4). Erst die Gesamtsumme ergibt die vorher eher schwer verständliche 20. Ohne den Nachvollzug des Aufbaues mit seinem Gesetz ist auch die Vierheit und Einheit des Zentrums nicht sichtbar. Das Zentrum ist die dreizehnte Kugel. Die 13 („4") gibt uns u. a. einen Hinweis auf die Vierheit der bildenden Mitte. Das Zentrum besteht sinngemäß gleichermaßen aus der 1 und der 4, aus einer Kugel und einem Tetraeder. Kugel und Tetraeder sind die beiden Grundbausteine, und wir finden sie, wie erwartet, auch im Ikosaeder wieder.

Hier werden zwei grundsätzliche Archetypen miteinander verbunden und in ein hierarchisches Verhältnis gesetzt. Das ist der Inhalt der Zwölfzahl, die im Ikosaeder und Dodekaeder anwesend ist. Zwölf ist eine theosophische 3, die Funktion höherer Ordnung und Harmonie, die das Additionsgesetz spiegelt und die Hierarchie all seiner Teile festlegt. Einheit und

Zweiheit verbinden sich zu einem Ganzen, in dem die Einheit in allen Formen offensichtlich und gleichzeitig ungreifbar eingeschlossen ist. Das ist die rechte Funktion aller geschöpften Formen. Form wird zur Funktion und hat eine Bestimmung, eine Richtung, eine Deutung. 12 ist die Funktion des Körperhaften. Zwischen der 3 und der 12 liegt jedoch ein Paradigmenwechsel.

In der Zwölf ist das Prinzip der Rechtwinkligkeit, das beim Oktaeder und Würfel sichtbar ist, aufgegangen in Hierarchie. Führen wir das Prinzip des Zusammenwachsens von Einheit und Zweiheit linear weiter, würde folgende Reihe entstehen, die die Additionscharakteristik anschaulich macht.

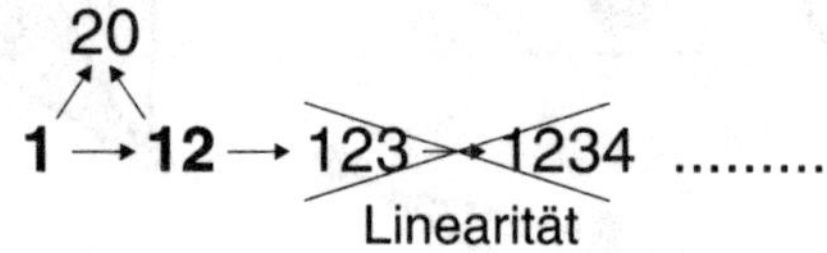

Abb. 143: Zwischen der 12 und der 20 liegt ein weiterer Ebenen-/Paradigmenwechsel. Er verhindert den Fall in die Linearität und läßt uns trotz sichtbarer Dualität das Verhältnis von 12- und 20-Kugler irrational erscheinen.

Die erstellte Reihe ist nicht einfach so fortführbar. Das wäre Linearität, und diese ist nur ein Hilfsmittel, um dem Wesen der Einheit innezuwerden. Die Linearität wird unterbrochen durch einen erneuten Paradigmenwechsel. Ein solcher tritt, wie schon erwähnt, bei Ikosaeder und Dodekaeder in bezug auf Rechtwinkligkeit, Mittigkeit und Projektionsart ein und führt zur 12. Das Paar 1-12 verlangt einen ebensolchen. Das ist die Geburt der 20. Hier erklärt sich, weshalb Ikosaeder und Dodekaeder trotz Dualität in keinem rationalen Verhältnis zueinander stehen.[13] Spätestens hier ist es notwendig, sich über das Verhältnis von Parametern und ihrem großen Bruder, dem Paradigma, klar zu werden und das Prinzip des Ebenenwechsel wirklich zu verstehen.

Die Konstanz von Maßen oder deren Linearität ist ein Paradigma, eine Vorgabe, die Anteil an der Form hat und früher oder später einem Wechsel

---

[13] Mit dem Paradigmenwechsel des Funktionsbegriffes von 3 nach 12 entsteht eine neue Ebene der Funktion/Wirkung, die unser allgemeines Verständnis der Kausalität übersteigt. Der 12er-Rhythmus des Kosmos ist die Einheit all seiner Teile in einer uns noch undurchschaubaren Art. Es besteht Einseitigkeit/Individualität (s. Einsinnigkeit der Planetenbewegungen) in einer höheren Vollkommenheit. Das Wissen um diese andere Art der Funktion/Wirkung läßt Zusammenhänge erahnen, die unsere heutige „Wissenschaftlichkeit" bei weitem übersteigen.

unterworfen wird. Sehen wir daraufhin auf die Maße eines Segmentes des 12-Kuglers (Abb. 145), dann fällt eine Unregelmäßigkeit, Nichtlinearität auf, die auf einen Paradigmenwechsel hinweist. Die 12 Segmente sind keine regelmäßigen Tetraeder. Obwohl alle Außenkanten gleich lang sind und im Äußeren die Harmonie sichtbar wird, sind die zur Mitte führenden Seiten (Radien) der Vierflächner kürzer als die Außenkanten. Das irritiert zunächst. Bei genauer Überlegung muß es so sein. Ein konkretes Längenmaß ist etwas Lineares, Polares. Es muß sich wandeln. Sogar der Radius, die auf das Zentrum gerichtete Linie, die wir früher als das erste Wißbare bezeichneten, unterliegt der Änderung. Hier wird nun endgültig der Wert und die Relation von Parametern bzw. der geistige Vorgang von Paradigmen erklärt.

Das Paradigma, die Vorgabe, ist eng verbunden mit dem Begriff des Individuellen, der durch die Fünfzahl in den beiden letzten der Platonischen Körper sichtbar angesprochen wird. 12- und 20-Kugler (Ikosaeder und Dodekaeder) bilden die zwei Pole des III. Paares der Abb. 119. Bei der Besprechung der Ebene II (Oktaeder und Würfel) und ihrer Ausspannung zwischen „Himmel und Erde" erkannten wir aus ihrer Sicht die Notwendigkeit der Irrationalität des höheren Poles III. 12- und 20-Kugler unterscheiden sich ihrerseits durch ein irrationales Verhältnis. Sie sind die sich widersprechenden und dennoch offensichtlich einen, die zwei Seiten einer Münze. Beide zeigen die Zahlensymbole 5 und 12, die Individualität und das Ganze in seiner gegliederten Ordnung. Alle unsere Ausführungen beschreiben die Polarität. Kein Polpaar ist jedoch so offensichtlich eines und dennoch so getrennt wie dieses, das letzte der dreidimensionalen Welt. Ein Verstehen ihres Inhaltes ist nur über *beide* möglich. Das Paar, welches das letzte Begreifbare spiegelt, ist „maßtechnisch" so sehr verschieden! 12- und 20-Kugler stehen weder zueinander noch zu ihren Vorgängern (Tetraeder bis Würfel) in einem rationalen Verhältnis. Eine derartige Gegensätzlichkeit und dennoch Zusammengehörigkeit fanden wir bei der Kugel und dem Tetraeder, die ja ebenfalls die Urelemente eines Neuen, der Körperwelt, sind und in ihren rationalen Formen Gegensätze darstellen.

Im Zwölfkugler ist ein Stadium erreicht, in dem Einheit und Hierarchie schon im Äußeren erkennbar werden.[14] Dorthin war ein Weg nötig, der

[14] Man halte ein Oktaeder oder einen Würfel in der einen Hand und ein Ikosaeder oder Dodekaeder in der anderen Hand. Letztere assoziieren direkt die Verbindung mit dem Kugeligen.

immer von einem Individuum ausging, das seine subjektiven Anfangsbedingungen hatte. Die Anfangsbedingungen sind für das entsprechende Individuum sehr wichtig. Ohne sie kann es sich nicht entwickeln und erhöhen. Indem es seine subjektiven Parameter mit dem Ursprung verbindet, stellt sich der Qualitätssprung ein. So wichtig die Anfangsbedingungen auch sind, so unterschiedlich sind sie für die Vielzahl der Individuen. Aus der Sicht des Zieles sind alle gleichwertig und immer auf das Ziel gerichtet. Von dort gesehen spielt das individuelle Maß, die Schrittart, auf dem Wege keine Rolle, weshalb jegliche unaufhörliche Konstanz eines Maßes der eigentlichen, unveränderlichen Konstanz, der Einheit „widersprechen" würde. Wirklich ewig konstant kann nur die im Hintergrund stehende Einheit selbst sein. In dieser Analogie ist der Radius des Ikosaeders auch nur ein Wegweiser. Im Dodekaeder entspricht das dem Inhalt des Goldenen Schnittes. Aus der Sicht des gehenden Individuums ist die Entscheidung für *ein* Maß nicht nur notwendig, sondern auch *wirk*lich entscheidend. Mit seinem Entschluß kann die Einheit zum *bewußten* Maß werden.

Wer die Änderung des Radius im Ikosaeder und ihre Notwendigkeit versteht, der begreift die Weisheit des 1- 4 Gesetzes für sich selbst. Was er voraussetzt, was er postuliert, wird zum Äußeren. Dann werden die Worte von Platon verständlich, der sagte: *„Der Mensch ist das Maß aller Dinge"*. Ohne den vorher erklärten Inhalt verstehen wir seine Worte als reine Überschätzung.

Sehen wir uns das *„Maß aller Dinge"* im Falle des Gleichnisses des Zwölfkuglers genauer an. Erstmals stellen wir allgemein fest: Jedes Maß bezieht sich auf die eigene Welt bzw. schließt sie ein, weil durch den Messenden erst ein Maß möglich wird. Andererseits gibt es Rahmenbedingungen, innerhalb derer wiederum die Welt des Messenden ihre Existenz findet, eine Überwelt, das größere Ganze. Das Maß des Individuums muß ein solches sein, welches beiden, dem Kleinen und dem Großen, gerecht wird, der Vollkommenheit und Gespaltenheit oder dem Ideal und dem Konkreten, der Religion und der Wissenschaft.

Die Ursymbole beider Welten sind der Kreis und das Quadrat, das Göttliche und das Materielle. Rein technisch stoßen wir mit der Forderung nach ihrer Verbindung an unsere Grenzen. Die Quadratur des Kreises ist nicht machbar. Gottseidank! Von uns ist ein Qualitätssprung, ein Paradigmenwechsel gefordert. Wir sollen nicht die praktische Quadratur als

Ingenieur lösen, was einem Hängenbleiben im Linearen gleichkäme, sondern den Inhalt beider und deren letztliche Identität begreifen. Gleichheit von Inhalt und Form, von Gott und Materie, ist der angestrebte Bewußtseinszustand. Unser „geistiges Maß" sollte von der Gleichheit beider ausgehen. Im Symbolischen wäre das die Gleichheit von Quadrat und Kreis.

Messen tun wir immer im Äußeren, der Polarität. Das haben wir bereits im Kapitel der Zweidimensionalität besprochen, wo wir all das von uns Gesehene als Zweidimensionales entlarvt haben. Das der Zwei Entsprechende ist der Umfang, das Äußere. Gleichheit von Kreis und Quadrat ist symbolisch deshalb Gleichheit von Kreisumfang und Quadratumfang.

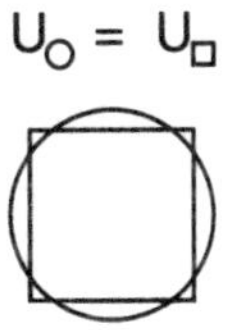

Abb. 144: Das Pyramidensymbol der Cheopspyramide, die Quadratur des Kreises: Die Gleichheit von Kreisumfang und Quadratumfang symbolisiert die Formel 1 = 4, die Identität von innen und außen mit Hilfe des Maßes der Zweiheit (Umfang).

Der Übergang vom Kreis zum Quadrat ist ein Paradigmenwechsel. Paradigmenwechsel ist ein Archetypenwechsel, der Übergang von einem Archetypen in einen anderen. Der Unterschied von Paradigmenwechsel und Archetypenwechsel liegt nur im Grade. Der Übergang von Archetyp 1 in Archetyp 2 vervielfältigt sich, bis er sich in der Qualität der 4 in Form eines Bruches oder Wunders in das Bewußtsein drängt. Dann erfordert der Archetypenwechsel vom Betrachter sein Durchschauen und einen Paradigmenwechsel. Das Kreis-Quadrat-Verhältnis ist sein einfachstes Beispiel.

Im Gleichnis des Zwölfkuglers entspräche der Kreis dem Zentrum und das Quadrat dem Äußeren. Beide haben ihre sich voneinander unterscheidenden Parameter. Bei Kreis und Quadrat sind es der Radius und die Kantenlänge a, beim Ikosaeder der Radius und die Seitenlänge s. Die jeweiligen 2 subjektiven Parameter sollten bewußt eine gemeinsame, höhere Ganzheit im Sichtbaren erstellen. Beim Kreis-Quadrat-Gleichnis ist es der gemeinsame Umfang. Beim Ikosaederbeispiel wird die imaginäre, selbstverständliche Ordnung sichtbar, durch den Wechsel des letzten Konkreten. Das Auflösen und Verschwimmen der konkreten Parameter durch das Offensichtlichwerden von Abweichungen wird in dieser Erkenntnisebene nicht mehr mit Angst verbunden. Die Einheit hat sich im Betrachter durch

Bewußtheit manifestiert. Das letzte, irrationale, aber dennoch regelmäßige und harmonische Paar der Körper, Ikosaeder und Dodekaeder, setzt jene Weisheit durch den Goldenen Schnitt ins Bild. Dieses hohe Wissen ist seit Jahrtausenden von Eingeweihten überliefert. Als allgemein bekanntes Beispiel soll die Cheopspyramide dienen. Ihre Grundlage ist die Gleichsetzung beider Welten bei der Findung eines konkreten Maßes, welches der Mensch zum erfüllenden Handeln benötigt. Ihre Besprechung wird Gegenstand anderer Ausführungen sein. Dem Leser sollen vorerst 2 Parallelen genügen. Das ist zum ersten die Tatsache, daß der Umfang der Cheopspyramide identisch ist mit dem Umfang einer Kugel mit dem Radius der Pyramidenhöhe, also der Abb. 144 entspricht. Zum zweiten finden wir in der Abb. 145 das zum Zentrum gerichtete Dreieck des Zwölfkuglers exakt als Pyramidendreieck wieder. Der Inhalt wird im Ikosaedergleichnis offenbar. Die Erbauer der Cheopspyramide sind von dem hier erneut aufgedeckten Wissen ausgegangen und haben daraufhin detailliert einen rituellen Erlösungsweg über ein spezifisches Gangsystem im Inneren der Pyramide beschrieben.

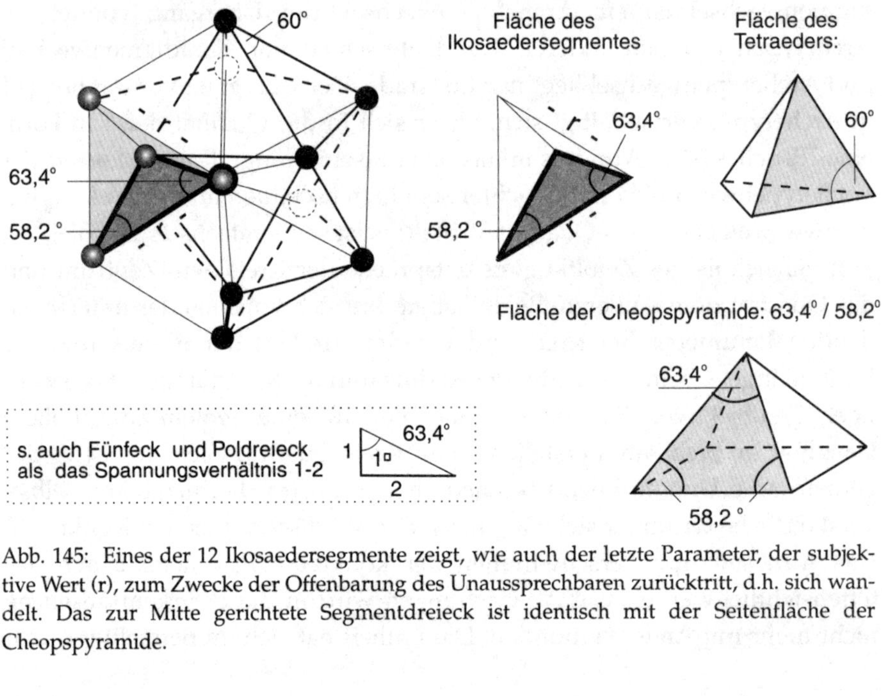

Abb. 145: Eines der 12 Ikosaedersegmente zeigt, wie auch der letzte Parameter, der subjektive Wert (r), zum Zwecke der Offenbarung des Unaussprechbaren zurücktritt, d.h. sich wandelt. Das zur Mitte gerichtete Segmentdreieck ist identisch mit der Seitenfläche der Cheopspyramide.

Das größere Ganze, die innere Vollkommenheit, wird zum Äußeren in der Form der Vierheit (● : ■ = 1 : 4). Das ist die Basis, auf der Wertfindung und Handeln erfolgen muß und was uns verkürzt das Ikosaeder sagt. Wertewandel und Paradigmenwechsel sind weitere Hilfsmittel der Offenbarung der Einheit. Das Individuum bedient sich eines persönlichen Wertes, welcher sich an der Einheit, dem Größeren, orientiert und so zur Offenbarung der kosmischen Harmonie (12) wird. Dadurch geschieht Transformation zum Höheren, welches das Vergangene, das konkrete Maß und das Lineare, hinter sich gelassen hat. Hintersichlassen heißt nicht töten, sondern zur Erfüllung bringen.

Im Zwölfkugler ist ein Stadium erreicht, in dem Einheit und Hierarchie schon im Äußeren erkennbar werden. Die Abb. 119 macht über die Stellung (4. 5. 7) das Andersartige sichtbar. Ihm ist die Fünfheit zugeordnet, weil er das Individuelle, das Ungeteilte, mit dem Subjektiven verbindet. Er hat sich über die Ebene des rein Materiehaften erhoben.

Die 4 und die 7 bezeugen den Beginn des Neuen und Andersartigen, das die Welt der alten Parameter verlassen hat und eine Manifestation im Geistigen erreicht. Die Rationalität endet beim Würfel. Das dort geltende Konkrete kann nicht übernommen werden, wohl aber dessen Inhalt und Sinn. Rechtwinkligkeit wird zur 12, der Hierarchie. Es wird verständlich, weshalb zwischen der Welt II und der Welt III keine Dualität herrscht, wie wir sie unter diesen Begriff noch vom Tetraeder bis zum Würfel gefunden haben.

Mit dem 12-Kugler hält der Mensch ein Symbol in der Hand, das wegweisend ist und zwangsläufig mit dem Begriff des Jenseitigen verbunden ist. Ein Symbol ist immer ein Verbindungsglied (symbolon = zusammenwerfen) zur höheren Bewußtseinsebene.[15] Das Ur- und Weltgesetz 1- 4 wird durch den Menschen durch bewußte Handlung auf eine nächsthöhere Ebene gehoben. Über die im Bewußtsein stattfindende Transformation des Materiellen (4) ändert sich auch der Mensch, das Individuum, durch seinen Anteil am Materiellen.

[15] Als solches will es verstanden und benutzt werden. Verliert man den Bezug, das Magnetische/Magische, und sieht nur noch den konkreten, materiellen Teil, dann führt das zu der heute üblichen Geringschätzung des Symbolischen. Das entkoppelt den Menschen von der Zielebene und hat damit selbstverständlich wieder eine Wirkung. Nur diesmal eine den Menschen unwillkommene.

Das Gesetz 1 - 4 hat im Ikosaeder eine neue Dimension erfahren, indem das Äußere (4) durch seine Erfüllung sich mit dem Kreis, der Ganzheit, verbindet (4 + 0 = 40). Man könnte es, richtig verstanden, ab diesem Stadium, dem Stadium der verwirklichten Individualität und Subjektivität (Subjekt – subicere = unterwerfen), erweitern auf 1 – 4 – 40. Es ist die Formel des Menschen. Sie wird in den Heiligen Schriften so überliefert.

Die Polarität ist in solchem Bewußtsein nicht mehr irgendeine, sondern eine deutlich gerichtete. Die Polarität hat wahrhaftig auf sich selbst gewirkt und sich so ausgerichtet. Deshalb steht im Ergebnis die zwei hinter der eins (12). Das ist der Zwölfkugler, das Ikosaeder. Auf diese beschriebene Weise hat sich die Polarität überwunden, indem sie ihre Wunde gegenüber der Eins anerkennt, die Eins erhöht und offenbart und so im Ergebnis sich selbst erhöht.

Das Neue, Größere, in dem die 2 ihren festen Platz hat, ist nicht linearlogisch und formal ableitbar mit den Gesetzen der alten Welt. Das Ikosaeder hat keine duale Beziehung zum Würfel oder Oktaeder im alten herkömmlichen Sinne, sondern ist aus deren Sicht das völlig Neue und Unerwartete, der 4. Vielflächner. Wohl ist aber der Übergang erfahrbar, wenn sich der Betrachter selbst wandelt und seine Sicht und deren Parameter verändert. Transformation durch Wahrhaftigkeit, d.h. Veränderung durch Selbstbezug, ist die Bedingung.

Ein zentraler Punkt dabei ist, den Zusammenhang und Übergang von der Rechtwinkligkeit der materiellen Welt zur Hierarchie zu erkennen.

Das III. Paar, der Himmelspol, trägt das Merkmal der *deutlichen* Ordnung, die Symbolik 12. Der Zwölfkugler weist durch seine Kugelzahl direkt daraufhin, und der Zwanzigkugler besteht aus 12 Außenflächen der Individualität (5). 12 ist die neue Qualität, die im III. Paar geboren bzw. offensichtlich wird. Innerhalb der Zwölfteilung finden die göttliche Trinität und die materielle Vierheit ihre gegenseitigen, ganzzahligen Vielfachen (3 x 4 = 4 x 3 = 12). Die gefundene Ordnung beherbergt sowohl die göttliche Trinität, das Geistige, als auch das konkret Manifeste der Welt. Beide sind die Grundbausteine des Kosmos, die jeweils durch den anderen Faktor in die Ordnung kommen. Ihr Produkt *ist* die Ordnung.

Wenn der Mensch sich durch die Welt der Körperlichkeit ansprechen läßt und versteht, dann gibt er eine Antwort. Diese ist seine Ver*antwort*ung. Eine solche prägt die Gesellschaft. Unabdingbar ist allerding die Beschäftigung mit dem Körperlichen, wozu unsere Naturwissenschaft die nur denkbar besten Voraussetzungen hat.

Eine in diesem Sinne verantwortungsvolle Orientierung der Naturwissenschaften bereichert nicht nur vordergründig das Geistesleben der Gemeinschaften, sondern bringt zwangsläufig auch andere, erweiterte Dimensionen in die Erforschung der Natur. Dieses weite Feld soll den Spezialisten vorbehalten bleiben.

Durch die Beschäftigung mit der Materie erlaube ich mir dennoch, einen sich mir aufdrängenden Zusammenhang zu benennen:

Das Periodensystem der Elemente, unsere Matrize der chemischen Beurteilung von Stoffen, kann man z. B. unter Berücksichtigung der Dreiheit und Vierheit der Schöpfung anders sehen. In der nachfolgenden Abbildung wurden die ersten beiden Elemente Wasserstoff und Helium als Nr. 1 und 2 wie Sonne und Mond unter dem Vorbild des Göttlichen Dreiecks[16] einer neuen, anderen Ordnung vorangestellt. Die neue Ordnung ist eine quadratische Zahlenordnung unter Berücksichtigung der Trinität, wie das beim magischen Quadrat der Fall ist. Unter dem Aspekt der neuen Einteilung las-

1 H 1 — **1** Protonenverhältnis → **2** / **1** Massenverhältnis **4** — 2 He 4

Ordnungs Zahl **Symbol Zahl**

Atomgewicht

3 **1** Li 7	4 **2** Be 9	5 **3** B 11	12 **10** Mg 24	13 **11** Al 27	14 **12** Si 28	21 **19** Sc 45	22 **20** Ti 48	23 **21** V 51
6 **4** C 12	7 **5** N 14	8 **6** O 16	15 **13** P 31	16 **14** S 32	17 **15** Cl 35,5	24 **22** Cr 52	25 **23** Mn 55	26 **24** Fe 56
9 **7** F 19	10 **8** Ne 20	11 **9** Na 23	18 **16** Ar 40	19 **17** K 39,1	20 **18** Ca 40	27 **25** Co 59	28 **26** Ni 59	29 **27** Cu 63,5
30 **28** Zn 65,4	31 **29** Ga 70	32 **30** Ge 72,6	39 **37** Y 89	40 **38** Zr 91,2	41 **39** Nb 93	48 **46** Cd 112,4	49 **47** In 114,4	50 **48** Sn 118,7
33 **31** As 75	34 **32** Se 79	35 **33** Br 80	42 **40** Mo 96	43 **41** Tc (99)	44 **42** Ru 101	51 **49** Sb 122	52 **50** Te 128	53 **51** J 127
36 **34** Kr 84	37 **35** Rb 85,5	38 **36** Sr 87,6	45 **43** Rh 103	46 **44** Pd 106,4	47 **45** Ag 108	54 **52** Xe 131,3	55 **53** Cs 133	56 **54** Ba 137,3
57 **55** La 139	58 **56** Ce 140	59 **57** Pr 141	66 **64** Dy 162,5	67 **65** Ho 165	68 **66** Er 167,3	75 **73** Re 186,2	76 **74** Os 190,2	77 **75** Ir 192,2
60 **58** Nd 144.2	61 **59** Pm (147)	62 **60** Sm 150,4	69 **67** Tm 169	70 **68** Yb 173	71 **69** Lu 175	78 **76** Pt 195,1	79 **77** Au 197	80 **78** Hg 200
63 **61** Eu 152	64 **62** Gd 157,3	65 **63** Tb 159	72 **70** Hf 178,5	73 **71** Ta 181	74 **72** W 184	81 **79** Tl 204,4	82 **80** Pb 207,2	83 **81** Bi 209

Abb. 146: Die chemischen Elemente, geordnet nach dem Prinzip der Dreiheit und der Vierheit.

[16] Der konkreten Linearität 3→4→5→**6** gehen die „externen" Pole 1 und 2 voraus.

sen sich die einzelnen Elemente zahlentypisch beurteilen. Hier eröffnen sich Einsichten über einzelne Elemente sowie über chemische Verbindungen, die evtl. vorher im dunkeln lagen. Unter den vielfältigsten Ansatzpunkten will ich in diesen Rahmen nur zwei nennen. Das ist zum ersten der Blick ins Zentrum, zum ungreifbaren Mittelpunkt. Dort steht das Element Technecium in der 41. Position. Technecium ist ein nichtnatürliches, nur künstlich herstellbares Element. Das eben ist aber gerade die Natur der Mitte.

Zum zweiten werfen wir einen Blick auf die letzten Elemente der neuen Ordnung der 81 (3^4) Elemente, die Elemente Blei und Wismut. Sie sind die Endprodukte der 4 radioaktiven Zerfallsreihen (3 natürliche und eine künstliche). Wismut ist das letzte stabile Element und das letzte unserer o. g. Ordnung. Nach ihm beginnt, dem 1-4 Gesetz folgend, das Neue und Andersartige. Das ist der Beginn der Elemente der natürlichen Radioaktivität. Die Qualität der Elemente spiegelt sich in ihren Zahlensymbolen wider.

Kehren wir nach dem Umweg zu unserem III. Paar der Platonischen Körper, dem 12- und 20-Kugler zurück und sehen etwas genauer auf ihre Unterschiede. Der Unterschied zwischen Zwölf- und Zwanzigkugler ist an ihrer Stellung im Gesamtsystem (Abb. 117) ableitbar. Zwölf- und Zwanzigkugler werden je nach Zählweise der 4 und 5 bzw. 7 und 8 zugeordnet. Der Zwölfkugler (Ikosaeder) vertritt die 4 bzw. 7 und der Zwanzigkugler die 5 bzw. 8. Die 5 verhält sich zur 4 ähnlich wie die 8 zur 7. In beiden Fällen ist die Bewußtheit das Unterscheidungsmerkmal. Die 4 ordnen wir der Natur der Erde zu. In der 4, der materiellen und unbewußten Welt, herrscht Harmonie ohne ein Bewußtsein darüber. Die Individualität (5), der Mensch, steht der Welt, aus der er hervorgegangen ist, gegenüber und erreicht durch Abstand Bewußtheit über sie. Genauso stehen sich 7 und 8 gegenüber. 7, das ausgleichende göttliche Harmonieprinzip, geschieht für den Menschen unbewußt, weshalb er den herrschenden Gott über sich einmal als rachsüchtig und das andere Mal als beschützend erfährt. Beide Male handelt er aus dem Unbewußten als Gott. In der 8 dagegen wird Materialität leitbildhaft und orientiert eingesetzt ($\wedge$), um das Eine bewußt zu erstellen. Die 2 wird bewußt mit dem Numinosen (0) zur 20 verbunden. Auf die Platonischen Körper als die Träger der Symbolik übersetzt, bedeutet es, daß der Zwölfkugler einem eher unbewußten kosmischen Rhythmus gleicht, bei dem zwar alles seine Ordnung hat, aber das Bewußtsein darüber noch fehlt. Dagegen ist es im Zwanzigkugler bewußte Handlung. Die von der Evolution angestrebte Bewußtheit gipfelt im Zwanzigkugler, in dessen äußerer Form sofort die Fünfzahl der Individualität sichtbar ist.

Beim Zwanzigkugler, dem Zwölfflächner, angelangt, schließt sich unser Betrachtungsrahmen zu einem Zyklus, dem Zyklus des Körperhaften. Der Zwanzigkugler ist das über allen Körpern stehende individuelle Ganze, weil er mit dem Schließen des Kreises die Ganzheit erstellt. Seine Deutung und Bedeutung erschließt sich über sein Äußeres. Er hat eine Sonderstellung wie die Kugel. Zwischen Kugel und Dodekaeder befinden sich 4 Arten von Mehrflächnern. Während die Kugel in ihrer Einflächigkeit Ganzheit ohne Ecken ist, ist das Dodekaeder die Ganzheit mit Ecken. Die äußere Form besteht aus der Fünfheit, der Individualität, der Ungeteiltheit. Kugel und Dodekaeder sind schon vom Äußeren als die Ungeteiltheit zu bezeichnen. Nur ist im Dodekaeder das Eckige der Individualität dazugewonnen. Kugel und Dodekaeder sind die beiden Seiten (unbewußt und bewußt) der Ganzheit, zwischen denen sich die übrigen 4 Körper Tetraeder, Oktaeder, Würfel und Ikosaeder befinden.

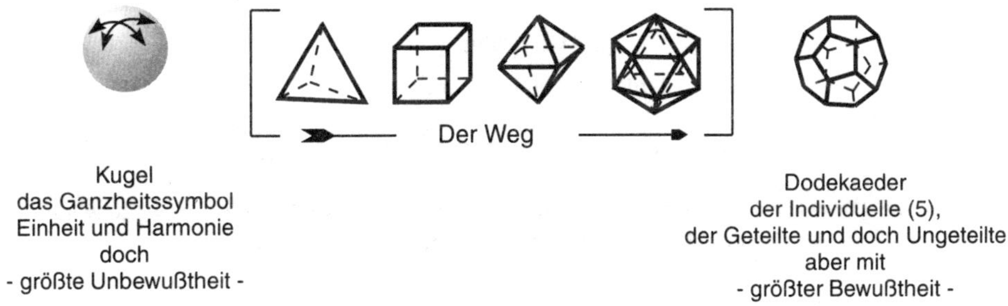

Abb. 147: Die beiden Seiten der Ganzheit und der zwischen ihnen liegende konkrete Weg.

Ausgehend von der inneren Ganzheit alles Körperhaften, entwickelt sich ein Weg, der naturgemäß ein Weg des Konkreten ist und aus 4 Teilen besteht. Das Ergebnis Zwanzigkugler ist ein Körperhaftes mit seiner an der Oberfläche demonstrativen Fünfheit – der Individualität, Ungeteiltheit und damit Einheit. Innen und Außen werden als Gleiches erkannt. Innen ist es die Einheit und Ganzheit der Kugel, und außen sehen wir es als Individuelles. Das Ungeteilte findet seinen Ausdruck und seine Präsentation im Rahmen einer Zwölfheit, der Ordnung der Polarität (Zwölfflächner). Das

Individuelle (5) wird in dieser Ordnung endgültig in 12 Archetypen unterteilt, d.h. das Ganze tritt in 12 sich unterscheidenden Subjektivitäten des Raumes auf.

Am Ende des Bewußtwerdungsprozesses steht die 20 mit ihren beiden zueinander dualen Körpern, Dodekaeder und Ikosaeder. Ob man die Zahl der Kugeln oder die Zahl der Flächen zugrundelegt, die 20 bleibt ihr Endergebnis. Wir wollen sie näher beleuchten.

Die 20 war der nächste Schritt nach der 12. Bis zum Zwölfkugler (Ikosaeder) ist uns das wichtigste Thema die religio, die Verbindung zur Eins. Die Einheit steht bei allen Überlegungen im Mittelpunkt. Sie ist das Ziel aller Bestrebungen und Funktionen. Plötzlich, im letzten Schritt (20-Kugler/Dodekaeder) des Weges, verschwindet sie in der Symbolik. Es stellt sich die Frage nach ihrem Verbleib. Ist sie tot? Nein! Die ganze Zeit haben wir sie angestrebt. Hier in der 20 ist sie erreicht! Das Individuum ist im wirklichen Sinne das Ungeteilte geworden, d.h. es ist die Einheit selbst und ruht in seiner Mitte. Das Individuelle befindet sich in der Mitte, indem es die Mitte ist und ist gleichzeitig ausgespannt zwischen der Polarität und dem Numinosen (Null).

(Individualität)

Polarität Mitte Numinoses

2 ←(1)→ 0 = 20

Abb. 148: Die nicht sichtbare Einheit der Individualität ist die Mitte der 20. In der 20 werden Polarität und Numinoses selbstverständlich (1) miteinander verbunden.

Die vorher angestrebte Einheit ist in dem Sinne gestorben, wie sie bezeichenbar war. Die *benannte* Einheit konnte keine echte sein. Das Thema haben wir beim $\sqrt{2}$-Begriff behandelt. Das Erreichen der Einheit läßt sie aus der Welt der Körperlichkeit verschwinden. Mit der erreichten Selbstverständlichkeit ist sie nicht mehr greifbar oder benennbar. Was bleibt, ist die 2 und die 0. Die Polarität wird nicht verlassen – im Gegenteil! Sie verbindet sich mit dem Höchsten, der Null, und gewinnt dadurch an Stellenwert.

Wer glaubt, auf einem religiösen Weg die Polarität verlassen oder überflüssig machen zu können, irrt. Für ihn tritt das Gegenteil ein, indem sich die Eins dramatisch verändert und aus dem offensichtlichen Blickfeld verschwindet. Die Qualität, die wir der 1 beimessen, ist nicht erreichbar im Sinne des Machens und stellt nicht ein Entwicklungsstadium dar, indem wir mit ihr gleichziehen und neben ihr stehen, sondern die 1 muß man **sein**. Das ist die Mitte, von der in religiösen Praktiken die Rede ist. Im Sinne der Benennbarkeit stirbt sie, so wie Gottheiten für das Menschsein starben.

Das Polare (2) ist das Benennbare. Es bleibt und spiegelt sich im jenseitigen Numinosen (0). Das Spiegelprinzip war das Prinzip der Entstehung aller Körper. Der jeweils nächste Körper entwickelte sich durch Spiegelung aus dem Vorhergehenden. Das Primzahlbeispiel stand bei der Idee Pate. Wir wollen nun den letzten der Platonischen Körper, den Zwanzigkugler, in bezug auf die Spiegelwirkung ansehen. Dazu zeichnen wir uns wie in Abb. 149 alle bisherigen Spiegelungen erneut auf.

Die Spiegelung als Funktion kann deutlich in 2 Teile gegliedert werden (A, B). Im Falle A geschieht die Spiegelung über eine Linie bzw. Fläche. Im Falle B ist Spiegelung eine Punktspiegelung. Das Spiegelprinzip wird mit der Komplexität der Körper subtiler. Aus der Flächenspiegelung wird eine Punktspiegelung. Mit Erreichen der Ebene C tritt das verbindende Prinzip auf. Die Symbolik der 7 spricht die aus dem Hintergrund wirkende und ausgleichende Ganzheit an. Sie ist gleichzeitig als Ebene C die dritte einer Art. Als solche hat sie 2 Bestandteile (A + B), die sie verbinden muß. A und B stehen für Flächen- bzw. Punktspiegelung. Demzufolge muß die neue Spiegelung sowohl Fläche als auch Punkt in ihrer Spiegelart vereinigen. Das läßt sich nachvollziehen, indem wir einen Zwölfkugler in einen Zwanzigkugler einzeichnen und die Entstehung des letzteren aus dem ersteren versuchen zu verfolgen (s. Abb. 150). Tatsächlich entsteht der Zwanzigkugler, indem die Zentralkugel des Zwölfkuglers sich durch die jeweils zugehörige individuelle Fläche (Dreieck) nach außen projiziert. Die Gesamtheit der durch die Flächen nach außen projizierten Zentralkugel ergibt den Zwanzigkugler.

Bei den bisher beschriebenen Projektionen war die Projektionstiefe immer 1:1. Der gespiegelte Punkt war von der Spiegelfläche bzw. dem Spiegelpunkt genauso weit weg wie das Original von dieser Fläche bzw. diesem Punkt. Hier entstehen immer Zwanzigflächner, egal wie groß die Projektionstiefe gewählt wird. Dennoch gibt es ein Maß, welches sich hervorhebt und genauer beleuchtet werden sollte. Es leitet sich aus der zu erwartenden Harmonie von „Innen wie Außen“ ab. Danach hat die

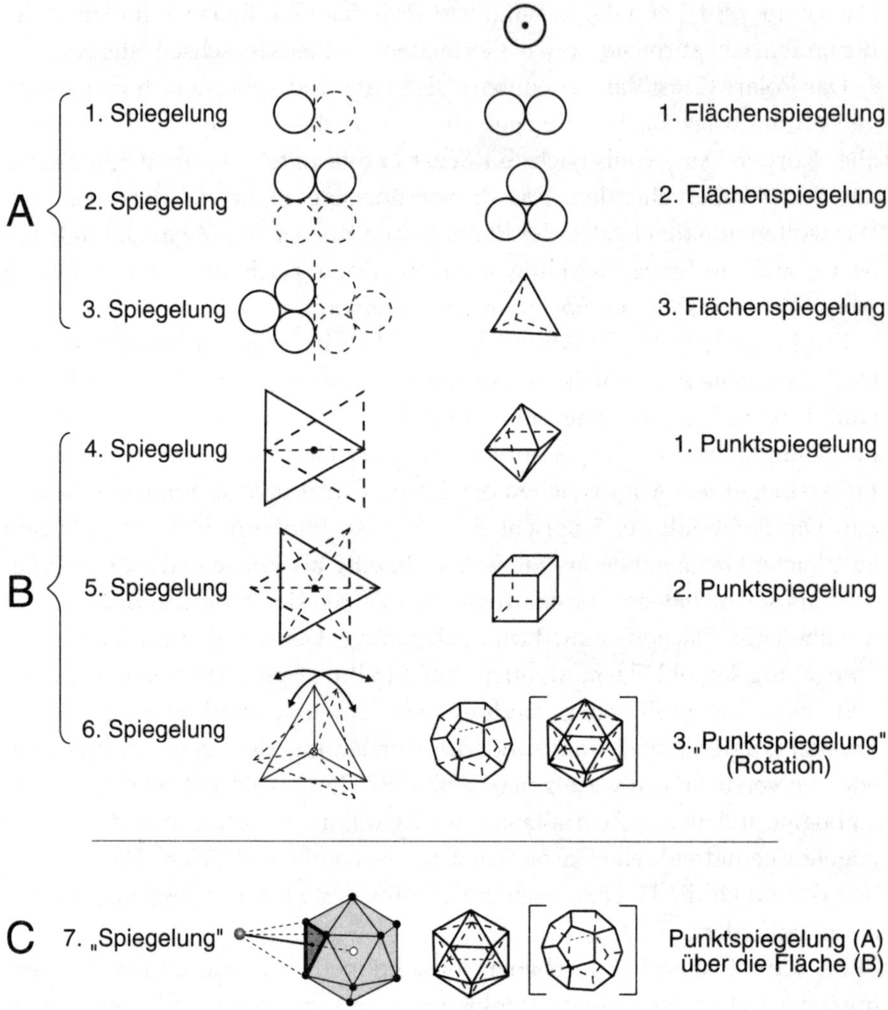

Abb. 149: Die Entstehung der Körper aus der Sicht der Spiegelungen und das Vereinigende des Individuellen, des 20-Kuglers.

Oberfläche des zugrundeliegenden Zwölfkuglers ebenso einen bestimmenden Einfluß auf den neu entstehenden Punkt wie die sich nach außen projizierende Zentralkugel. Der Schnittpunkt beider läßt einen Zwanzigkugler entstehen, der markante Eigenschaften besitzt. Er verweist auf den Goldenen Schnitt. Der zu projizierende Strahl ist in diesem Fall ab der Projektionsfläche doppelt so lang wie von der Zentralkugel bis zu dieser Fläche. Er symbolisiert das Verhältnis 1: 2, d.h. den Übergang des Archetypen 1 in den Archetyp 2. Die Außenkanten (s) des Zwölfkuglers projizieren sich im Verhältnis 1 : 1,618... Entsprechend verhalten sich die Außenkanten von Zwölf- und Zwanzigkugler wie 1 : 1,618.., dem Goldenen Schnitt.

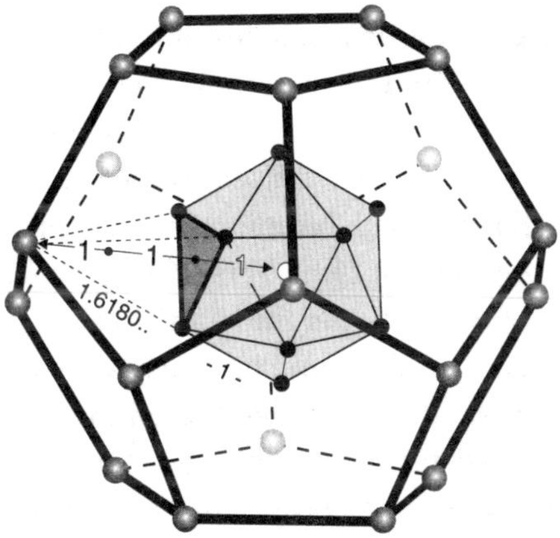

Abb. 150: Das Projektionsprinzip des 20-Kuglers. Der Mittelpunkt spiegelt sich über die Fläche des 12-Kuglers nach außen. Das Verhältnis 1:2 entspricht aus einer anderen Perspektive dem Goldenen Schnitt.

Was bedeutet das? Der Zentralstrahl erstellt auf einfacher Ebene das Verhältnis 1: 2, und gleichzeitig geschieht auf der Oberflächenebene eine Vergrößerung von 1 : 1,618... Beiden Übersetzungsverhältnissen liegt ein gemeinsamer Vorgang zugrunde, der sich auf den verschiedenen Ebenen verschieden auswirkt. Das gemeinsame Eine ist in beiden Fällen aber das Entscheidende, welches es zu erkennen gilt. Seine Auswirkungen sind individuell und subjektiv, obwohl sie beide auf das Wesentliche deuten. Wer nur auf die Form schaut, wird am Unterschied verzweifeln. Wer den Inhalt begreift, wird der Einheit gewahr.

1:2 entspricht 1:1,618..

Mit dem Zwanzigkugler hat die Polarität ihre Vervollkommnung erreicht[17]. Die Körperlichkeit befindet sich in ihrer Erfüllung. Der Deutung nach kann kein weiterer Körper mehr existieren, weil in ihm alle Ziele und Wünsche erreicht sind. In der uns eigenen Logik der Kontinuität muß natürlich etwas folgen. Nur liegt das außerhalb unserer Erkenntnisfähigkeit und Wißbarkeit. Darüber nachzudenken wäre Selbstbetrug, denn die Bedingungen dort sind andere als in der Welt des uns gesteckten Rahmens, in der Logik und Denken unsere Definitionsgrundlage sind. Wer es tut, hat die Botschaft der Platonischen Körper nicht wirklich verstanden. Diese zielt auf die wahrhaftige Handlung im Hier und Jetzt. Ihre Erfüllung führt automatisch über die Grenze zur Transformation.

Das Erreichen der 20 ist das Erleben des Individuums in seiner Wesensart und dem gleichzeitigen Empfang übernatürlicher Mächte als Segen. Das aber ist das Gewahrwerden der Zusammenhänge aller Dinge.

Der Mensch steht dann im Bewußtsein seiner Ganzheit, seiner inneren Einheit zwischen Polarität und Numinosem. In jener neuempfundenen Gesellschaft fühlt er sich wohl, ohne Versuchung, einem der Nachbarn zu verfallen. Das wäre ein Zustand, der mit dem Begriff Upekkha umschrieben wird, jener Gleichwertigkeit der ihm begegnenden Umstände, die nicht zu verwechseln ist mit einer Gleichgültigkeit im Sinne des Nichtinteressierens oder gar Verachtens. Beispiele für einen solchen Zustand zu geben, ist höchst gefährlich, weil er umfassend nur erlebt und nicht beschrieben werden kann. Tue ich es trotzdem, so setze ich ein Verstehenwollen des Lesers voraus.

Jeder Mensch verarbeitet die auf ihn zukommenden Dinge auf eine individuelle und seinem Bewußtseinszustand entsprechende Weise. Der geistig suchende Mensch ist oft auf Wahrheiten aus, die ihm weh tun, weil er in ihnen einen Läuterungsweg sieht. Der ihm diametral gegenüberstehende Esel lechzt nach Wahrheiten, die ihm schmeicheln. Beide jedoch befinden sich nicht im Gleichgewicht, ihrer Mitte, der Einheit. Aufgrund ihrer Verfangenheit können sie die Reinheit der Botschaft nicht empfangen. Eine in ihnen noch wurzelnde Angst verhindert die religiöse Identifikation, das Eins-Sein. Angst ist immer die primäre Identifikation mit der Zweiheit.

---

[17] d.h. Individualität ist verwirklicht. Die noch folgende Erklärung der 20 verdeutlicht dies weiter.

Über das Gesetz der Zwölf (Hierarchie und Ordnung) führt der Weg zurück. Dort angelangt, erfährt man den Zustand der 20.

Der Zwanzigkugler schließt die Geometrie der regelmäßigen Körper ab. In ihm sind alle Prinzipien des Lebens enthalten. Die unzähligen Spielarten des Lebens sind nach dem allgegenwärtigen 1 - 4 Gesetz nur immer wieder die Vielheiten der gleichen Prinzipien.

Was Forscher auch je herausfinden werden, es folgt den Urregeln, die im Zwanzigkugler ihren prinzipiellen Höhepunkt erreicht haben. Leben ist nach der Definition der Biologen mit dem Einzeller entstanden. Wir müssen es wesentlich umfassender sehen und werden in der Ausübung echter Religion schließlich nichts mehr ausschließen können. Leben im neuen Sinne hat keinen Anfang mehr. Leben ist ein Prinzip geworden, welches den Wandlungsprozeß (8) beschreibt und über einen Rückverbindungsprozeß eine höhere Einheit (10) erreicht, deren Zielpunkt Individualität (5) ist. Die althebräische Ausdrucksform in der Zahlenanalogie für das Lebendige ist deshalb 8-10-5.

Suchen wir den Übergang von der Geometrie der Räumlichkeit zu den organischen Bausteinen oder den Einzellern, so sollten wir sinnvollerweise vom 12- und 20-Kugler ausgehen. Aus ihnen wurde das Vielgestaltige allen organischen Lebens entlassen. Im Gesetz 1 - 4 stehen sie für die Eins. Sie sind die prägende Matrize des organischen Lebens. Sie sind die Hüter der Regeln. In der naturwissenschaftlichen Forschung suchen wir nach den Anfängen des Lebens und definieren es als die erste informationsgesteuerte Selbstorganisation. Das Geheimnis der Zahl entlarvt alles als Selbstorganisation. Es bleibt nichts außen vor. Leben ist universell. Der Tod ist sein Diener. Der Mensch hat die Fähigkeit, sich dessen bewußt zu werden. Die Welt und das auf ihr sich befindende Leben ist die bewußte Verbindung von Eins und Fünf. In der Fünfzehn schließt sich der Kreis. Das ist der Grund, weshalb die Summe des magischen Quadrats in allen Richtungen immer fünfzehn ist und Mensch und Gott in der arabischen Zahlensymbolik nur die Dimension unterscheidet (• → ○).

Die vierte Dimension –
Die Dimension der Wahrhaftigkeit

Die Formel 1 - 4 ist das Prinzip der Wahrhaftigkeit

Am Ende des Weges durch die 3 Dimensionen des Raumes erkennen wir das Weltgesetz als ein Gesetz der Wahrhaftigkeit, das den Grundsatz „wie innen, so auch außen" offenbart. Die Abb. 152 zeigt nochmals seine Durchgängigkeit durch die verschiedenen Dimensionen der Welt, die in der zwingenden Konsequenz auch den Menschen einschließt und ihn zur Gesetzeserfüllung aufruft, um selbst ein Erfüllter zu sein:

1. Die erste Dimension ist die der abstrakten Zahlen. Alle Zahlen deuten inhaltlich auf Einheit. Das erste Verhältnis überhaupt ist das zwischen der 1 und der 2. Hier schon wird der Begriff der Wahrhaftigkeit geboren, indem die 2 sich der 1 *unterstellt*. Die zweitgeborene Polarität haftet an dem, was vor ihr *war* – an der Einheit. Polarität (Hülle) stellt Einheit dar („wie innen, so auch außen").
   Die Darstellung der Polarität bedarf ihrerseits wiederum einer Polarität, die sich, dem orientierenden Vorbild folgend, ebenfalls an der ihr vorangehenden ausrichtet. Das ist der Grund, weshalb wir uns in den folgenden Dimensionen auf das Äußere, das der 2 Zugehörige (Umfang, Außenfläche, Verhalten), beziehen. Es gilt der Grundsatz, daß Äußeres Inneres offenbart.
2. Die zweite Dimension ist die der Flächen, und sie wird durch den einfachen Kreis vertreten. Wahrhaftigkeit in der *Zwei*dimensionalität entsteht, indem der Kreisumfang der 2 zugeordnet wird. Dann ist der Radius mit seiner erweiterten Dimension, der Fläche, identisch.
   Bei $U = 2$ ist $r = A$, d. h. „wie innen, so auch außen".
3. Die dritte Dimension ist die der Körper, und sie wird durch die einfache Kugel vertreten. Wahrhaftigkeit in der *Drei*dimensionalität entsteht, indem die Kugeloberfläche der 3 zugeordnet wird. Dann ist der Radius mit seiner erweiterten Dimension, dem Volumen, identisch.
   Bei $A = 3$ ist $r = V$, d. h. „wie innen, so auch außen".

4. Die vierte Dimension ist das Neue, das eigentliche Wunder, und sie wird durch wahres Menschentum vertreten. Wahrhaftigkeit in der *Vier*dimensionalität entsteht, indem das Verhalten und Handeln des Menschen der 4 zugeordnet wird. Das ist die bewußte Manifestation der Einheit in der konkreten Welt (1 → 4). Der Mensch wird zum Schöpfer. Er schöpft Einheit in der Vielheit. Der Mensch vollendet das Werk Gottes (• → ○).
   Das ist das Gewinnen einer neuen Dimensionalität. So wird das Gesetz „wie innen, so auch außen" offenbart, das Erstgeborene gewürdigt und wahres Menschentum geschöpft.

1. Dimension:	abstrakte Zahlen/die *Eindeutigkeit* des Polaren/		*Einheit* in der Polarität ist Wahrhaftigkeit
2. Dimension:	Kreis/Fläche	bei Umfang 2	$U = 2 \Rightarrow r \equiv A$
3. Dimension:	Kugel/Raum	bei Oberfläche 3	$A = 3 \Rightarrow r \equiv V$
4. Dimension:	Mensch	- wenn sein Äußeres, sein *Verhalten* (4) auf Einheit gerichtet ist, wird Einheit *bewußt* manifestiert	$= 4 \Rightarrow 1 \equiv 4$

Abb. 152: Die vier Dimensionen der Schöpfung. Alle 4 Punkte gehören zusammen, sie sind letztlich eines!

Sehnsucht, Symbole, Polarität und die Zahlen 20 und 50

Das Geheimnis ist, daß das Göttliche in die Polarität gegangen ist. Dadurch ist das Göttliche nicht mehr dort, wo es war, sondern dort, wo es jetzt ist, und das ist die Polarität.[1]

Für uns Polaritätswesen ist es schwer begreiflich, daß die Polarität das Göttliche ist. Wir suchen das Göttliche immer noch dort, wo es herkam, bei der Eins. Suchen wir das Göttliche dort, dann finden wir es nicht, sondern finden es nur immer wieder als Polarität. Alle unsere Ergebnisse deuten daraufhin, daß die Polarität das transformierte Göttliche ist. Darin liegt der Sinn allen Suchens. Die Zweiheit ist ein Produkt der Einheit und Vollkommenheit und deshalb ihrer Geburt nach ebenfalls ein Vollkommenes. Hat man das noch nicht begriffen, so identifiziert man sich mit dem negativ verstandenen Begriff der Zweiheit. Die Suche nach der Einheit unter solchen Voraussetzungen läßt sie nicht finden. Die Einsicht bleibt aus. Das Finden wird durch die falschen und negativen Anfangsbedingungen des Suchenden ausgeschlossen. Ändert der Suchende seine Anfangsbedingungen und wird sich darüber klar, daß die Einheit in der Zweiheit ist, dann erlangt er Gewißheit. Jener ideale Zustand macht Suche überflüssig, doch schließt er nicht etwa die weiterhin notwendige Handlung aus. Vielmehr befähigt er zu ihr und erfordert sie. Ein solcher Mensch wird ständig zum Zeugen und Zeugenden der Einheit und Vollkommenheit.

Eine mißverstandene Zweiheit wird zur „bösen" und Unheil stiftenden Zweiheit. Doch auch sie fordert, wie alle Formen, zur Handlung auf. Die ihr folgende Handlung (3) entscheidet, ob die hinter allem stehende

---

[1] Das klingt banal, doch ist das eine tiefe Weisheit, die verstanden sein will. Die Offenbarung des Johannes übermittelt im ersten Satz genau das. Die scheinbare Banalität ist für unsere heutige Begrifflichkeit kaum noch verständlich: *„Im Anfang war das Wort, und das Wort war bei Gott, und Gott war das Wort. – Dasselbe war im Anfang bei Gott. – Alle Dinge sind durch dasselbe gemacht, und ohne dasselbe ist nichts gemacht, was gemacht ist."* Lutherbibel Off 1:1.3

Einheit ins Bild gesetzt wird, oder ob der Weg der Verzweiflung gewählt wird. Das *bewußte* Handeln ist die Aufgabe des Menschen. Die der Einheit nachfolgende Spannung (2) muß der Mensch durch seine hinzugewonnene Unterscheidungsfähigkeit nutzen. Sie befähigt ihn, zum Zeugen von Einheit und Gewißheit zu werden.

Der sogenannte Sünden- und Paradiesfall ist das Beispiel eines falschen Umgangs mit der Zweiheit. Nicht die Zweiheit an sich ist „schlecht oder böse", so, wie wir es heute oft mißverstehen. Es ist die fehlende Gewißheit des Menschen, die dem Begegnenden (2) einen falschen Stellenwert gibt. Der aufmerksame Leser der Genesis bemerkt, daß das Verbot des Essens der Frucht der Zweiheit noch vor der Existenz des zweiten Menschen (Frau) erfolgte. Aus dieser Sicht war Eva der Griff zum Apfel nicht nur nicht verboten, sondern sogar ihre wahrhaftige Handlung. Adam hatte ein schlechtes Gewissen, das ihn durch Gott den Herrn ansprach. An Adam war es nun, den verbindenden dritten Punkt zu finden, der die von ihm wahrgenommene Spannung zwischen Gott und Eva erlöst. Stattdessen benutzte er durch Unbewußtheit die Frucht der Zweiheit (Feigenblatt), um die Reinheit (Nacktheit) zu verdecken.

Um gefährlichen und folgenschweren Mißverständnissen vorzubeugen, soll hier erwähnt werden, daß Adam der Archetyp des Menschen ist und alle Menschen, Mann und Frau, meint. Dem gibt Luther Ausdruck durch das Wort „Männin". Das Begreifen dessen setzt das Verstehenwollen, das Primat der Einheit, voraus! Durch das Primat der Einheit wird die Zweiheit geadelt bzw. in ihrer Vollkommenheit erkannt. In der 12, der Zahl der hierarchischen Ordnung, wird das deutlich. In ihr wird die Zweiheit als die Krone der Schöpfung, das Gottgewollte, erkannt. Der Weg dorthin verlangt nach Einheit. Ihre Manifestation in der Welt ist die Gewißheit.

Aus der Gewißheit erwächst die verbindende Handlung. Die *bewußt* verbindende und verbindliche Handlung ist das, was den Menschen zum Menschen macht. Zahlensymbolisch werden, wie schon mehrfach erörtert, beispielsweise die 1 und die 2 miteinander zur kosmischen Ordnung (12) verbunden. Ein ähnliches, jedoch in seiner Form davon unterschiedenes Symbol begegnet uns in der 20, die ebenfalls die Qualität des dritten Punktes vertritt (s. Abb. 139). Sie verbindet aus der Gewißheit der Einheit heraus das Göttliche, Numinose (0) mit dem Widersacherprinzip (2). Das biblische Beispiel des Sündenfalls verlangte so von Adam, dem Erstgeborenen (1), die zweitgeborene Eva (Eva bedeutet >das Leben<) mit dem Göttlichen, Numinosen zur 20 zu verbinden.

Der zu einem umfassenden Bewußtsein fähige Mensch findet in der Welt Wechsel und Kontinuität vor. Sie sind ein archetypisches Urpaar wie 1 und 2. Wenn er falsch gewichtet, gerät er in die Verzweiflung. Er muß beide inhaltlich durchschauen und sie handelnd ins richtige Verhältnis setzen. Diese auf die Erstellung von Einheit bezogene Handlung ist mehr als ein formeller Akt. Sie verlangt nach der inneren Einheit des Handelnden, die ein Ausdruck von Gewißheit ist.

Die von der Einheit motivierte Handlung benutzt zwar die Formen, doch verhaftet sie sich nicht in ihnen. Auch im Umgang mit den abstraktesten aller Archetypen, den Zahlen, besteht die Gefahr, in der Form zu versinken, wenn der formelle Anteil der Zahlensymbole vor deren Inhalt tritt. Der besprochene dritte Punkt, die Handlung, wird zahlensymbolisch durch die 12 und die 20 vertreten. Auf diese Weise wird die ebenenwechselnde Qualität der Dreiheit gewürdigt und der Verfall in die Linearität verhindert. Die Reihe der natürlichen Zahlen verleitet leicht zu einer Fixierung im Gegenständlichen. Fixierung ist von der Schöpfung aber nicht gewollt. Wäre sie gewollt, dann wäre die 1 nicht in die 2 übergegangen. Die biblische Zahlensymbolik zeigt auch dafür ein eindrucksvolles Beispiel. Handlung (3) ohne bewußten, die lineare Form überwachsenden Ebenenwechsel, ist ein unheiliges (heil = ganz), kriegerisches Wirken. Die Zahlenfolge 1-2-3 bedeutet in der Heiligen Schrift >Krieg< bzw. >zu den Waffen greifen<. Krieg ist bekanntlich die falsche, in den alten Formen verhaftete Funktion (3).

Der Begriff der Fixierung oder Haftung bezieht sich in der Endkonsequenz immer auf das in allem vorhandene Eine (religio), das Göttliche. Aus ihm heraus wird wahrhaftige Handlung möglich. Haftung ist nur erlaubt im Hinblick auf das Wahre. Dann ist sie Wahrhaftigkeit. Nichthandeln wird zur Haftung genauso wie falsches Handeln, weil es das Festhalten eines Konkreten beabsichtigt. Wahrhaftigkeit ist deshalb ausschließlich rechtes Handeln, und das ist Handeln im Sinne der nicht greifbaren Einheit. Damit wird die Einheit offenbar. Solches Handeln will die Einheit aber nicht festnageln. Die festgenagelte Einheit wird durch den *Begriff* der 1 beschrieben. Indem die 1 als solche bezeichnet wird, ist sie nicht mehr das allumfassende Eine, sondern nur ihr Symbol. Symbole haben aber die Bedeutung, die Verbindung zu dem nicht in der Existenz befindlichen Ewigen und

Numinosen herzustellen. Die Suche nach der Einheit, welche man greifen kann, muß erfolglos bleiben. In der Welt gibt es deswegen nichts, was man als letzte Einheit bezeichnen könnte. Nach dem Erörterten ist es noch nicht einmal der Begriff der Eins der Zahlenreihe. Wenn wir auch die Zahlen als die letzten Archetypen der Welt fanden, so müssen wir uns darüber im klaren sein, daß auch sie dem Polaren angehören und nur Symbole sind. Sie sind eine Fixierung, ein letztes, vorübergehendes Festmachen, um das Unaussprechliche zu offenbaren. Demnach helfen uns die Zahlen weiter, und sie sind ein wichtiger, unverzichtbarer Bestandteil unseres Weges. Nur sollten wir ihre Botschaft verstehen. Sie ist ein Offensichtlichmachen der Einheit. Das aber ist Funktion und Fluß, die Dreiheit, in der Einheit und Zweiheit anwesend sind.

Die Trinität verstehen lernen heißt gleichzeitig, die 12 und die 20 zu verstehen (Abb. 139). Handlung im Sinne der Trinität kann z.B. die Analogie sein, wenn in ihr alles auf das Göttliche bezogen wird. Alle Vielheit und Folge wird dann als Ausdruck des Unaussprechlichen angesehen. In der Endkonsequenz wäre das religio ohne Hängenbleiben am speziellen Parameter. Jeder Punkt der Erde kann die Weltenachse sein. Unter jenem Blickwinkel versteht man Ritual und Mythos. Alle ihre speziellen Parameter sind Hilfsmittel, so wie die 2 nur ein Hilfsmittel ist. In der Praxis lösen sich die Parameter von Zeit zu Zeit auf, und die Religion bekommt ein neues, anderes Kleid. Die Einheit wird durch Maßeinheiten offenbart und jene wechseln. Der unsichtbare Punkt in der Mitte aber bleibt. Ritual und Mythos in bewußter Form sind unserer Zeit fern. Unseren Mitteln und unserer Zeitqualität entsprechend müssen wir auf unsere, die heutige Subjektivität eingehen, und das ist die Naturwissenschaft. Das eben Gesagte müssen wir mit naturwissenschaftlichen Mitteln bewerkstelligen.

Der Mensch sehnt sich nach der Einheit und sucht sie. Das ist seine Erinnerung, die Sehnsucht. Das Symbol ist das Zwischenglied zwischen der Welt und Gott, dem Konkreten/Vergänglichen einerseits und dem Numinosen/Ewigen andererseits. Das Symbol ist sehr nah an der Einheit dran. Es ist sie aber nicht und kann sie auch nie werden, weil Einheit schon mit der Zuordnung zu ihrer Zahl, der Eins, allein durch den Akt der Benennung ihre Unbeschränktheit verliert.

Wenn die benannte Einheit in der Zahl 1 schon nicht mehr Einheit ist, aber der Mensch sich als Polares (2 bzw. 5) mit dem Unbeschränkten und

Unbenennbaren verbinden will, dann ist sein Ziel mit dem Symbol 20 oder 50 am besten beschrieben. Die Sehnsucht des Menschen ist gestillt, wenn er die Eins als seine ewige Mitte erkennt und die Zwei (bzw. Fünf) mit der Null durch sie verbindet.

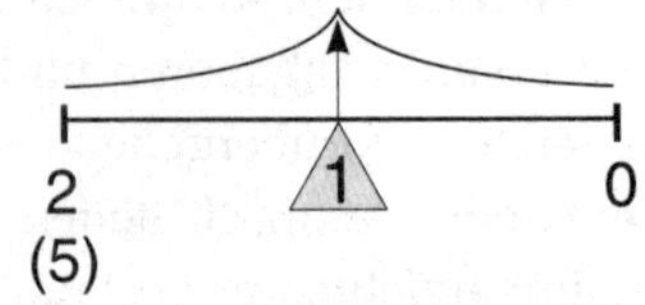

Abb. 153: Die ewige und stabilisierende Mitte, aus der heraus das Polare mit dem Numinosen zur 20 bzw. 50 verbunden werden kann.

Die handelnde Einheit erhöht die Form (2→20). Die Polarität erlangt durch ihre Verbindung mit der Null, dem göttlichen Numinosen, einen erhöhten Stellenwert.

Die zwischen der 2 und der 0 unsichtbare Kraft der Einheit entspricht dem lateinischen Wort >vigor<, der Lebenskraft. Die lateinische Bezeichnung für 20 ist >viginti< (>vingt< frz.). In den Begriffen findet sich keine unmittelbare Verwandtschaft zur 2. Das deutet auf den Ebenenwechsel des Polaren in der 20. Die 20 ist ein erhobener dritter Punkt (s. Abb. 139), die rechte Funktion (3) des Polaren. Der erlösten, d. h. richtig orientierten und verwendeten 2 begegneten wir in ihrer dritten Potenz (2^3), der Acht. Auch hier können wir einen sprachlichen Zusammenhang finden. Das lateinische Verb >vigilo< für w*ach*en, *acht*geben, deutet auf die Acht hin.

Im angelsächsischen Raum deutet das aus dem Altenglischen kommende >score< für 20 auf die rechte Verwendung der Form (2) im Sinne der Orientierung und Erhöhung, denn es wird gleichzeitig für das Zählen (z. B. score eines Tennisspiels) und für den Begriff der Markierung verwendet.

Die deutsche Sprache eröffnet ähnliche Verbindungen. Bis einschließlich 19 zählt man durch einfache Aneinanderreihung, z. B. *fünfzehn*. Die 20 markiert einen Ebenenwechsel. Ein zusätzliches >*und*< verbindet Einer und Zehner miteinander (*ein**und**zwanzig*).

Durch die rechte Funktion der wirkenden Einheit wird die 2, das Konkrete und Gegenständliche, nicht mehr abgelehnt. Es ist das Gegengewicht des Numinosen. Nicht mehr ablehnen heißt, empfangsbereit zu sein. Der biblische (hebräische) Wert 20 ist das Symbol der nach oben offenen Hand, das Empfangen. Es ist gleichzeitig der 11. Buchstabe, das erste Glied der neuen Ebene. Schöpfung und Freiheit liegen in der 11.

Die 50 wiederholt die Thematik mehr unter dem Blickwinkel der Individualität. In der 20 ist alles noch abstrakt und bezieht sich allgemein auf die Polarität. Individualität ist die Polarität auf der Ebene des Erlebens, des Lebendigen im engeren Sinne. 50 ist dem Symbol Fisch zugeordnet. Die christliche Geschichte mit ihrer Fischsymbolik und dem widerspruchsfreien Empfangen bis hin zur Kreuzigung ist uns geläufig. In ihr wird das Auffangen eines höheren Geistigen (Numinosen, Ewigen) in der Schale (Gral) der Individualität (Christus) als Segen beschrieben. Christus lebt das Prinzip vor, indem er durch die Materie hindurchging im höchsten Selbstbewußtsein und Empfangen. Kreuzigung und Auferstehung (Ostern) waren die logische Folge. 50 Tage nach Ostern ist Pfingsten, die Verbindung des Individuellen (5) mit dem Himmlischen oder die Ausschüttung des Heiligen Geistes als Summe des Weges im Raume. Es ist die Summe aller Facetten des dreidimensionalen Raumes. Die Summe aller Flächen der Platonischen Körper ist Fünfzig (4 + 8 + 6 + 20 + 12 = 50). Das 50. Jahr ist uns als sogenanntes Halljahr oder Jubeljahr überliefert. Mit dem Erreichen des Jubeljahres erreichte jeder Sklave die Freiheit und kam wieder zu seinem Hab und Gut (3. Mose 25:10).

Die griechische Mythologie berichtet im Zusammenhang mit der 50 vom Meeresgott Nereus, der das Numinose, Große, Unbewußte, die Wasser repräsentiert, in allen Gestalten (Parametern) auftauchen kann und 50 Töchter hat.

Die jüdische Geschichte erzählt, wie das Volk Israel aus Ägypten auszog, um am 50. Tag danach die Offenbarung zu empfangen. Die 50 spricht immer von der Eins, die das Individuum in sich gefunden hat und durch die es konsequent und folgerichtig aus einer vorhergehenden Knechtschaft herausgeht, um frei zu sein. Wer ein solches Bewußtsein vorspielt, ohne es zu haben, wird auch heute noch als „falscher Fünfziger" bezeichnet.

Unser nochmaliger Umweg und Rückblick auf die 20 bzw. 50 hat sich wiederum auf das Ur-Symbol, die Eins, bezogen. Obwohl in der 20 und 50 die 1 nicht direkt sichtbar ist, konnten wir an ihnen ihre zentrale und verborgene Stellung beschreiben, die den Menschen zum wahren Menschen, zum Individuum, machen kann.

Eindeutigkeit, Zweiheit und Gewißheit

Was wir brauchen, ist Eindeutigkeit. Wir suchen sie alle. Sie hat verschiedene Namen. Jedes Handeln und Suchen ist getragen von der Sehnsucht nach Gewißheit. Das ist aber nichts anderes als das Bestreben, den Umgang mit der Ungewißheit zu erlernen. Unser Problem besteht darin, daß wir im Suchen, im sehnsüchtigen Handeln, versuchen, die Gewißheit in den Griff zu bekommen, sie uns untertan zu machen. Wir glauben, auf diese Weise selbst vollkommen zu werden. Das ist ein Irrtum. Es ist der Weg der Entwürdigung der Vollkommenheit. Und hier haben wir uns selbst entwürdigt, und genau das wollten wir vermeiden. Der einzig taugliche Weg, den wir erkennen müssen, ist, uns mit der Unvollkommenheit und ihrer Rolle vertraut zu machen. Wenn wir uns der Vollkommenheit bewußt werden wollen und das Ziel unserer Sehnsucht erreichen wollen, dann müssen wir sie würdigen und nicht versuchen, sie zu entwürdigen. Stattdessen müssen wir uns mit dem Pol unserer Angst, unserer Beengung, beschäftigen, und das ist die Unvollkommenheit. Die Tatsache, daß die Sehnsucht in uns ist, ist schon der Beweis der existierenden Vollkommenheit. Nur ist uns das noch nicht bewußt. Zwischen beiden liegt ein Weg. Es kommt nur darauf an, die Unvollkommenheit, alles das, was mit der Zweiheit zusammenhängt, zu entlarven, zu erkennen. Mein Ansatz ist nicht nur philosophischer, sondern auch mathematischer Art. Die Unvollkommenheit muß sich als unvollkommen und damit der Vollkommenheit unterstellt erweisen. Dieser Beweis, diese Gewißheit war mein Ziel. Habe ich es erreicht, oder bin ich ihm sehr nahe, dann erscheint der lange gesuchte Beweis sehr einfach. Ich kann kaum noch verstehen, daß die Suche so lange gedauert hat. Die Erkenntnis ist einfach!

Machen wir uns klar, was nach all den Seiten geschehen ist! Wir haben auf allen Seiten immer wieder ein und das gleiche Gesetz gefunden – das Additionsgesetz. Es hat uns auf unsere spezifische Weise, über den Logos, eine Gewißheit beschert. Jede Entwicklung ist Addition. Das Vorwärtsschreiten ist in allem. Es gibt keine Vernichtung.

Weil die Ungewißheit uns quälte, machen wir uns auf die Suche nach Gewißheit. Nun haben wir sie in allen Details der Welt gefunden. Sie tritt uns in dem in allem wiederkehrenden Gesetz der Addition entgegen. Die letzte Wahrheit ist wahrlich einfach:

„In aller Vielheit ist die Einheit!"

Zum Schluß erfahren wir etwas wirklich Einfaches, und das ist das Größte, was wir erfahren können. Ist es nicht eine allgemeine Erfahrung, daß die größten und genialsten Erfindungen immer die Erfindungen des Einfachen waren? Wir wußten es schon immer. Jetzt erfahren wir es erneut, und es muß so sein, wenn unsere Erkenntnis wirklich richtig ist. Das Einfachste des Einfachen, was der Mensch erfahren kann, ist seine eigene Einfachheit, seine Einheit trotz seines Anteils an der Gespaltenheit. Alles Dilemma begann mit der Verzweiflung über seine Beschränktheit, seine Vergänglichkeit. Seine Polarität und Zweiheit wahrhaftig angewendet, also bis ans Ende gedacht, führte jedoch zum Zweifel an der Zweiheit, zur Negation des Negativen, zur Verneinung des Todes. Die auf sich selbst angewendete Zweiheit führte zur 2 x 2, der Vierheit. Sie offenbarte sich aber als andere Einheit. Das Additionsgesetz 1-4 brachte uns Gewißheit, das ersehnte Ziel.

Die Sicherheit der Einheit und Gewißheit fehlte uns. Über 1-4 kommen wir zur Heimkehr. Das erinnert an die alte Geschichte vom verlorenen Sohn. Jetzt können wir begreifen, weshalb der Mensch auch nach der Vertreibung aus dem Paradies, durch seine Verbindung und Aufnahme der Zweiheit, nicht sterben mußte, obwohl der Gott ihm das androhte. Der Tod ist nicht wirklich. Er ist kein Ender, sondern ein Wender. Deshalb gibt es in der Genesis 1 der Bibel keine einzige Verneinung, denn alles Leben, und alles ist Leben, ist immer Bejahung, Addition. Der Gott (JHVH), der drohte, ist nicht der Gleiche, der am Anfang die vollkommene Welt schöpfte. Der erste Gott nennt sich Elohim (Die Götter). Der drohende Gott ist JHVH (Gott der Herr). Dieser ist das Produkt des Menschen, sein in ihm zwecks Vollkommenheit entstehendes Spiegelbild. Mit der neuen Erkenntnis sollte man sich alle Heiligen Schriften erneut anschauen. Es wird sehr aufschlußreich sein. Der Autor tut es in Zukunft.

Wer hier einwendet, daß die Erfahrung die Existenz des Negativen ja täglich bestätigt, der hat damit noch lange keinen Beweis (ein solcher ist auch nicht möglich) der Macht der Zweiheit über die Einheit. Natürlich gibt es Zweiheit. Sie ist als Hilfsmittel nötig. Lucifer, der das Symbol der Zweiheit ist, heißt Lichtträger. Er ist ein Hilfsmittel, um die Einheit zu transportieren und anschaulich zu machen, erfahrbar zu machen. Wer das erkennt, der erkennt auch den Weg der Transformation. Der weiß, wie man von der Kugel zum Tetraeder, vom Kreis zum Quadrat, vom intelligenten Tier zum Menschen[2] wird. Das Gesetz zu erkennen und nachzuvollziehen ist die Aufgabe des Menschen.

Der Leser sollte sich die Konsequenz des Erkannten in allen Details begreiflich machen. Weiter kann menschliche Erkenntnis nicht gelangen. Nach der Erkenntnis bleibt aber noch ein unendlich weites Feld, in dem er das Erkannte umsetzen kann. Ansonsten bliebe es bei einem erzählten Mittagessen. Daß die ewige Wahrheit schon seit Jahrtausenden bekannt war, schmälert nicht ihren Wert. Wir haben sie erneut entdeckt, auf unsere Weise, der strengen Logik unseres Verstandes folgend.

Gott oder die Einheit über die Wissenschaft und sogar die Naturwissenschaft zu finden, ist neu und bedeutet unsere Selbstfindung, weil wir im naturwissenschaftlichen Zeitalter leben. Das erreichte Ziel ist das Ziel unserer Epoche. Danach bleibt uns noch die Umsetzung, die Praxis, und diese fordert uns auf, das Erkannte zu manifestieren, Schöpfer der manifesten Einheit zu werden. Das ist die Konsequenz des gefundenen Grals.

Wer den Inhalt begreift, kann nicht mehr die Frage stellen, warum es richtig und gut ist, recht zu handeln. Er erhält eine übernatürliche Ethik. Keine noch so vergängliche Wissenschafts- oder Glaubenstheorie kann ihn abhalten, das Gute (oder besser die Einheit) zu manifestieren. Er ist den Weg der Sehnsucht, des unbewußten Glaubens, über das Wissen zur Gewißheit gegangen.

[2] Der Mensch ist ein intelligentes Tier, solange er sich seiner Würde nicht fähig erweist.

Die scheinbare Enttäuschung der Naturwissenschaftler und das Ende der Täuschung

Das wiederentdeckte Weltgesetz 1-4 ist zweifellos der Endpunkt formaler Erkenntnis. Selbst der schärfste Kritiker kann sich der Universalität der Formel nicht entziehen. Das Argument des Zufalls weicht mit der Zahl der begründeten Beispiele, zumal der Zweifel bei der Ableitung des Gesetzes nicht übergangen wird, sondern als Zweifel am Zweifel (2x2) und als das In-Erscheinung-Treten des Schattens entlarvt wird.

Der Physiker mag beim Anblick der Weltformel noch ein unbefriedigendes Gefühl haben. Hat er doch eine Formel erwartet, die sich streng auf die greifbare Materie beschränkt und ihm Sicherheit in seinem Drang nach Vorausberechnung garantiert. In jenem beschränkten Sinne erfüllt sie seine Erwartung nicht. Sie kann mehr vermitteln, als er glaubt, auch wenn er es im Moment nicht einzusehen vermag. Die Formel spricht nicht nur über die Materie und ihre Entwicklung, sie deutet sogar über sich hinaus. Das ist das Geniale an ihr. Durch sie lernt man über die Materie mehr als durch jedes andere, weniger abstrakte Gesetz. Der unerwartete transzendentale Aspekt ist kein Mangel, sondern eine klare Antwort für den aus der Materie heraus Fragenden. Der Fragende steht nicht mehr abseits seiner Untersuchungsergebnisse, sondern ist mitten im Geschehen. Das Erkannte erhebt eine Forderung an ihn, die Selbsttransformation. Materie allgemein und der materielle Anteil des Forschers speziell verlangen nach verbindlicher Wahrhaftigkeit. Das macht im ersten Augenblick Angst. Daß die aus Untersuchungen hervorgehenden Ergebnisse etwas völlig Unerwartetes bringen, sollte den Forscher nicht wundern. Das zeigt die Wissenschaftsgeschichte immer wieder. Man denke nur an die Versuchsergebnisse von Michelson und Morley über die Geschwindigkeit des Lichtes. Die von ihnen unerwartete und nachgewiesene Konstanz der Lichtgeschwindigkeit, unabhängig von der Eigenbewegung des Beobachters, brachte die gesamte physikalische Welt ins Wanken und mündete schließlich in die Geburt der Relativitätstheorie Einsteins. Immer wenn ein System an seine Grenze stößt, entstehen Ängste und Chancen.

Die wissenschaftstheoretischen Erklärungen und ihr Kausalitätsbegriff beziehen sich auf einen beschränkten Rahmen, und sie sind ein retrospektiver Nachvollzug der Naturgesetze. Dieser Nachvollzug endet bei der Überschreitung des vorher abgesteckten und spezifischen Rahmens. Was wir in der Physik am Beispiel der Lichtgeschwindigkeit beobachteten, ist auch in allen anderen Wissenschaftszweigen findbar. Die Biologie gibt uns dafür eindrucksvolle Beispiele. Nie konnte man eine artüberschreitende Mutation experimentell nachweisen. Die lebensfähigen Mutanten blieben immer auf die Spezies beschränkt. So fehlen auch die sogenannten „missing links", die Übergangswesen zum Menschen. Die Prinzipien der Selektion beschreiben nur die Auswahl *nach* dem Entstehen der Vielzahl, nicht das Entstehungsprinzip der Vielzahl. Die naturwissenschaftliche „Formel" der Selektion endet bei der artüberschreitenden Mutation. Sie entzieht sich dieser Art der Entdeckung. Das allgemeine Transformationsgesetz, die Weltformel aber übergreift die spezifische Form.

Im Falle der Weltformel ist nicht das Unerwartete an sich das Entscheidende, denn das kennen wir schon aus der Geschichte, wie uns die Beispiele Licht und Mutation zeigten. Viel schwerer wiegt die Totalität der Formel und ihr Anspruch an uns! Die Formgebundenheit jeder Formel garantierte in der Vergangenheit eine Beweisbarkeit im engeren Sinne. Aus ihr entstand bis zu diesem Zeitpunkt ein sicherer, rationaler Weg der Orientierung. In der nun dramatisch erweiterten Form zur Formel des Additionsgesetzes wird der Weg der Orientierung nicht verwischt. Er existiert auch jetzt noch. Der erweiterte Umfang könnte durch fehlende Einsicht eine subjektive Überforderung bewirken. Der Zweifelnde, und jeder Sucher ist ein Zweifelnder, wird im Falle des Begreifens in umfassender Weise aufgerichtet. Er muß sich der Botschaft gegenüber nur öffnen. An diesem Punkt versteht man die Worte *„Ich glaube; Hilf meinem Unglauben"* (Mk 9:24).

Die Weltformel spricht von der Beziehung von Einheit und Form. Die Verbindung mit der Einheit, der Totalität, übersteigt die Form. Die Logik und der logische Beweis haben immer mit der Form zu tun. Die physikalische Formel zeigt das noch ganz offensichtlich. Die letzte der Formeln, die

Weltformel, bringt die Verbindung zur Einheit, die Verbindlichkeit an sich. Die Formel aller Formeln spricht vom Ziel der Form, und dieses ist die nicht in Frage gestellte Einheit. Ein Bild für diesen Zustand zu finden, ist sehr schwer. Am ehesten vermitteln dies die beiden letzten der Platonischen Körper (Dodekaeder und Ikosaeder). Die in ihnen enthaltene 20 trägt die Einheit in ihrer Mitte (s. Abb. 148). In einem solchen Zustand sind unsere Handlungen für uns verbindlich, weil wir *in* uns verbindlich sind, und nicht mehr, weil ein außenstehender Gott sie als Gebot erstellt.

Der Übergang von der physikalischen Formel zur Weltformel fordert den Physiker auf, sich einem Größeren, dem Leben, gegenüber zu öffnen, und das ist mehr als Physis. Er war ohnehin schon in einem Dilemma. Das Fassen in Formeln seiner Art war nur Unveränderlichem gegenüber möglich. Leben aber ist Veränderung. Nur das Tote war somit für ihn erfaßbar. Die Gesetze verändern sich selbst. Wie sollte es nach seiner Art denn ein Gesetz geben, das die Veränderung der Gesetze umfaßt? Das kann Physik allein nicht leisten. Das behaupten nur die Fundamentalisten unter den Physikern und Mathematikern. Daß es noch immer so viele davon gibt, liegt daran, daß wir im naturwissenschaftlichen Mittelalter leben. Das Mittelalter war überlebt, als seine Versprechungen zu Enttäuschungen wurden. Doch wenn die Täuschung endet (Ent-Täuschung), öffnet sich der Blick für das Größere.

Das Ausklammern der Ganzheit und das Ausklammern des auf sie gerichteten Wirkens (Offenbaren der Einheit) aller Formen führt zwangsläufig ins Leere. Die letzten Fragen können in der Formebene nicht beantwortet werden. Sie verlangen nach dem Größeren. Andererseits hat die Physik die Bedingungen einer möglichen Weltformel schon sehr gut beschrieben. Einheit, Vielheit und deren Zusammenwirken sind die immer wieder umschriebenen Vokabeln. Der Walliser Experimentalphysiker Hywel White[3] antwortete auf eine mögliche Weltformel u. a. wie folgt:

„Mit der Quantenmechanik sind wir aber zur Einsicht gelangt, daß es für manche Fragen von sich aus keine Antwort gibt. Wir beginnen anhand der Chaostheorie zu verstehen, daß wir die Startbedingungen so genau festlegen können, wie wir wollen – und trotzdem können wir nicht vorhersagen, wohin sich das System entwickelt."

[3] zit. n. W. v. Rohr, S. 112

Hier wird etwas über den Charakter der Vielheit ausgesagt. Sie hat nicht ihren Sinn in sich und könnte etwa ohne Einheit auskommen, sondern deutet zwangsläufig über sich hinaus. Vielheit bleibt Vielheit, sooft man ihre Elemente und Parameter auch gegeneinander verschiebt. Vielheit ist per se Veränderung. Ihr Sinn aber liegt in der Einheit. Auf sie bleibt sie immer bezogen. Das Bewußtsein darüber ist das Ziel der Fragenden. Die Weltformel hat deshalb nur 2 Bestandteile: Einheit und Vielheit.

Abb. 154: Die Weltformel:
Das Einfache des Einfachsten in der Welt der Vielheit.

Der Mensch selbst ist ein Teil der Vielheit. Sein Bestreben war es seit je, den Anschluß an die Einheit zu erlangen. Religion und Naturwissenschaft sind die Begriffe für diese Versuche. Sie haben beide eine gemeinsame Antwort. Sie verstehen einander aber nicht, weil sie verschiedene Sprachen sprechen. Dem rechnenden Naturwissenschaftler sagt das Wort Liebe nichts mehr, und der Priester weiß nichts von der ,Theory of everything' oder von den Platonischen Körpern. Würden sie sich ihrer gemeinsamen Motivation klar werden und eine gemeinsame Sprache suchen, die in den Zahlen zu finden ist, dann könnte das vermeintliche Wunder geschehen. Sie könnten wirklich erkennen. Wie will man die Liebe in naturwissenschaftlicher Form denn besser offenbaren als in der Erkenntnis, daß alle Vielheiten der Welt die Einheit sind und alle Vielheiten wieder zur Einheit streben. In der Sprache der Zahlen ist das die Formel 1–4. Sie erfüllt bei genauer Prüfung alle Kriterien der Naturwissenschaftler, insofern der Suchende sich seiner Kriterien bewußt bleibt. Welches die wirklichen Kriterien sind, welches das *eindeutige*, bewußte Ziel ist, hören wir von Stephen Hawking:

„Doch seit den ersten Anfängen ihrer Kultur haben die Menschen es nie ertragen können, das unverbundene und unerklärliche Nebeneinander von Ereignissen hinzunehmen. Stets waren sie bemüht, die der Welt zugrunde liegende Ordnung zu verstehen. Nach wie vor haben wir ein unstillbares Bedürfnis zu wissen, warum wir hier sind und woher wir kommen."[4]

[4] Stephen Hawking, S. 28

Hätten die Physiker bei ihrer Suche immer und eindeutig dieses eine Ziel bewußt vor Augen, dann wäre die scheinbare Kluft zwischen Religion und Naturwissenschaft nicht mehr so groß oder gar überwunden. Zumindest hätten sie die Zahl als Verbindung früher entdeckt.

Die physikalischen Theorien suchen nicht wirklich etwas anderes als die Religionen. Auch dazu lassen wir Hawking sprechen, der es verstand, in seinem Buch „Eine kurze Geschichte der Zeit" Anliegen und Dilemma der modernen Physik einem breiteren Publikum nahezubringen.

„Eine Theorie existiert nur in unserer Vorstellung und besitzt keine andere Wirklichkeit (was immer das bedeuten mag). Gut ist eine Theorie, wenn sie zwei Voraussetzungen erfüllt: Sie muß eine große Klasse von Beobachtungen auf der Grundlage eines Modells beschreiben, das nur einige wenige beliebige Elemente enthält, und sie muß bestimmte Voraussagen über die Ergebnisse künftiger Beobachtungen ermöglichen."

Genau das tut das 1-4 Gesetz, obwohl, oberflächlich gesehen, das Gegenteil der Fall zu sein scheint. Das ‚unerklärliche Nebeneinander' wird eindeutig. Das Modell sind die Zahlen. Die „Theorie" besteht aus wenigen Elementen. Es sind nur zwei, die Einheit und die Vielheit. Das bringt eine Totalität, die den noch nicht bereiten Skeptiker überfordert. Die Vorhersagen sind allumfassend. **Alle Vielheit stellt nur Einheit her!** Das genau ist die Antwort auf die Urfrage der Menschheit, ihre Angst und die aus ihr erwachsende Selbstverleugnung. Erinnern wir uns an die Motive jeder Suche! Das ist die Antwort. In den Heiligen Schriften heißt sie Liebe, in der Sprache der Zahlen 1-4. Alles das ist nicht neu. Neu ist aber unser naturwissenschaftlicher Weg, der mathematische und geometrische Nachweis. Der Naturwissenschaftler findet über eine anfängliche Enttäuschung sein Glück. Was hier geschehen ist, kennen wir aus der Erfahrung. Alles wendet sich zum Guten, der Einheit zu. Wie sollte es auch anders sein!

Wir müssen wieder lernen, *einfach* zu denken: Eine eindeutige Ordnung, der Gegenstand aller Suchenden aus Wissenschaft und Religion, kann nichts ausschließen. Priester und Physiker finden sich in den Gesetzen in gleicher Weise wieder. Das ist die Hochzeit von Naturwissenschaft und Religion.

Die Naturwissenschaft hat eine gewaltige Aufgabe. Sie muß ihr Priesteramt bewußt übernehmen. Sie hat es schon lange inne, nur ist ihr das in diesem Umfang nicht klar gewesen. Der Naturwissenschaftler hat eine riesige Verantwortung. Die Zeit, in der er seine Aufgabe nur in der Beschreibung der Natur sah, ist vorüber.

Die alten und neuen Fragen der Menschheit werden von der Natur beantwortet! Es ist kaum zu glauben, sie spricht nicht nur von den Gesetzen von Mineral, Pflanze und Tier, sondern, wie wir zeigen konnten, auch vom Menschen direkt. Sie hat dem Menschen eine Gebrauchsanweisung mitgegeben.

Anhang

Die hebräische Urschrift besteht nur aus Konsonanten. Es gibt keine Vokale. Damit ist die Aussprache eines Wortes nicht festgelegt. Dem einzelnen Buchstaben (Konsonanten) sind jeweils ein Zahlenwert und ein Bild zugeordnet. Auf diese Weise erklärt sich seine Qualität. Ein Wort besteht demnach aus einer Sequenz von Zahlen, d. h. Qualitäten. Somit ist in jedem Wort eine Dynamik, eine Entwicklungsfolge, ersichtlich, die die Gesamtqualität des Wortes beschreibt. In der Übersetzung in andere Sprachen gehen die enthaltenen Botschaften der Begriffe und Worte oft verloren. Um ein Wort in seiner Urbedeutung richtig erfassen zu können, ist die Kenntnis der Zahlenfolge notwendig. Die Anzahl der hebräischen Buchstaben/Zahlen ist verständlicherweise nicht zwangsläufig identisch mit der Anzahl der Buchstaben des übersetzten Wortes. Die hebräische Schrift wird von rechts nach links gelesen. Das Wort für Mensch heißt beispielsweise in der hebräischen Urschrift >ADAM< und schreibt sich folgendermaßen:

ein Mensch (Adam)
א ד ם
40-4-1

Der erste Satz der Genesis lautet (ebenfalls von rechts nach links) :

הארץ	ואת	השמים	את	אלהים	ברא	בראשית
h^{ao}res	w(et)*	h^{a}s^{a}ma^{yi}m	et*	eloh^{i}m	b^{a}r^{a}	b^{e}r^{e}sch^{i}t
90-200-1-5	400-1-6	40-10-40-300-5	400-1	40-10-5-30-1	1-200-2	400-10-300-1-200-2
Erde-die	und	Himmel-die	—	Gott	schuf	Anfang-Am

(* Dieser Bestandteil des Textes kommt nicht zur Übersetzung, weil er sich auf gedankenlogischer Ebene erübrigt. Er hat dennoch eine höchstbedeutende Botschaft, s.a. 1-400 als *viertes* Wort!)

Die Beispiele im laufenden Text sind in der uns üblichen Schreibweise, von links nach rechts, umgesetzt, so daß für >Mensch< 1-4-40 erscheint.

Nr.	Buchstabe	Symbol	Bedeutung / Name
1.	א		Haupt des Stieres Herr Alef
2.	ב		Haus Beth
3.	ג		Kamel Gimel
4.	ד		Tür Daleth
5.	ה		Fenster He
6.	ו		Haken Waw
7.	ז		Waffe Zajin
8.	ח		Zaun Chet
9.	ט	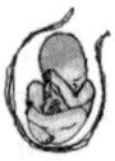	Gebärmutter Thet
10.	י		Hand Jod

Zahlenwert	Buchstabe	Symbol	Bedeutung / Name
20 (11.)	כ ך		Handteller Kaph
30 (12.)	ל		Ochsenstachel Lamed
40 (13.)	מ ם		Wasser Mem
50 (14.)	נ ן		Fisch Nun
60 (15.)	ס		Schlange, Stütze Samech
70 (16.)	ע		Auge Ajin
80 (17.)	פ ף		Mund Pe
90 (18.)	צ ץ		Angelhaken Sade
100 (19.)	ק		Nadelöhr Qoph
200 (20.)	ר		Haupt des Menschen Resch
300 (21.)	ש		Zahn, Gezähntes Schin
400 (22.)	ת		Zeichen Taw

Die hebräischen Buchstaben mit ihren Zahlenwerten und Symbolen, aus denen sich die Worte aufbauen.

Literatur- und Quellenverzeichnis

Barrow, J. D.: „Warum die Welt mathematisch ist", Campus Edition Pandora, Frankfurt 1993.

Betz, Otto: „Das Geheimnis der Zahlen", Kreuz Verlag 1989.

Bindel, E: „Die geistigen Grundlagen der Zahlen", Fischer Taschenbuch Verlag 1983.

Breuer, R.: „Das anthropische Prinzip", München 1981.

Ders.: „Mensch und Kosmos", GEO Verlag 1990.

Cheiro: „Das Buch der Zahlen", Verlag Hermann Bauer 1991.

Dethlefsen, T.: „Schicksal als Chance", Goldmann Verlag 1979.

Devlin, K.: „Sternstunden der modernen Mathematik" Deutscher Taschenbuch Verlag 1993.

Endres, F. C./ Schimmel, A.: „Das Mysterium der Zahl", Diedrichs Verlag 1988.

Endres, H./Bender, U.: „Numerologie", Selbstverlag Heidelberg 1986.

Euklid : „Die Elemente", Wissenschaftliche Buchgesellschaft Darmstadt 1991.

Häberli, G.: „Die Einheit von Kosmos, Atom und Geist", Cosat-Verlag 1989.

Hahn, W.: „Symmetrie als Entwicklungsprinzip in Natur und Kunst", Verlag Langewiesche 1983.

Hawking, S.: „Eine kurze Geschichte der Zeit", Rowohlt 1988.

Herrmann, J.: „Das Weltall in Zahlen", Kosmos 1986.

Ders.: „Großes Lexikon der Astronomie", Mosaik Verlag 1982.

Ifrah, G.: „Universalgeschichte der Zahlen", Campus Verlag 1986.

Karlson, P.: „Vom Zauber der Zahlen", Ullstein 1954.

Kepler, J : „Die Weltharmonik" 1619, übers. n. M. Caspar im R. Oldenbourg Verlag München 1990.

Kükelhaus, H.: „Urzahl und Gebärde", Alfred Metzner Verlag 1934.

Mendelssohn, K.: „Das Rätsel der Pyramiden", Weltbild Verlag 1992.

Menninger, K.: „Zahlwort und Ziffer", Verlag Vandenhoeck und Ruprecht 1979.
Mielke, E. W.: „Bemerkungen zur Geometrisierung fundamentaler Wechselwirkungen der Physik", in: Naturwissenschaften 72, 1985.
Monod, J.: „Zufall und Notwendigkeit", München 1975.
Plichta, P.: „ Das Primzahlkreuz", Quadropol Verlag 1991.
Popper, K.: „ Logik der Forschung", J. C. B. Mohr 1984.
Reising, M.: „Unser heutiges Weltbild – Realität oder Irrtum?", Selbstverlag 1987, Offenbach.
Rohr, W. v.: „Es steht geschrieben...", Ariston Verlag 1994.
Schober H./Rentschler, I. : „Optische Täuschungen in Wissenschaft und Kunst", München 1972.
Schopper, H.: „Die Symmetrieprinzipien der Physik", in: Karlsruher Akademische Reden Nr. 26/1968.
Stadelman, R.: „Die großen Pyramiden von Giza", Akademische Druck- und Verlagsanstalt Graz 1990.
Ders.: „Die ägyptischen Pyramiden", Verlag Philipp von Zabern 1991.
Stratton: „Vision without inversion of the retinal image", Psychol. Rev. 1897.
Talbot, M.: „Das holographische Universum", Droemer Knaur 1992.
Tipler, F. J.: „Die Physik der Unsterblichkeit", Piper Verlag 1994.
Uexküll, J. v.: „Vom Sinn des Lebens, Scheidewege", Beiheft 4, Stuttgart 1977.
Unsöld, A / Baschek, B.: „Der neue Kosmos", Springer 1988.
Wedemeyer, I. v.: „Pythagoras", Param Verlag 1988.
Weinreb, F.: „Der göttliche Bauplan der Welt", Origo Verlag 1978.
Ders.: „Die Symbolik der Bibelsprache"; Origo Verlag 1981.
Wuketis, F. M.: „Biologie und Kausalität"; Hamburg 1981.
Die Welt v. 18.10.94, S. 13, „Die Wissenschaft vom Aufprall eines Tropfens".